人間の安全保障：
世界危機への挑戦

Human Security:
Meeting Global Challenges

佐藤 誠・安藤次男 編

東信堂

人間の安全保障：世界危機への挑戦／目　次

第1部　人間の安全保障をめぐる理論的課題……3

第1章　人間安全保障概念の検討——重層の逆説——……佐藤　誠…5

本章の梗概 (5)
1　本書のめざすもの……………………………………………6
2　人間の安全保障論の登場と展開………………………7
　(1) 人間安全保障論の登場と国連ミレニアム報告 (7)
　(2) 人間の安全保障委員会報告 (8)
3　「人間」と「安全保障」の概念的考察　…………………9
　(1)「人間」とは何か (9)
　(2) 人間概念の問題性 (10)
　(3)「安全」概念と「安全保障」概念をめぐる問題 (13)
4　人間安全保障論の批判的考察　………………………14
　(1) 欠乏からの自由と恐怖からの自由 (14)
　(2)「グローバル・アパルトヘイト」か？ (16)
　(3) 人間と国民 (18)
5　本書の構成　…………………………………………………20
　(1) 各章の内容 (20)
　(2) 今後の研究課題 (25)
注 (26)
引用・参考文献 (26)

第2章　国際法への挑戦：「人間の安全保障」……山形　英郎…29

本章の梗概 (29)
1　「人間の安全保障」の登場　………………………………30
2　「人間の安全保障」の意義　………………………………32
　(1)「人間の安全保障」の系譜 (32)
　(2)「人間の安全保障」が意味するもの (33)
3　人権としての「人間の安全保障」………………………36

(1) 人権としての説明可能性 (36)
　　(2) 「人間の安全保障」の独自性 (38)
　4　国家主権との相克 …………………………………………42
　　(1) 「人間の安全保障」の真のねらい (42)
　　(2) 「人道的介入」の合法性と正当性 (44)
　5　「人間の安全保障」の現実と課題 ……………………………47
　　(1) 「人間の安全保障」の陥穽 (47)
　　(2) 「人間の安全保障」のグローバル・ガバナンスに向けて (49)
注 (52)
引用・参考文献 (54)

第3章　価値体系・社会的過程と人間の安全保障 ……………………ジム・ウィットマン（藤田　明史訳）…59

　本章の梗概 (59)
　1　はじめに ……………………………………………………60
　2　国家と「政治的意思」の位置 …………………………………62
　　(1) 国家の諸機能 (62)
　　(2) 国家と人間の安全保障 (63)
　3　国家・人々と地球環境 ……………………………………65
　　(1) 環境の国際政治 (65)
　　(2) 国家と公共領域 (68)
　4　価値体系と社会的過程 ……………………………………71
　　(1) 道徳的存在としての人間 (71)
　　(2) 普遍的規範としての人権 (72)
　5　おわりに ……………………………………………………74
注 (75)
引用・参考文献 (76)

第4章　拡散する暴力、転移する権力 ……………………小林　誠…79
　　　　　　――「人間の安全保障」の臨界点――

　本章の梗概 (79)
　1　政治的なるもの、国家、暴力 …………………………………80

(1) 政治と暴力 (80)
　　(2) 国家と非国家組織 (80)
　2　モダンの国家と暴力 …………………………………………81
　　(1) 国家の機能 (81)
　　(2) 国家形成と暴力の内包 (82)
　　(3) モダンの国家と暴力の定式 (85)
　3　国家の外部性としての国際関係 ………………………………86
　　(1) 国内と国際の「暴力の振り分け」(86)
　　(2) 国家安全保障のディスコース (87)
　4　グローバリゼーションと「新しい戦争」………………………88
　　(1)「新しい戦争Ⅰ」(88)
　　(2)「新しい戦争Ⅱ」(90)
　5　物理的・非物理的暴力の拡散 …………………………………93
　　(1) 国家による非物理的暴力 (93)
　　(2) 非国家組織による物理的暴力 (94)
　　(3) 非国家組織による非物理的暴力 (95)
　　(4) 拡散する暴力 (95)
　6　「人間の安全保障」の臨界点 …………………………………97
　　(1)「新しい戦争」と「人間の安全保障」(97)
　　(2) 安全保障の再構築のために (98)
　引用・参考文献 (99)

第5章　安全保障と環境問題 ……………………大島　堅一…103
　　　　　──軍事活動による環境破壊を中心に──

　本章の梗概 (103)
　1　はじめに …………………………………………………………104
　2　「国家の安全保障」にとっての環境 …………………………105
　　　──外敵に対する環境破壊行為──
　　(1) 四つの類型 (105)
　　(2) 外敵に対する環境破壊的性格 (105)
　3　「国家の安全保障」によってもたらされる平時の環境破壊……109

    (1) 軍事基地建設に伴う自然破壊 (109)
    (2) 軍事基地の通常活動による汚染 (111)
    (3) 戦争準備による環境破壊 (115)
    (4) 平時の環境破壊を解決するにあたっての課題 (116)
  4 「人間の安全保障」における環境の位置付け……………………118
  5 まとめにかえて──環境と安全保障の課題──………………120
  注 (121)
  引用・参考文献 (122)

第6章　人間の安全保障とクローニング……………龍澤　邦彦…125
  本章の梗概 (125)
  1 はじめに……………………………………………………………126
    ──科学技術的進歩の成果としてのクローニングと人間の安全保障──
    (1) 人間をも対象化しつつある科学技術 (126)
    (2) 人間の安全保障とクローニングのかかわり (127)
  2 クローニングの定義………………………………………………129
    (1) クローニングの技術 (129)
    (2) 法律上のクローニングの定義 (130)
  3 人間の尊厳の原則と個体の完全なクローニングの禁止………132
    (1) 神学・哲学上の概念としての人間の尊厳 (133)
    (2) 法律上の人間の尊厳の原則 (135)
    (3) 人間の尊厳の原則を構成する権利 (137)
  4 科学的研究の自由の原則と ES 細胞 (Embryonic Stem Cell)
    の使用の問題………………………………………………………145
    (1) 科学的研究の自由の原則 (145)
    (2) 科学的研究の自由の原則を構成する諸権利とその制限 (147)
  5 まとめ………………………………………………………………151
  引用・参考文献 (152)

第2部　人間の安全保障と外交政策 ……………155

第7章　日本の援助外交と人間の安全保障——平和構築の観点から——　…黒澤　啓・川村　真理…157

　本章の梗概(157)
　1　はじめに …………………………………………………………158
　2　「人間の安全保障」の概念導入の意義 ………………………158
　　(1) 国際社会の援助政策の変遷(158)
　　(2) 日本の援助政策の変遷(160)
　　(3) 人間の安全保障の概念(163)
　3　平和構築に関するわが国の援助外交 …………………………165
　　(1) 平和構築の概念(166)
　　(2) 日本の平和構築援助システム(167)
　　(3) 平和構築援助の事例(172)
　4　おわりに …………………………………………………………177
　　(1) 個人や社会の保護と能力強化の考慮(177)
　　(2) 柔軟性・迅速性と自立発展性・透明性のバランス(177)
　　(3) 平和構築の視点と開発援助の視点のバランス(178)
　　(4) 紛争予防の強化(179)
　引用・参考文献(180)

第8章　人間の安全保障と政治 ……………………野崎　孝弘…183
　　　　　　──日本の「選択的受容」の意味──

　本章の梗概(183)
　1　はじめに …………………………………………………………184
　2　多様な「人間の安全保障」論 …………………………………185
　　(1) 「人間」とは誰か？(186)
　　(2) どのような国家か？(191)
　　(3) 現行の国家と国際社会の性格を踏まえているか？(192)
　3　対外政策の柱に据えられた「人間の安全保障」………………196
　4　おわりに …………………………………………………………199
　注(200)
　引用・参考文献(201)

第9章　カナダの外交政策と人間の安全保障 …………ジョージ・マクリーン…203
　　　　　　　　　　　　　　　　　　　　　　　　　　　　（我妻　真一訳）

本章の梗概 (203)
1　はじめに …………………………………………………………204
2　人間の安全保障 …………………………………………………204
　(1) グローバル化する世界と人間の安全保障概念の登場 (204)
　(2) 国家から個人へ：人間の安全保障の争点 (206)
　(3) 伝統的安全保障との相違点 (207)
3　外交政策と人間の安全保障——適用か変容か—— ……………208
　(1) 相互脆弱性の増大と人間の安全保障の要請 (208)
　(2) 人間の安全保障のアプローチと手段 (skillsets) (209)
4　カナダの外交政策における人間の安全保障——原則と含意——…211
　(1) 外交政策オプションとしての人間の安全保障原則 (211)
　(2) 外交政策オプションとしての人間の安全保障の含意
　　　（インプリケーション）(213)
5　人間の安全保障とカナダ外交政策の伝統 ………………………218
　　——新しさはあるのか？——
　(1) 外交政策の価値・規範的要素 (219)
　(2) カナダ外交の特色：価値重視と独自性 (220)
6　おわりに …………………………………………………………222

注 (224)
引用・参考文献 (225)

第10章　人間の安全保障をめぐるアジアからの
　　　　　　視座——保護責任とは何か——………ポール・エヴァンズ…227
　　　　　　　　　　　　　　　　　　　　　　　　　（和田　賢治訳）

本章の梗概 (227)
1　問　題 ……………………………………………………………228
2　人間の安全保障の多義性 ………………………………………230
　(1) 国家安全保障との関係 (230)
　(2) 広義と狭義の「人間の安全保障」(231)
3　アジアの対応と定式化 …………………………………………234

(1) 人間の安全保障に対するアジアの反応 (234)
　　(2) 中国と人間の安全保障 (236)
　　(3) アジアにおける人間の安全保障の可能性と限界 (238)
　4　保護責任 ………………………………………………240
　　(1) 介入の制度化 (240)
　　(2)報告書に対するアジアの反応 (242)
　　(3) 介入に対する規範の変化 (243)
　5　次なるステップ …………………………………………245
　付　録　保護責任の概要 ………………………………………247
注 (250)
引用・参考文献 (252)

第3部　グローバリゼーション・紛争・人間の安全保障 …………………257

第11章　9・11同時多発テロと人間の安全保障 …………………ムスタファ・カマル・パシャ…259
　　　　　　　　　　　　　　　　　　　　　（藤原　郁郎訳）
　　　――イスラーム世界からの解釈――

本章の梗概 (259)
　1　はじめに ……………………………………………………260
　　(1) 9・11事件後の新しい世界秩序 (260)
　　(2) 不確実な時代におけるイスラーム文化圏 (263)
　2　人間の安全保障再考 ………………………………………266
　3　ネオリベラル・グローバリゼーションとイスラーム世界 ……268
　　(1) 正統性の危機 (268)
　　(2) イスラーム復興と市民社会 (269)
　4　テロとの戦いと人間の安全保障 …………………………271
　5　結　論 ………………………………………………………274
注 (274)
引用・参考文献 (275)

第12章　南部アフリカにおける人間の安全保障 ……………… フセイン・ソロモン…279
（藤原　郁郎訳）
　——紛争解決における市民社会の役割——

　　本章の梗概 (279)
　1　はじめに ……………………………………………………280
　2　市民社会と紛争解決——市民社会の定義と紛争の歴史的考察——…281
　　（1）ジンバブエの闘争における市民社会の役割 (282)
　　（2）南アフリカの民主化闘争における市民社会の役割 (285)
　3　人間の安全保障と平和の全体像 …………………………289
　4　紛争解決における市民社会の役割 ………………………293
　　（1）早期警戒 (293)
　　（2）平和創設 (Peacemaking) (295)
　　（3）平和構築 (Peacebuilding) (299)
　5　まとめ ………………………………………………………301

　引用・参考文献 (302)

第13章　グローバリゼーション・人間の安全保障・「テロとの戦い」… ジョルジアンドレア（ジョルジォ）・シャーニー…305
（佐々木　章江訳）
　——南アジアへの影響——

　　本章の梗概 (305)
　1　はじめに——テロとの戦い—— ………………………306
　2　人間の安全保障と略奪的な (predatory) グローバリゼーション…310
　3　南アジアにおける経済のグローバル化 …………………312
　4　南アジアにおける民族宗教紛争 …………………………317
　5　おわりに ……………………………………………………324

　注 (327)
　引用・参考文献 (327)

第14章　アメリカの対外援助政策の特質 ……… 安藤　次男…331
　——人間の安全保障論とアメリカ帝国論にかかわって——

　　本章の梗概 (331)
　1　パクス・アメリカーナの変容とアメリカの外交パターン ……332

  (1) 孤立主義外交と国際主義外交 (332)
  (2) 外交の独自性を支える四つの要因 (333)
  (3) 思想的寛容性に乏しいアメリカの政治社会 (334)
  (4) 現状維持勢力と現状変革勢力 (334)
  (5) ネオコン (336)
 2 アメリカの対外援助政策はどのように形成されたのか………337
  (1) マーシャル・プラン (337)
  (2) 1954年相互防衛援助法と1961年対外援助法 (338)
  (3) 1973年対外援助法 (339)
  (4) 1985年グラム＝ラドマン赤字削減法と1990年代の冷戦の終焉 (340)
 3 対外援助の構造と政策決定のプロセス……………………341
  (1) 対外援助の構造 (341)
  (2) 政策決定のプロセス (342)
 4 対外援助政策の新たな方向………………………………343
  (1) MCA構想＝ミレニアム・チャレンジ・アカウント (343)
  (2) MCAの具体化 (345)
 5 アメリカの対外援助政策、人間の安全保障論、
  アメリカ帝国論……………………………………………346
  (1) 対外援助の理念と国益の認識 (346)
  (2) USAIDと人間の安全保障 (347)
  (3) アメリカ帝国論とのかかわり (348)
 引用・参考文献 (349)

あとがき………………………………………………………353
 索　引 (略語表)………………………………………………355 (356)

人間の安全保障：世界危機への挑戦

第1部
人間の安全保障をめぐる理論的課題

第1章　人間安全保障概念の検討
―― 重層の逆説 ――

1　本書のめざすもの
2　人間の安全保障論の登場と展開
3　「人間」と「安全保障」の概念的考察
4　人間安全保障論の批判的考察
5　本書の構成

佐藤　誠

本章の梗概

　国連開発計画が1994年に提起して以来、2003年の人間の安全保障委員会報告に至るまで、人間の安全保障は国際社会からさまざまな反応をもって受け止められてきた。本章では、その語義的解釈を踏まえて概念の批判的検討を行う。まず「人間」が、類的・集合的存在であって個とは異なること、弱者・強者は問わず人間すべてを包含すること、地球上の生命体すべてではなく人間を中心に据えるという意味でも人間中心主義であること、が論じられる。「安全保障」は、security より狭い概念であり、客観的な安全とは異なる主観的な言葉であって、安全－保障－危険の連関が不安のエスカレートを招きやすいことも確認される。以上を踏まえ、人間安全保障を構成する「欠乏からの自由」と「恐怖からの自由」が常に正の相関性をもつとは限らないこと、グローバル・アパルトヘイト論のもつ積極性と問題性が指摘される。人間と国民のアポリアは、アーレントの唱えた以上に重層的な逆説を秘めている。

1 本書のめざすもの

　今年（2004年）は、国連開発計画（UNDP）が人間の安全保障[1]を提起してから満10年にあたる。また緒方貞子（前国連難民高等弁務官・現国際協力機構理事長）、アマルティア・セン（ケンブリッジ大学トリニティ・カレッジ学長）両氏を共同議長とする「人間の安全保障委員会」（緒方＝セン委員会）の最終報告が出されてから1年がたった。冷戦後の武力紛争の増大、さらには21世紀冒頭に勃発した9・11同時多発テロとアメリカ合衆国を中心とする報復戦争は、平和と国際社会の秩序回復という課題をわれわれに突き付けている。同時に「戦後」のアフガニスタンやイラクにおいて止むことのない流血は、武力紛争という直接的暴力の背後に、膨大な人々に貧困と尊厳剥脱を強いる世界の構造があったことを、改めて教えた。

　人間の安全保障は、人々の生活・生命の平和と安定を「欠乏からの自由」と「恐怖からの自由」に求めることで、国家安全保障に替わる新たな平和への道筋を人々に指し示した。他方で、伝統的な安全保障論からの批判や反発も強い。こうした中で人間安全保障論については、国内でもすでに総合研究開発機構（NIRA）（勝俣編 2001）、東海大学（東海大学平和戦略国際研究所編 1998）、中部大学（中部高等学術研究所共同研究会 2002a；2002b；2003）などの諸グループによる研究成果が明らかにされてきた。われわれは、これら先達の成果を学びつつも、次のような独自の貢献をめざした。第一に、人間安全保障をめぐる議論について、その積極的肯定論だけではなく、独自の意義を否定する批判論も含めて、出発点に戻って議論を整理すること。したがって本書には、同一対象についても異なる評価をした論文が含まれている。第二は、海外の研究者に共同研究に参加してもらうことで、人間安全保障をめぐるグローバルな議論の見取り図を示すこと。それとともに第三に、日本政府が人間の安全保障を外交政策に取り込んでいる現状を踏まえて、カナダなどとの比較を通じて日本の政策的評価も折り込むこと——である。

　冒頭の本章では、概念としての「人間の安全保障」に焦点を絞って考察を行う。まずこの概念が国際社会にどのようにして登場し、受容されていったかをみた後、概念をめぐる議論と批判を考察する。そのうえで、以下の各章で

なされる理論的・実証的研究の概要を簡単に紹介したい。

2 人間の安全保障論の登場と展開

(1) 人間安全保障論の登場と国連ミレニアム報告

周知のように、人間の安全保障は1994年、UNDPの『人間開発報告書』での提起を契機に国際社会に登場した。同報告によると、これまで安全保障は、領土や国益を守ることなどもっぱら国家と結び付けられてきたが、これからは病気・失業・犯罪・政治的弾圧・環境破壊などの脅威から人々を守ることに、すなわち、領土偏重の安全保障から人間を重視した安全保障へ、また軍備による安全保障から維持可能な人間開発による安全保障へと、切り換えなければならない。それをめざす人間の安全保障は、恐怖からの自由と欠乏からの自由という二つの要素から成っている。それは世界共通・相互依存・早期予防重視・人間中心、という四つの特徴をもつ。人間への脅威に対する安全保障という側面からみれば、経済の安全保障・食料の安全保障・健康の安全保障・環境の安全保障・個人の安全保障・コミュニティの安全保障・政治の安全保障という七つの分野がありうる。これまでUNDPが推進してきた人間開発が人々の選択の幅を拡大する過程であるのに対して、人間の安全保障とは、そうした選択権を妨げられずに将来にわたって自由に行使できることである(UNDP 1994)。

やがて「人間の安全保障」は、国連でもコフィ・アナン事務総長などによって積極的に取り上げられるようになった。2000年8月に開催された国連ミレニアム・サミットでは、事務総長によるミレニアム報告書『われら人民』の中軸に「欠乏からの自由」と「恐怖からの自由」が据えられた。報告によると、いまや安全保障とは外からの攻撃に対する領土の防衛という以上に暴力からの個人の保護である。主権国家といえど人道への罪を正当化することはできず、大量虐殺の場合、武力介入は最後の、だが放棄できない選択肢である。ただし報告は、グローバリゼーションに伴う問題の噴出は世界政府や国民国家の衰退を意味するものではなく、国家は強化されねばならない、と強調した(United Nations Secretary-General 2000b)。アナンは人間の安全保障を、単に武力紛

争がないというだけでなく、個人にその潜在的可能性を発揮させる機会と選択を保障する人権、良き統治、教育や保健にアクセスできることなどを包括する概念であると説明している (United Nations Secretary-General 2000a)。

(2) 人間の安全保障委員会報告

このミレニアム・サミットでの事務総長の呼びかけと日本政府の支援を受け、国連は2001年1月、「人間の安全保障委員会」を発足させ、2003年5月、委員会は最終報告をアナン事務総長に提出した。

報告は、まず人間の安全保障を「人間の生 (life) にとってかけがえのない中枢部分を守り、すべての人の自由と可能性 (fulfilment) を実現すること」と定義する。生(生命／生活)の中枢とは人が享受すべき基本的な権利と自由だが、その具体的な中身は個人によっても社会によっても異なる。人間安全保障に先立ってやはり UNDP が提起した人間開発との関係については、両者ともに教育・寿命・社会参加など人間の生と基本的自由にかかわる概念であるものの、成長下の公平確保に光をあてる人間開発に対して、状況悪化の危険性を取り込むことで前者を補うものが人間安全保障であるという。

人間の安全保障と国家安全保障の関係については、人間の安全保障は四つの点で国家安全保障を補完するという。第一に、国家よりも個人や社会に焦点をあてていること。第二に、軍事力による脅威から国境を守る国家安全保障に対して、環境汚染・国際テロ・大規模な人口移動・感染症などの諸要因を安全への脅威に含めていること。第三は、国家だけでなく、国際機関・地域機構・NGO・市民社会なども安全保障の担い手としていること。第四に、その実現のため人々や社会の能力を強化すること――である。要するに、人間の安全保障なしに国家の安全保障は実現できず、国家の安全保障なしに人間の安全保障は実現できないが、国家だけではない多くの主体と制度が必要なのである。アナン報告が国家主権の限定性と最後の拠り所として人道的介入に言及したのに対して、委員会報告は警察や軍隊などの安全保障機関の再建を含む紛争後の復興開発の取り組みを強調した。

また報告は、狭義の武力紛争にかかわって、あくまで多国間戦略が必要であるとして短期的な「テロに対する戦争」を批判し、武力紛争下での人々の保

護としての「安全保障課題の中での人間安全保障の位置付け」「人道活動強化」「人権・人道法の尊重」「武装解除と犯罪抑止」「紛争予防と市民権尊重」の五つの政策を提示した。より具体的になされた提言の中には「紛争下の人々の保護」「武器拡散の抑止」「移動する人々の人間安全保障確保」「人間安全保障移行基金設立」「公正貿易と市場の発展」「最低生活水準の実現」「基礎保健医療の普及」「特許権の公平な国際システム構築」「基礎教育の完全普及」「個人の多様なアイデンティティ尊重」などの政策が含まれる（Commission on Human Security 2003）。

　委員会報告は、人間安全保障が人間開発を促進するものであり、平和・安全保障と開発を統合する概念であることを強調した。だが、注目すべきは、「恐怖からの自由」と「欠乏からの自由」の関係について「貧困と欠乏が暴力を伴う紛争とどのような因果関係にあるかを検証するには、慎重な考慮が必要である」として、一方的な正方向の相関性だけを強調しなかったことである。この点は後でさらに詳しく検討しよう。

　UNDPや国連総会での取り組みと併行し、先進国の中でも人間の安全保障を外交理念とする国が出てきた。とりわけ、重視したのはカナダと日本である。両国の外交政策における概念の解釈やその特質について詳しくは別章で明らかにされるが、その違いを大雑把にいうならば、これまで平和維持活動（PKO）を国際外交の柱としてきたカナダは人道的介入を、政府開発援助（ODA）を途上国外交の柱とした日本は経済・社会開発を強調する解釈を打ち出した（中部高等学術研究所共同研究会　2002a）、といってよいだろう。

3　「人間」と「安全保障」の概念的考察

(1)　「人間」とは何か

　「人間の安全保障」を概念として検討する場合、まず、そこでいう「人間」とは何であり、「安全」ないし「安全保障」とは何であるか、を考えなければならない。人間とは何か。辞書的にいえば、人間(human)とは人(man)に属するもの、霊長類人属(Homo)の派生、また神(god, divine)から区別されて人に属することを意味する(*The Oxford English Dictionary* 1978)。すなわち、神からも、地上の他の

生命体、とくに動物からも区別される類的・集合的存在である。そこでは、次の三点が問題になってくる。まず第一に、人間といった場合には、あくまでも類的・集合的存在として捉えた人であって、個々バラバラに独立した個人（individualあるいはperson）ではない。第二に、人間とはごく抽象的、一般的な人間すべてであって、そこでは性、階級、エスニシティ、弱者・強者などは問われず、人間すべてが包含される。第三に、人間を中心に据えるヒューマニズム（人間主義、人道主義）とは、神ではなく人間を出発点および到達点とするという意味で人間中心主義であるとともに、地球上のすべての生命体ではなく人間を中心に据えるという意味でも人間中心主義である。人間安全保障論をめぐるこれまでの議論においては、これらの諸点は必ずしも十分に理解されていない。

(2) 人間概念の問題性

　第一に、よくみられるのは、人間安全保障を個人安全保障とまったく同じものと捉える議論である。たとえば佐藤誠三郎は人間の安全保障を「人間一人ひとりの安全保障を、重視するべきだとする考え」としたうえで「国家の安全と個人の安全とが対立した場合、個人の安全を優先すべきであると主張する人が少なくない。しかしこれは間違った問題をつくり、見当はずれの解答を引き出している典型的な例である……国家の安全が保障されて初めて、個人の安全も守られる」という（佐藤 1999：7）。だが、UNDPが人間安全保障の七分野の一つに個人の安全保障を掲げる一方でコミュニティの安全保障も別の分野として列挙していること、また人間安全保障委員会報告が個人および社会の安全保障の重要性を強調していることに示されるように、人間安全保障は個人安全保障に矮小化されるものではない。

　UNDPや人間の安全保障委員会が指摘したのは、例えば特定の地域・エスニシティ・宗教集団に所属することで安全剥脱の脅威に曝されないこと、個人としてだけでなく集団としての人間が安全のうちに存在していけることの重要性である。人間安全保障と国家安全保障との関係についてはさらに論じる余地があるが、個人安全保障と国家安全保障を対立させる考え方が人間安全保障論だというのは、誤解である。

この点をとくに強調したのはキャロライン・トマスである。人間安全保障とは「目下流行のネオリベラル的意味合いで理解される『個（人）の安全保障』観念とは根本的に異なる。人間安全保障とは、リベラル的観念における競争と所有の個人主義からははるか遠く隔つ」ものであり「基本的な物質的要求が満たされ、コミュニティの生活への意義ある参加を含む人間の尊厳が実現されうる条件が存在すること」として描くことができる。すなわち、物質的条件を満たすことは必要だが、それだけで人間安全保障の十分条件となるものではない。物質的条件を十分に満たす量の側面とともに、個の自立・自らの生活生命の管理・コミュニティへの参加によって成し遂げられる人間の尊厳という質の側面が大切なのである(Thomas 2000：6)。

　なお、社会や制度のダイナミズムを分析する場合においても、究極の構成単位である個人にいかなる効果や影響がもたらされるかを忘れてはならず、その意味においてセキュリティ論では個人が最終的な参照点になる、というウィン-ジョーンズの指摘（Wyn-Jones 1999：115）は、人間を個人に矮小化してはならないというわれわれの考え方と対立するものではない。むしろ彼がいうように、全体は部分の和ではない、という点が重要なのである。

　人間安全保障を個人安全保障と捉える見方は、人間安全保障論者の中にもみられる。加藤朗は「個のレベルにおいて人間を安全保障の対象とする『人間の安全保障』」と理解する。その背景には、「安全共同体、政治共同体、経済共同体、文化共同体としての国家」と個人という二元論がある（加藤 1999：170）。国家がこれらの機能をもつ共同体であることは確かだとして、これらの機能をもつ共同体は国家以外になく、国家がそのまま個人に対峙するだろうか。この点では武者小路公秀が、国家以外にもNGO、フェミニスト運動、EUをはじめとする超国家機構などさまざまな安全共同体が機能しており、とりわけグローバリゼーションのもとで「インフォーマルな安全共同体」が大きな意味をもつようになってきたことを強調している（武者小路 2003）。この問題は、後で検討する人間と国民の違いにもかかわってくる。

　第二の問題は、すべての人間を対象とする安全保障論であるとすると、強者も弱者も等しく扱われることになることである。だが、例えば経済安全保障において、何カ国ものGDPを上回る資産の持ち主と1日1ドル以下で生活

している生存線上の貧者とが同じ脅威に直面しているといえるだろうか。武者小路はこの点に関連し、真正の人間安全保障においては弱者中心の原則を守るべきであるという。「ジェンダーでは女性、近代化では先住民族、工業化では生存農業、階級では労働者、力関係では差別するものよりされる者、その立場で人間の安全を考えることが必要である」(武者小路 2001：ii)。この場合、重要なことは、女性、先住民、等々の固定した集団を人間安全保障の対象たる絶対的な弱者として先験的に措定することではないであろう。政治権力・経済的富・社会的地位をもつ女性よりも政治・経済・社会的に劣位な男性はいくらもいる。誰が弱者であるかは、歴史的な文脈を背景に客観的状況と主体間の力関係によってしか理解されないからである。武者小路の別の表現をかりれば、人間安全保障は、ピープル・セキュリティ（人民安全保障）であり、ピープル・センタード（人民を基軸とする）安全保障であるべきだ、ということになる。そこで重要なのは、弱者を保護するのではなく、人民をエンパワーメントすることである(中部高等学術研究所共同研究会 2003)。

　第三の問題は、近代における人間中心主義のもつ病弊そのものにかかわっている。あくまで西欧近代に限っての話ではあるとしても、かりにニーチェのいうように「神は死んだ」とすれば、人間は人間そのものの生死を含めてすべての行いを許容されることになるのか。この哲学・道徳・宗教上の大問題と向き合わないまま、地球上の人類を絶滅させることのできる大量破壊兵器を製造した現代人が、クローン技術により人間そのものの人工的製造を試みるに至ったのは一つの必然といえないだろうか。神を殺した人間はその一方で、神とともに人間から区別される地上の他の生命体をも殺しつつある。人間の際限のない物質的欲望を充足させるための科学技術の発達が、生態系を破壊し地上の種を絶滅させているからである。だが、このエゴイスティックな人間中心主義は結局、生態系の破壊によるブーメラン現象となって人間そのものを破滅させていく。人間安全保障はしたがって、人間だけの安全保障であってはならず、他の生命体とも、他の神々とも、共生する人間の安全保障でなければならない。それはまた、特定の神だけを強制すること(宗教的過激主義)でも、特定の生命種を絶対視すること(エコロジー過激主義)でもない。

(3) 「安全」概念と「安全保障」概念をめぐる問題

　安全保障と訳される security は、形容詞および動詞 secure の名詞形である。secure はラテン語の securus に由来し、心配や不安＝cura (care) が無いこと＝se (without)、つまり危険から隔てられ安全であること、疑いをもたずに確かであると感じていることを意味する。その発展形として時には不注意、自信過剰という意味にもなった (*The Oxford English Dictionary* 1978)。同じように安全に関する言葉である safe が、傷つけられない・けがをしない・害されないこと、危険から免れること・危険に曝されないこと、等々、客観的な条件を前提としているのに対して、secure は当事者が安全と感じるという主観的な受け止めに基づく言葉である。security は、安全・安心だけでなく、警備、保安、防護物、さらには保証金、担保、有価証券などの意味を備える多義的な言葉である。国防に替わる言葉としての安全保障という意味で security が広く使われるようになったのは、多国間同盟に基づく集団的自衛システムが導入された第一次大戦以後のこととされる (佐藤 1999；中西 2001)。

　以上のような security の語義およびその訳語としての安全保障にかかわっては、三つの問題を指摘したい。第一は、security が幅広い概念であるのに対して、日本語の安全保障は国防や自衛権にかかわる限定された文脈で使用されてきたということである。加藤秀俊のいうように、そもそも安全保障という言葉は普段の日本語ではない (中部高等学術研究所 2002b)。国家安全保障にも家屋の防犯にも担保や証券の意味としても使用される security 概念の本来的な性格からすれば、人間の安全保障という場合の「安全保障」が国家安全保障などの意味における安全保障に限定される必然性はない。

　第二の問題は、安全と安心の違いにかかわる。加藤によると、普段の日本語で安全保障に一番近い言葉は安心である。安全の反対語は危険であり、危険を未然に防ぐのが保障である。これに対して安心の反対語は心配であり、心配をしないで済むように用心する。安全－保障－危険という一群の言葉は環境・装置にかかわり、対する安心－用心－心配という一群の言葉は主体・精神にかかわっている (中部高等学術研究所 2002b)。

　重要なことは、この両者の系列が必ずしも正方向の相関性をもって対応しないことである。加藤のあげる例えを借りれば、飛行機という装置に絶対安

全な仕組みを施したとしても、墜落を心配する搭乗客がいなくなるとは限らない。逆に客観的にはきわめて危険なことをしているのに、泥酔してまったく不安を感じない人間もいるかもしれない。ブザンがあげる別の具体例でいうならば、1963年から1982年にかけて、アメリカ合衆国では銃犯罪によって44万人が殺され、170万人が傷ついた(Buzan 1991：44)。だが、アメリカ人はこの脅威を冷戦の相手方から受ける心理的脅威ほど真剣に受け止めて銃規制に取り組むことはなかった。

　Security＝安全保障は、主体が脅威を感じる主観性に依拠する。したがって、そこではまず脅威を感じる主体が誰であるのかが問われなければならない。問題とされる脅威の存在する地域の住民なのか、権力者なのか、それとも国際機関なのか、さらには強制力を行使できる覇権国家なのか。その主体によって脅威とするもの、脅威を感じる程度が異なることは十分に考えられうる。さらに突き詰めていうならば、そもそも感じる脅威の程度を量的に測定することは可能なのだろうか。可能でないとすれば、例えば国際機関が一つの物差しで脅威－安全を判断、測定することに意味はあるのだろうか。

　第三に、安全－保障－危険の連関は、加藤秀俊のいう「イタチごっこ」になりやすい。ある危険に対して安全を保障するシステムを開発すると、それを破るものが出てくる。そうするとより強固な安全を保障する高次システムの開発が進められるが、それもやがて破られる。そうなるとさらに……というようにエスカレートして尽きることがない。一方の安全保障が他方には不安全要因と受け止められて軍備増強などの対抗力増大を引き起こすという安全保障のジレンマは、アナーキーとされる国家間システムだけに起きるとは限らないのである。武者小路は、こうしたインセキュリティ(不安全)の相互作用を防ぐためにも、異なるアイデンティティ集団間に「共通の人間安全」意識を育てる教育が必要だという(中部高等学術研究所 2003)。

4　人間安全保障論の批判的考察

(1)　欠乏からの自由と恐怖からの自由

　人間の安全保障は、UNDPの提起からアナン報告、人間の安全保障委員会

の報告に至るまで、欠乏からの自由と恐怖からの自由を表裏一体の構成用件として捉えてきた。人々が貧困な状態にあることで乏しい資源をめぐる紛争が生まれ、他方で武力紛争や戦争による人命と物資の大量破壊は経済・社会を打ち壊して人々の生活を貧困に陥れる。この貧困と暴力の悪循環という構図は、世界の現実からも裏付けられているかにみえる。実際、2001年に起きた24の大規模な武力紛争の大半は後発発展途上国 (LDC) の集中するアフリカで起きており、2002年に人間開発指数の最も低かった20カ国中、16カ国で紛争中ないし紛争が終結したばかりであった (Commission on Human Security 2003：21)。理論的にも、暴力とは直接的(人為的)暴力だけでなく、人間のもつ潜在的可能性の実現を妨げる社会構造すなわち間接的 (構造的) 暴力も含み、直接的暴力をなくす消極的平和だけではなく間接的暴力をなくす積極的平和が実現してこそ真の平和が実現すると説いたガルトゥングの構造的暴力論は、発展・開発と平和の緊密な連関を論じてきた(Galtung 1969)。

　だが、両者は常に正方向の相関性を示すものなのだろうか。欠乏からの自由の度合いが高い所ほど、恐怖からの自由の度合いも高く、また逆に恐怖からの自由の度合いの高い所ほど欠乏の自由の度合いも高いのであろうか。UNDPのあげる欠乏の脅威としての飢餓・病気・貧困は、経済・社会開発の克服対象でもある。開発が進むと貧困だけでなく暴力もなくなっていくものなのだろうか。

　ネパール・カトマンズの移動労働者やスクワッターを分析した久保祐輔は、これらの人々の経済安全保障が向上しても追い出しや性的虐待の恐怖に曝されることがかえって多くなったことを指摘し、人間開発が安全保障に貢献しないばかりか人々の安全を脅かすことすらあると注意を促す (久保 2001)。たしかに歴史を遡って考えれば、ナチズムは、第一次大戦で疲弊したとはいえ教育水準や科学技術水準では世界有数の高さを誇るドイツで生まれ、第二次大戦を引き起こすことで周辺国や少数民族、さらには自国民の安全を破壊した。同様に、アジアで最初の近代国家建設を成し遂げた日本は、太平洋戦争によって自国民と周辺諸民族の安全を奪った。相対的に欠乏からの自由度の高いことが、恐怖からの自由においても高い水準を保障するとはいえない。

　両者の相関性を評価しようとすれば、それぞれの達成度を数値化してその

相関関係を測定することが求められる。だが、恐怖からの自由度にしろ欠乏からの自由度にしろ、そもそもどこまで数値化できるものなのだろうか。GNPだけを発展の指標とする経済成長中心主義を批判してUNDPは教育や保健医療水準を組み入れた人間開発指数を考案した。だが、評価基準を一つから三つにしたとしても開発・発展が数値化・序列化できる、すなわち単一の基準による量的比較ができるという一元的偏差値思考に立っている点ではGNP指標と変わりはない。序列化した数字は一人歩きしやすい。欠乏の自由度におおよそ対応する人間開発指数ですら、このような問題を抱えているとすれば、恐怖からの自由度はさらに普遍的に数値化することが困難ではないか。すでに論じたように、何を安全－安心とみるかは、個人・集団によって著しく異なる。もちろん、数値化の困難さは欠乏からの自由、恐怖からの自由という認識そのものが無意味だということを意味するものではない。にもかかわらず、「近代化論に裏打ちされた開発経済モデルは、欠乏からの自由が恐怖からの自由を自動的にもたらすと、われわれに錯覚をさせている」（久保2001：155）という批判が妥当するような、単線的発展モデルに陥りやすい側面を人間の安全保障論が潜在的に秘めていることは自覚しておいたほうがよいだろう。

(2) 「グローバル・アパルトヘイト」か？

　欠乏からの自由と恐怖からの自由をめぐる一見すると単純で実は複雑な相関関係を考えるうえで参考になるのは、民主主義国家は相互に戦わないから民主主義国家を増やせば世界平和は実現するというデモクラティック・ピース論に対して行った土佐弘之の批判である。民主主義諸国－非民主主義諸国の区分が平和圏－紛争圏の区分と重なるという指摘をかりに受け入れたとしても、それと世界システムの中心－周辺構造とはいかなる関係にあるのかという問題が無視されている、というのである。民主主義制度が中心において安定し周辺においては維持が困難であるというのなら、民主主義の拡大のためには中心－周辺の格差縮小こそが問われなければならないのではないか。現在の世界状況は極論すれば「世界システム中心部における自由は、周辺における一種の奴隷状態の上に成り立っている」「グローバル・アパルトヘイト

体制」(土佐 2003：150)である。

　ここでいうグローバル・アパルトヘイトが、南アフリカ共和国で1994年に全人種参加総選挙が実施されるまで(主要な立法撤廃では1991年まで)続いた人種差別制度「アパルトヘイト」のアナロジーであることはいうまでもない。たしかに、世界人口の豊かな5分の1が国内総生産の世界合計の86％を占める一方で、貧しい5分の1はその1％を占めるにすぎず、世界で最も豊かな3人の資産がすべてのLDC諸国をあわせた6億人の国民総生産を上回るというような状態(UNDP 1999)は、異常としかいいようがない。この異常かつ不公正な格差を表現するのに、アパルトヘイトという言葉は強いイメージを喚起する。

　だが、グローバル・アパルトヘイトとはどのような状態を指すのか、必ずしも論者は一致していない。リッチモンドは「貧しい発展途上国からの移民と難民に対する差別に基づくグローバル・アパルトヘイト」(Richmond 1994：208)と述べ、ボンドは「グローバルな不均等発展・不平等・財政危機」(Bond 2001：vii)を強調する。こうした場合、本来のアパルトヘイトは「人種間の政治経済的差別構造を、人の移動の制限と地理的な隔離によって固定化しようとした」(遠藤 2002：23)ものとして理解されている。たしかに、これはアパルトヘイトの一側面である。同時にアパルトヘイトは、隔離(segregation)一般からは区別される南アフリカの特定の時代に生じた歴史的現象であった(Wolpe 1988)。それは、白人(ヨーロッパ系住民)地域(工場、鉱山、農場、家庭)で働く黒人(アフリカン・カラード・アジア系)労働力の流入管理と、黒人居住区の隔離が表裏一体となった労働力動員システムであった。非労働力は隔離するが、生産労働力はパス法などを通じた暴力的な管理で流入させられたのである。

　もしも「グローバル・アパルトヘイト」論が、現在の世界理解になにがしかの貢献をなしうるとすれば、歴史的アパルトヘイトの正当な理解に立ったものでなければならない。それは、現在の世界の一方における表面的な平和と安定は、他方の紛争と貧困から隔離されうるものではなく、両者は不安定な構造的連関に立っているという自覚である。貧しい「紛争圏」から隔絶した豊かな「平和圏」という二分法は幻想である。

(3) 人間と国民

　人間安全保障の「人間」が、地域、性、エスニシティ、階級などを区別しない人間一般の概念であること、とりわけ弱者も強者も一緒にしていることの問題性についてはすでにみた。同様に問題になるのは、人間と国民の関係である。土佐は、人間安全保障が外交政策の対象になっていることに触れて、国境を「維持する外交が、境界を越える普遍的ヒューマニズムを推進するというのは、明らかな矛盾」であるという（土佐 2003：119）。土佐によると、それはハンナ・アーレントが「ヒューマニズムのアポリア」と呼んだ問題、普遍主義的な人権思想（人間）と国民国家（国民）との間のズレの問題と通底する。国家と国民の隠れた矛盾は、最初の国民国家フランスが誕生した時「人権宣言を至高なる人民の意志の、つまり特殊国民的主権の宣言と結び付けたとき」にすでに顕れていたと、アーレントはいう。普遍的たるべき人権が「解放戦争と国民的歴史によってこれを闘いとった主権者たる人民の特殊国民的権利であると主張された」からである（Arendt 1968＝1981：176）。

　人間の安全保障論に対する土佐の批判は、その普遍的ヒューマニズムの背後に国民と同じ同一化－排除の論理が潜んでいるのではないか、という点に向けられる。人権という普遍的概念や国連ヒューマニズムではそれは解決ができず、背後に潜む排除の論理を克服して正統性の危機に直面する一国民主義を改編していかなければならない。ヘルド（Held 1995＝2002）らのコスモポリタン民主主義論も踏まえて、土佐は、グローバル・ガバナンスという「上から」の地球民主主義とともに「下からの」社会運動による地球民主主義、領域にとらわれない非領域的民主化が必要であるという。その具体的な例としてあげられているのは、サイバースペースやトランスナショナルなネットワークの活用による「市民社会の脱領域化つまりグローバル市民社会の形成」である（土佐 2003：162）。たしかに、国家、国際機関が排除の論理に走らないよう、越境的な市民運動が一定の影響力を及ぼすことは不可能ではない。だが、脱領域的グローバル市民社会だけで特定国家領域内の住民の安全が保障されるものなのだろうか。

　国家安全保障と人間安全保障の連関について大芝亮は、両要因それぞれの高低に応じた四つの状況が理論的にはありうるという（大芝 2001）。だが、国

家安全保障が高くても人間安全保障が低い抑圧的安定国家はたしかに存在するが、近代国家建設に失敗し国家安全保障が低くても地域社会が安定し人間安全保障が高い状況は、本当に存在するだろうか。かりにそうしたミクロ・パラダイスが存在したとして、それが人間安全保障の一般的モデルとなりうるだろうか。

　アーレントが第一次大戦後の東欧にみた人権思想と国民国家のズレは、主権国家体系が地球を覆い尽くしたことで世界大の問題となった。現在、それが最も顕著であるのは、「サハラ以南のアフリカやアジアの一部地域で見られる主権国家の崩壊、破綻といった現象」である、と土佐はいう（土佐 2003：117）。アフリカについてのみしばしば使われる傾向のある「破綻国家」という表現には注意しなければならないが、例えばソマリアで中央政府が有効な領土支配をなしえなくなっていることは事実である。暴力装置を独占してきた中央政府の弱体化の結果、住民の生活と生命の安全はかえって悪化させられた。住民たちの安全の回復・復興が「地球民主主義」と「越境的市民社会」だけで成し遂げられるとは考えにくい。地球社会と地域社会の間に厳然として存在してきた国家の存在から目をそむけ続けることはできないのである。カルドーのいうように、組織的暴力の変容は中央集権的な上からの解決ではなく下からの参加による解決を求める。と同時に、長期的な解決には、正統性の回復、公的な権威による組織的暴力の管理がどうしても必要になってくる（Kaldor 1999＝2003）。その正統性回復は住民が参加することによってのみ実現される。地元に根ざした国家を排除した「地球市民社会」は、別の普遍主義にならないだろうか。

　人間と国民のアポリアに解を示すことはできるのだろうか。デニズン・二重国籍者・定住者・難民など境界領域の増大によって国民の排他的性格は揺れている。だが、それでいて国家を排除したまま抽象的な人間の安全を保障する主体を現実の世界はいまだ築けていない。国家の正統性回復が（国民だけにとどまらぬ）人間の安全保障に不可欠であるとするならば、人間と国民、人間と国家は、容易に解を見出すことのできぬ重層的逆説関係にある。

5　本書の構成

(1) 各章の内容

　本章を含めて本書は3部門、計14章から成っている。このうち、第1部（1～6章）は人間の安全保障をめぐる理論的な課題、第2部（7～10章）は日本とカナダの外交政策における人間安全保障の位置付け、第3部は（11～14章）グローバリゼーションと武力紛争の中で、イスラーム世界を含む途上地域および「帝国」たるアメリカが、人間安全保障をめぐるどのような現実に直面しているか、を論じている。以下、2章以下の内容を簡単にみてみよう。

　国際法の観点から人間の安全保障を考察したのが、山形論文（2章）である。冷戦終焉で生まれたとされる人間安全保障論は、実際には国連成立期にまで起源を辿ることができる。ただし、その内容となると、さまざまな権利の総体あるいは平和的共存権などとして説明され、従来の人権論の範囲を越えるものではない。現在の国際秩序がグローバリゼーションによる限界に直面する中で、かりに国家主権を無視してでも実現すべき課題として人間安全保障が提起されたとすれば、そもそも国際法上の人権で説明しようとすること自体、意味をもたなくなる。主権国家から成る国際社会を前提とする国際法にとって、人間安全保障論が大いなる挑戦であることを論文は認める。だが、人間安全保障を掲げてなされる人道的介入が、実際にはいぜんとして国家（他国）による軍事的介入であり、実施主体としての主権国家を前提にしている点に、大きな陥穽がある、という。

　人間安全保障論、とくに緒方＝セン委員会報告書の意義を評価しつつも、そこでの国家の役割が曖昧であることを批判する点は、ウィットマン論文（3章）も同じである。人々の安全を守れない国家、腐敗・弱体・解体しつつある国家という非難の正当さを認めつつも、国家の消滅が人間安全保障により良い状態をもたらすことはない。国家に替わるアクターの増加は確かだが、それが必然的に弱者の利益につながるとは言い切れない。むしろ、国家の新たな方向性を示すことが重要ではないのか。ここからウィットマン論文は一歩進め、その国家を動かすものが構成員としての人間であること、であるならば、一人一人の人間を動かす価値体系や社会的過程を変えていく必要がある

ことを指摘する。つまり、人間の安全保障を支える方向に国家を変えていくためには、われわれ一人一人の価値観の転換が必要になるのである。

　小林論文(4章)は、グローバリゼーションの中で政治と国家をめぐる暴力が変容しつつあり、人間の安全保障概念はそれを背景に生まれたとみる。国家とは物理的および非物理的な強制力の独占的行使を認められた政治組織であり、近代国家は国内での強制力への依存を弱めたものの、国際関係ではなお強制力行使が維持されてきた。グローバリゼーションの進展により、国家の行使する強制力の中では非物理的強制力が比重を高める一方、国家以外の政治組織が非物理的・物理的強制力を行使することが目立つようになった。暴力の契機は政治社会外部にも拡散しており、その結果、国内と国際の区別が曖昧になっている。人間の安全保障概念は、安全保障の担い手が国家だけに限らなくなったことを主張することでこうした変化を反映したものの、暴力の予想以上の変化を十分に捉え切れておらず、国家安全保障概念に根本的再検討を迫るまでには至っていない、という。

　大島論文(5章)は、環境の観点から国家安全保障と人間安全保障を比較検討し、安全保障を評価する。国家安全保障の最高の手段である軍事力は、本質的に環境破壊的な性格をもつ。軍事力行使は自然・都市環境の破壊を伴わざるをえないのみならず、環境破壊を目的にした軍事行動や防衛のための環境破壊すらある。「環境保全」的な軍事力行使はありえないのである。だとすれば、軍事力に依って立つ国家安全保障は、根本的に環境保全と両立しえない。平時においてもそれが変わらないことを、沖縄やフィリピンの米軍基地の現実は教えている。では人間の安全保障は、環境の視点からどのように評価されるのか。大島論文は、UNDPの人間安全保障論における環境の捉え方を批判した後、人間安全保障において環境は客体を成し人間の主体的行動を規定する、と説く。環境をめぐって、国家安全保障と人間安全保障は厳しく対立するのである。

　人間の安全保障(human security)という概念は、「人間」とは何か、という問いを必然的に投げかける。龍澤論文(6章)はこの問いに、ヒトが尊厳ある人間としてではなく「もの」として扱われかねない、ヒトを対象とするバイオテクノロジー、クローニングについて詳細に検討することで、答えようとしている。

生物学的な種である人間(human being)は、個別的存在としての個人(individual あるいは person) とは異なるものの、神から特別に許された尊厳を有するとされてきた。ところが、クローニングは、特定の個人または集団の選別を可能にすることによって、人間の尊厳と人権を根本から揺るがす可能性を秘めている。人間の安全保障の中核に人権がある以上、クローニングは人間の安全保障にかかわる重大問題である。いま重要なことは、科学的研究の自由の制限に一般市民の倫理を反映させることであり、それが人間安全保障に生命倫理を位置付けることにもなる、という。

　黒澤・川村論文(7章)は、日本の援助外交における人間の安全保障政策の登場と定着を跡付けることで、援助外交全体にもたらされた意味を論じている。国際社会における援助政策からみた場合、人間の安全保障論は、経済協力開発機構開発援助委員会（OECD/DAC）の新開発戦略や国連ミレニアム開発目標などを通じて、開発と平和を一体のものとして捉える考え方が登場するなかで広まっていった。日本においても小渕内閣以後、新開発戦略と連動するODA 改革の中で人間安全保障が強調されるようになり、2003年の ODA 大綱改訂では基本方針の一つに組み入れられた。そこではとりわけ平和構築が重点課題として掲げられるようになったが、中立性の維持確保や紛争介入への懸念なども国民からは示されている。今後は、安全確保のための個人や社会の能力をいかに高めていくか、平和構築と開発援助の適切なバランスをいかに確保していくか、が重要になるという。

　これに対して、同じく日本政府の人間安全保障論を論じた野崎論文(8章)は、人間の安全保障が対外政策の主柱とされてきたことそれ自体を批判する。そもそも人間安全保障論は、どのような人間・集団を保障の対象と想定しているか、どのような国家を想定して個人と国家の関係を論じているか、現実の国家と国際社会の性格をどのように踏まえているか、によって、同じ名称で呼ばれながらも見解を異にするさまざまな型がある。人間の安全保障は、国境に捉われないことを特徴とするのに、日本政府の人間安全保障は、対外政策に組み込まれることによって、人間安全保障の対象を国境の内と外で分けることになった。論文がとくに事例として言及するのは、移民や外国人に対する差別である。こうして日本政府の掲げる人間の安全保障は、国境の内側

にある人間を人間と人間でないものに選別し、後者の直面する問題を人間安全保障の視野から外した、と野崎論文は批判する。

マクリーン論文(9章)は、日本と同じく人間安全保障を外交政策の柱としながら、ODA 中心の日本とは対照的に文民保護を重視することでも知られるカナダの人間安全保障政策の特徴を明らかにしようとしている。カナダにとって人間安全保障は、国家安全保障に代替するものではなく、むしろ国家安全保障・国際安全保障の論理的拡大であり、両者は相補的な概念として理解されている。UNDP の基準は政策として適用しにくいうえ、武力紛争が住民にもたらす脅威に十分な注意を払っていない。したがって、カナダにとっては文民保護・平和支援・紛争予防などが優先事項となる。その論理的展開として、カナダの人間安全保障では、軍事力の役割が低下するどころか、文民保護のための軍事威嚇や武力行使を伴うこともありうる、という。論文はまた、人間安全保障がカナダの通商政策などにも影響を与えていることを指摘している。

アジアの人間安全保障論を検討したエヴァンズ論文(10章)も、前半部分で人間安全保障論全体をめぐる議論とカナダ政府の政策について論じている。人間安全保障論は二つのグループに大別される。第一は、「恐怖からの自由」と「欠乏からの自由」をともに重要であるとみる広義のアプローチで、日本や緒方＝セン委員会が属する。第二のグループは、暴力的な紛争における個人・共同体の保護に焦点をあてる狭義のアプローチで、カナダ政府が含まれる。国家が最善の安全保障を提供するという立場からアジア各国の反応は従来、懐疑的であったが、1997年の通貨危機以後、少しずつ変化がみられ始めた。タイが人間の安全保障省を設立し、中国も非伝統的安全保障という形で関心を示している。全体としてはいまだアジアの安全保障論においては少数派であるが、今後も関心は高まっていくであろう。こうした中で、二つのアプローチの議論は収斂する傾向をみせている、という。

パシャ論文(11章)は、アメリカ合衆国による対テロ戦争の攻撃対象となることの多い「イスラーム文化圏」が、新自由主義的グローバリゼーションと対テロ戦争でどのような状態に陥ったか、その中で人間の安全保障がどのような困難に直面しているかを論じている。そもそも人間の安全保障は、人間に

かかわる普遍的な要求を特定の歴史文化的文脈において実現することをめざす点で、物質的側面のみならず人間の尊厳・文化への尊敬といった非物質的側面をもつ。ところが、新自由主義の浸透は「イスラーム文化圏」の尊厳を傷つけ、開発能力の衰退、富の偏在をもたらした。これに対テロ戦争が加わることで、軍事的安全保障の偏重や「テロとの戦い」を口実にした政治的抑圧など、圏内の人間安全保障を取り巻く状況はさらに悪化することになった。ある地域の秩序崩壊は他の地域にも波及する。「イスラーム文化圏」における人間の安全保障の現実がどうなるかはグローバルな意味をもつ、という。

　南部アフリカを対象に、人間の安全保障に果たす市民社会の役割を論じたのが、ソロモン論文（12章）である。人間の安全保障は、軍事中心の伝統的安全保障と比べてより幅広い側面をもつ統合的なアプローチであり、非軍事的側面を含むがゆえに市民社会など多様なアクターが必要とされる。この場合、市民社会とは、西欧近代における理解とは異なり、伝統的な村落社会における霊媒なども含む幅広い組織や制度として理解されている。ジンバブエの解放闘争と南アフリカの反アパルトヘイト闘争では、市民社会が国家と対峙しつつ暴力の終焉に大きな役割を演じた。一般的に紛争解決から平和構築への過程は単線的な段階を追うのではなく、和解調停と復興開発が並行して進むことを示しており、そこでは市民社会が特に重要な役割を果たす。中でもNGOは、国家と緊密に協力しつつ早期警戒、調停、平和構築の三つの分野で不可欠の役割を果たす、という。

　シャーニー論文（13章）は、インドを中心とする南アジアを舞台にグローバリゼーションと経済自由化のもたらした政治・経済・社会的インパクトを描き出し、人間の安全保障の果たしうる可能性を検討している。経済自由化によってインド経済は成長したものの、その恩恵に浴したのは産業資本家・富農・都市中産階級などであり、構造調整の代償を払うことになった貧困層との格差は広がった。同時にグローバリゼーションは政治風土も一変させ、ネルー時代の世俗的社会主義が退場するとともに民族的宗教観念の復興がもたらされた。時にそれはヒンドゥー・ナショナリズムとイスラームとの暴力的衝突すら招いている。とはいえ、従属論的な世界市場からの南アジアの退場は、もはや現実的な選択肢にはならないであろう。そこではグローバリゼー

ションという事実を踏まえて人間安全保障を実現することが、最悪の事態を回避させることになる、とシャーニー論文は結ぶ。

　開発援助にかかわって語られることの多い人間の安全保障を、世界最大の援助供与国アメリカ合衆国の外交から論じたものが、安藤論文(14章)である。9・11同時多発テロ以後のアメリカ外交は、伝統的な孤立主義を色濃く受け継ぐ。アメリカの唯一超大国化がその原因と説明されるが、実際にはアメリカの経済力・政治力は相対的に低下しており、これに危機感を抱く現状変革派こそいわゆるネオコンである。9・11後、ブッシュ政権は開発援助を外交・防衛とならぶ安全保障の三本柱の一つとして位置付け、民主主義と人権、経済的繁栄と安全保障の結合などを掲げた。そこにはアメリカ主導による途上国のグローバル経済編入という目的がある。とはいえ、アメリカの政策を国益論だけで説明するのは困難であり、アメリカ帝国論はその間隙を埋める。これに対して人間の安全保障論は、途上国に対してだけでなく、アメリカ国内の人権の向上をも求める理論となっている、という。

(2)　今後の研究課題

　一寄稿者としての筆者の概念批判はすでに行ったところであるが、ここでは編者としての立場から、人間安全保障をめぐり今後さらに深めていくべき課題として何が本書全編で提起されたのか、三点に絞って簡単に述べてみたい。

　まず第一に、人間安全保障論の積極的な提起を受け止めたとしても、その安全を担うべき主体については、なお大きな議論の余地が残されている。とりわけ国家の果たす役割については、懐疑論と再評価する捉え方が入り組んだ。環境論の立場から国家安全保障と人間安全保障は対立するという指摘がなされた一方で、ソマリアなどの現実は、国家の崩壊によって実は弱者こそが剥き出しの暴力に最も苛(さいな)まれることを示している。さらに、覇権国家アメリカにおいても、要塞都市に象徴される治安の私化によって弾き出されるのは弱者・貧困者である。こうした現実と市民社会の積極的な貢献とをどのように評価していくべきであろうか。

　第二に、安全保障における国家の役割を考える場合、当然ながら強制力(暴

力)の正統的独占体たる近代国家の性格抜きに論じることはできない。とりわけ、正統な強制力の担い手である軍隊や警察が果たす役割については、率直にいって本書でも十分に論じ尽くされたとはいえない。平和研究の立場からみれば、戦後、日本で平和研究が先駆者によって着手されて以来40年近くがたつが、この点はいぜんとして深めるべき課題として残されている。

　第三に、アフリカ、南アジアなどのLDC地域の現実は、人間安全保障の悪化の背景に（客観的歴史条件ではない）新自由主義的な意味におけるグローバリゼーション（あるいは新自由主義イデオロギーとしてのグローバリズム）があることを明瞭に示している。われわれはあらためて世界銀行・IMFが主導した構造調整政策の功罪を考えずにはいられない。冷戦終結を21世紀の武力紛争とテロリズムの出発点に据える議論が常識化しているが、構造調整と新自由主義的意味あいにおけるグローバリゼーションが10年以上も前にその種を蒔いていたのではないか。それが破壊したものは、国民的・地域的経済システム以上に、人間の尊厳と文化の多様性ではなかったか。人間安全保障のもつ非物質的価値についてわれわれは根本から検討し直す必要があるのではないだろうか。

注

(1) Human Securityの訳語としては「人間の安全保障」と「人間安全保障」の二つがある。本章および本書では統一せずに状況に応じて使い分けた。

引用・参考文献

Arendt, Hannah 1968, *The Origins of Totalitarianism*, Harcourt Brace and World ＝1981 大島通義・大島かおり訳『全体主義の起源 2 帝国主義』みすず書房。

Bond, Patrick 2001, *Against Global Apartheid : South Africa Meets the World Bank, IMF and International Finance*, University of Cape Town Press.

Buzan, Barry 1991, *People, States and Fear*, Lynne Rienner.

Commission on Human Security 2003, *Human Security Now*, Commission on Human Security ＝2003 人間の安全保障委員会事務局訳『安全保障の今日的課題——人間の安全保障委員会報告書』朝日新聞社。

Galtung, Johan 1969, "Violence, Peace, and Peace Research," *Journal of Peace Research*, VI＝1991 高柳先男ほか訳『構造的暴力と平和』中央大学出版部。

Held, David 1995, *Democracy and the Global Order: From the Modern State to Cosmopolitan Governance*, Polity ＝2002 佐々木寛ほか訳『デモクラシーと世界秩序——地球市民の政治学』NTT 出版.

Kaldor, Mary 1999, *The New and Old Wars: Organised Violence in a Global Era*, Stanford University Press ＝2003 山本武彦・渡辺正樹訳『新戦争論——グローバル時代の組織的暴力』岩波書店.

Richmond, Anthony H. 1994, *Global Apartheid: Refugees, Racism, and the New World Order*, Oxford University Press.

Thomas, Caroline 2000, *Global Governance, Development and Human Security*, Pluto.

UNDP 1994, *Human Development Report*, Oxford University Press.

UNDP 1999, *Human Development Report*, Oxford University Press.

United Nations Secretary-General 2000a, "Secretary-General Salutes International Workshop on Human Security in Mongolia," Press Release SG/SM/7382.

United Nations Secretary-General 2000b, "We the Peoples: The Role of the United Nations in the 21st Century," Presented to General Assembly by Secretary-General.

Wolpe, Harold 1988, *Race, Class and the Apartheid State*, James Currey.

Wyn-Jones, Richard 1999, *Security, Strategy, and Critical Theory*, Linnen Rienner.

遠藤誠治 2002、「『冷戦後の紛争』と国際社会——グローバルなアパルトヘイト構造の解体へ向けて」『法律時報』74巻6号。

大芝亮 2001、「人間の安全保障と人道的介入」勝俣誠編『グローバル化と人間の安全保障——行動する市民社会』日本経済評論社。

勝俣誠編 2001、同上書。

加藤朗 1999、『21世紀の安全保障——多元的紛争管理体制を目指して』南窓社。

久保祐輔 2001、「日常生活の安全保障——ネパール・カトマンズにおける移動労働者とスコーター」勝俣編前掲書。

佐藤誠三郎 1999、「『国防』がなぜ『安全保障』になったのか」外交フォーラム『21世紀の安全保障——岐路に立つ日本外交』都市出版。

中部高等学術研究所共同研究会 2002a、「第1回『人間安全保障』の研究と実践」、「第2回『人間安全保障』の操作的定義をめざして」中部高等学術研究所。

中部高等学術研究所共同研究会 2002b、「第3回『人間安全保障』の社会学的・文化人類学的アプローチ」中部高等学術研究所。

中部高等学術研究所共同研究会 2003、「第8回『人間安全保障教育』」中部高等学術研究所。

東海大学平和戦略国際研究所編 1998、『テロリズム——変貌するテロと人間の安全

保障』東海大学出版会。
土佐弘之 2003、『安全保障という逆説』青土社。
中西寛 2001、「安全保障概念の歴史的検討」赤根谷達雄・落合浩太郎編『新しい安全
　　保障論の視座』亜紀書房。
武者小路公秀 2001、「推薦のことば——人間の安全保障への視点」勝俣編前掲書。
武者小路公秀 2003、『人間安全保障論序説——グローバル・ファシズムに抗して』
　　国際書院。

第2章　国際法への挑戦：「人間の安全保障」

1　「人間の安全保障」の登場
2　「人間の安全保障」の意義
3　人権としての「人間の安全保障」
4　国家主権との相克
5　「人間の安全保障」の現実と課題

山形　英郎

本章の梗概

　「人間の安全保障」という考え方は、冷戦後、グローバリゼーションがもつ負の側面と国家の安全保障の地位低下を背景に登場した。「人間の安全保障」は、国際法への挑戦であるといわれている。しかし、「人間の安全保障」を国際法から評価すれば、すでに存在している国際法上の権利や人権で説明できなくもない。では、独自の意義はどこにあるのか。一つの考え方として、新たな人権として位置付けたり、平和的生存権という人権で説明したりする見解がある。しかし、「人間の安全保障」が登場したのは、冷戦期における権利のインフレ状態からくる権利論の挫折を乗り越えるためである。つまり、権利侵害の防止ができるように、私人間の権利侵害に対しても対応できるように、そしていわゆる「破綻国家」の復興を行うことができるように登場したのである。その結果、「人間の安全保障」論は、人道的介入を必然的に伴う主張である。しかし、国際法上、人道的介入、とくに国家の人道的干渉には、合法性や正当性の問題がつきまとう。破綻国家という考え方にも、主権の回復が前提にされており、主権論を克服する論理にはなっていない。しかも、破綻国家に対して人道的介入を行う国家は大国である。介入を受ける国家は必然的に中小国である。そして、「人間の安全保障」という場合の人間は、大国の国民と置き換えてもよい。つまり、大国の安全、あるいは大国の国民の安全のために「人間の安全保障」が主張され、人道的介入が正当化されているのである。そこに、「人間の安全保障」論の陥穽がある。

1 「人間の安全保障」の登場

　冷戦の終結を受けて、国際社会の構造は劇的に変容を来した。第一に、米ソの二極構造から、アメリカ合衆国を「帝国」とする単極構造へと構造変化を遂げたことである(藤原 2002参照)。ソビエト連邦は解体を余儀なくされ、ロシアへと縮減されることになり、アメリカ合衆国に対抗する勢力としての地位を喪失した。その結果、同盟条約体制であるワルシャワ条約機構は終了し、代わって、東欧諸国は北大西洋条約機構(NATO)へ加盟したり[1]、NATOとの協力体制を構築したりしつつある。冷戦の終結により、「国家の安全保障」は、相対的に重要度が低下したのである(土佐 2001：172；2003：113)。第二に、社会主義体制の崩壊により、グローバリゼーションが進展したことである。一部の例外を除き、今や資本主義が地球を覆い尽くした。「人権・民主主義・市場経済」が、国際社会を席巻しているのである(桐山 1995参照)。資本の動きはグローバル化し、それに伴い人の動きもグローバル化し、その結果、犯罪もグローバル化することになった。2001年9月11日の同時多発テロが示すとおり、「帝国」であるアメリカ合衆国すらも、テロから、そして犯罪から聖域ではない。

　こうした国際社会における単極構造化、そしてグローバリゼーションの進展の結果、その副産物として、第一に、民族紛争という形の内戦が噴出した。ただし、内戦という現象は、第二次世界大戦後の顕著な特徴であり、冷戦以降に限定されるわけではない。事実、冷戦期であっても、武力紛争にまで発展した国家間紛争は限られた存在でしかなかった。しかし、冷戦期には、内戦といえども米ソの対立を反映し、対抗する陣営のいずれの側が政権を握るかの問題であった。その点で、米ソの代理戦争の性質を有していた。しかし、冷戦後は、米ソの重しがとれ、抑圧されていた民族が自決を求めて、武器をとる場合が圧倒的である。その場合の犠牲者は、軍隊構成員ではなく、一般市民である文民であり、女性であり、少年少女である[2]。

　第二に、国連安全保障理事会の活動が活発化し、制裁措置がとられたり、平和維持活動の部隊が頻繁に派遣されたりするようになった。冷戦終結後すぐの、1991年湾岸戦争では、安全保障理事会は、授権決議という方式で、多

国籍軍による武力行使を容認した(松井 1993参照)。その後、国連憲章第7章に基づく措置が紛争地域でとられていく。冷戦期であれば、武力紛争は米ソの影を落としていることが多く、拒否権の行使により制裁措置がとられることはほとんどなかった。

　第三に、安全保障理事会が行動をとれない場合、あるいは行動をとらない場合、「帝国」であるアメリカ合衆国を中心に、単独主義がとられるか、あるいは国際社会から見捨てられるかのいずれかとなる。前者の例は、1999年のNATOによるコソボ人道的干渉や2001年の同時多発テロ後のアフガニスタンに対する武力行使（山形 2002；Yamagata 2002参照）、2003年のイラクに対する武力行使があげられる（山形 2003参照）。後者の例としては、ルワンダ内戦があげられよう。

　以上のような背景の中で、「人間の安全保障」という概念（栗栖 1998参照）が登場した。「国家の安全保障」の地位低下の表れであるとともに、グローバリゼーションのもつ負の側面が、人間の安全に対する脅威になっているという強い認識の表れである(McRae 2001：18)。1992年に、国連事務総長である、ブトロス・ブトロス＝ガリが発表した『平和への課題』の中で、「人間の安全保障」という言葉が、萌芽的に使用されている (Boutros-Ghali 1995a：44, para.16)。「人間の安全保障」という概念が一般的に知れわたるようになったのは、国連開発計画(UNDP)発行の『人間開発報告書 1994』であり、そしてブトロス＝ガリ事務総長が、1994年8月に、世界社会開発サミットの準備委員会第二会合で行った演説であった。彼は、「地球上のあらゆる所で人間の安全保障を確保するという新たな命題に応える時である」と述べたのである (Secretary-General 1995)。この「人間の安全保障」という概念は、安全保障を「国家の安全保障」から「人間の安全保障」へとパラダイム転換を行うものである (McRae 2001：20；山内 2001：8；2003：280)。そしてそれと同時に、国際法に対する「不可避的な大いなるチャレンジ」をもたらすものであるといわれている (M'Gonigle 2000：76)。そこで、本章では、「人間の安全保障」を国際法の観点から分析し、「人間の安全保障」という考え方が、国際法に対してどのような意義を有しているのかを検討する。

2 「人間の安全保障」の意義

(1) 「人間の安全保障」の系譜

「人間の安全保障」を議論する際、国連事務総長のアナンは、「欠乏からの自由」、「恐怖からの自由」そして「将来世代が健全な自然環境を遺産として引き継ぐ自由」の三つをあげている (SG/SM/7382)[3]。前二者は、アメリカ合衆国のフランクリン・D・ルーズベルト大統領が提唱した「四つの自由」に起源をもつものである。そして1941年に、イギリスのウィンストン・チャーチル首相とルーズベルト大統領が合意した大西洋憲章の第6項に挿入され、連合国 (the United Nations) が第二次世界大戦を遂行する目的として認められたのである。そしてこの二つは、国際連合 (the United Nations) の設立目的そのものといってもよい。アメリカ合衆国国務長官ステティニアスが、国際連合の設立について、大統領に提出した報告書によれば、

> 平和のための戦いは二正面作戦をとらなければならない。第一戦線は、安全保障面であり、そこでの戦いの勝利は恐怖からの自由をもたらすものである。第二戦線は、経済社会面であり、そこでの戦いの勝利は、欠乏からの自由を意味する。二正面双方で勝利して初めて永遠平和は確保される (The Secretary of State 1945：109)[4]。

ステティニアスの言葉からわかるとおり、その当時から、平和は、「恐怖からの自由」と「欠乏からの自由」という両輪で出来ていると認識されていた。しかも、そうした平和への戦いが、国際連合の目的なのである。したがって、「恐怖からの自由」と「欠乏からの自由」は、国連憲章には明示的に規定されていないが、両者は国際連合の設立目的そのものといっても過言ではない。

ステティニアスのいう平和を、安全保障、とくに「人間の安全保障」と読み替えれば、「人間の安全保障」は、国際連合の目的そのものとなる。ステティニアス自身、

> 国連憲章に書かれている条文だけで安全保障理事会が世界を平和にし

てくれるわけではない。男も女も、家庭にあっても職場にあっても、安全が保障されて初めて、こうしたことは可能になるのだ（The Secretary of State 1945：109）[5]。

と述べ、男や女、つまり一般市民の安全保障について語り、しかも家庭や職場における一般市民の安全保障について語っているのであるから、なおさら、安全保障を「人間の安全保障」として広く理解し、国際連合の目的としていたことがわかるのである。

　国連事務総長として、「人間の安全保障」の最初の唱道者となったブトロス＝ガリは、『平和への課題』に加えて『開発への課題』(Boutros-Ghali 1995b) を公にしている。そして、この二つの課題は、「国際連合の目的を実現するための二つのアプローチ」であると述べており（Boutros-Ghali 1995a：1)、「恐怖からの自由」のための「平和への課題」と、「欠乏からの自由」のための「開発への課題」が、「人間の安全保障」の両輪であり、国際連合の目的であると理解していたことがわかる。したがって、「人間の安全保障」は、国際連合成立以降、ほとんど意識的に顧みられることはなかったが、国際連合の半世紀の経験を経て、そして冷戦終結を経て、意識的に取り上げられるようになったのである。

(2)　「人間の安全保障」が意味するもの

　「恐怖からの自由」と「欠乏からの自由」、そして環境の保護から成る「人間の安全保障」は、UNDPの『人間開発報告書1994』によれば、「経済の安全保障」、「食料の安全保障」、「健康の安全保障」、「環境の安全保障」、「個人の安全保障」、「コミュニティの安全保障」、「政治の安全保障」が含まれるとされている（UNDP 1994：24-25＝国連開発計画 1994：25)[6]。これらは、国際法上の権利で表現できないわけではない。「経済の安全保障」は、経済的自決権に裏打ちされた発展の権利という集団の権利で表現できる。発展の権利は、「発展の権利に関する宣言」[7]で規定されているが、それ自身曖昧性を含んでいる。発展の権利は、はたして国際法上確立しているのか。確立しているとして、さらに人権であるとまでいえるのか。それと対応して、権利主体についても問題となる。発展の権利が、国際法上の権利であるとして、権利主体は国家である

のか。あるいは自決権と同様に国際法上の集団の権利であるとして、権利主体は人民や民族という集団であるのか。さらには人権であるとして、権利主体は個人であるのか。はたまたそれらすべてが権利主体であるのか。また、権利を保障する義務主体についても、国家であるか、国際機構であるか、あるいは国際社会であるか (田畑 1988；松井 1988参照)。「経済の安全保障」が発展の権利に依拠するとすれば、発展の権利が有する難点をそのまま抱え込むことになる。

「食料の安全保障」は、個人の権利として構成するならば、食料に対する権利となる(岡田 1992参照)。そして、世界人権宣言第25条で規定されているように、「生活水準(食料……を含む。)についての権利」を意味するものと理解できる。社会権規約第11条も同様な権利を定めている。その一方で、発展の権利の一部であると構成するならば、個人の人権だけでなく、集団の権利、そして国家の権利であると理解することも不可能ではない。「健康の安全保障」も、社会権である個人の権利として説明できる。食料に対する権利と同様、世界人権宣言第25条が根拠となる。そして社会権規約第12条が、「健康を享受する権利」を定めており、こうした規定でカバーされていると理解できる(Ramcharan 2002：42-43)。

「環境の安全保障」は、さまざまな条約レジームで生じつつある環境保護制度で説明できる。国家は領域管理責任を有しており、他国を害するような方法で、領域を使用してはならないだけでなく、私人に対しても、他国を害するような方法で領域を使用することを許してはならない。人権条約の中に、環境権を規定するものはないが、さまざまな規定を類推解釈して、環境権を人権として位置付ける見解もあり、個人が人権として主張できないわけではない (Boyle 1996；Lee 2000参照)。さらに、まだ存在していない将来世代が権利主体として登場するとの主張もある[8]。

「個人の安全保障」は、さまざまな人権で説明できなくもない。個人の安全保障に対する脅威としては、国家からの脅威(肉体的な拷問)、外国からの脅威(戦争)、別の集団からの脅威(民族間の緊張)、個人や集団からほかの集団や個人への脅威(犯罪や街頭での暴力)、女性への脅威(性的暴力、家庭内暴力)、弱い立場にあり保護の必要な子供への脅威(児童虐待)、自己への脅威(自殺、麻薬使用)があ

げられている (UNDP 1994：30＝国連開発計画 1994：30)。自由権規約第6条に規定されている「生命に対する権利」(Naidu 2001：5) だけでなく、自由権規約や社会権規約、女子差別撤廃条約、子供の権利条約などで規定されている人権を包括したものと構成することは可能である。また人権だけでなく、国連憲章第2条4項が規定する武力行使禁止原則といった国際法の基本原則をもカバーしている。「コミュニティの安全保障」は、自決権や少数者の権利で表現可能であり、「政治の安全保障」は、非人道的取り扱いの禁止や参政権さらには自決権で説明できるかもしれない。

このようにみると、つまり「人間の安全保障」を国際法上の権利としてみると、さまざまな権利レベルで存在することがわかる。時には、国家の権利であることもある。外国からの脅威に対する安全は、まさに国家の権利である。その一方で、集団の権利の場合もある。「コミュニティの安全保障」は、そのような権利である。また、個人の権利の場合もある。「個人の安全保障」の多くはそのような権利である。また、例示されている安全保障の一つをとっても、包括的である。「経済の安全保障」や「食料の安全保障」は、国家の権利でもあり、集団の権利でもあり、そして個人の権利でもあると理解することが可能なのである。「人間の安全保障」を享受することができるのは、国家であり、集団であり、個人である。ただし、「人間の安全保障」が「国家の安全保障」と対抗して登場した概念であることを考えれば、国家を除外して考えるのが筋であろう[9]。ただ、「人間の安全保障」は「国家の安全保障」を補強し、「国家の安全保障」も「人間の安全保障」の基礎となる (Commission on Human Security 2003：6＝人間の安全保障委員会 2003：13) ことを考えれば、国家を除外する必要もないであろう。

また、個人の権利に限ってみた場合でも、さまざまな種類の人権の総合体である。人権が、第一世代の人権(自由権を中心に、国家の干渉を排除する論理)を出発点として、第二世代の人権(社会権を中心に、国家の積極的関与を要求する論理)だけでなく、さらに第三世代の人権(自決権を中心に、集団の権利を保障しようとする論理)に展開してきたとされる(田畑 1997参照)。このそれぞれのレベルが、重複しつつ、「人間の安全保障」は存在する。このように、「人間の安全保障」は、包括的な考え方であるという特徴を有しており、その結果、曖昧性から無縁で

はありえない。

3 人権としての「人間の安全保障」

(1) 人権としての説明可能性

「人間の安全保障」は、曖昧性はあるものの、さまざまな権利の総体として包括的な権利であると理解することは、一応、可能なようである。センが「『人間の安全保障』を人権の一部」と考えている (Commission on Human Security 2003：9＝人間の安全保障委員会 2003：35) のも、そうした考え方の表明であると思われる。しかし、そうであるならば、わざわざ新しい概念を創り出さなくても、従来の権利で説明すればよいはずである。生命の権利で説明してもよいし、食料に対する権利で説明してもよい。またそのほうが、理論的精緻化を行いやすいだろう。しかし、現実には、そのようには理解されていない。そうではなく、「人間の安全保障」の独自の意義が見出されている。「人間の安全保障」に独自の意義を見出す論者の一人に多谷千香子がいる。多谷は、「人権としての人間の安全保障」を主張しているのである。多谷にいわせれば、「先進国でも共通の問題として捉えられる」点と「市民の参加と責任を内容とする」点で、発展の権利にはない独自の意義があるとしている (多谷 2001：99)。

その一方、「人間の安全保障」を平和的生存権として理解する考え方がある。その代表は、山内敏弘である。山内によれば、日本国憲法が定める平和的生存権は、「人間の安全保障」を「先取りしたもの」と位置付けられている (山内 2001：8；2003：283)。同じように、大久保史郎も平和的生存権は、「人間の安全保障」の理論的核心を示すものと位置付けている (大久保 2002：294)。このように、「人間の安全保障」を平和的生存権と位置付ける考え方は、日本国憲法学者に多くみられる。これは、当然のことであろう。なぜなら、日本国憲法が、その前文において、「恐怖と欠乏から免れ、平和のうちに生存する権利を有する」と規定しており、まさに「恐怖からの自由」と「欠乏からの自由」という「人間の安全保障」を体現しているからである。そこに、日本国憲法と国際連合における理念の共通性を見出すことは容易である。しかも、国連憲章が明文化しなかった「恐怖からの自由」と「欠乏からの自由」を、日本国憲法が規定して

いるのであるから、その革新性を誇りに思うことも当然のことである。

　国際法の中でも、平和的生存権が主張されてこなかったわけではない。松井芳郎は、人権、平和、発展の三位一体論として平和的生存権の主張を行っている（松井 1981：11）。松井は国際法上の平和的生存権を、集団的側面と個人的側面に分けて議論し、前者については、国の独立・主権・領土保全を根拠とし、後者については、世界人権宣言第3条と自由権規約第6条の生命の権利を中心的根拠としつつ、人権全体と結びつけて議論している（松井 1981：12）。しかし、そうであっても、国際法上の法的権利であると結論することに「ためらいを感じざるをえない」と正直に吐露している（松井 1981：13）。また、そこには、「人間の安全保障」と「国家の安全保障」との間の緊張関係は、明確には意識されていない。「人間の安全保障」が国際法上の平和的生存権と結びつけられたとしても、現在のところ、人権として確立しているかどうかは、大いなる疑問がある。

　「人間の安全保障」を平和的生存権として位置付ける先鞭をつけたのは、武者小路公秀である。武者小路は、「国家安全保障と人間安全保障とのあいだに、基本的な矛盾が存在している」ために、「人間の安全保障」を「平和的生存権によって、権利として主張することが必要である」と述べている（武者小路 1988：171、183）。武者小路は、「人間の安全保障」を必ずしも平和的生存権と同一視しているわけではない。平和的生存権との結合を主張しているにすぎず、一つの政策課題として提起しているにすぎないからである。武者小路の議論は、「人間の安全保障」を平和的生存権という権利として獲得するための理論であり、まさに「権利のための闘争」を求めるものである。では、なぜ、権利として主張する必要があるのか。武者小路にいわせれば、「平和的生存権が人権である限り、その正統性は国連憲章に優先するはず」であるからだ（武者小路 1988：183）。

　しかし、このように単純にいうことはできない。国際社会において、人権だから、国連憲章に優先するとは、必ずしもいえないのである。国内社会であれば、人権の不可侵性を根拠に、憲法改正権すらも及ばないと主張される（芦部 1993：310）。しかし、国際社会において、原則として人権は、条約上の権利でしかない。たしかに、慣習法上の権利として存在するものもあるといわ

れている。とくに、拷問禁止などはその例と考えられている。さらに、国連憲章第1条3項では、人権が国際連合の目的とされており、安全保障理事会を含め、国際連合の活動を制約する論理ともなりうる。しかし、そうであったとしても、国連憲章に優先する効力を認めるためには、そうした人権規定が強行規範（ユス・コーゲンス）になっていることを立証しなければならない。国連憲章第103条では、国連憲章上の義務が他の義務に優先すると規定されているからである。人権として確立する運動の重要性を否定するものではない。しかし、人権として確立すればそれでよいというものではない。

(2) 「人間の安全保障」の独自性

「人間の安全保障」を平和的生存権として位置付けるか、あるいは独自の「人権としての人間の安全保障」と位置付けるかにかかわらず、そこには、人権論として「人間の安全保障」が主張されるという共通点がある。しかし、さまざまな国際法上の権利や人権で説明できるとすれば、独自に「人間の安全保障」を主張する意義はない。ではなぜ、「人間の安全保障」が主張されるようになったのか。そこからいま一度議論を始めなければならない。

冷戦終結以降、「人間の安全保障」が主張されるようになった理由には、第一に、権利論の挫折があると思われる。1960年代から、国連総会は、第三世界の諸国が多数を占めるようになるが、その結果、おびただしい数の国連総会決議が発展途上国主導で採択された。1960年代から1970年代、自決権を基礎にした発展の権利や新国際経済秩序がうたわれ、とくに、人権、平和、発展の三位一体論が主張された。国連総会による天然資源の永久的主権決議は、1962年のことである。経済権利義務憲章や新国際経済秩序樹立宣言は、1974年である。1966年には、UNDPが設立され、途上国優位の国際連合という状況が如実に反映されている。しかし、1970年代に入り、石油ショックを経て、発展途上国が持てる国とそうでない国に分かれ、1980年代、途上国自身が、投資保護協定による外資獲得に乗り出すようになってきた。1986年、発展の権利宣言が出されたのは、こうした動きの最終局面であった。発展途上国自身が、国連において「建前論」を主張しつつも、現実的には、個別に、経済発展を模索していったのである。

総会決議の中でさまざまな新たな権利が主張された。権利のインフレ状態であった。総会決議だけでなく、条約も同様であった。マクレーよれば、「政府間協定の過多」があるのである (McRae 2001：19)。しかし、そのように表明された権利は一つのイデオロギーの表明であり、単なるレトリックにすぎず、実現されない場合がほとんどであると認識されるようになった。国際法学者は、新たな権利が主張された場合、その法的性質(法的権利として確立しているかどうか)、権利主体性(権利として確立しているとしても誰がその権利を主張できるか)、そして権利に対応する義務の主体性(権利を保障する義務を負うのは誰であるか)を丁寧に議論しなければならない。時には、新たな権利主体を生み出した。将来世代のように現存しないものが権利主体として現れたりもした。いわば「不毛な法律論争」(多谷 2000：4)[10]に踏み込んでいたとされるのである。

　そのころ主張された権利は、実現困難な要素を内包していた。例えば、国際法上の権利として、発展の権利を主張するとすれば、権利の主体は、個人、集団、国家となる。一方、発展の権利の義務主体は、国家、他国、国際社会が考えられる。しかし、国家は、他国との関係では権利主体として現れ、国民との関係では義務主体でもあるということになる。また、国家レベルで考えた場合、発展の権利を主張する国家と、その権利を保障する国家は、同一ではない。権利主体となる国家は発展途上国であり、義務主体は先進国である。その限りで、権利義務の主体は固定的である。しかも、発展の権利は、いわば国際社会の社会権であるが、現実的な問題として、発展を享受するためには、先進国が、義務としての「援助」、「技術移転」、「衡平な配分」を行わねばならないことが要求される。しかし、こうした考え方に対する西側の拒絶は、冷戦期にあっても顕著であった。

　しかし、冷戦終了以降は、発展途上国すらも市場経済に移行せざるをえなくなる。「平等」イデオロギーから「自由」イデオロギーへと、国際社会の流れが変化したのである(桐山 1995：1)。そして、先進国は、「平等」イデオロギーに対しては、一層頑強に抵抗するようになる。権利の基礎となる国連総会決議が出来ても、単なる紙切れであり、先進国は、法的拘束力がないといえばそれで済む。また、法的拘束力のある法文書が条約として採択されても、先進国は、その条約に参加しない。例えば、1982年の国連海洋法条約にアメリ

カ合衆国は参加しなかった。その結果、妥協として1994年深海底制度の修正が行われたのである(田中 1996参照)。このように、国連海洋法条約における深海底制度の妥協は、「自由」イデオロギーへの変化を端的に示している。アメリカ合衆国は、国際刑事裁判所規程や京都議定書にも参加していないばかりか、前政権が行った署名をも撤回している。したがって、「人間の安全保障」論は、あえて権利として主張することを避けていると考えられるのである。もしも、権利として「人間の安全保障」が主張されれば、先進国の抵抗は間違いないであろう。

　第二に、国際法上の権利は「公 対 公」あるいは「公 対 私」の関係で保障され、「私 対 私」が抜け落ちている。国際法レベルでは、「国家 対 国家」の中で、国際法上の権利義務が議論される。国家の権利に対して他国が侵害した場合、国家責任の問題として処理される。国家と国際機構との関係で議論されることもある。いずれにせよ、「公 対 公」の関係である。国内レベルでは、「公 対 私」の関係で処理される。国家が個人の権利を侵害した場合に、国家が権利救済を行う構図である。原則として人権は、国家からの自由であったり、国家による積極的施策を求めたりするものである。したがって、「私 対 私」の関係が抜け落ちている。国際人権の私人間効力について議論されることはあっても、実際上は、「私 対 私」の間の権利保障は、例外的であるばかりか、多大な法的操作を必要としている。

　しかし、今や、国際紛争の大部分は内戦であり、そこでは、個人が個人に対して権利侵害をする場合が圧倒的多数である。「政府 対 反政府団体」という「公 対 私」でみることができるとしても、政府自身、どこまで公的性質を有しているか大きな疑問が生じる。内戦を鎮圧できない政府は、もはや政府としての実効性を保持しているとは考えられないからである。そこで、個人が他の個人からの危害に対していかに安全を確保するか、本来国家や政府が行うべきこうした任務を誰が遂行してくれるのか、そうした問題提起を「人間の安全保障」が行っているのである。もしも「人間の安全保障」を定義する際に、「法的な……定義に固執すれば、われわれが今日直面している一連の問題の広い全体像や射程範囲を認識することができなくなる」のだ (Stoett 1999: x)[11]。

第三に、法的救済の限界があげられる。法的救済は、事後救済が原則である。個人の権利レベルで考えてみると、例えば、伝統的な人権の救済は、国際的には、人権裁判所か、人権委員会による救済しかない。つまり、権利を事前に保護する体制は出来ていない。また、日本のように、そうした人権保障措置に参加していない場合は、人権の国際的保障の対象からも外れてしまう。例外的に、環境、資源保存の分野では、予防原則が台頭してきた。事後救済では、問題の解決にならないとの認識がそこにはある。しかし、法的な救済は、いぜんとして大部分が事後救済である。権利を保障するための積極的な政策を、国際レベルで実現する術はほとんどない。また、人権の法的救済は、国内レベルでは、国家による救済に求めざるをえない。人権救済は、国家の行政機関や司法機関に委ねられている。しかし、その国家機関が有効に機能しない場合は、いかんともしがたい。

　ここから第四の問題が生じる。つまり、国家が人権侵害を行っている場合、国家による国内的な人権保障は望めない。また、国家が、いわゆる破綻をした場合、あるいは破綻しつつある場合、このような場合も人権保障は望めない。こうした場合でも国家主権が、国際社会の介入を阻止する。現実において、「破綻国家」が登場してきているが、国際法上、主権尊重原則が最重要の原則としていぜん有効である。そして、国際法では、国家同一性の原則（国家継続の原則）が妥当している。つまり、政府が変更されても、あるいは内戦状態にあっても、国家は維持され、したがって、内政不干渉原則は維持される。内戦に関しても不干渉原則が妥当するのである（金 1973：100；1979：298）。つまり、人間の生存が脅かされる事態になっても、国際法では、主権尊重原則が足枷となり、他国が介入することは困難であるばかりか、国際機構やその他のアクターの活動も制約を受ける。

　以上のように、現在の国際秩序が、依然として国家主権を基礎にしていることから、人間の安全を国際社会の介入を通して確保することができないのである。そして、国際法は、国家主権に依拠して、法規を策定しているために、さまざまな法上の限界があるのである。その一方で、ヒト、モノ、カネは、国家領域の壁を越えて透過してきている。「人間の安全保障」は、まさに、国家主権と対峙するために登場してきたのである。「人間の安全保障」は、単なる紙

切れ上の権利のインフレ状態を打破し、内戦状態にある国家においても、そして私人が私人の権利を侵害した場合であっても、また事前の防止をも目的として、国家主権を無視してでも実現すべき課題として提起されたのである。したがって、「人間の安全保障」を国際法上の権利や人権で説明することも、そうした権利の総体として「人権としての人間の安全保障」を位置付けることも、人権や国家主権との関連や緊張関係を把握する点で意味をもつとしても、独自に「人間の安全保障」を主張する意味をもたないことになる。

4 国家主権との相克

(1) 「人間の安全保障」の真のねらい

「人間の安全保障」を、国際法上の権利や人権で説明できなくもないが、それだけでは、「人間の安全保障」の真の意義は把握できない。従来の権利や人権に対して新たに加えるものがないからである。否、逆に、主権をはじめとする国際法上の権利や、戦後国際法が飛躍的に伸張させてきた人権の限界を示すものとして「人間の安全保障」が主張されているといえなくもない。「人間の安全保障」は、従来の権利論の限界を示しつつ、しかも権利論を克服し、人間の安全を事前に保障し、内戦下における「私 対 私」の問題をも射程に入れ、そして人権を保障できない破綻国家や、人権を重大に侵害している国家において保障されるべきものとして主張されている。では、そうした「人間の安全保障」とは、国際法にとって、どのような意味を有しているのか。

その点で注目すべきは、カナダが推進してきた「人間の安全保障」である。カナダは、独自の「人間の安全保障」政策を発表し、「公共の安全」、「文民保護」、「紛争予防」、「統治と説明責任」、「平和支援活動」を主たる優先課題として設定している (Department of Foreign Affairs and International Trade 2001：3)。カナダがとくに力を入れてきたのは、「文民保護」であり、対人地雷禁止条約締結の際に主導的役割を演じたことは有名である。そして「文民保護」の課題に対しては、2000年9月に「介入と国家主権に関する国際委員会」(ICISS)を設置し、十分な検討を行ってきた。そして、『保護責任』と題する報告書 (International Commission on Intervention and State Sovereignty 2001) がまとめられた。

この報告書の関心事項は、コフィ・アナン事務総長の言葉で、適切に表現されている。

　もしも人道的介入が、本当に、受け入れることのできない主権侵害であるとすれば、われわれは、ルワンダに対して、スレブレニッザに対して、どのように対処すればよいのだろうか。そして、大規模で組織的な人権侵害は、われわれが共通に有している人道規範に違反するものであるが、こうした人権侵害にわれわれはどのように対処すればよいのだろうか(International Commission on Intervention and State Sovereignty 2001：vii；Anan 2000：48)。

そして、「大規模で組織的な人権侵害が全住民に対して行われている場合、傍観することは許されないのである」(SG/SM/6997：4) のだ。つまり、「人間の安全保障」を確保する手段として、人道的介入が許されるのかどうかが、最も大きな論点なのである。冷戦後に「人間の安全保障」という概念が現れた理由は、破綻国家における、内戦状況下で、私人が私人の人権を侵害する状況の現出である。こうした状況下では、主権国家を前提としている国際法の規制は及ばない。こうした状況に対して国際社会はどのような対応をすることが可能なのか。その答として人道的介入が提示されているのである。

　『保護責任』報告書によれば、国家は、「対外的に、他国の主権を尊重するという責任と、対内的に、国内のあらゆる人の基本的権利を尊重する責任」を有しており、「二重の責任」を有している (International Commission on Intervention and State Sovereignty 2001：8)。その結果、「文民に対する重大な危害が発生しつつある場合、あるいはすぐにでも発生すると思われる場合、そして領域国がその危害を終わらせる意思と能力を有していない場合、あるいは領域国自身が危害を行っている場合、人間の保護を目的とする介入は許容されるのであり、極端な場合には、軍事介入も許容されるのである」というのが「原則となって現れつつある」と結論付けている (International Commission on Intervention and State Sovereignty 2001：16)。

　「人間の安全保障」の主たる関心は、人道的介入にあった、そしてその擁護

にあったとみてよいであろう[12]。1999年、NATOがコソボ人道的干渉を行ったが、その年の9月、アナン事務総長は、「人間の安全保障と介入」に関し総会で演説を行い、「ルワンダの文脈で、もしも、ジェノサイドが生じるような暗黒の日々において、他の国家がツチ人を守る行動をとる用意があったとして、それにもかかわらず安全保障理事会の時機を得た授権が与えられなかった場合、そうした国家は傍観し、座視すべきであったろうか」という問いを発している (SG/SM/7136)。しかしアナン事務総長は、「平和のために武力行使が正当であるとされうる」と述べ (SG/SM/ 6997 : 4)、コソボ人道的干渉について擁護していた。

　ここでも、「人間の安全保障」を語りつつ、人道的介入が論じられている。つまり、「人間の安全保障」の核心とは、「国家は、どこにいる人であっても、その安寧を保護する義務を有する」(Regehr 2001 : 46) ことであり、領域内の人は当然、そして領域外の国民もまた当然としつつ、それ以外の外国にいる外国人もまたすべて保護する責任を有することになるのである。その結果は、「保護責任」を果たさない国家への介入となり、国家主権は後退を余儀なくされる。ここに、「人間の安全保障」を主張する意義がある。つまり、介入主義理論へと道を開くことである[13]。「人間の安全保障」という誰もが共感する政策を掲げることにより、武力による介入も含めて、介入を容易にしているのである。

(2) 「人道的介入」の合法性と正当性

　国際法上、人道的介入は許容されているのか。介入を行う主体に応じて検討しなければならない。第一に、NGOなどの私的団体。第二に、国際連合をはじめとする国際機構、第三に、国家を考えよう[14]。

　第一に、NGOなどが、破綻国家や人権抑圧国家に対して、人道的支援を行うために介入することができるか。ここでは、介入を行う主体が、通常では権力をもっていない無私の団体であり、しかも人的ネットワークを保有しているため、「人間の安全保障」を確保するには有効であると思われる（君島 2002）。しかし、NGOなどが国家の同意なく活動することは、国内法上の問題を生じさせる。許可なく不法に入国したり、認められない活動を行ったりす

ることにより、強制退去の対象となりうる。これは、領域国と外国人との関係であり、そこには国際法が関与する領域は少ない。ただ、同意がない場合でも、国際法上、「人道的救援権」の主張が行われている(西海 2001参照)が、こうした権利が確立しているかどうかは疑わしい。また、NGOすらも無私である保証はない。「ルワンダの事態に際して、『国境なき医師団』は、フランス政府に対し、人道的軍事介入を率先して提案し、……大虐殺を起こし敗走する親仏多数派フツ系政府軍の延命に加担した」といわれている(重光 2001：90)。NGOすらも、現実の国際政治と無縁ではありえないのである。したがって、NGOだから「人道的救援権」が認められると、安易に結論するわけにはいかない。

　第二に、国際機構はどうか。原則として、国際機構であっても、主権国家への干渉は禁じられている。国際連合の場合、国連憲章第2条7項の適用がある。つまり、領域国の同意がない限り、介入はできないことになっている(松井 1996参照)。国際機構が「人道的救援権」を主張したとしても、結論は変わらない。唯一の例外が、国際連合の安全保障理事会による強制措置である。国連憲章第7章のもとで行動し、経済的措置や軍事的措置をとることができるとされている。その限りでは、安全保障理事会の決議に基づく介入は合法であるとの推定を受けることになる。しかし、そうであっても、必ずしも正当であるという保証が与えられるわけではない。例えば、ソマリアの例を「人間の安全保障型平和活動」として評価する向きもある(大泉 2000)[15]が、国連が内戦の一方の側に加担することの是非は問われなければならない。また、現実に安全保障理事会が積極的な行動を起こす場合には、アメリカ合衆国の意向に添うものであることが必要条件である。逆にいえば、アメリカ合衆国の意向に添わない場合には、介入は行われない。たとえ、「住民保護責任」に基づき、介入する義務があると主張したとしても、アメリカ合衆国を説得することはできないであろう。安全保障理事会の行動に二重の基準があることを否定することはできない。

　第三に、国家が介入することは可能か。国家が単独で介入する場合でもよい。地域的機関が介入する場合でもよい。いずれであっても、安全保障理事会の許可がない限り、それは単独行動となる。NATOによるコソボ人道的干

渉が最も良い例であるが、国際法上、合法な活動であったとはいいがたい。コソボ人道的干渉は、「人間の安全保障」で正当化がなされる(Mertus 2000)が、難民流出などから隣接国の領域内にいる住民の安全が脅かされることになるために、介入が行われたといわざるをえず、コソボ住民の「人間の安全保障」ではなく、介入国住民の「人間の安全保障」のための介入であった(Geiser 2000：177)。そして、ユーゴスラビア住民の「人間の安全保障」は、まったく顧みられなかった[16]。いわば、「人間の安全保障」が倒錯しているのである。

『保護責任』報告書でも、人道的介入を合法とする新たな慣習法規則が成立したとまでは述べていない(International Commission on Intervention and State Sovereignty 2001：15)。また、軍事的介入を行う際には、安全保障理事会の授権を求めている(International Commission on Intervention and State Sovereignty 2001：50)。しかし、安全保障理事会が行動をとれない場合については、平和のための結集決議に基づき、国連総会に依存するとしているが、それでもだめな場合には、個別国家または国家群によって軍事的介入が行われることを想定している(International Commission on Intervention and State Sovereignty 2001：55)。「極端な場合」には、軍事的行動の可能性を否定してはいない。ここでは、人道的介入について詳細を論じることができない(大沼 2001；松井 2001a；2001b；最上 2001参照)。ただ、以下の点は、指摘しておきたい。

第一に、個別国家による人道的介入、すなわち人道的干渉は、国家利益を離れて存在しえないことである。人道的干渉を行う際には、たえず無私の原則が主張される。しかし、コソボのように先進国による大規模な介入が行われる場合がある一方で、ルワンダのように無視される場合もあるのである。アメリカ合衆国の利益とならない場合には、国連の授権があろうがなかろうが、成功の可能性は低いばかりか、現実に実施される可能性も低い(Naidu 2001：21)。

第二に、軍事的介入は、一般住民の犠牲のうえに行われることである。最近の軍事行動をみればわかるように、コソボの場合でも、アフガニスタンの場合でも、イラクの場合でも、まずは徹底的な空爆が行われる。陸上戦という選択肢は、まずは除外される。自国軍隊への犠牲者が大きくなるからだ。しかしそのために、国際人道法の基本原則である戦闘員と文民の区別は、事

実上不可能になる[17]。コソボ空爆における中国大使館への誤爆がそれを端的に示している。

　第三に、軍事的介入を行うのは大国であり、軍事的介入を受けるのは小国であるという一方性がある。この逆はありえない。ユーゴスラビアにアメリカ合衆国が介入をしても、アメリカ合衆国にユーゴスラビアが介入することはありえない。つまり、大国の主権は強固な存在であるが、中小国の主権は無視される存在でしかないことになる。ナイドゥがいうように、「軍事的干渉を受けてはねのけることができない国家は、軍事的に弱い国であり、経済的に貧しい国であり、人口が小さく領域の小さい国でしかない」(Naidu 2001 : 23)のである。

5　「人間の安全保障」の現実と課題

(1)　「人間の安全保障」の陥穽

　「人間の安全保障」は、国家主権を凌駕する要素を持っている。「人間の安全保障」は国家主権に勝る正当性を付与されようとしている。しかしその手段は、いぜんとして、他国による介入であり、軍事的介入である。しかし、そこに、「人間の安全保障」の第一の陥穽がある。つまり、「人間の安全保障」を確保するために、軍事的な人道的介入が行われ、介入を受ける国の「人間の安全保障」が否定されるのである。そして、さらに「人間の安全保障」論は、一見、国家主権を否定する論拠を提出しているようであるが、しかし、依然として国家主権からの呪縛を脱し切れていない。

　例えば、「破綻国家」であれば、そこには、主権の弱体化した国家像が提供されている。また、人権侵害国家であれば、「住民保護責任」を果たしていない国家であり、そこに義務違反が存在しており、国家主権を主張する立場にないと主張される(Mertus 2000 : 205)。そして、国家の復興のために、介入が必要であるとされる。しかし、「破綻国家」という場合、それは、逆に「破綻しなかった国家」あるいは「成功している国家」が対置されている。つまり、普通の主権国家が、「破綻しなかった成功している国家」なのだ(Bruss 2000 : 181)。主権国家が復興のモデルとされているのであり、主権の回復こそが「人間の安

全保障」の目標とされている。人権を保障するために、あるいは、「人間の安全保障」を実現するために、主権国家の存在を前提としているのである。ここに「人間の安全保障」論の第二の陥穽がある[18]。

　人権を保障するのは、第一次的に国家である。現実には、破綻国家の場合、まず国家の再建が課題とされている。アフガニスタンをみても、イラクをみても、国家としての復興が最重要課題である。「人間の安全保障」のために、国家あるいは国家主権こそが必要とされているのである。フォークが指摘しているとおり、「『人間の安全保障』を高揚させるためには、主権国家の創造性および問題解決能力を復活させること」が必要である(Falk 1999：19)。

　国家は、それ自身が、人権を抑圧するかもしれないが、その一方で、国家がなければ人権を保障することはできない仕組みになっている。「人間の安全保障」は、今日の主権国家体制を乗り越える議論とはなりえていないのである。その結果、「破綻国家」のみが主権の制約を受けることになり、人道的介入の対象になるのである。

　また、「人間の安全保障」自身の詭弁性もある。誰が「人間の安全保障」を唱えているかをみれば、一目瞭然である。1960年代から80年代にかけて「発展の権利」を主張してきたのは、発展途上国である。しかし、1990年代から「人間の安全保障」を主張しているのは、主としてカナダや日本といった先進中級国である。発展の権利は下からの主張であったのであるが、「人間の安全保障」は上からの主張である。そこには、おのずと国家利益が見え隠れしている。例えば、カナダが「人間の安全保障」を主張している背景には、「世界のどこかで起きた問題が、別の所で重大な衝撃を与える場合があり、カナダにおいても同様の衝撃を受けることがある」(Axworthy 2001：11)ことである。これは「人間の安全保障」を推進してきたカナダ元外務大臣ロイド・アクスワージーの言葉である。「カナダ本国における治安と安全保障は、外国で暮らす人々の安全と結合しており、解くことができないのである」と述べる(Department of Foreign Affairs and International Trade 2001：1)のは、現外務大臣のグレアムである。

　平和維持活動に積極的に参加してきたカナダにとって、冷戦以降の状況は過大な負担になっているのかもしれない。難民を多く受け入れてきたのもカナダであり、それが、多くの外国人問題を発生させているのかもしれない。

また、当然、9.11の衝撃がある。『保護責任』報告書の中でも、冒頭で9.11を取り上げ、「国際テロリストに対して軍事活動をピンポイントで行うこと、あるいは国際テロリストをかくまっているものに対して同様な活動を行うことは、原則上、問題がない」(International Commission on Intervention and State Sovereignty 2001：ix) のである。「人間の安全保障」を叫びつつも、「自国あるいは自国民の安全保障」論となっていないだろうか[19]。そして「自国あるいは自国民の安全保障」のために、外国へ人道的介入をすることになるのではないだろうか。

　日本の場合も同様な発想がある。外務省の上田秀明は、「日本外交にとって国家安全保障を確保」することを第一の課題とし、そのうえで、21世紀の脅威が「われわれ個々人の生活……に対して国境を越えて直接やってくる」点を「人間の安全保障」の課題としている (上田 1999)。ここで特徴的なのは、脅威が外国からやってくるものと位置付けられていることであり、脅威を受けるのは一人称の「われわれ」で語られている日本国民である。ここにも、「自国あるいは自国民の安全保障」のための「人間の安全保障」という考えが前提にされている。そのうえ、日本には、「国連安保理常任理事国入りという政治的思惑との絡み」があるとされている (土佐 2001：171；2003：112)。カナダや日本の場合、「『人間の安全保障』概念の中身を一部すり替えることで、再び国家安全保障政策に従属させようと」しているのである (土佐 2001：171；2003：112)。国家の安全保障が「人間の安全保障」を補強するのではなく、「人間の安全保障」が一部の国家の安全保障の道具にされているのである (Regehr 2001：45)。「人間の安全保障」を国家の手から取り戻す作業が必要となるだけでなく、人道的介入、とくに国家による人道的干渉を阻止する論理となるように「人間の安全保障」を組み替えていく必要がある。

(2) 「人間の安全保障」のグローバル・ガバナンスに向けて
　「人間の安全保障」を、一部の国家の安全保障ではなく、全人類の普遍的な「人間の安全保障」となるように論理的転換が必要になってくる。そのためには、国際連合、とくに安全保障理事会に期待される役割、そして果たすべき責務は大きい。いわば「人間の安全保障」に向けたグローバル・ガバナンスが重要な課題として措定されることになる。しかし、安全保障理事会の変質も

指摘しておかなければならない。1999年、カナダ外務大臣アクスワージーが安全保障理事会議長を務めた際、議題として「武力紛争時における文民保護」を採択させている[20]。安全保障理事会が、テーマ別課題に取り組むようになった契機といってもよいだろう。安全保障理事会は、「国際の平和および安全の維持を危うくする虞のある」紛争や事態（国連憲章第33、34条）や「平和に対する脅威、平和の破壊又は侵略行為」（第39条）がある場合に、行動することになっている。安全保障理事会が討議の対象とするのは、今そこにある具体的な危機であって、議論の対象は特定の国家における紛争であり、特定の国家間の紛争である。抽象的な課題ではない。しかし、今や、具体的な紛争や事態を抜きにした審議が増えてきた。「武力紛争時における文民保護」だけでなく、「女性と平和および安全」、「子供と武力紛争」、「国際の平和と安全の維持のための安全保障理事会の実効的役割」などである。安全保障理事会の総会化現象が生じているといってもよい。

また、安全保障理事会の万能化も指摘しなければならない。安全保障理事会の任務は、国際の平和と安全の維持である。しかし、そこに、積極的平和の考えが堂々と入り込んでいる。例えば、1992年の議長の所信表明には、以下のようなものがある。

　　国家間で戦争や軍事紛争がないことだけで、国際の平和と安全が維持されるわけではない。経済分野、社会分野、人道分野そして環境分野における非軍事的不安定要因が平和と安全に対する脅威になっている。国際連合の加盟国が、適切な機関を通じ、最優先課題として、こうした課題の解決に向けて、一丸となって取り組んでいかねばならない（S/23500：3）。

ここに、安全保障理事会が、経済分野、社会分野、人道分野そして環境分野に取り組む意気込みを感じ取ることはできないであろうか。

2000年には、さらに画期的な出来事が生じた。「アフリカにおける状況」という議題の中で、「アフリカにおける平和と安全に対するエイズの影響」と題する論点が取り上げられ議論されたことである。その際、安全保障理事会の

歴史上初めて、世界銀行の総裁が招かれ、審議が行われた（Thomas 2000：3）。議長は、アメリカ合衆国副大統領アル・ゴアが務めた。そしてゴアは、「安全保障を新たな広角プリズムを通して見なければならず、新たな広範な定義にしたがって、安全保障について考えなければならない」と述べたのである（S/PV. 4087：2）。安全保障が、無尽蔵にふくらんでいることがわかる。そしてそれを促進しているのが積極的平和や積極的安全保障の概念であり、「人間の安全保障」という概念なのである。

　しかし、そうした議論の場として安全保障理事会が最適であるとは思われない。安全保障理事会での討議では、常任理事国および非常任理事国あわせて15カ国の意向しか働かないからである。総会のように、全世界を代表している機関ではない安全保障理事会が、広範な安全保障問題に関する議場と化している。全人類が抱える脅威に対して、全人類の意思が尊重されない場で議論されているのである。その一方で、「平和に対する脅威、平和の破壊又は侵略行為」があるような場合には、主として非公式協議で話し合われ、常任理事国以外の国は蚊帳の外におかれている。安全保障理事会は、今や「テーマ別課題」の議場であり、「平和に対する脅威となっている国」に対する単独主義的制裁のお墨付きを与える機関になっている。このように、二つの顔をもつようになっている。超大国である常任理事国が、われわれの生活における安全問題に対してまでも介入し始めているのである。そして、国際連合の集団安全保障体制における、「単独主義と集権主義の混交」（山形 2003：121）が生じつつある状況からして、「人間の安全保障」は、安全保障理事会に対し行動の自由を付与するだけでなく、大国による単独主義をも弁護することにもなるのである。

　本章は、「人間の安全保障」を国際法の観点から検討してきた。ステットによれば、「人間の安全保障」へのアプローチとして、片や「最大限主義者」のアプローチがあり、片や「最小限主義者」のアプローチがあるとされる。前者は、「脅威として認識されるものの概念風呂敷として……広範囲にさまざまな問題を取り上げる」一方で、後者は、「国際法が存在する領域では、用語の制限的な使用を行う」のである（Stoett 1999：viii）。本章のアプローチは、まさに「最小限主義者」のアプローチであったろう。現存する国際法の権利や人権で説

明できるものを除いたうえで、人道的介入を導くための論理として「人間の安全保障」を定義したのである。国際法を分析道具とする以上、現行法にしたがった評価をしなければならないという制約がある。しかし、たぶん、国際法を離れて議論すれば、「人間の安全保障」は、豊富な中身をもちうる概念でもある。ハクが疑問を呈するように

- なぜ、人々の教育や保健に使う予算の2倍から3倍の予算を軍事費に使っているのか。
- なぜ、医者の18倍の軍人がいるのか[21]。
- なぜ、子供たちには、窓のない教室すらも不足しているのに、軍人にはエアコンの効いたジープを提供することができるのか（Haq 1999：81；1995：118＝ハク 1997：139）。

こうした課題をまじめに検討すべき時機にきていることは間違いない。また、実現可能性の問題はさておき、グローバル・ガバナンスの観点から、経済安全保障理事会（Haq 1995：186-199＝ハク 1997：220-235）や人間の安全保障理事会（Haq 1999：90）の設置という提案も貴重である。「国際連合も、明日の戦いを行うのに、昨日までの武器では戦えない」（Secretary-General 1995）からである。「人間の安全保障」の危険な側面を認識する以上、ナイーブ（無邪気）な議論はできないが、しかし、壮大な全人類的課題をわれわれはつきつけられていることも事実だ。

注

(1) 1999年、ポーランド、チェコ、ハンガリーの3カ国がNATOへの加盟を果たした。第一次東方拡大と呼ばれている。2002年には、エストニア、ラトビア、リトアニア、スロバキア、スロベニア、ルーマニア、ブルガリアの7カ国が加盟を認められた。アルバニア、クロアチア、マケドニアが、加盟の対象として検討されている（『朝日新聞』（朝刊、第13版）2002年11月22日、7頁）。
(2) 文民の犠牲者は80％に及ぶとされる（Axworthy 2001：4）。
(3) その一方で、アナン事務総長は、「欠乏からの自由」と「恐怖からの自由」に加えて、「われわれの未来の維持」をあげて議論する場合もある。この「われわれの未

来の維持」は、「将来世代が、この地球で生計を維持していく自由」と説明されており、「将来世代が健全な自然環境を遺産として引き継ぐ自由」と実質上同じである(Anan 2000：55)。

(4) この部分は、UNDP 1994：24＝国連開発計画 1994：24にも引用されている。

(5) この部分は、同上書同頁にも引用されている。

(6) これとは別に、「身体の安全保障」、「精神の安全保障」、「ジェンダーの安全保障」、「社会の安全保障」、「経済の安全保障」、「文化やコミュニケーションの安全保障」、「国家の安全保障」、「国際の安全保障」、「環境の安全保障」をあげるものもいる(Reed & Tehranian 1999：36)。

(7) Declaration on the Right to Development, A/RES/41/128, Annex, adopted by 146 votes to 1, with 8 abstentions, on 4 December 1986.

(8) ワイスは、環境に対する権利を主として「世代間衡平」(intergenerational equity)で説明していたが、同時に「世代間権利」(intergenerational rights)や「地球的権利」(planetary rights)という概念をも使用していた(Weiss 1989：21, 95＝ワイス：1992：37, 101)。しかし後には「世代の権利」(generational rights)という表現も使用するようになっている(Weiss 1990：205)。

(9) ハクは、「人民の安全」であり「個人の安全」であるとして、国家の安全を除外している(Haq 1999：79)、ただし、1995年には、「国家だけでなく個人の安全保障」という表現を使用しており、必ずしも国家の安全を排除しているわけではなかったようである。(Haq 1995：115＝ハク 1997：135)。

(10) 「不毛な法律論争」と呼ぶ多谷自身が「人権としての人間の安全保障」を主張し、「不毛な法律論争」を行おうとするのは奇異である。

(11) 人間の安全保障委員会も、「権利を基礎としたアプローチ」を掲げているが、そうしたアプローチがもつ限界について十分認識している(Commission on Human Security 2003：28＝人間の安全保障委員会 2003：58)。

(12) 「人間の安全保障」の方法論として人道的介入が不可欠であると結論するものに、饗場和彦がいる(饗場 2002：57)。国際社会から見放されたルワンダの事例を研究している饗場からすれば、その結論は当然であろう。しかし、そこに、問題の核心がある。

(13) 国連開発計画の行政官すらも、介入主義を擁護している(Brown 2001)。

(14) 国際政治の観点から、現実主義、リベラリスト、構成主義ごとに検討しているものとして、大芝 2001：120-121を参照せよ。

(15) 同様の趣旨から、星野俊也は、「集団的人間安全保障」を提起している(星野 2002a)。星野は、日本初の新概念として日本が積極的に提唱すべきとしている(星野 2002b)。2004年に行われたイラク派兵は、まさにその先鞭といえなくはな

いだろうか。「人間の安全保障」を推進している日本としては、表向きでは非軍事を主張しているが、当然、軍事的介入が視野に入っていると思われる。

⒃　マータスは、武力行使を合法であるとしつつも、一般住民と戦闘員とを区別しなかったため、人道法違反があるという (Mertus 2000：212)。

⒄　緒方貞子は「テロに対する戦争という装いをまといつつも、人権や人道法違反が行われている」と警告している (Commission on Human Security 2003：5＝人間の安全保障委員会 2003：29)。

⒅　小畑郁は「主権・自決権アプローチ」と対比した形で「人権アプローチ」の有用性を論じている(小畑 1997)。しかし、「破綻国家」の場合において、最も重視されているのは、国家主権の再確立であることに注意すべきである。

⒆　カナダにおける「人間の安全保障」の優先課題は、第一に「文民保護」、第二に「紛争予防」、第三に「統治と説明責任」、第四に「平和支援活動」、第五に「公共の安全」であったのが、9.11以降、第五番目にあった「公共の安全」が第一番目に繰り上げられ、真っ先にテロがあげられるように変わったのも、「自国あるいは自国民の安全保障」論になっていることを示していると思われる (土佐 2003：11-12)。

⒇　これは、カナダが「人間の安全保障」を安全保障理事会での討議に付すことに成功したことを意味する。しかし、発展途上国の中には、不干渉原則を強調するものがあったことを注視すべきである。例えば、イラクの発言を参照せよ (S/PV. 3980 (Resumption 1)：9)。

㉑　この数字は、論文によって若干異なっている。1999年の論文では18倍となっている (Haq 1999：81)が、1995年の著書では、20倍とされている (Haq 1995：118＝ハク 1997：139)。

引用・参考文献

Anan, Kofi A. 2000, *We the Peoples*.

Axworthy, Lloyd 2001, "Introduction," In Rob McRae & Don Hubert eds., *Human Security and the New Diplomacy*, McGill Queens University Press, pp.3-13.

Boutros-Ghali, Boutros 1995a, *An Agenda for Peace* (2nd ed. 1995), reproducing "An Agenda for Peace," A/47/277-S/24111 (17 June 1992) & "Supplement to An Agenda for Peace," A50/60-S/1995/1 (3 January 1995).

Boutros-Ghali, Boutros 1995b, *An Agenda for Development*, reproducing A/48/689 (29 November 1993), A/48/935 (6 May 1994) & A/49/665 (11 November 1994).

Boyle, Alan 1996, "The Role of International Human Rights Law in the Protection of the Environment," In Alan Boyle & Michael Anderson eds., *Human Rights Approaches to Environmental Protection*, Oxford University Press, pp.43-69.

第1部　人間の安全保障をめぐる理論的課題　55

Brown, Mark Malloch 2001, "Human Security and Human Development in the 21st Century : A Post-September 11 Agenda," Address at Centre for Global Governance, London School of Economics, on 25 October 2001, available at <http://www.undp.org/dpa/statements/administ/2001/october/25oct01.html>.

Bruss, Doris E. 2000, "Shifting States and Failed Paradigm : Rethinking International Security?" In Canadian Council on International Law ed., *From Territorial Sovereignty to Human Secuirty*, Kluwer Law International, pp.179-185.

Commission on Human Security 2003, *Human Security Now* ＝2003　人間の安全保障委員会事務局訳『安全保障の今日的課題――人間の安全保障委員会報告書』朝日新聞社。

Department of Foreign Affairs and International Trade 2001, *Freedom from Fear : Canada's Foreign Policy for Human Security.*

Falk, Richard 1999, "Pursuing the Quest for Human Security," In Majid Tehranian ed., *World Apart : Human Security and Global Governance*, Palgrave Macmillan, pp.1-22.

Geiser, Christian 2000, "L'aspect politique de la sécurité humaine et son applicabilité dans le cas de Kosovo," In Canadian Council on International Law ed., *op.cit.*, pp.172-178.

Haq, Mahbub ul 1995, *Reflection on Human Development*, Oxford University Press ＝ 1997、植村和子・佐藤秀雄・澤良世・富田晃次・小山田英治訳『人間開発戦略』日本評論社。

Haq, Mahbub ul 1999, "Global Governance for Human Security," In Majid Tehranian ed., *op.cit.*, pp.79-94.

International Commission on Intervention and State Sovereignty 2001, *The Responsibility to Protect.*

Lee, John 2000, "The Underlying Legal Theory to Support a Well-Defined Human Right to a Healthy Environment as a Principle of Customary International Law," *Columbia Journal of Environmental Law*, Vol.25, 283-340.

McRae, Rob 2001, "Human Security in a Globalized World," In McRae & Hubert eds., *op.cit.*, pp.1-27.

Mertus, Julie 2000, "Sovereignty and Humanitarian Intervention after Kosovo," In Canadian Council on International Law ed., *op.cit.*, pp.198-213.

M'Gonigle 2000, "Reconstituting Sovereignty as Reclaiming Territory," In *ibid.*, pp.69-78.

Naidu, M.V. 2001, "Human Security : Issues of Conceptualization and Concretization," In M.V. Naidu ed., *Perspectives on Human Security*, Canadian Peace Research &

Education Association, pp.1-42.

Ramcharan, Bertrand 2002, *Human Rights and Human Security*, Martinus Nijhoff.

Reed, Laura & Majid Tehranian 1999, "Evolving Security Regimes," In Majid Tehranian ed., *op.cit.*, pp.23-53.

Regehr, Ernie 2001, "Defence and Human Security," In *ibid.*, pp.43-54.

Secretary-General 1995, Address to the Second Session of the Preparatory Committee for the World Summit for Social Development, quoted in Haq 1999 : 90. This statement is briefly reported in *Earth Negotiations Bulletin*, Vol.10, No.13, available at <http://www.iisd.ca/vol10/1013000le.html>.

Secretary of State 1945, *Charter of the United Nations: Report to the President on the Result of the San Francisco Conference*, Greenwood Press, 1969, reprint of 1945.

Stoett, Peter 1999, *Human and Global Security*, University of Toronto Press.

Thomas, Caroline 2000, *Global Governance, Development and Human Security*, Pluto Press.

Yamagata, Hideo 2002, "Self-Dence against the Terrorist Attacks on September 11, 2001," *Korea Review of International Studies*, Vol.5, No.1, 49-69.

Weiss, Edith Brown 1989, *In Fairness to Future Generations*, The United Nations University & Transnational Publishers ＝1992 岩間徹訳『将来世代に公正な地球環境を』日本評論社。

Weiss, Edith Brown 1990, "Our Rights and Obligations to Future Generation for the Environment," *American Journal of International Law*, Vol.84, 198-207.

饗場和彦 2002、「人間の安全保障と人道的介入」『国際安全保障』30巻3号、42-68頁。

芦部信喜 1993、『憲法』(初版) 有斐閣。

上田秀明 1999、「日本のマルチ外交の最前線」『国際問題』470号、2-15頁。

大泉敬子 2000、「ソマリアにおける国連活動の『人道的干渉』と国家主権との関わり」『国際法外交雑誌』99巻5号、1-40頁。

大久保史郎 2002、「グローバリゼーションと安全保障」全国憲法研究会編『憲法と有事法制』(『法律時報』増刊) 290-295頁。

大芝亮 2001、「人間の安全保障と人道的介入」勝俣誠編『グローバル化と人間の安全保障——行動する市民社会』日本経済評論社、109-124頁。

大沼保昭 2001、「『人道的干渉』の法理」『国際問題』493号、2-14頁。

岡田順子 1992、「『相当な食料に対する権利』の歴史的展開に関する一考察」『法政論集』(名古屋大学) 140号、29-67頁。

小畑郁 1997、「民主主義の法理論における主権・自決権と人権」『法の科学』26号、25-38頁。

君島東彦 2002、「主権国家システムと安全保障論の現段階」『公法研究』64号、125-137頁。
桐山孝信 1995、「冷戦終結と新国際秩序の模索」『外国学研究』(神戸市外国語大学) 32号、1-16頁。
金東勲 1973、「現代国際法における内乱と介入の論理」太寿堂鼎編『変動期の国際法』(田畑茂二郎先生還暦記念) 有信堂高文社、68-101頁。
金東勲 1979、『人権・自決権と現代国際法』新有堂。
栗栖薫子 1998、「人間の安全保障」『国際政治』117号、85-102頁。
重光哲朗 2001、「フランス緊急医療NGOにみる人道的介入」勝俣編前掲書、85-108頁。
田中則夫 1996、「国連海洋法条約第11部実施協定の採択」『世界法年報』15号、1-29頁。
田畑茂二郎 1988、『国際化時代の人権問題』岩波書店。
田畑茂二郎 1997、「人権問題の国際化とその提起するもの」田畑茂二郎『21世紀世界の人権』11-36頁。
多谷千香子 2000、『ODAと人間の安全保障』有斐閣。
多谷千香子 2001、「人権としての人間の安全保障」『ジュリスト』1205号、96-103頁。
土佐弘之 2001、「『人間の安全保障』という逆説」『現代思想』29巻7号、170-185頁。
土佐弘之 2003、『安全保障という逆説』青土社。
西海真樹 2001、「人道的救援権」『国際人権』12号、29-34頁。
星野俊也 2002a、「『平和強制』の合法性と正統性」『国際法外交雑誌』101巻1号、77-100頁。
星野俊也 2002b、「人間の安全保障と日本の国際政策」『国際安全保障』30巻3号、9-25頁。
藤原帰一 2002、『デモクラシーの帝国』岩波書店。
松井芳郎 1981、「国際法における平和的生存権」『法律時報』53巻12号、8-14頁。
松井芳郎 1988、「経済的自決権の現状と課題」『科学と思想』69号、150-174頁。
松井芳郎 1993、『湾岸戦争と国際連合』日本評論社。
松井芳郎 1996、「国際連合と人道の援助および人道的干渉(上)(下)」『法律時報』68巻4号、46-54頁；6号、66-74頁。
松井芳郎 2001a、「NATOによるユーゴ空爆と国際法」『国際問題』493号、33-47頁。
松井芳郎 2001b、「現代国際法における人道的干渉」藤田久一・松井芳郎・坂元茂樹編『人権法と人道法の新世紀』(竹本先生追悼記念論文集) 東信堂、5-63頁。
武者小路公秀 1988、「平和的生存権と人間の安全保障」深瀬忠一・杉原泰雄・樋口陽一・浦田賢治編『恒久世界平和のために』勁草書房、166-193頁。
最上敏樹 2001、『人道的介入』岩波書店。

山内敏弘 2001、「『安全保障』論のパラダイム転換」『法律時報』73巻6号、4-10頁。
山内敏弘 2003、『人権・主権・平和』日本評論社。
山形英郎 2002、「同時多発テロに対する『報復』攻撃」『法律時報』74巻1号、82-85頁。
山形英郎 2003、「九・一一以降の国際法の世界」『法の科学』33号、111-135頁。

国際連合資料
　事務総長：
Anan, Kofi A. *We the Peoples* (2000).
Boutros-Ghali, Boutros, *An Agenda for Peace* (2nd ed., 1995), reproducing "An Agenda for Peace," A/47/277-S/24111 (17 June 1992) & "Supplement to An Agenda for Peace," A50/60-S/1995/1 (3 January 1995).
Boutros-Ghali, Boutros, *An Agenda for Development* (1995), reproducing A/48/689 (29 November 1993), A/48/935 (6 May 1994) & A/49/665 (11 November 1994).
Secretary-General, Address to the Second Session of the Preparatory Committee for the World Summit for Social Development (1995), quoted in Haq 1999：90. This statement is briefly reported in *Earth Negotiations Bulletin,* Vol.10, No.13, available at <http://www.iisd.ca/vol10/10130001e.html>.
Secretary-General, Secretary-General Says Renewal of Effectiveness and Relevance of Security Council Must Be Cornerstone of Efforts to Promote International Peace in Next Century, Press Release SG/SM/6997 (18 May 1999).
Secretary-General, Secretary-General Presents his Annual Report to General Assembly, Press Release SG/SM/7136 (20 September 1999).
Secretary-General, Secretary-General Salutes International Workshop on Human Security in Mongolia, Press Release SG/SM/7382 (8 May 2000).
　安全保障理事会：
President of the Security Council, Note by the President of the Security Council, S/23500 (31 January 1992).
S/PV.3980 (Resumption 1) (22 February 1999).
S/PV.4087 (10 January 2000).
　国連開発計画：
UNDP 1994, *Human Development Report 1994*＝1994、『人間開発報告書 1994』国際協力出版会。

第3章　価値体系・社会的過程と人間の安全保障

1　はじめに
2　国家と「政治的意思」の位置
3　国家・人々と地球環境
4　価値体系と社会的過程
5　おわりに

ジム・ウィットマン

本章の梗概

　「国家の安全保障」ではなく、今なぜ「人間の安全保障」なのか。日々の生活の中で人々は安全への脅威に不断に曝され、そこからの解放を切実に求めている。しかし、それを国家の政策に期待することはもはやできないと感じているからであろう。「人間の安全保障委員会」の最終報告書『安全保障の今日的課題』は、そうした人々の要求に応えようとする点で、まさに時宜を得ている。そこでは「人間の安全保障」の立場から多くの有益な提言が行われている。しかし、政策上の処方箋が有効であるためには、それらが世界の構造への鋭い分析に裏付けられている必要がある。この点で報告書は十分とはいえない。人間の安全を脅かしている深部の諸原因をそれは何ら明確にしていない。とりわけ安全保障にかかわる国家の役割が曖昧である。人間の安全への脅威が問題にされる時、しばしば国家の「政治的意思の欠如」が持ち出される。しかし、選挙民が大声で行動を求める時、政府は政治的意思を欠くことはない。国家の行動は可視的であるが、国家は（目に見えない）価値体系や社会的過程によって形成・維持されている。したがって、人間の安全保障を支持する方向へ国家の政策を転換させるためには、価値体系や社会的過程の変化が不可欠となる。そうした変化をもたらす歴史的な要因として「人権」の概念が重要である。それは人間の安全保障という思想とも適合する。

1　はじめに

　1974年11月にローマで緊急に開かれた「世界食糧会議」で、当時アメリカ合衆国国務長官であったヘンリー・キッシンジャーは、「10年以内に空腹を抱えて寝床に入る子供はいなくなるであろう」と約束した (Stokes 1999：2570)。それから22年後の[訳注：同じくローマで開催された]「国連世界食糧サミット」は、2015年までに人類の栄養不良の人口を8億人から4億人に減少させる目標を宣言した。ところが、キューバのカストロ首相はサミットで「この目標は控え目であることにおいてまさに恥辱である」と述べた。そして次のように続けたのだ。

　「毎日3万5千人の人々——その半数は子供である——が餓死しているというのに、先進国では、オリーブの木が根こそぎにされ、動物が犠牲にされ、まさに大地が生産しないということのためにどうして多額の金が支出されているのか。何千もの人命を奪う事故や自然的・社会的な大災害が発生した時、世界は正しい方向に動くのに、われわれの目の前で毎日起こっている [この飢餓という]ジェノサイド（大量殺戮）に直面して、世界はなぜ同じように動こうとしないのか」(NY Transfer News Collection 1996)。

　少なくともいくつかの緊急人道援助は、われわれを鼓舞し人間的な品位というものを呼び起こすものだが、そうはならない失敗した類似の事例も上述した以外に数多くある。抜きさしならぬ人間の災難や誰の眼にも明らかな構造的不平等は、もちろん世界の新しい様相を示すものとはいえない。しかし、そうしたことが「人間の安全保障委員会」の設立の背景となり原動力となった。ところで、『安全保障の今日的課題』(*Human Security Now*) と題するその報告書 (Commission on Human Security 2003) は、ここ数十年の間に議論されてきた論点を簡潔に表現しまた強化するものではある[1]。報告書に含まれる観点や処方箋は、道徳的に説得力がありかつ広く日常的にいわれていることである。それゆえ、豊かで安全を保障された人々は、恐ろしくて広範囲にわたる人間の安全保障の欠如に関して、まさに「援助疲れ」に相当するもの——それは一種の道徳的習性には違いない——になっていると想定する誘惑にかられるほどである。これこそが「世界食糧サミット」などの同様の出来事が、気を重くさ

せるとはいえ不可避的にもつ意味なのではないか。報告書に含まれる有意義ではあるが一般化された訓令から一体何を作り出そうというのだろうか。

このようにいっても、ここで採用された立場の大きな利点を疑問視するというのではない。その立場とは、「人間の安全保障というアプローチは、人々を中心に据えることによって、政策や制度を強化し、新たに方向付けることを要求する」ということだ。しかし、こうしたハイレベルの大抵の報告書と同様に、『安全保障の今日的課題』は、国家の役割についてきわめて曖昧である。人間の安全を脅かし不平等を蔓延させる、根の深い諸原因について何ら明確にしていない。そして、この立場の結果として、将来の進路に関してもっぱら説諭的でしかない。つまり、抱負は明快に示されているのだが、あらゆる規模と性質の政治的組織は、人間の安全保障の様々な目標を拡大し、強化し、激励し、前進させることが「適切であり」、「そうすべきであり」、「そうしなければならない」といった、いささか気が滅入るほどの陳腐な勧告が述べられるのである。

この賞賛に値する勧告は誰にまた何に向けられているのか。もし、世界の優先事項を見直す主眼が、政策や制度を強化し新たに方向付けることであるならば、過失責任は「政治的意思の欠如」と一般的に特徴付けられるものに、すなわち——全面的にではないにしても——とりわけ国家にあるとわれわれは想定できないだろうか。冒頭で報告書は指摘する。

　　国家はいまでも人々に安全を提供する主要な立場にある。しかし今日、国家は往々にしてその責任を果たせないばかりか、自国民の安全を脅かす根源となっている場合さえある。だからこそ国家の安全から人々の安全、すなわち人間の安全保障に視点を移す必要がある（Commission on Human Security 2003 : 2)。

しかし誰の視点を移す必要があるというのか。数十年も続く深刻かつ悪化する人々の貧困に直面して、世界で最も大きくかつ力のある国々が、自発的に国益の概念を拡張するに至るであろう、あるいは道徳上の義務感に基づいて主として行動するであろうと想定するのは、はかない願望にすぎないに相

違ない。換言すれば、報告書の計画としての側面と、その遂行のために最も権限ある地位におかれた行為主体つまり国家の性質との間には、相当な溝があると思われるのだ。

2　国家と「政治的意思」の位置

(1)　国家の諸機能

　人々の認識においても大量の反グローバリゼーションの抗議運動においても、国家が能動的に追求する権益に関して、あるいは国家が取り組みに失敗した重要な問題領域、とりわけ顕著には「人間の安全保障」という広い項目に属する諸問題に関して、国家はより大きな病巣に対する責任の多くを負っていると非難を受けている。次のような見解を実証するのは困難ではない。1994年に発生したルワンダにおける大虐殺に対して個々の国家および国際連合は対処しえなかったのであるが、そうした国際的失敗はいぜんとして不名誉の根源である(Barnett 2002)。さらに、より長期的にみれば、悪化するHIV／エイズ危機への不十分な国際的取り組みが重要な意味をもっている。

　こうしたことすべてに起因して、人間の安全にとって最悪の脅威の大部分を生み出し、あるいはそれを軽減することができない責任を負って、国家はほとんど風刺画で描かれているような悪者になったようにみえる。しかし、にもかかわらず国家が崩壊するニュースを聞くと、われわれの精神は落ち込んでしまう。なぜなら、国家の崩壊は、広くはびこる暴力によって――常にというわけではないが――頻繁に生じるからというだけではなく、実行力ある国家の不在のために、最も貧しくまた傷つきやすい人々への社会的支援の点で当然にも懸念されるからである。したがって、報告書は国家について「安全を提供する主要な立場にある」と特徴付けているが、記録された歴史のほとんどを通じて国家が人々の安全と対立していたという事実に鑑みる時、そうした見解の背後にある意味について立ち止まって考えてみるのは価値のあることだ。次にあげることはすべて、少なくとも消極的な安全保障(「～からの自由」)という点で重要である。国家は暴力と強制の手段について独占を維持する。国家は、少なくとも法治国において、公平な運営のために(そして紛争の

調停のために）平和的な公開討論や平和的手段を決定的に提供するところの一定の正統性を保持する。国家は公的に決定された公共の目的のために資源を配分するきわめて大きな能力を保持する（これが社会的サービスの提供とともに税金の徴収の意味である）。そして、歴史的に国家は高度なレベルの説明責任を有する。

もちろん、独裁的で、腐敗し、弱体化し、解体したか解体しつつある国家も存在する。しかし、国家の終焉を見たいと願う人はほとんどいないに相違ない。そして国家のない世界を人間の安全保障という観点からみてより安定で良好だと考える人はさらに少ないであろう。この点がグローバリゼーションの最悪の側面にまで及び、リチャード・フォークをして次のように主張させるのである。

　　市民と領土に関連して、経済のグローバリゼーションがもたらす今日の残虐行為や不平等を緩和し、近い将来に最良の希望を与えてくれる国家の権限が再び強化されるというのが妥当であろう。国家について否定的な判断を下すことに躊躇する一つの側面は、グローバル・ガバナンスの拡大へと導くものを含め、［国家システムに］代替する世界秩序のより有効な編成のために、民主的または文化的ないかなる強制力をも正統化する、有効な政治的空間を欠いていることから生じている(Falk 1999：179)。

(2) 国家と人間の安全保障

近年、いろいろな種類や程度の「ガバメント（政府）なきガバナンス」の展望について多くのことが書かれている(Rosenau & Czempiel eds. 1992)。特に国家や市民に影響を及ぼす多くの国境を越える活動を指揮または管理する国家の能力が低下している点が考慮されている。それはまたNGO（非政府組織）から企業まで、国家以外のさまざまなアクターの数と能力が増大しているからでもある(Strange 1996)。しかし、このような傾向が、一般的には人間の安全保障に、特殊的には最も貧困で最も力の弱い人々の利益に必然的につながるかどうかは、まったく明らかではない。歴史上または現代の出来事で、私的な目的をもつ私的な権力の増加が、人間性の改善に向かうと示唆するものはほとんど

ない。とりわけ、政府と同様の説明責任の拘束に服することのない場合、あるいは国家的または国際的な組織によって緻密に規制されることのない場合、そうしたことがいえる (Whitman 2002 : 45-57)。国家が人間の安全保障に非応答的であるのは、「政治的意思の欠如」の現れだとしても（このことは頻繁に強調される）、きわめて無責任な組織によってかなりの程度の権力が行使されるとき、はたしてどの程度の状況の悪化が引き起こされるであろうか。

しかし、人間の安全保障への脅威が持続し悪化するのは、国家の怠慢すなわち政治的意思の欠如に起因すると本当にいえるのだろうか。もし国家および現存する国際的システムが、グローバル化し、今もなおグローバル化しつつある世界の運営のために必要であるのならば（そもそもNGOの連合がオゾン・ホールの安定性を制御するのに十分であると誰が想像しえようか）、そして、国家の政治的・経済的性質が、かくも巨大な人類の受難に責任がありかつ（または）非応答的であるのならば、『安全保障の今日的課題』の規範的かつ実際的な起動力がどういうものでなければならないかは自明である。すなわち、われわれは国家の利益と優先事項を新たに方向付けなければならないのである。

報告書は国家を明示的には批判していない。むしろ、「国家の安全に関するすべての責任は国家にあるとする伝統的なアプローチとは異なり、人間の安全保障の過程にはより広範囲のアクターと制度、とりわけ人々自身が含まれるのである」(Commission on Human Security 2003 : 8) と主張している。しかし、その仕事はどこで始まるのか。計画設定の視座として、報告書は「人間の安全保障は、国境の安全から国境の内部および国境を越えた人々の生命・生活および社会へと、焦点を拡大する」(Commission on Human Security 2003 : 6) と述べているが、はたしてそういえるのだろうか。さらに、より根本的な問題として、国家の行動と市民の生活の関係について、また他者を犠牲にして安全（時には奢侈）を享受する人間集団間の緊張関係について報告書は何も述べていない。このような立場にあるわれわれ数百万人は、大体において高いレベルの政治的責任能力のある国に住んでいる。だが、しばしば見落とされる点は、政府というものは、選挙民が大声で行動を求める時に「政治的意思」を欠くことはまずないということである。国家の性向は、「自分本位」を非難すること等よりも一層複雑であり、地政学的に重要でない土地に住む遠方の人々の生存よ

りも、国家にとって直接の利益になることのほうがはるかに重要であるといった領域においてみられるようなものなのだ。その典型が環境の国際政治である。

3 国家・人々と地球環境

(1) 環境の国際政治

　環境の国際政治はなぜそんなに難しいのか。一見したところ、これは難問だ。なぜなら、ほとんどの工業国の国民が享受する暮らし方は、維持不可能なことだと簡単に証明できるからだ。地球の物理的秩序について合理的に推論するならば、その安定性を保証することが、根本的には自らに利益をもたらすことに気付くであろう。そして、人々がほんのわずか連帯するだけで、現在行っていることとは正反対の公共政策へとわれわれは導かれるであろう。人間の安全保障の問題と同様に、地球環境の状態について、国家に対する道徳的非難がしばしば山積する。特定の問題に関して国家（またはわれわれの政治的指導者）は「政治的意思に欠ける」という告発を受けている。しかし、そこに含まれる諸困難にはそれ以上のものがある。次に掲げる諸点を考えてほしい。それらはすべて市民が享受する暮らし方を、国家を経由して、地球環境問題と関連付ける。国家と人間の安全保障が直面する問題との共通点は、まったく同一ではないが相互に示唆するところが多い。

　第一に、国際システムは一つのシステムとしてある程度協力的だ。それは結局のところ一つのシステムであるのだが、しかし競合する主権国家を含んでいる。それらはいつも敵対的であるとは限らないが、イギリスの政治家たちが「ヨーロッパのわれわれのパートナーたち」について話すその頻繁さと、おおよそ同程度の頻繁さで彼らは「ヨーロッパのわれわれの競争相手たち」について話す、ということは注目すべきことである。ここで疑問が起こる。環境に対し健全な政策の基礎に関して合意が成立し法制化されてからのみ競争が始まるということがなぜ行われないのだろうか。それへの回答の一部として、ドイツが自国の比較的厳しい環境基準が他のヨーロッパ諸国に比して不利だと不満を表明するまで、環境に関する欧州共同体（EC）の法律はなかった

ことを想起しよう。天然資源や有利な交易条件のような問題をめぐる同種の競争も、すでに不利な立場にある者の安全保障に影響を与える。しかし、その影響を被った人々も国家も、その競争に挑戦するのに必要な政治的な力をもっていないのが通常である。

　第二に、地球的および地域的な自然界のシステム（大気の物理・化学現象、気候変動、生物の多様性など）とさまざまな人間のシステム（都市、内燃機関で動く交通の量、近代的農業など）との相互作用は、驚くほど複雑である。われわれは今ようやく大気汚染が気候変動を引き起こすかどうかについてほぼ合意に達するようになったにすぎない。同様に、グローバリゼーションのある側面が貧しい人々に不利益をもたらすことをわれわれは容易に理解することができる。しかし、グローバル化の諸力が生み出す良好な（または潜在的に良好な）成果を、損害や一層の権利剥奪を惹き起こすものからどうすれば切り離すことができるのかの判断は、きわめて困難である。

　第三に、国際政治は国内または地方の政治を構成する抑圧・感受性・期待・恐怖などから離れたところでは決して起こらない。そして少なくとも直接的にはこれら国内の政治活動のすべてが環境にかかわっているわけではない（また、遠方の知らない者の安全保障を優先することがないのも自明の理である）。文化、生活様式、雇用、食料や水へのアクセス、急増する人口や急拡大する工業の要請、そしてその他多くの地方または国家レベルでの生活の基礎が、どのように環境破壊を引き起こすのか、あるいは逆に環境に関する国際的な条約に影響されるのかを考えてみよう。これらやその他多くの事項もまた人間の安全保障をめぐる国際政治——とくに緊張した絶望的な状況における——にとって本質的な文脈を成すのである。

　第四に、世界における190ほどの数の国家は、国際連合のもとで「主権を有し平等」であるが、諸国家の間にある巨大な格差を否定することはできない。いくつかの国は国際的な交渉において勢力と影響力に不足するだけではない。多くの国は環境基準（それを規定するのが国内レベルであろうと国際レベルであろうと）を立法化し強制する能力を欠いており、場合によってはすべての市民の生存を保障する能力をすら欠くこともある。これが環境破壊と政治的緊張のさらなる連鎖を容易に生み出す。『安全保障の今日的課題』が関心をよせる「移

動する人々」と「暴力を伴う紛争からの回復」はここから生じる（Commission on Human Security 2003：40-70）。

　第五に、環境の政治は、国際政治のより広範なまた高度に緊張した領域において起こる。西洋と中国の関係をめぐる、もつれあった諸課題を一瞥しよう。中国国内においては、先例のない目覚しい工業化、農村から都市への人口の大移動、大規模な環境汚染、不十分な環境基準などの問題が起こっている。中国の外においては、安全保障への関心、投資と貿易の機会、人権問題などが焦眉の課題となっている。

　第六に、環境問題は、さまざまな道筋で、種々のスピードで、また非常に異なった政治的帰結をともなって、人々に影響を与える。これは地球規模の力学だけではなく、より狭小なレベルでもそうである。危険な生産過程を低開発国に配置することや、有毒廃棄物を監視の目がゆるいかまったく存在しないところに投棄することなどである。

　第七に、ある種の環境の「問題」は、少なくとも一時的には、それをどう理解するかの問題である。土地を剥奪された人々にとっての生存のための農業が、遠く離れた人々にとっては生物多様性に対する脅威となる。

　第八に、責務あるいは政治的責任を目的に因果関係を特定することはきわめて難しい。というのは時に原因は、何千という個々のアクターと行為を経て、また長い時間を経て——あるいはその両方から——拡散するからである。すなわち、いずれか一国の行為にのみ責任を帰すことはできないのである。世界の環境におけるPCBの蓄積が工業国に起因するのは事実であるが、だからといって、とりわけ残余の世界が急速に工業化を進める中においては、問題解決のための政策形成がずっと容易になるというわけではない。

　第九に、エンパワーメント・ディスエンパワーメント、費用・便益に関して、政治的に全員に受容可能な、環境に関する国際的な合意を構想することは困難である。保護区としてジャングルを保存することは観光（ひいては国家経済）や生物多様性のためには好ましいが、地域住民や彼らの生活様式にとっては好ましくない。このように考えれば、例えば水力発電は不可能になるかもしれない。こうした問題に関与する国の政府は国際社会の要求と地方や国内の圧力との間で折り合いをつけようとするであろう。その結果、国外から

の同情や支援を受けられなくなるかもしれない。こうした観点から導かれることは、多部門を横断する国際的な環境をめぐる合意形成を行うことの困難さである。例えば、二酸化炭素吸収源を作るために特定の樹木を植えて森林を最大限に育てるということがある。しかしこれらの樹木は生物多様性を高め保護するという観点からは必ずしも最適とはいえない。

　最後に、国際的合意に向けての強制手段が常に弱く、また検証も常に困難であることから、求められるものはある程度の信頼であり、少なくとも相互にバランスのとれた関心が必要であるとの理解であるが、これとても国際政治においてはきわめて稀少である。

　これらの論点はどれも、ある特定の国家またはアクターとしての国家をそれらの責任から、あるいはきわめて困難であるがしかし必要な政治的リーダーシップから、免責することを意図するものではない。しかしそれらは、いかなる国であれ、グローバルな諸問題——際立って拡散した原因を有し、広範囲に種々の影響を与え、そして時には競合する優先順位をもつ他の諸問題と密接に関連する——に直面した時に、そうした問題を全体の構図の中に位置付けるものである。

(2) 国家と公共領域

　このような線に沿って推論していけば、われわれは直ちに、グローバリゼーションがもたらすほとんど注意されていない一つの帰結に行き着くだろう。すなわち、グローバリゼーションが、少なくとも先進世界の人々に対して、道徳的に重要な行動または非行動の領域を拡大したということである。かつては日常のありふれたことであった多くの事柄が、今日では道徳的に非難されるものとなっている。自分たちが原因となり、あるいは解決手段をもちながらそれに対してなすすべを知らない世界の苦悩に気付きながら、「良い生活を送る方法」に思案をめぐらせることは難しい。直接・間接に常にわれわれを責め立てる道徳的要求に対して、われわれはうわべだけであれ罪のない人生の一貫性をどうすれば保持することができるのだろうか。

　　　かつては健全な倫理として通用した多くのことが空虚な中身であるこ

とを暴露するのに情報技術が寄与している。例えば、ほとんどの倫理理論が意気揚揚と切り抜けてきた［心理的な反応を確かめるための］ベンチテストとして、以下のような問題がある——自分の関心事しか眼中にない状態であなたが歩いている時、溺れかけている人の助けを求める声が聞こえてきたとするなら、あなたははたしてどう行動するべきであるか。だが、このような論理的形式のもたらす苦渋には、もはや誰も直面することはない。その代わりに、自分だけのことを必死になって考えようとしても、何千という助けを求める声が、われわれがなすべきことの情報を満載して、毎日のように聞こえてくるのだ。この遍く存在する問題について、伝統的な倫理システムは本質的に沈黙を余儀なくされるか、あるいは最もあからさまに問題が重要でないかのごとくごまかしの態度をとるかである(Dennett 1998：381)[(2)]。

われわれに対する多くの道徳的要求は、人道上の大惨事に対する緊急の救援にとどまらず、われわれの食料の多くが生産され、衣料が製造される条件にまで及んでいる。実際、われわれが気候変動を、道徳的にも実際的にも重要なことだと受け止め、かつ自動車を運転することの総体としての影響がそれに著しく寄与するものであることを知るならば、相対的・実際的な自分の行為の非重要性が、その道徳的な重みをも限りなくゼロに近づけることになるのだろうか。道徳的な周到さは人類の受難の事実に関する知識に比例する。そして世界の状況はわれわれが日常的に享楽している生活様式と矛盾なく共存しうるようにはほとんどみえないのである。

道徳的重要さは今日では日常行為のほとんど全部に付随するものとなったが、われわれは個人的にも集合的にも麻痺しているわけではない。私のここでの関心は、個々人には当然に必要となる心理的な遮断、妥協または矛盾といった類のものにあるのではなく[(3)]、公共領域における倫理行動の基準と道徳的受容の限界を確立し、かつ(あるいは)維持していくという、一層困難な試みのほうにある。「人間の安全保障」はそのための究極の判断基準となる。これらの集合的な努力はまた、社会・政治・経済・科学・技術における変化の性質と速度が加速し結合する中で、とりわけ重要視されるようになってきた。

広く合意した道徳基準を公共政策に組み入れる切実な必要性が、矛盾のない維持可能な社会秩序への要求に関するわれわれの評価の目立った特徴となっている(4)。しかし、過去において公共生活のより大きな輪郭を形成し条件付けてきた広く分有された道徳的価値は、現在のグローバル化されたあるいはグローバル化されつつある世界の道徳的に重要な可能性に対して対処しえないに相違ない。

　もちろん、道徳の個々の動因としてのわれわれは、意図的でも予期的でもない自分たちの行為の総体としての結果の背後に、すっかり隠れてしまうことはできない。あるグローバルな力学から生じた道徳的に不快な結果に対処するのに、われわれは政治的なイニシアティブを広く支持するのにやぶさかではないが、そのためには道徳とは関係のない性質のものだけではなく、われわれの道徳的衝動と競合するようなものについても考察の網を巡らすことが必要となる。英国における発電が、スカンディナヴィア半島の湖を酸性化させる原因にもはやならないとすれば、あるいは気候変動に対する実質的寄与がもはやないとすれば、それは良いことである。しかしその実現のために、どれだけの税金やキロワット当たりの電気代を追加的に支払う必要があるだろうか。あるいは、社会的な基礎に立てば、電力生産に懲罰的な税を賦課することによって、イギリス産業の競争力をどの程度まで不利にすることが可能なのか。米国のジョージ・W・ブッシュ大統領は同様の論法を用いて「京都議定書」を拒否した。この法令のもつ問題性は、最も安全を脅かされている人々の恐るべき犠牲の上に立った、富裕な人々の安全や快適や便利を含む無数の事例に適用されうるであろう。

　われわれが直面する政治組織の規模や論点の性質を考えると、われわれは国家や制度にこそ義務を課さなければならない。しかしこれは責任転嫁の行動に容易になりうる。われわれの道徳的なためらいが政治家における「政治的な意思の欠如」という表現となる。われわれの個人的な生活はほとんど動揺せず、世界の状況はますます悪化する。問題とすべき人間の苦難の広がりを目の当たりにすれば、行動が急を要することは理解できる。しかし目標としての処方箋(報告書が述べるような「包括的で統合された戦略が必須である……」というような)が何らかの実際的な効果をもつべきであるとするなら、まず人間の

「安全保障への脅威」(insecurity)の根本原因を考えるのが最良であろう。その方向性において国家はきわめて可視的であるが、にもかかわらず国家は、[目に見えない]価値体系や社会的過程によって形成され、維持されているのである。

4 価値体系と社会的過程

(1) 道徳的存在としての人間

　道徳哲学の多年にわたる難問は、個人的または集合的な道徳的存在が、種々の恐ろしい状況を作り出し、否定し、無視し、さらには道徳的に悪化させさえしていることが、どうしてありうるのかという問題である。しかもその結果として起きた人類の災難にいぜんとして苦しみもだえているのだ。これは低開発世界への政治的関与の失敗として、緊急の人道主義の性格が意味するところのものである。困難な現実とは、われわれが作ってきた世界はわれわれの価値の表現だということである。最も安全を守られている人々が、「人民の人民による人民のための政府」という民主的ガバナンスを享受しているのであって、それ以外ではありえないのだ。

　したがって、われわれが維持不可能と認識する生活様式を助長している政治的・経済的・エコロジー的・消費者保護的な社会的過程は、そのコースを走り続けるというわけだ。それは国家が社会不安に直面して意図的にそうしているのではなく、概して国家はわれわれの行う入札に従っているか、あるいは少なくともわれわれの沈黙や政治的関与の欠如をまさに黙認とみなすからなのである。

　20年以上も前にジェフリー・ヴィッカーズは次のように書いた。

　　人間のシステムは未来の歴史を設計するとともに予言する。それらはときに手探りで、しばしば酷薄で、しばしば見当違いであるが、それでも己自身と相互の秩序を解き明かし、維持し、時には破壊する動因としてまず無視しうるものではない。

　彼は続ける。

このことは人類の歴史が崩壊なしに変化する可能な速度には限界があるということを意味する。なぜなら、首尾一貫した変化は、一つの社会がそれ自身の状況を説明する文化的基準の総体における変化を含むものであるからだ。そしてそれらの基準は人間の一生の経験と、したがってまた個々人の寿命とに結びついている(Vickers 1983 : xv)。

　換言すれば、人間の安全保障への脅威——人類の3分の1がさまざまな種類の貧困現象に苦しんでいるのだ——は「解決」可能な一つかそれ以上の大問題ではなく、より大きな人類の窮状の一表現なのであり、その中で最も安全を享受している人々の価値体系や社会的過程から成る「文化的基準」が、最も重要な決定要因なのである[5]。国際関係の主要な潮流、国家の優先事項と目的、グローバル・ガバナンスからの土地や人々の効果的な剥奪は、少なくとも部分的には、支配的な価値体系や社会的過程によって行われる。その中で先進世界の石油への依存は一つの明確な事例であるにすぎない。この依存は、次には無駄の多い暖房システム、公共交通の代わりに使う自家用車、国際航空を使っての旅行のめざましい増加など、40年以上も続いて減少の兆しがない一つの選好によって駆り立てられている。無数の政治的・経済的・環境的・文化的な帰結——ネガティブな結果は大抵意図されず、予知されず、無視されたものである——はこうした文化的選好から生み出されるのである。
　このことは、『安全保障の今日的課題』が指し示すところの避けることのできない威圧的な現実へとわれわれを導く。そこでは「政治と制度の方向転換」が必要となる。すなわち、ジェフリー・ヴィッカーズのいう「社会がそれ自身の状況を説明する文化的基準の総体における変化」の必要性に他ならない。これは楽観的な見通しではない。しかし希望がないわけではない。そう考える強力な理由は、ほとんどの人が予想しないであろうもの、すなわち20世紀の歴史そのものの中にある。

(2) 普遍的規範としての人権
　20世紀の最も注目すべき功績は、科学や技術のそれではなく、規範的なも

のであった。すなわち普遍的な人権の形式的な宣言であった。もちろんカンボジアやルワンダやボスニアでの無辜の民の虐殺は国際政治の行動にひどい汚点を残した。人権の存在が世界中の国々の法律に正式に明記され、数々の国際規約でも支持されているにもかかわらず、言語道断な法律違反に対してさえも二重基準（ダブル・スタンダード）、偽善、行動の無能力・無意思を探し当てることは困難ではない。この誤った行動と人間の受難の潮流にあって、われわれの高い理想や崇高な大志は薄弱なものにみえてしまう。しかし人権のない世界を考えてみよう。そこでは人権の観念や理想は言明されていない。そこでは、力に基づく関係の世界の中で、他者の人間性の認識は日常的な危険に曝される。こうした世界にあっては、植民地主義に対するどのような理にかなった反対がありえようか。奴隷制も例外ではなく、それは正義と不正の問題ではなく、間違いなく費用と便益の問題とみなされるであろう。

　人権の観念や理想はそれ自身の権威における一つの価値体系であって、それが宣言以上のものになるためには、国内法や国際法という形式だけではなく、生活の中に息づく期待として人間生活のあらゆるレベルで価値体系に組み込まれなければならない。人権制度は、人間の一生の間に感動的な程度にまで成文化されるものなのだが、人間が相互にもたらす極悪非道に対して時にひ弱な防壁のようにみえる。にもかかわらず、人権は、「社会がそれ自身の状況を説明する文化的基準の総体における変化」であると本当の意味でいうことができる。今や人権は普遍的な規範であり、これが人と人との関係の基準をも作り出す。それはまた国家が主権の及ぶ境界内で揮う権力の性質と程度に制約を与える。それはまた国際社会において国家が立派なメンバーとして認知される基準を設定する。それはまた、政治的なものであれ技術的なものであれ、倫理的・社会的・法的な考察に人間関係の新しい発展を告知するのである。

　このように人権は、ジェフリー・ヴィッカーズが自己調節的な体制の二重の機能と特徴付けたもの、すなわち「システムの動的なバランスを維持すること、およびそれが実現され維持されるまさにその関係を最適化すること」に、きわめて重要な構成部分を提供する（Vickers 1983：194）。人権を求めての闘争は緒についたばかりである。しかし、グローバル化した世界にあってそ

れが一つの文化として定着し存在するということは、最も目的指向型の公共政策でさえも、目的達成のためには人間関係の本質の中心に人権を据えることを回避しえないということを意味する。

　人権が世界中で受け入れられ、成文化されたその迅速さには、きわめて注目すべきものがある。「世界人権宣言」(1948年)はまさにそうしたものであった。その宣言は人を高揚させるが、決して押しつけられるものではない。人権はまた国家間関係の領域内だけにとどまるものではなく、とりわけ世界で最も弱くまた最も困難な状況にある人々にとっては直ちに生活に息づく期待の一部となった。アムネスティ・インターナショナルの設立において具体的な形をとった、人権から生まれた人間の連帯は、その最も重要な遺産である。また、しばしば侵害され、時にはひどく冒涜されてきた他の法律や規範と異なって、人権という規範の立ち直りの速さには人を勇気付けるものがある。

　最も重要なことは、人権が人間の意識にいったん入り込んだ以上、植民地主義や暴力に基づく秩序の他の諸形態は死の運命にあるものとみなされ、人間関係の受け入れ可能な形態とはみなされないということである。人権の歴史的発展はわれわれに思想の力というものを復活させる。そしてそのことが次には、われわれに文化的に転換可能なものとして人間の安全保障という思想を復活させずにはおかないであろう。

5　おわりに

　『安全保障の今日的課題』は、価値体系や社会的過程で必要とされる変化のための「重力の中心」を位置付けるにあたって、先行のものより直接的ではないが、その中心性の暗黙の認識は少なくとももち合わせている。「世界人権宣言」における人権の観念の表現は多分に宗教的かつ精神的伝統の頂点に位置するものであった。哲学的・政治的推論や直截的な政治闘争の結果として、報告書は、「人間の安全保障は、安全と権利と開発とに関する人間的諸要素を集約するものである」と述べる。さらに正しく次の点にも注目する。すなわち、「人権と人間開発という概念は、法的・経済的・社会的行動を新たに方向付け、それらが人々にどのような影響を与えるかという観点からそうした行動

の目的を考えるように仕向けた」(Commission on Human Security 2003：130)という点である。

しかしそれが行われた速度はひどく遅々としたものであった。そしてすでに相当程度にまでグローバル化された世界にわれわれが導入した変化の速度、および権力から相対的に自立し国家の勢力範囲外にある多くの非国家アクターの権限と力量の成長を与件として考える時、時間が不足している(Rosenau 2003)。人間の安全保障という観点を絶望的に必要とするこの世界は、[「世界人権宣言」が採択された]1948年における世界と同じではない。にもかかわらず、『安全保障の今日的課題』の主要な前提と酷似した表現が、10年前の国連開発計画(UNDP)『人間開発報告書』(1994年)の中に見出されるという事実は、いささか興ざめである[6]。

いくつかの論点に関して人間の安全保障が明快に表現されていることは『安全保障の今日的課題』の強みではある。さらに注意して読むと、規範的な変化と、われわれの注意を喚起する緊急事態に対処するために必要となるハードな政治交渉・妥協・リーダーシップ・諸費用との間に、意味のある選択が行われていないということが明らかになる。公正な貿易、保健衛生や初等教育へのアクセス等のより深いまたより長期にわたる課題についてはいうまでもない。しかし、報告書の背後にある生気ある精神——おそらくそれはより明示的であるべきであった——は、いかなる分野のものであれ、人間の向上を求める努力の実際的な進歩が、規範的な期待を強化しうるのだという希望の中にこそある。逆もまたしかり。そして、われわれが世界に何を望むかということが、われわれの生活様式の中に表現を見出す。換言すれば、われわれが支持し実行する価値は、人間の安全保障という思想および理想と共鳴し合うものなのである。

注

(1) この種の著作で著名なものには引用・参考文献中の Independent Commission on Disarmament and Security 1982；World Commission on Environment and Development 1987；Brandt Commission 1980；Commission on Global Governance 1995；Independent Commission on International Humanitarian Issues 1998等がある。さらに UNDP 1994もみよ。

(2) 至るところにみられる緊急の助けを求める嘆願の、道徳的意味に関する厳しい見方は、Unger 1996にみられる。
(3) Cohen 2000およびDavis 1993を参照のこと。
(4) この点は国際関係論においてあまりにもたやすく見失われている。少なくとも、支配的なリアリスト学派に関してはそうである。そこでは無政府的な国際システムに対して利己的で暴力的な人間本性を仮定するところから始まっている。この仮定に対する簡明かつ示唆に富む反論としてGould 1993をみよ。
(5) ここから問題解決より問題設定により関心を抱くジェフリー・ヴィッカーズの長く保持している問題意識が生まれる。彼の著書(Vickers 2001：194)をみよ。
(6) あまりにも長い間、安全保障という概念は国家間の紛争に対処する潜在的能力という観点から形成されてきた。あまりにも長い間、安全保障は国境に対する脅威と等値されてきた。あまりにも長い間、諸国家は安全を防護するために軍事に力を注いできた。今日における大部分の人々にとって、安全保障への脅威の感覚は、世界的な政治的大変動の脅威からよりも日常生活の心配から起こっている。仕事の保障、収入の保障、健康の保障、環境の保障、犯罪からの保障などであるが、これらは全世界にわたる人間の安全保障にかかわる緊急の課題である。UNDP 1994を参照のこと。

引用・参考文献

Barnett, Michael 2002, *Eyewitness to a Genocide : The United Nations and Rwanda*, Ithaca：Cornell University Press.

Brandt Commission 1980, The Brandt Report, *North-South : A Program for Survival*：MIT Press ＝1980 ブラント委員会報告『南と北——生存のための戦略』東洋経済新報社。

Cohen, Stanley 2000, *States of Denial : Knowing About Atrocities and Suffering*, Cambridge：Polity Press.

Commission on Global Governance 1995, *Our Global Neighborhood*, Oxford：Oxford University Press ＝1995 京都フォーラム監訳、グローバル・ガバナンス委員会『地球リーダーシップ：新しい世界秩序をめざして』日本放送出版協会。

Commission on Human Security 2003, Report of the Commission on Human Security, *Human Security Now*, New York ＝2003 人間の安全保障委員会事務局訳『安全保障の今日的課題——人間の安全保障委員会報告書』朝日新聞社。

Davis, Nancy (Ann) 1993, "Moral Theorizing and Moral Practice：Reflections on Some Sources of Hypocrisy," In Earl R. Winkler & Jerrold R. Coombs eds., *Applied Ethics: A Reader*, Oxford：Blackwell Publishers.

Dennett, Daniel C. 1998, "Information, Technology and the Virtues of Ignorance," In *Brainchildren : Essays on Designing Minds,* London:Penguin Books.

Falk, Richard 1999, "The Challenge of Genocide and Genocidal Politics in an Era of Globalization," In Tim Dunne & Nicholas J. Wheeler eds., *Human Rights in Global Politics,* Cambridge:Cambridge University Press.

Gould, Stephen J. 1993, "Ten Thousand Acts of Kindness," In *Eight Little Piggies,* London:Jonathan Cape.

Independent Commission on Disarmament and Security 1982, *Common Security:Blue Print for Survival,* New York:Simon and Schuster.

Independent Commission on International Humanitarian Issues 1998, *Winning the Human Race?,* London:Zed Books.

NY Transfer News Collective (Tue, 19 Nov 1996 12：29：03 CST). <http://www.hartford-hwp.com/archives/28/040.html>

Rosenau, James N. 2003, *Distant Proximities:Dynamics Beyond Globalization,* Princeton:Princeton University Press.

Rosenau, James N. & Ernst-Otto Czempiel eds. 1992, *Governance Without Government: Order and Change in World Politics,* Cambridge:Cambridge University Press.

Stokes, Bruce 1999, "Here's Food for Thought:Fears of Famine Have Faded, But We're Never More Than One or Two Bad Harvests away from Crisis," *The National Journal* (Section:Economics), Vol.31, No.37 (Saturday, September 11, 1999).

Strange, Susan 1996, *The Retreat of the State : The Diffusion of Power in the World Political Economy,* Cambridge:Cambridge University Press ＝1998 櫻井公人訳『国家の退場――グローバル経済の新しい主役たち』岩波書店。

Unger, Peter 1996, *Living High and Letting Die : Our Illusion of Innocence,* Oxford：Oxford University Press.

UNDP 1994, *Human Development Report 1994,* Oxford:Oxford University Press ＝1994 国連開発計画『人間開発報告書 1994』国際協力出版会。

Vickers, Geoffrey 1983, *Human Systems Are Different,* New York:Harper & Row.

Vickers, Geoffrey 2001, *Value Systems and Social Processes,* London:Routledge.

Whitman, Jim 2002, "Global Governance as the Friendly Face of Unaccountable Power," *Security Dialogue,* Vol.33 (1).

World Commission on Environment and Development 1987, *Our Common Future,* Oxford：Oxford University Press ＝1987 環境庁国際環境問題研究会訳、環境と開発に関する世界委員会編『地球の未来を守るために』福武書店。

（藤田　明史訳）

第4章　拡散する暴力、転移する権力
―― 「人間の安全保障」の臨界点――

1　政治的なるもの、国家、暴力
2　モダンの国家と暴力
3　国家の外部性としての国際関係
4　グローバリゼーションと「新しい戦争」
5　物理的・非物理的暴力の拡散
6　「人間の安全保障」の臨界点

小林　誠

――― **本章の梗概** ―――

　モダンの国家は、暴力の行使の独占を実効的・合法的に主張するという定義的な特徴をもつと考えられてきた。国家を他の政治組織と峻別するのもこの点である。こうした定式のもとで、国内では(警察力などへの)暴力への依存が概して弱まる一方で、国際関係では(軍事力による)戦争に象徴される暴力の行使が実質的な制度として維持されるという「暴力の振り分け」が定着してきた。だが、今日のグローバリゼーションの中で「新しい戦争」と呼びうる暴力が拡大しつつあり、これによって以上の前提が大きく揺らぎ始めた。「新しい戦争」によって、非物理的暴力の機能が高まり、国家以外の組織が物理的・非物理的暴力を行使する場面が増えており、その結果、政治社会の外部にも暴力の契機が拡散し始めたのだ。こうした暴力の拡散は、国境を横断して進行し、国内と国際との「暴力の振り分け」をも曖昧にしている。「人間の安全保障」概念の流行は、こうした暴力の変容に向き合ったアプローチであり、従来の「国家安全保障」概念の限界を指摘するのに有効である。だが同時に、「国家安全保障」概念の再検討を回避するための受け皿にもなりがちだ。現代における暴力の変容を見極めたうえで、安全保障概念を大胆に再構成しなければならないだろう。

1 政治的なるもの、国家、暴力

(1) 政治と暴力

　モダンの国家は、いうまでもないことだが、戦争に象徴されるような物理的強制力、あるいは組織的暴力の管理と行使の主体であり、また、その機能を最もよく発展させ、制度化した集団である。凡庸な書き出しになることを覚悟のうえであえて引用するが、マックス・ウェーバーが国家を「一定の領域の内部で、正当な物理的暴力行使の独占を (実効的に) 要求する人間共同体」として定義したことはよく知られている。国家以外のすべての集団や個人は、国家が許容した範囲内でしか、物理的暴力行使の権利が認められていないのである (Weber 1919＝1980：9)。だが、見落とされがちなことだが、ウェーバーは、「政治」を権力の配分を求める努力であり、権力分配、権力維持、権力移動への関心として表れると考え、この政治的なるものの最たるものとして国家を位置付けており、したがって逆にいえば、国家だけでなく、政治的なるものを内包する諸関係、つまり政治的組織一般をも暴力に結びつけた。この点を明瞭にさせるため、ウェーバーの別のテクストを引用しよう。

　　社会学的観点から見て、「政治的」団体、特に「国家」を、それが営むところの行為の内容から定義づけることは、不可能である。ある政治団体が時に応じて取上げなかったような課題は、恐らくあるまい。他方、政治団体と称され、今日では国家と称される団体にのみ、あるいは歴史的にみて近代国家の先駆をなしていた団体にのみ、如何なる時にも特有であったといえるような課題も、恐らく存在しないだろう。近代国家というものの社会学的定義づけは、むしろ、あらゆる政治団体がもつと同様に国家がもっているある特殊な手段にもとづいてのみ可能である。その手段とは、物的強制力の手段である (Weber 1966＝1992：17)。

(2) 国家と非国家組織

　近年、「政治社会」(political society)(とりあえず国家権力の奪取や運営にかかわる領域と定義しておく) とは異なる編成原理をもつとされる「市民社会」(civil society)

(とりあえず自発的で非強制的なアソシエーションの領域と定義しておく)にかかわる議論の隆盛の中で、新たな公共圏の構築の現実や必要が盛んに論じられている(例えば Keane 1998；齋藤 2000)。これからすると、政治的なるものをおよそ何の断り書きもなしに国家に代表させることは、ここでしたがうべき論法には思われない。政治の広い沃土を切り捨て、豊かな可能性を閉ざしてしまうからである。また逆に、国家と他の政治組織との違いを隠してしまうことにもなる。そこで、政治的なものを「政治社会」、あるいは国家にかかわる領域に限定しないという留保をつけたうえで、国家を物理的強制力の行使の実効的・合法的な独占によって定義付けることの有効性について改めて次に議論したい。

2　モダンの国家と暴力

(1) 国家の機能

　国家の機能(ウェーバーの引用の中での言葉では、国家が営む「行為」や国家の「課題」)は、グローバリゼーションの進展する今日、国際的な標準化を急速に強めてきてはいるものの、国家ごとに大きく異なるし、ましてや歴史を遡れば、時代に応じてさまざまな変化を遂げてきたことが明らかである。国家の機能の及ぶ範囲を便宜的に「公的」、そうでない範囲を「私的」と分別することが昔から行われてきたが、この外形的な(つまり実質的内容にかかわって弁別したものではない)用法を用いたとしても、公私の間の境界線が固定されたことなどなかったし、一定のモデルに向かって推移してきたということもなかった。例えば経営危機に陥った特定の企業や銀行を救済することは、国家が行うべき機能の範囲内にあるのか、あるいはそうではなく市場などの他のメカニズムに任せるべきなのかは、何ら自明なことではない。個々の歴史的な状況によって、まさに政治的な判断によって、国家が介入するか否かが決められ、その結果、外形的な「公共性」が付与されたり、剥奪されたりするのである。

　こうした機能の例として、安全保障を取り上げよう。通常、安全保障のカテゴリーに入るものとして、国家の主権や独立の保全、外的攻撃からの国民の生命・財産の保護、国境警備、犯罪防止と犯罪者の取り締まり、自然災害

の予防と復旧、食糧や飲料水の確保、医療、難民保護といったさまざまな機能がイメージされる。これらは、国家(具体的には国家を法的・政治的に表象する中央政府)が行うことが多く、その場合は「公的」意義をもったものという建前になるが、これらは必ずしも国家だけが担うものではない。これらの機能は、企業、地域共同体、市民団体、教会、マフィア、家族・親族などにもみられ、それらが安全保障の機能を担う場合、外形的には「私的」な活動ということになる。例えば国外勢力の干渉行為に対し知識人が抗議運動を起こすことは、国家以外の組織が国家の主権や独立の保全の機能を担ったとみることができるが、外形的には「私的」な行為である。

(2) 国家形成と暴力の内包

　ここで、国家だけに特有なのは、機能いかんにかかわらず、物理的強制力を独占的に用いて実効的・合法的に行うという点が観察され、指摘されたわけである。では、ウェーバーの考えたように、物理的強制力は国家だけでなく、程度の差こそあれ、同時に他の政治組織にも妥当することなのだろうか。つまり、そうした暴力の行使のあり方が、政治的なるものを非政治的なるものと区別する指標となるのだろうか。この点を考えるために、モダンの国家形成をごく簡単に振り返ってみよう。

　モダンの国家は、16世紀のヨーロッパにおいて誕生した。ヨーロッパにおける初期の国家は、他の多くの政治共同体を、駆逐・殲滅し、あるいは吸収して自らの一部とし、時には自らの下位に変形して従属させ、最終的に、一定の領域内において最高の政治権力——いうまでもないが、主権的権力と呼ばれる——を勝ち取るようになった（あるいは少なくとも勝ち取ったと主張するようになった）。チャールズ・ティリーが強調するように、モダンの国家の形成者たちは、無制約な厳しい競合状態の中におかれ、その中から競合する他の政治勢力を打ち負かしていったのであり、イギリス、フランス、スペインといった国家建設に先行した例は、生存競争に勝ち残った国家に他ならない (Tilly 1975)。またアンソニー・ギデンズによれば、国民国家において初めて、自国の領域内の暴力的手段の正式に承認された独占の権利という主張が国家の特質を示すものとしておおよそ確立していったのであり、国内の平定過程

は暴力手段の独占の成功と密接に結び付いているという (Giddens 1985=1999 : 142-143)。

　こうしてモダンの国家形成の過程は、主に暴力装置の高度化と資本蓄積との二つの大きな機能の構築としてなされた。まさに「戦争が国家を作り、また逆に国家が戦争を作った」のである (Tilly 1990)。この点に関し、さらにデヴィッド・ヘルドは、モダン国家の形成期に続いてその後も長く、国家の機能は経済的・国内的な性格というより軍事的・地政学的だったと主張している。具体例として、12世紀から19世紀にかけてイングランドの国家財源の70～90％が軍事手段の獲得と行使に常時あてられ、とくにその多くは国家間戦争に費やされてきたという (Held 1995=2002 : 50-65)。

　やがて資本主義生産の発達とともに、戦争が高度に産業化され、同時に社会のもつ多様な資源を国家に効率的に動員するさまざまな体制が構築されていく。ギデンズは、モダニティに密接に関連する制度群として、監視の強化、資本主義的企業経営形態、工業生産、そして暴力手段の中央集権的管理の四つを指摘しているが (Giddens 1985=1999)、これらはいずれも国家と戦争の原理的な構成上の結び付きを説明しているといえる。

　モダンの国家という仕組みは、こうして国境線の外であると内であるとを問わず、物理的強制力、あるいは組織的暴力の行使に担保されて発現し、自らの内部に暴力を包摂していった。そして、それはやがて帝国主義と植民地化、およびそれに続く脱植民地化を経て、全地球的規模に拡大するのである。こうした経過からすると、国家が、あるいは国家のみが、他の政治組織 (そしていうまでもなく他の非政治組織) と違って、物理的強制力や組織的暴力を実効的・合法的に独占しているという点を重視したほうがよいことがわかるだろう。

　なおモダンの国家では、プレモダンにおける組織とは対照的に、国家による暴力行使による制裁が間接的なものになり、現実の効力を弱めてきたともいわれる。とりわけ、多くの場合、国内では、法治主義、権利と自由の保護の諸制度、民主主義、官僚制、再帰的モニタリング、教育の普及、メディアの高度化などのいわゆる「近代化」や「進歩」とみなされる変化のために、物理的強制力への依存は弱まっている。だが、国際間ではそれらの「近代化」や「進歩」

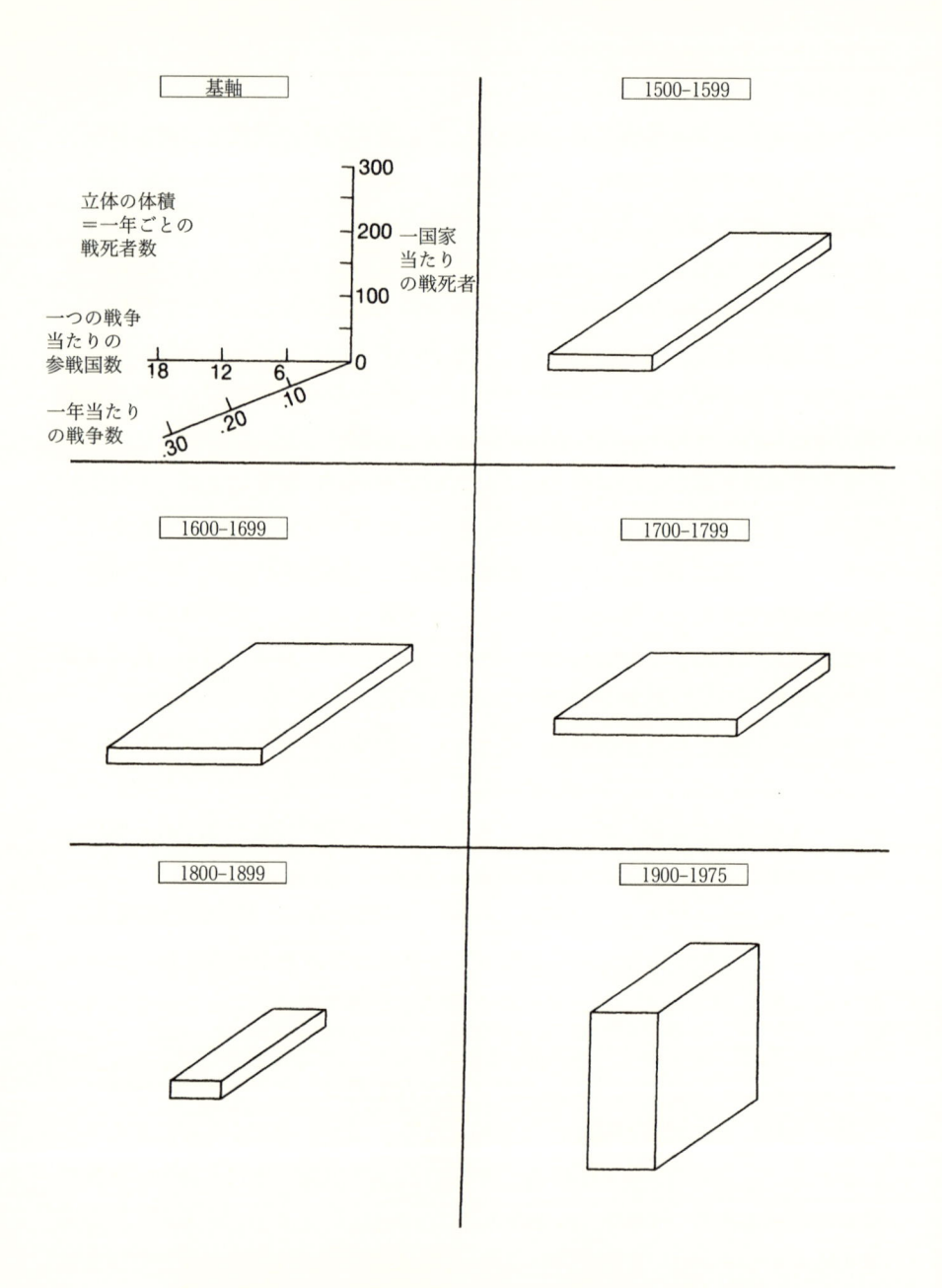

84　第4章　拡散する暴力、転移する権力

図1　世紀ごとの大戦の規模、1500～1975年（Tilly 1990：73）

といった諸条件が満たされず、国連憲章で戦争の違法化がうたわれたとしても、実際上の制度として戦争が繰り返されていることに変わりはない。国際的な戦争が、長い歴史を背景にもった今日でもきわめて重要な制度であることは、**図1**からも理解できよう。戦争はその集中の様態が時代ごとに大きく異なるが、現代では著しい規模の拡大がみてとれ、その社会的インパクトは決して小さくない。

(3) モダンの国家と暴力の定式

　以上、いささか回りくどいが、ウェーバーの定義から始めながら、ウェーバーの理解を注意深く迂回しつつ、これからの議論の起点とすべき論点を取り出してみた。まとめると次のとおりである。

(1)モダンの国家の特徴は、物理的強制力ないしは組織的暴力の行使の独占を実効的・合法的に主張する点にある。
(2)この国家の特徴は、非政治組織はもちろん、他の政治組織にもみられないものであり、国家を他の組織から識別する指標である。
(3)国内では物理的強制力への依存が弱まっているが、国際関係においては物理的強制力への依存は実質的な制度として維持されている。

　特段に変わったところのないこうした論点をあえてあげたのは、以下に行う議論で、これらに重要な疑義を提示したいからである。発展途上国ではこれらは一概にはいえないなどといった当然のことを主張するのではない。発展途上国では、ヨーロッパ起源のモダンの国家モデルが備えるべき「国家性」(stateness)の獲得が一般的に弱いのは自明のことである。以下では、今日のグローバリゼーションと呼ばれる時代における暴力の変容に注目し、国家と暴力の関係について、上の(1)〜(3)を前提としたこれまでの認識枠組みに大きな限界があることを指摘したい。そして、昨今流行し始めた「人間の安全保障」という認識の方法はそうした変化を先駆的に把握したものであるが、他方で大きな問題があることを論じよう。

3 国家の外部性としての国際関係

(1) 国内と国際の「暴力の振り分け」

　この節では、国内では暴力の契機が漸減しているが、国際関係においてはそうではないという「暴力の振り分け」の問題を少し詳しく論じたい。この仕組みが、国際関係を論じる際にはとりわけ重要な前提であるからだ。

　すでに述べたように、国際関係はおよそ「近代化」や「進歩」の及びえない領域であるかのように捉えられてきた。いわば、人類の社会的叡智の及びうる限りの領界が国家という領域であり、国際関係は国家の外部性の束として機能してきたのだ。わかりやすくいえば、国家内部においては、法的秩序が形成され、人々は市民権を享受し、民主主義が深化し、市民社会の成熟が進む。ところが国境の外部、国家と国家の関係においては、法的規範の拘束力が弱く、人々の権利は国内での保護の二次的反映としてしか実現せず、民主主義はほとんど導入されておらず、自律的で非強制的なアソシエーションといった市民社会の構築はひどく限られている（小林 2004a; 2004b）。

　こうした国際関係が内包する国家の外部性という性格は、マーティン・ワイトがかつて、国際関係理論は数の少なさだけでなく、知的・道徳的貧困によっても特徴付けられると指摘したことにも表れている。彼によれば、国際関係理論が知的・道徳的に貧困である理由は、国家の内部では進歩の観念が浸透するとしても、国際関係は進歩の理念とそぐわないとみなされるからである。つまり、国内では社会生活が人間的に営まれ、政治理論と法律が、行動の案内図であり、行為のシステムである。言い換えれば、政治理論と法律は「よき生活」の理論なのである。だがこれに対し、国際関係論は生き残りを賭けた厳しい理論であり、革命や内戦など、政治理論や法律にとって極端な事例であるものが国際理論では通常の事例なのである（Wight 1966）。

　国内と国際でこのような質的差異がみられるのはなぜか。国際関係論はこれについて、国際関係がアナーキーであるから、すなわち、世界大の国家が存在しないからというトートロジーで答えてきた。ハンス・モーゲンソーは、「立法し、それを適用・強制しうる権力のないところには、法秩序も平和もありえないというホッブズの洞察は永遠の真理である」と述べたという（長尾

2003：43)。

(2) 国家安全保障のディスコース

あたかも機械仕掛けの神(デウス・エクス・マキーナ)のように、一切の異論を封じ込め、おなじみの結論に強引に帰着させる国家安全保障(national security)という言説の出所がここにある。とくに国際的な対立の厳しかった冷戦時代、国家安全保障は国家の究極的な存在理由として再確認され、そのために国際関係の性格を最も強く支配する要因だと考えられるようになった。それは、外務官僚や政治家といった外交政策の当事者レベルにとどまらず、国際関係についての学問においてもいえることであった。とくに国際関係論のネオリアリストと呼ばれる一群の理論家たちはそうした認識の極北にある。例えばケネス・ウォルツは、国際関係はアナーキーであり、単一の国家権力が世界を階層制をもって支配・管理する構造ではないので、自助を求める権力政治が生じざるをえないと言い切り、したがって国際政治は変化よりも強い持続性で特徴付けられると考えた。ウォルツは次のように書いている。

　　国際政治の構造は高度に一貫しており、同じパターンが継続し、同じ出来事が際限なく繰り返される。国際的に広くみられる関係は、形態や質の点で、すばやく変化することはめったにない。それらはむしろ驚くほどの一貫性で特徴付けられる。この一貫性は、競争する単位のいずれかが、アナーキーな国際領域を階層的なものに変えることができない限り、継続するものだと想定すべきである(Waltz 1979：66)。

同様に、代表的なネオリアリストとされるロバート・ギルピンも、国際関係の基本的な性格は千年以上にわたって変化していないのであり、「世界政治は、世界的なアナーキーという状況の中で、権力や名声や富を求める政治体の競争によって特徴付けられる」と言い切っている。国際関係のそうした基本的な性質を人類が乗り越えたということはできない。核兵器の出現でも強制力は無効にならなかったし、経済的相互依存は紛争より協調をもたらしたとはいえないし、共通の価値や外観を備えたグローバルな共同体はいまだ

国際的なアナーキーに取って代わることもない。国際関係の基本問題は、過去にそうであったのと同じく、国家間の権力の不均等発展の結果をどう平和的に調整するかであり、戦争と暴力の可能性は高いままであるという (Gilpin 1981：7, 211, 230)。

2001年9月11日のアメリカ同時多発テロのような大事件も、彼らにとっては国際関係に大きな変化をもたらすようにはみえてこない。ウォルツやコリン・グレイらによれば、大規模なテロも、国際政治の構造を何ら変えるものではなく、アナーキーである世界においては国家が安全保障を最優先して行動するものだとする教義の「永遠」の正しさを再確認させただけだという。9・11が意味するのは国際政治の断絶よりも継続であり、テロリストは既存の傾向を進めたにすぎない (Booth & Dunne eds. 2002=2003)。

こうして多くの国家の内部で暴力への依存が下がりつつあるのと対照的に、国際関係において、戦争に象徴される大規模な暴力の行使が維持されるという、「暴力の振り分け」の仕組みが厳然と続いた。この中で、一般的に軍事力と警察力が明確に区別される傾向が生じ、軍事力は国家の外部に向けたものとなり、警察力は国内向けの限定的な機能へと分化してくる。国内で暴力への依存が逓減傾向にあるとしても、「それでもなおかつ、暴力に究極的に依存している」という意味で他の社会組織と異なる国家の定義的特徴を残しているということはできる。だが他方、国家の外部、国際関係における暴力の維持は、モダンの国家形成の歴史に由来する「国家性」としての国家の特色を今なお強迫的に例示しているかのようにみえる。

4　グローバリゼーションと「新しい戦争」

(1)　「新しい戦争 I 」

以上で論じたことを前提としながら、次に、今日のグローバリゼーションと呼ばれる状況において、組織的暴力の行使の形態や意味が大きく変わりつつあり、国家による暴力の独占や「暴力の振り分け」の仕組みが徐々に解体し始めていることを指摘しよう。国家と暴力の関係を論じる前提が揺らいでいるのである。

まずメアリー・カルドーの所説にしたがって、「新しい戦争」と呼ばれる状況が広がっていることを概観しよう。彼女によれば、1980年代から90年代にかけて、とくにアフリカや東欧において新しいタイプの組織的暴力が拡大している。従来、組織的暴力は正統性に基づいて国家が独占してきたのだが、こうした暴力の独占がグローバリゼーションの結果侵食されてきており、そうした文脈で「新しい戦争」が起こっているという。この中で、戦争、組織的犯罪、大規模な人権侵害の間の区別が不明瞭になる。
　「新しい戦争」がこれまでの「古い戦争」と異なる点は、次の三点にまとめられる。第一に、これまでの戦争が地政学上またはイデオロギー上の目的に基づいているのと対照的に、新しい戦争の目標はアイデンティティについての政治にかかわる。「新しい戦争」では、民族、部族、宗教といった一見伝統的にみえるアイデンティティに基づいて権利が主張されるが、そうしたアイデンティティ政治の高揚は伝統という観点からは説明できない。むしろ、グローバルな情報伝達や移動の実現によるネットワークに参加できる人々と、そうしたグローバルな過程による影響を受けながらも、ローカルな現場に縛り付けられている人々との間の文化的不調和が広がりつつある中で、アイデンティティの再構成が起きているのである。アイデンティティ政治の新たな波は、ローカルであると同時にグローバルであり、国家的であると同時に脱国境的である。
　第二の特徴は、戦闘行為の様式の変化である。「古い戦争」における正規戦の目標は、軍事的手段による領土の獲得にあり、大規模な軍事力の集中的投入による交戦を伴った。これを回避するために案出されたのがゲリラ戦であるが、これは交戦の回避と住民の政治的支配によって領土を支配するものである。その点では「新しい戦争」もゲリラ戦と同様であるが、これまでのゲリラ戦が人々の「感情と理性」をつかむことを目的としたのに対し、「恐怖と憎悪」を生み出すことを目標としている。つまり「新しい戦争」の目的は、異なるアイデンティティの人々や異なる意見をもつ人々を排除することにより、住民をコントロールすることにある。そこで、「古い戦争」では軍隊は垂直的かつ階層的に組織されたが、「新しい戦争」で戦闘を行う部隊はきわめて幅広いさまざまな種類の集団を含んでいる。それらには、準軍事組織、地方の軍事

指導者、犯罪組織、傭兵部隊、正規軍や正規軍から離脱した部隊などがある。戦闘より広く、戦争全体にまで広げると、そのアクターは、ジャーナリスト、離散民の志願兵、国際機関、NGOまでが「部隊」として含まれる。それらは組織的には分権化され、相互に対立したり、陣営が違っても協調したりする。こうした「新しい戦争」の戦闘様式は、暴力が国家の管理を離れ、「私化」(privatization)したことを示している。

　第三に、「新しい戦争」はグローバル化した戦争経済に依拠する。両次の世界大戦が集権的、全体的かつ自給的な戦争経済に基づいていたのに対し、新しいグローバルな戦争経済は、分権的で、動員の程度が低く、失業率がきわめて高い。また、外部資源に多くを依存し、世界的規模の競争や物理的な破壊や通常貿易の中断などの理由から税収と国内生産が劇的に減少するので、戦闘集団は略奪や闇市場、あるいは外部からの支援によって資金を調達する(Kaldor 1999＝2003)。

　こうした「新しい戦争」は、ボスニア・ヘルツェゴビナ、シエラレオネ、チェチェン、パレスティナ、カシミール、さらに9月11日アメリカ同時多発テロなどに見出され、世界各地に拡大する傾向を示しているといえる。これらの戦争はいわば世界システムの周辺部におけるものであり、大国による帝国主義支配の遺制、低開発、宗教的・文化的疎外といった一定の周辺性を反映している。だがこれとは別に、湾岸戦争、コソボでの北大西洋条約機構(NATO)の空爆、アフガニスタン戦争、イラク戦争といった西側先進諸国が組織的暴力の行使の主体として参加した戦争も、別の意味での「新たな戦争」に加えることができるだろう。これらを区別するために、カルドーの「新しい戦争」を「新しい戦争Ⅰ」、ここでそれに加えた西側先進諸国が主体として参加する戦争を「新しい戦争Ⅱ」と便宜上呼ぶことにする。

(2)　「新しい戦争Ⅱ」

　「新しい戦争Ⅱ」は、「新しい戦争Ⅰ」と同じく、グローバリゼーションの一つの表現であり、アイデンティティ政治、新しい戦闘様式、グローバル化した戦争経済を備えるという共通の性質をもっている。だが、それぞれの意味合いが「新しい戦争Ⅰ」とは異なる。第一に、アイデンティティ政治の点では、

西側先進諸国の文明論的な優位性の自覚のもと、自らの規範を普遍的でグローバルなものとして掲げ、大規模な人権侵害や侵略行為に対抗するという手法で行われる。かつての国家と国家の間の戦争がそれぞれの国家の「国益」をめぐる地政学的・イデオロギー的競争として捉えられたのとは異なる点では「新しい戦争Ⅰ」と共通しているが、ここで戦争をしかける主体は西側先進諸国の「有志連合」であり、戦争は「人道的介入」という外観をとる。その機能は、「システムからのノイズの自動的な駆除」である。したがって、軍事行動があたかもグローバルな普遍的規範に依拠した行政的・非政治的な警察行動であるかのように発動される（小林 2003）。

　とはいえ、いずれの事例でも国際法は十分に整備されておらず、国連安全保障理事会による強制措置の授権行為も湾岸戦争の事例を除けば欠如しており、文字どおりの普遍的なシステムの発動とはいえない。だが、システム内の「アクター対アクター」の対立という性格を弱め、「システム対ノイズ」の摩擦へと移行させる傾向が今後も強まることが予想される。国際原子力機関（IAEA）や包括的核実験禁止条約（CTBT）、国際刑事裁判所（ICC）、世界貿易機関（WTO）などは、「新しい戦争Ⅱ」の制度の例とみることができる。また地政学的・イデオロギー的な「国益」追求という「古い戦争」の目的をなおも残していると読み取ることも不可能ではない。だが、領土をめぐる闘争という意味合いはもはやなく、普遍的価値を備えたアイデンティティを獲得しようと、政策決定者が認知し、行動し、発言するのである。

　アメリカのジョージ・W・ブッシュ大統領が2002年9月に発表した「アメリカ合衆国の国家安全保障戦略」は、この点、きわめて示唆的である。これによれば、自由と全体主義という20世紀の大きな戦いは自由勢力の決定的な勝利に終わり、また自由、民主主義、自由な企業活動という成功の唯一のモデルの決定的勝利に終わったという。自由の価値はすべての社会のすべての人々にとって正しく真実であると言い切り、そこから対テロ戦争への高邁な使命感を引き出している（White House 2002）。またドナルド・ラムズフェルド国防長官ははるかに率直に、2001年10月、インタビューに答えて、対テロ戦争の目的を「世界にわれわれの生活様式を認めさせること、われわれがこの生活様式を続けることを世界に受け入れさせることだ」と身も蓋もなく開陳

した。これらはともに、普遍主義に立ったグローバルな規範を戦争の根拠に用いる論理を明瞭に示している。

　こうした論理は、アメリカだけに限らない。チェコの大統領ヴァツラフ・ハヴェル大統領は NATO のコソボ空爆について、国家主権よりも人権が上位におかれているのであるが、国家主権が否定されたからといって法が無視されたのではなく、国家主権よりも高次の法が尊重されたのだと主張した。ここで持ち出されたのが、人間の権利、自由、尊厳は、知覚できる世界の外部にその根本となる基盤をもっており、それは人間が「神」の創造物であるというレトリックだとされた（大澤 2002：174）。

　第二に、戦闘様式が大規模な軍事力の投入による交戦という旧来のものとは異なる点では「新しい戦争Ⅱ」は「新しい戦争Ⅰ」と共通しているが、「恐怖と憎悪」を呼び起こし、異論者を排除して住民をコントロールするという「新しい戦争Ⅰ」とやや異なり、「新しい戦争Ⅱ」は、軍事革命（Revolution in Military Affairs ＝ RMA）に象徴される高度なテクノロジーと情報管理に支えられた高速で効率的な戦闘を行い、異論者の排除と住民のコントロールという点で徹底している。むろん、古典的な地上戦のような交戦は行われるが、電子戦、情報戦の重要性が高まる。

　第三に、「新しい戦争Ⅱ」は、グローバル化した戦争経済に依拠する点では「新しい戦争Ⅰ」と変わりないが、世界システムの中心部にある高度なポストフォーディズムの蓄積体制と先進的テクノロジーに支えられている点で大きく異なる。同時に、戦争の主体である西側先進諸国は、電子戦と情報戦を展開する高い能力をもち、圧倒的な戦闘能力を誇る。「古い戦争」ではある程度の戦力の対称性がみられることもあったが、「新しい戦争Ⅱ」では戦力の差が歴然となる。アクター間の対立ではなくシステムとノイズの関係を見出すことができるのもそのためでもある。冷戦期に米ソ間でみられた相互抑止に代わり、アメリカの核戦力・通常戦力の突出する現在では、アメリカに対抗する戦闘行為は抑止されるが、アメリカの行動は妨げられないという一方的抑止の状況が現出しているが、これも「新しい戦争Ⅱ」の性格を決める大きな要因の一つである。

5　物理的・非物理的暴力の拡散

(1)　国家による非物理的暴力

　グローバリゼーション下の「新しい戦争」を踏まえ、国家と組織的暴力の関係に立ち戻って考察しよう。「新しい戦争」が拡大する状況では、本章の最初で整理した「国家による物理的強制力の独占」、「他の政治・非政治組織による暴力の不行使」、「国内での暴力依存の低下と国際関係における暴力依存の維持」という三つの前提には大きな疑義が生じることになる。「新しい戦争Ⅰ、Ⅱ」は以下のような傾向を押し進めているからだ。

(1)国家の暴力の中でも、物理的暴力ではない非物理的暴力の機能が高まっている。
(2)国家以外の政治組織が、物理的暴力を合法的・実効的に行使しうる場面がみられる。
(3)国家以外の政治組織が、非物理的な暴力を行使することが増えている。
(4)「政治社会」の外部に暴力の契機が拡散している。
(5)暴力の契機の拡散は、国内と国際の暴力のあり方の区別を曖昧にしている。

　まず、(1)の国家の非物理的暴力が戦争において用いられる点について、みてみよう。2002年9月にブッシュ大統領が発表した「アメリカ合衆国の国家安全保障戦略」を再び引用しよう。自国を敵から守ることが「連邦政府の最も根本的なコミットメント」であると唱えるのは、古典的な国家の措定の論法にならっている。だが、アメリカ政府は「今日その任務が劇的に変わった」と判断し、巨大な軍隊や工業力がなくても、過激主義とテクノロジーが交差してテロリストが大きな被害をもたらしうることを強調し、こうした脅威を打ち破るため、もてるすべての手段を使用しなければならないと述べている。その手段として例示するのは、軍事力、本土防衛、法律執行、情報収集、テロ資金を断つための努力などである（White House 2002）。国家による集団的暴力の手段が、古典的な物理的強制力だけにとどまらず、非物理的強制力にまで

拡大して位置付けられていることが読み取れよう。電子戦や情報戦は「新しい戦争」の重要な形態であるが、これらが伝統的な物理的暴力だけに頼るものではないことは容易に理解できるだろう。

(2) 非国家組織による物理的暴力

次に、(2)の国家以外の政治組織が物理的暴力を行使する点について。ビル・クリントン政権期のアンソニー・レイク国家安全保障担当大統領補佐官が、1996年3月、ワシントン大学で行った演説を例にとろう。彼によれば、アメリカの安全保障問題は総体的には大過ない状況が展開しつつあるものの、若干の「絶対的危険」が残存している。アメリカにとっての残存する「絶対的危険」としてあげられたのは、①近東における平和の敵、②民族的・宗教的暴力という過去から存続する脅威、③ならず者国家による侵攻、④大量破壊兵器の拡散、⑤テロリズム、⑥組織犯罪、⑦麻薬取り引き、⑧環境破壊、である (Lake 1996)。ここにみられる脅威認識は、新しい戦争の「敵」が古典的な国家間戦争の相手国ではなく、非国家アクターであったり、グローバルなシステムにおける排除すべき「ノイズ」であること——したがってそれらが「イラク」「北朝鮮」という国家の形態をとっているにせよ、国際社会のアクターとしての国家としては捉えられておらず、排除すべき「機能」として捉えられている——を示している。

さらに端的な例は、南アフリカに本拠をおくエグゼキュティヴ・アウトカム社 (EO)、アメリカ・ヴァージニア州に本拠をおくミリタリー・プロフェッショナル・リソーシズ社 (MPRI) といった民間の「軍事顧問企業」や「契約部隊」が、実質的な傭兵として戦闘に参加することが目立つようになっていることである。これらは、軍事訓練の提供、国際機関事務所や在外公館の警備、要人警護や鉱山警備、民間支援団体の輸送経路警備などのほか、実戦参加を担うこともある。冷戦の終焉後、動員解除された多くの兵士と武器が国家管理を離れ、私的な組織的暴力の担い手となっていることが、こうした軍事の民営化の背景にある。国連事務総長が任命した特使であるエンリケ＝ベルナレス・バレステロスは、1996年の報告書で、アフリカで、鉱業やエネルギーへのアクセスと引き替えに安全保障を国家へ売却する企業が、武装した反対運

動を弾圧したり、警察行動を行ったりするような傭兵となる事例を報告し、これが広範な「モデル」となっていると警告したことがある(Ballesteros 1996)。

(3) 非国家組織による非物理的暴力

では次に、(3)の国家以外の政治組織が非物理的な暴力を行使することについてみてみよう。すでに国家の暴力の中でも非物理的な暴力の重要性が高まっていることを論じたが、非物理的な暴力の行使に関しては非国家組織が関与しやすい。端的な例は経済制裁であろう。例えばイラクによるクウェート侵攻の直後、1990年8月、国連安全保障理事会決議661号に基づき、侵攻をやめさせるために経済制裁が行われ、湾岸戦争後は大量破壊兵器の武装解除の要求がこれに加わった。経済制裁は、英米軍によるイラク攻撃とサダム・フセイン政権の崩壊の後、2003年5月に解除されるまで、13年にわたって続いた。この間、イラク代表が国連経済制裁委員会に送った報告書によれば、薬物不足その他の経済制裁による影響で約150万人のイラク人が死亡したとされる。経済制裁は、「新しい戦争Ⅱ」の重要な一部であり、空爆や地上戦などの物理的強制力による直接の戦闘行為よりはるかに多くの人を殺すことさえできる。しかし、経済制裁を現実に行うのは、軍服を着た兵士だけではなく、文民官僚であり、それにしたがう企業や民間人である。

総じていえば、破壊し、奪い、追い出し、閉じこめ、傷つけ、抹殺するという古典的な物理的強制力だけでなく、いや時にはそれらに代わる形で、与え、教え、変形し、誘導し、操作し、管理するという非物理的な強制力の重要性が高まっているのかもしれない。ミシェル・フーコーは、モダンの時代になると、死に対する権力に代わって、生命を経営・管理する権力(「生―権力」)が台頭し、社会生活の内部に侵入してこれを解釈し、分節化し、再構成する営みとして政治が繰り広げられることを指摘し、これを「生―政治」と呼んだ(Foucault 1976=1986)。「新しい戦争」は「生―政治」の深化の一側面である。

(4) 拡散する暴力

以上の(1)(2)(3)の帰結として、国家に関係する「政治社会」の外部にも暴力の契機が広がり、したがって、国内では暴力への依存が下がっているが国際的

には暴力依存が残るという「暴力の振り分け」の仕組み——国際関係論の大きな前提の一つ——が解体されるようになる。国家、社会、市場を横断し、また国境を横断して、物理的・非物理的暴力が拡散、浸透しているのである。国家の外部性として残されていた国際関係における暴力は、外部から内部に逆流入するのである。

　さらにいえば、暴力を区画するさまざまな外部的境界が希薄となることは、戦時と平時の区別がなくなり、戦争の中に日常生活が埋め込まれることを意味する。先にあげたアメリカ大統領府の「国家安全保障戦略」に関して重要なこととして、それが先制攻撃の可能性を一方的に拡大する宣言を含んでいたことを指摘しなくてはなるまい。伝統的に国際法では先制攻撃は、切迫した脅威の存在がある場合にのみ、つまりほとんど場合、具体的には攻撃に備えた陸海空軍のはっきりとした動員がみられる場合にだけ、限定的に認められてきた。だがアメリカ政府は、「われわれは脅威が現実となる前に抑止し、防衛しなければならない」、「昔ながらの抑止はテロリストには通用しない」、「われわれは差し迫った脅威の概念を、今日の敵対勢力の能力と目的に適合させなければならない」として、先制攻撃の概念をゆるやかに拡大したのである (White House 2002)。戦時と平時の区別は、恒常的な監視と先制攻撃の威嚇・実施というメカニズムによって破壊されたといえよう。2003年8月、日本の街頭のあちこちに「モーニング娘。」のポスター 13万枚が張り出されたが、写真の下には「Go! Go! Peace!」という文字が読めた。自衛官募集のポスターである。「戦争＝平和」というイメージは、「新しい戦争」の性格を象徴的に示している。

　かつて、1972年刊行の論文でハンナ・アーレントは、暴力機器の技術的な発展のためにどんな政治目標も戦争の破壊力に引き合わないし、武力紛争で暴力の機器を実際に使用することも正当化できないようになったと判断し、そこで、太古から国際的紛争における無慈悲な最終的裁決者であった戦争は、その効力の多くを失い、その魅惑のほとんどすべてを失ったと述べた(Arendt 1972＝2000：97-98)。戦争が他の手段をもってする政治の継続であるという合理的な範囲を越えて、政治を破壊する「反政治的」なものになっているという感覚である。これは、大量生産・大量消費型の資本主義に対応する総力戦と

しての「古い戦争」のイメージに基づいた楽観であった。だが冷戦後の現在、グローバリゼーションの中で「新しい戦争」が拡大する中では、アーレントの期待はむなしく裏切られたというべきだろう。「新しい戦争」は「一層効力を強め、魅惑を高めている」のである。

6 「人間の安全保障」の臨界点

(1) 「新しい戦争」と「人間の安全保障」

　ここで最後に、「人間の安全保障」という本書全体のテーマに移って考察を加えよう。先に論じたように「新しい戦争」は、国家、社会、市場の境界をやすやすと越え、同時に、国境を横断して、物理的・非物理的暴力を拡散させている。このため、あれほど堅固にみえた国家安全保障の構成や、国内と国際との「暴力の振り分け」という国際関係論の前提が大きく揺らいでいると判断すべきだろう。当時の国連事務総長であったブトロス・ブトロス＝ガリが、『平和への課題』で「絶対的で排外的な主権の時代は終わった」とし、「絶対的で排他的な主権という何世紀にもおよぶドクトリンがもはや成立しないことは否定できない。……個人の権利と人々の権利のもとにあるのは、すべての人類に属する普遍的な主権という次元である」と述べたことはよく知られている (Boutros-Ghali 1992)。平和創造のための部隊という彼の構想はその後ついえたが、すり替わるように登場したのが「新しい戦争」であった。

　「新しい戦争」の台頭に対応するものとして表面化したのが、他ならぬ「人間の安全保障」概念の流行である。本書の各章で論じられることなので、この概念そのものの出自や含意、政策化の過程についてはここでは論じない。だが、人間の安全保障委員会報告書にみられるように、「人間の安全保障」が、安全保障の担い手を国家だけに限定することがもはや有用ではないとの認識に立ち、国家安全保障を補完するものとして構想されている点で、「新しい戦争」に部分的に対応したアプローチであることを確認しておくべきだろう（人間の安全保障委員会 2003、第1章）。例えば武者小路公秀は、「人間の安全保障」を構築するうえで、国家だけに限らない多様で多層のセキュリティ・コミュニティ（安全保障共同体）の重要性を指摘している (武者小路 2004)。従来、セキュリ

ティ・コミュニティという概念が使われたのは国家やその連合に限られていたことに注意すべきである。

(2) 安全保障の再構築のために

しかしながら、「人間の安全保障」概念は、従来の国家安全保障概念の再検討を回避するための理論的な受け皿として用いられることも多い。「国家あっての人間安全保障」といったように通俗的に解釈されることもあるし、「人間の安全保障」のためにこそ「新しい戦争」を遂行する必要があるという名目にさえ倒錯的に持ち出されることもある。「人間の安全保障」は、これまでの国家安全保障と補完的なものとして構想する限り、従来どおりの国家安全保障という強力な言説のルーティン・ワークの中でやすやすと消費され、安全保障の中核の周囲に取り残された二次的な問題群を拾い集める行政的作業に貶（おとし）められることになるだろう。「新しい戦争」はさまざまな意味で安全保障の危機をもたらし、したがって安全保障の再構築という喫緊の課題が生じているのであるが、これまでの「人間の安全保障」の議論はこの課題への取り組みに対しさほど知的喚起をもたらしたようには思われない。むしろ、「新しい戦争」の台頭という事態によって、従来の国家安全保障が空洞化していること、そして、従来の国家安全保障とあるべき人間の安全保障との間の抜きがたい対立や矛盾が生じていることを議論の起点にすべきではないだろうか。

土佐弘之は、「人間の安全保障」の政策的イニシアティブがほぼ先進国に握られており、世界システムの中心が周辺を管理するといった「一方的なまなざし」があり、その奥には人間性の本質に信をおくようなナイーブな「前－現象学的な本質主義的ヒューマニズムや人間中心主義」の主張があると批判している。これと対置して唱えているのが、「暫定的な戦略的本質主義としてのヒューマニズムの再定位」である（土佐 2003、第1部3）。もっとも、どこまでが暫定的でどこまでが戦略的なのかは自明でないし、哲学的基盤にまで遡るのは、安全保障の緊急性からすれば実に迂遠な作業にもみえる。またカルドーらは、「新しい戦争」がローカルでもありグローバルでもある以上、トランスナショナルなコスモポリタン民主主義に基づいて介入を行うことが必要だと述べ、そのうえで、戦争の封じ込め、安全保障セクターの改革、防衛産業の規

制、暴力の私的形態の排除、経済復興を進めることを提唱した (Kaldor 1999＝2003 ; Kaldor ed. 2000)。介入を必要と断じたうえで介入における暴力の程度を減らす工夫を論じる観点は評価すべきだろうし、コスモポリタン民主主義の提唱は斬新にも聞こえる。

いずれにせよ、安全保障がもはや国家から離脱し始めていること、グローバルなシステム特性として壮大な暴力が発動されていることから、認識を新たにしなければならない。

引用・参考文献

Arendt, Hannah 1972, *Crisis of the Republic : Lying in Politics ── Civil Disobedience ── on Violation ── Thoughts on Politics and Revolution,* New York : Harcourt Brace Janovich ＝2000 山田正行訳『暴力について』みすず書房。

Ballesteros, Enrique Bernales 1996, *Use of Mercenaries as a Means of Violating Human Rights and Impeding the Exercise of the Right of Peoples to Self-Determination,* Note by the Secretary-General, UN General Assembly, A/51/392 (September) New York : United Nations.

Booth, Ken & Tim Dunne eds. 2002, *Worlds in Collision : Terror and the Future of Global Order,* New York : Palgrave ＝2003 寺島隆吉監訳、塚田幸三・寺島美紀子訳『衝突を超えて──9・11後の世界秩序──』日本経済評論社。

Boutros-Ghali, Boutros 1992, *An Agenda for Peace : Preventive Diplomacy, Peacemaking and Peacekeeping,* Report of the Secretary-General Pursuant to the Statement Adopted by the Summit Meeting of the Security Council on 31 January 1992. New York : United Nations.

Foucault, Michel 1976, *L'Histoire de la sexualité, I, La volonté de savoir,* Paris : Gallimard ＝1986 渡辺守章訳『性の歴史 I 知への意志』新潮社。

Giddens, Anthony 1985, *The Nation State and Violence,* Cambridge : Polity Press ＝1999 松尾精文・小幡正敏訳『国民国家と暴力』而立書房。

Gilpin, Robert 1981, *War and Change in World Politics,* Cambridge : Cambridge University Press.

Hall, Rodney Bruce & Thomas J. Biersteker 2002, *The Emergence of Private Authority in Global Governance,* Cambridge : Cambridge University Press.

Held, David 1995, *Democracy and the World Order : From the Modern State to Cosmopolitan Governance,* Cambridge : Polity Press ＝2002 佐々木寛他訳『デモク

ラシーと世界秩序——地球市民の政治学』NTT 出版。

Kaldor, Mary 1999, *New and Old Wars : Organized Violence in a Global Era*, Cambridge : Polity Press =2003 山本武彦・渡部正樹訳『新戦争論』岩波書店。

Kaldor, Mary ed. 2000, *Global Insecurity*, London : Pinter.

Keane, John 1998, *Civil Society : Old Images, New Visions*, Cambridge : Polity Press.

Lake, Anthony 1996, "Defining Missions, Setting Deadlines : Meeting New Security Challenges in the Post-Cold War World," *US Department of State Dispatch*, Vol.7, No.12, 127.

Tilly, Charles 1975, *The Formation of National States in Western Europe*, Princeton : Princeton University Press.

Tilly, Charles 1990, *Coersion, Capital, and Eupean States, AD 990-1990*, Oxford : Blackwell.

Tilly, Charles 2003, *The Politics of Collective Violence*, Cambridge : Cambridge University Press.

Waltz, Kenneth N. 1979, *Theory of International Politics*, New York : McGraw-Hill.

Weber, Max 1966, *Staatssoziologie : Soziologie des rationalen Staates und der modernen politischen Parteien und Parlamente*, Berlin : Duncker und Humblot =1992 石尾芳久訳『国家社会学[改訂版]』法律文化社。

Weber, Max 1919, *Politik als Beruf*, Tübingen : J.C.B. Mohr =1980 脇圭平訳『職業としての政治』岩波書店。

Wight, Martin 1966, "Why Is There No International Theory?" Henry Butterfield & Martin Wight eds. 1966, *Diplomacit Investigations*, London : George Allen & Unwin, pp.17-34.

(The) White House 2002, "The National Security Strategy of the United States of America."<www.whitehouse.gov/nsc/nss.html> (December 11, 2003)

大澤真幸 2002、『文明の内なる衝突 テロ後の世界を考える』日本放送協会出版会。

小林誠 2003、「システム特性としてのグローバル・テロリズム——柔らかい恐怖について」『現代思想』3月号、100-111頁。

小林誠 2004a、「民主主義のグローバル・エッジ」関下稔・小林誠編『統合と分離の国際政治経済学——グローバリゼーションの現代的位相——』ナカニシヤ出版、28-49頁。

小林誠 2004b、「高速化する世界——グローバリゼーションの未来」同上書、252-264頁。

齋藤純一 2000、『公共性』岩波書店。

土佐弘之 2003、『安全保障という逆説』青土社。

長尾龍一 2003、「ホッブズとイラク戦争」『現代思想』12月号、42-47頁。
人間の安全保障委員会 2003、『安全保障の今日的課題——人間の安全保障委員会報告書』朝日新聞社。
武者小路公秀 2004、『人間安全保障論序説——グローバル・ファシズムに抗して』国際書院。

第5章　安全保障と環境問題
――軍事活動による環境破壊を中心に――

    1　はじめに
    2　「国家の安全保障」にとっての環境
    3　「国家の安全保障」によってもたらされる平時の環境破壊
    4　「人間の安全保障」における環境の位置付け
    5　まとめにかえて

大島　堅一

―― **本章の梗概** ――

　軍事活動をめぐる問題は安全保障を議論するうえで避けられない。軍事活動は人々の生活に多大な影響を直接的、突発的に与える一方で、環境破壊を通じて長期的に人々の健康や生活を奪う。これは、戦争は最大の環境破壊行為であるという言葉に集約される。本章では、安全保障を確保するうえで、いわば最高の手段ともされる軍事活動が環境問題をいかに発生させるかについてまずは論じる。ここで明らかにするのは、敵側の環境保全を考慮しながら軍事力の行使をすることはないということ、また平時においても深刻な環境破壊をもたらすことである。次に、人間の安全保障と環境の関係について考える。人間の安全保障で位置付けられる環境の安全保障は、人間安全保障を構成するその他の要素とは異なり、人間活動を支える客体の環境を保全することを意味する。つまり、人間の安全保障を確保するためには、環境が保全されていることが不可欠なのである。以上を通して、従来の安全保障概念と人間の安全保障概念とは環境の側面で対立していることを論じる。人間の安全保障を確保するためには、環境保全の立場から軍事力を徹底的に縮小すること、また軍事力行使による環境破壊の復元責任と被害補償責任を破壊者側にとらせることが必要である。

1 はじめに

　1992年6月にブラジルのリオ・デ・ジャネイロで開催された国連環境開発会議(United Nations Conference on Environment and Development)で採択されたアジェンダ21の原則24では「戦争は本質的に維持可能な発展にとって破壊的である」[1]とされている。これは、安全保障問題と環境問題が非常に密接な関係にあり、安全保障のための武力行使が環境破壊を導く場合が多いことの反映でもある。

　ところが、従来の安全保障論においては、軍事力の行使が引き起こす深刻な環境問題について論じられたことはほとんどなかった。逆に、環境政策論や環境経済学といった学問領域においても同様である。例えば、岩波書店から2002年に発刊された「岩波講座 環境経済・政策学」は現在の環境経済・政策学の一つの到達点を示すものであるが、ここで安全保障や軍事力との関連で環境問題を論じたものはない。また、現代の地球環境問題に鋭い問題提起を行うことで知られるワールドウォッチ研究所発行の『地球白書』(*The State of the World*)においてすら、1991-92年版に軍事による環境問題が取り上げられて以降、本格的に取り上げられていない。つまり、安全保障論としても、また環境政策論や環境経済学の領域においても論じられることは稀であったのである。

　本章では、従来の安全保障と人間の安全保障の関係を環境の観点から考察することを目的とする。このことを行うために、まずは、従来の安全保障と環境との間にどのような関係があるのかについて論じる。とくに、軍事活動のどのような側面がどのような種類の環境問題を引き起こすかについて一定の整理を行うとともに、この種の問題に対応するにあたって、現在必要とされる視点を提示する。次に、従来の安全保障とは異なる意味合いで提起されている「人間の安全保障」と環境の関係について論じる。ここでは、とくに『人間開発報告書』で提起された「人間の安全保障」における環境安全保障の概念について検討し、その独自の意義と課題について述べる。最後に、これらの考察を踏まえて、従来の安全保障と人間の安全保障との関係を環境の観点から述べる。

2 「国家の安全保障」にとっての環境
——外敵に対する環境破壊行為——

(1) 四つの類型

　従来の意味での安全保障にとって、環境はどのような意味があるのであろうか。まず、従来の意味での安全保障の概念について検討すると、これはまずもって国家の外からの危険に対する「国家の安全保障」という意味合いをもっていると考えられる。自らとは異なる体制からの外的な脅威を想定していた「冷戦」時代の世界を色濃く反映したものであったということもできるであろう。

　こうした「外的な危険に対する安全保障」を確保する際、環境はどのような扱いをされてきたのであろうか。何よりも外的な危険に対する国家の安全を確保することが安全保障の意味であるとすれば、この種の安全保障を確保するにあたって環境が考慮されることはまずありえないばかりか、軍事力は、環境をむしろ破壊する方向にしか働かなかった。

　それでは軍事活動による環境破壊には具体的にはどのようなものがあるのか。ここでは、軍事行動と環境の関係について、以下で詳述するような四つの類型を提示する。すなわち第一に、敵を攻撃する際、その環境(自然環境、都市環境)が考慮されることはないという意味においての環境破壊である。第二に、環境破壊を目的にする軍事力行使があるということである。また第三に環境を武器とするために環境を破壊する場合があるということである。第四に環境に非常に有害な武器が使用されることがある。以下、順に述べることにする。

(2) 外敵に対する環境破壊的性格

　「国家の安全保障」を確保するうえで、最高の手段は軍事力の行使であるといってよいであろう。軍事力は本質的に環境破壊的性格をもち、必ず環境破壊を引き起こすというのが、「国家の安全保障」と環境の関係を考えるうえでの第一の特徴である。これは、敵の環境に甚大な影響を与えるからといって、攻撃対象を変更したり、環境保全型に武力行使するということはありえない

という事実からくる。

　通常、ある国家が一定の武力行使をすれば、攻撃される側では深刻な環境破壊がもたらされる。武力行使の第一の攻撃対象となる軍事施設には、武器弾薬、燃料油、化学物質、重金属などが貯蔵されているからである。そのため、軍事施設が破壊されれば、周辺の環境に大量に汚染物質が拡散する。また軍事施設と並んで攻撃されやすい各種の工場や油田なども、多くの場合、危険物質や汚染物質を大量に使用している。これらの施設が武力攻撃されれば、大事故が起こったに等しい壊滅的な被害が発生する。

　典型的な事例は、湾岸戦争時のイラクによる油田破壊である。このイラクの行為は、単一の事件としては世界史上最大級の環境汚染を引き起こした。イラクは湾岸戦争時に、クウェートの1,330の油井のうち、732本を破壊した。この油井破壊により、史上最大の油流出事故、大気汚染がもたらされた。汚染は地球規模のものとなった。湾岸戦争の環境破壊をいち早く調査した三重大学の谷山鉄郎によれば、油井炎上に伴う大気汚染はヒマラヤ山脈にまで到達した（谷山 1993：135-171）。

　第二に、環境を破壊すること、それ自体を目的としての武力行使がなされる場合がある。典型的な事例はベトナム戦争にみられる。この時米軍は、熱帯雨林に潜むゲリラ部隊を掃討するため、熱帯雨林を破壊することを目的として枯れ葉剤を使用した。これにより、ベトナムでは「エコサイド」（環境汚染による生態系破壊）という言葉さえ生み出すほどのすさまじい環境破壊が引き起こされた。枯れ葉剤によって深刻な影響を受けた森林面積は200万ヘクタール以上に及び、ベトナム戦争終了後30年近く経過したものの、それらの土地に本来生息していた樹木は再生していない。影響を受けた土地は現在も雑草で覆われ、動物相も貧困で、ベトナム戦争以前とはまったく異なってしまっている。植樹によって森林や生態系の回復をめざすプログラムが行われ、マングローブ林の回復、鶴の生態系への復帰など一部成果をあげているものの、これからも莫大な資金と長期にわたる取り組みが必要である（Vo 2003a：85-89; 2003b：122-126）。自然破壊にとどまらず、人的な被害も甚大である。ベトナムでは「ベトちゃんドクちゃん」にみられる二重胎児、奇形児が大量に生まれた。

　第三に、環境破壊そのものを目的とするものではないが、敵にダメージを

与えるために環境そのものを武器として利用するような場合がある。例えば、都市部を攻撃する場合に、上流部にあるダムや河川の堤防を破壊するなどの行為がそれにあたる。こうした行為は古くから存在する戦法でもある。この種の環境破壊の中で史上最大とされているのは、1936年6月に中国側が日本軍の前進を阻むために、鄭州近くの黄河の華先口堤防を爆破したという事件である。これによって、日本軍の前進が阻止されたものの、同時に、河南省、安徽省、江蘇省の広大な地域の数百万ヘクタールの農地が浸水、表土と作物が破壊され、少なくとも数十万人以上の中国人が溺死した(蓮池 2001)。このケースは外敵からの侵略を防ぐためのものであったが、もちろん逆の場合もある。

　第四に、武力行使の際には、非常に有害であるとわかっていながら圧倒的効果がもたらされるため使用される兵器がある。これも、何よりも国家の安全保障を確保するために有効であるがゆえに使用されるものである。

　通常兵器も各種の非常に有害な化学物質から出来ているが、近年その影響が深刻であることから議論されるようになってきているのが劣化ウラン弾である。劣化ウランは比重が重いという性質をもち、通常弾丸では撃ち抜けない戦車の装甲板を撃ち抜くことができる。装甲板を撃ち抜く際、装甲板との間で摩擦熱が発生し、劣化ウランは激しく燃焼する。その結果、戦車内部の人間を焼き尽くすとともに、周辺に微粒子状になった劣化ウランをまき散らす。まき散らされる劣化ウランは、重金属としての毒性と、放射線を出す放射能毒性の二重の毒性をもち、人体に入るとさまざまな悪影響を引き起こす。環境を破壊すれば、戦場に赴いた味方の兵士にも被害が及ぶ。原水爆が核反応によって一瞬のうちに破壊と汚染をもたらす兵器であるのに対し、劣化ウラン弾は体内に蓄積され健康被害を長期にわたって引き起こす放射能兵器ということができよう(劣化ウラン研究会 2003：83)。

　劣化ウラン弾が最初に大規模に使用されたのは1991年の湾岸戦争である。湾岸戦争で多国籍軍によって使用された劣化ウラン総量は290トンに及ぶ。その後、1995年のボスニア・ヘルツェゴビナ紛争で3トン、1999年のコソボ紛争で9トン使用された(UNEP 2003：68)。アジアでは、湾岸戦争に加え、2000年のアフガニスタン攻撃に使用された疑いが強い。また2003年のイラク戦争

でも使用され (UNEP 2003：80)、今後、長期にわたる健康被害が懸念されている。

　以上具体的にみてきたように、「国家の安全保障」と環境の関係は武力行使時に典型的に現れる。すなわち、第一に環境保全型の武力行使はありえないし、第二に国家安全保障を確保するために環境破壊それ自体を目的にしたり、第三に環境を武器にする場合もある。また第四に、非常に深刻な環境汚染を招くことがわかっている武器をあえて使用することもある。「国家の安全保障」は、根本的に環境保全とは相容れないものであるといえる。

　「国家の安全保障」によってもたらされた環境破壊の重大な問題は、被害がきわめて大きいにもかかわらず、被害実態が明らかにならないこと、また被害の補償がされない場合が多いことである。このことは、現代の環境問題の中で「国家の安全保障」にかかわるもののみに当てはまる特徴である。

　環境問題の解決は、通常、被害実態の解明に始まり、原因の究明と汚染除去、被害者救済・補償というプロセスをたどる。しかしながら、国家の安全保障を確保するために行われる武力行使によってもたらされた環境破壊の場合はこうした被害補償はされない。そればかりか、被害の実体解明すらままならないのが実情である。これでは環境破壊を受けた地域の汚染除去・回復や被害者住民の救済がされるはずがない。

　先に挙げた劣化ウラン問題についていえば、湾岸戦争以来、環境NGOや国連環境計画等が環境調査を一定程度行うようになってきた[(2)]。戦争を汚染の側面から捉えることは従来ほとんどなかっただけに、ベトナム戦争時と比べて大きな前進ではある。しかし、情報の制約や政治的制約等から、劣化ウラン弾使用箇所と使用量、健康被害実態を含めた包括的調査はできていない。因果関係を含む被害の全容も解明されていない。イラクでは、一部のジャーナリスト、NGOによって、湾岸戦争時の劣化ウラン弾によるものとみられる健康被害者が多数発見されているが(森住 2002；江川・森住 2003；Morizumi 2002)、健康被害に対する被害補償もまったくされていない。

　被害の実体解明がなされておらず、また環境回復措置がとられることがない以上、環境費用の負担ももちろんされていない。武力行使による環境破壊以外の環境問題の領域においては、通常、環境費用の負担は汚染者ないし破

壊者によって負担される。これは、汚染者負担の原則（Polluter Pays Principle）と呼ばれる原則である。しかしながら、この環境費用の負担原則も、軍事活動によってもたらされる環境破壊の場合は適用されない。破壊者に対してまったく費用負担をされていないという意味では、きわめて異例である。

3 「国家の安全保障」によってもたらされる平時の環境破壊

　2節にみたように、従来の「国家安全保障」は外的な危険に対する安全保障という意味合いを強くもっていたために、武力行使においては他の環境問題とは異なる特殊な性格をもっている。ただし、外敵に対する環境配慮がまったくないのは、国家の安全保障がもつ性格からして至極当然といえば、いえなくもない。だが、国家の安全保障が環境破壊をもたらすのは、単に外敵に対してのみというわけではない。国家の安全保障を支える平時の軍事活動においても日常的な環境破壊が行われている。それは、とくに軍事基地をおく場合に典型的に現れる。以下では三つのカテゴリーにわけて述べる。

(1) 軍事基地建設に伴う自然破壊

　「国家の安全保障」によってもたらされる国内での環境破壊の第一は、軍事基地建設によってもたらされる自然破壊である。軍事基地、施設、区域は広大な土地を占有する場合が多く、そのため、自然破壊もきわめて大規模に起こる。世界で一体どれだけの土地が軍事活動に供されているのかというデータや情報は、軍事基地起因の環境問題の全容を把握するためにも重要な基礎的資料である。しかし、こうした最も基本的な統計ですら軍事活動分野においては存在しない。国防白書すら、ヨーロッパ諸国を含めて、毎年発行されている国は日本とアメリカしかない。そもそも発行せず、軍事情報を一切秘密にしている国が圧倒的に多い（ディフェンス・リサーチ・センター　2002：28）。こうした状況下では、軍事基地面積すらわれわれは把握することができない。

　ワールドウォッチ研究所が発行している『地球白書』の1991-92年版には、非戦時下の軍隊による直接の土地利用に関する世界推計（1981年）が紹介され

ている。これによれば、先進工業国では領土面積の1％、世界全体では0.5〜1.0％の範囲とされている。軍事に占有されている土地には、本来であれば兵器生産企業が占有する土地や地雷原等も含めて計算すべきであるが、大ざっぱな推計値ですら求められない（ブラウン編 1991：232）。世界最大の軍事大国であるアメリカの基地を例にとってみると、アメリカはアメリカ国土の約1.2％(2,705万エーカー)を基地として使用している[3]。

　基地建設による自然破壊問題の典型は、日本の沖縄での普天間基地移設に伴う名護市辺野古の洋上基地建設問題である。計画[4]では、長さ2,500メートル、幅730メートル、面積184ヘクタールに及ぶ巨大基地が、辺野古沖合の珊瑚礁を埋め立てて建設されることになっている。辺野古集落の中心から滑走路の中心線までの最短距離は2.2km、辺野古沖合いにある平島からの距離は0.6kmにすぎない。周辺住民への騒音被害や海洋汚染がもたらされる可能性がきわめて高い。

　リーフの内側には大きく良好な海草藻場が分布しており、ジュゴンの餌場になっている(ジュゴン保護キャンペーンセンター編 2002：50)。ジュゴンは環境の変化に敏感で、水産庁のレッドデータブック（『日本の希少な野生生物に関するデータブック』）では絶滅危惧種とされている。沖縄に生息するジュゴンは50頭以下で、日本の「鳥獣保護法」(2002年7月5日改正)で保護対象とされている。基地建設がなされればジュゴンを絶滅に導く危険性がある。

　辺野古は、沖縄県が「自然環境の保全に関する指針」の評価ランク1に指定したジュゴンが生息する海域である。在日アメリカ軍の75％が集中する沖縄においても、過去40年間新たな基地が建設されたことはなかった。ところが日本政府が米軍のために用意する新基地によって、世界最大級の自然環境破壊がもたらされようとしている。海上基地の使用期限を15年に限ることを、受け入れ自治体の名護市長は建設条件の一つとしているが、これには何の法的拘束力はない。15年に限って使用するとした場合であっても、辺野古沖基地が建設されれば、沖縄のアメリカ軍による環境破壊は一層進行する。

　世界自然保護基金(World Wide Fund for Nature ＝ WWF)ジャパン等の環境保護団体の働きかけで、国際自然保護連合（International Union for Conservation of Nature and Natural Resources ＝ IUCN；World Conservation Union)は、2000年10月に、日本政府

およびアメリカ政府に対して環境保全の配慮を求める保全勧告決議を行った。この勧告は、日本政府に対して、軍事施設に関連する環境影響評価を可能な限り早期に実施すること、ジュゴン個体群の減少を阻止し、その回復に役立つジュゴン保全対策を可能な限り早期に実施すること等を求めている。またアメリカ政府に対しても、環境影響評価への協力を求めている[5]。

(2) 軍事基地の通常活動による汚染

1) 軍事基地活動による汚染の特徴

平時の軍事活動によってもたらされる環境問題の第二類型は、軍事基地における通常の活動による汚染問題である。軍事基地は、特殊な化学工場のようなもので、さまざまな汚染物質が大量に存在している。そのため、軍事基地の存在そのものが周辺地域の汚染源となりうる。環境汚染を引き起こすと考えられる物質は、火薬、燃料油、潤滑油、洗浄剤、絶縁体、化学兵器、核兵器、生物兵器、重金属等々である[6]。これらの物質は厳重に管理され、外部環境に漏れ出た場合には直ちに情報が公開される必要がある。

しかし、軍事基地においては、汚染物質に関する情報が秘匿される場合が多い。最も危険な物質である核物質の場合であってすらそうである。例えば、日本は非核三原則を建前にしている以上、核兵器は持ち込まれたことがないことになっている。事実、これまで核の持ち込みについて事前協議がされたことはない。「核持ち込みについて事前協議が行われない以上、アメリカによる核持ち込みがされたことはない」というのが日本政府の公式見解である。実際には、1965年にベトナムから日本に寄港途中のアメリカ空母タイコンデロガから水爆を搭載した戦闘機が海洋に落ちるという事故が発生したり、核武装されているはずの空母や艦船が寄港したりといったことがあった。核持ち込みは公然の秘密といってよい(梅林 2002：152-172)。本来ならば、核があるかどうかは立ち入り調査がなされて初めて確かめることができるはずである。ところが、米軍基地に立ち入り調査は通常認められないし、日本政府も求めないので情報は得られない。汚染物質、危険物質に関する情報の欠如は軍事活動の特徴である。

情報がないのは、化学兵器、生物兵器についても同様である。どの兵器が

どれだけの規模でどこに保管され、どのように管理されているのかは軍事機密に属する。したがって、最も危険な汚染物質の管理が十分にされているかは、軍事基地がおかれている自治体ですらよくわからない。一般の化学物質、石油、廃油、潤滑油についても同じである。日本では、米軍基地の中に何があるのかということについては、偶発的に事故が発生し問題にならない限り明らかにされないし、系統立った情報は存在しない。

　以上の理由から、基地内およびその周辺は大規模に汚染されている場合が多い。とくに、空母の母港となっている軍事基地は汚染の可能性が高い。空母は単なる艦船ではなく、移動基地としての性格があるため、取り扱う化学物質量も格段に多いからである。

　例えば、アメリカ海軍横須賀基地の空母停泊用の12号バースでは、1988年に深刻な重金属汚染が発見されている。横須賀基地は、アメリカ太平洋軍第7艦隊に属する第5空母群の母港であり、世界で唯一の空母の海外母港でもある。横須賀基地の汚染は、1991年にアメリカ議会会計検査院（GAO）が発表した報告書 *Hazardous Waste: Management Problems Continue at Overseas Military Base* の中で深刻な重金属汚染として取り上げられた。1993年、94年に米海軍が調査を行ったところ、12号バースの陸上部分の地下水で日本の環境基準の250倍の鉛汚染があることが明らかになった。日本政府の調査によっても同バースの土壌、地下水、海底ヘドロは高濃度の重金属や有機塩素化合物により汚染されていることが明らかになっている。ところが米海軍は、この部分をアスファルトで被覆しただけで何らの対策も行わなかった（原子力空母の横須賀母港問題を考える市民の会　1998）。

　1997年になると12号バースの延長工事が着手され、汚染土壌が海中に流出するなどの事故が発生した。この結果、付近の海域が汚染され、国の基準の4.8倍の鉛が検出された。神奈川県保険医協会は横須賀基地周辺のハゼ等の調査を行っている。1999年に行われた調査では釣られたハゼ22匹のうち7匹（31.8％）に骨の異常がみられた。2000年の調査では、背骨の曲がった奇形ハゼの割合が増加、2001年には腫瘍をもつハゼも発見されている[7]。

　12号バース付近以外も、横須賀基地は大規模に汚染されている可能性がある。2000年6月には住宅地区の家族住宅建設工事現場の土壌から、国の環境

基準値を大幅に上回る水銀、砒素、鉛汚染が発見され12月に調査結果が公表された。汚染源、汚染経路はまったく不明である。発見された地点は、これまで艦船修理等の工業活動が行われたことがない場所であるため、基地全体が汚染されている可能性が高い。

2) 健康被害にまで至ったケース

基地内の汚染は、人体にまで被害を及ぼす場合がある。アジアで最初に米軍基地が全面返還されたフィリピンでは、基地内で扱われてきた危険物質がいかにずさんに管理されてきたかを示す深刻な健康被害が生じている。フィリピンでアメリカ軍基地起因の環境被害が起こっている地域は、クラーク空軍基地周辺とスービック海軍基地周辺である。クラーク空軍基地は1991年に、スービック海軍基地は1992年にそれぞれアメリカからフィリピンに返還された。

フィリピンの環境 NGO である「基地浄化のための国民対策会議」(People's Taskforce for Bases Cleanup) は、クラーク空軍基地、スービック海軍基地の跡地周辺住民に現れた健康被害について詳しい調査を実施している。**表1**がそのまとめである。この表にみるように、クラーク、スービックの両基地周辺にみられる汚染被害者の総数は2002年8月現在で2,457名に及ぶ。みられる症状は、白血病、各種ガン、腎臓性疾患、呼吸器障害と多様である。

フィリピンのケースでとくに注目すべきは、ピナツボ火山噴火の際にクラーク基地内の CABCOM (Clark Air Base Communications Center) に設置された一時避難センターに避難した人々の健康被害である。この被害は、基地内に居住したことによって基地内に存在する汚染物質を直接曝露したことによって生じた典型事例である。

汚染曝露の原因は、CABCOM に一時避難をしていた人々が、飲料用、浴用等に利用していた井戸水である。地下水は、基地内汚染土壌の影響を受けやすい浅井戸からのものだった。アメリカ軍が使用していた比較的安全な深井戸もあったが、避難民の日常用水としては使用が禁じられていたのである。CABCOM 住民の間では、当時から地下水の臭い、味、色についての苦情があり、水には油が浮いていたという。避難民には CABCOM に住み始めてすぐに健康被害がみられた。一体どれほどの人々が健康被害を受けたのかについ

表1　フィリピンの基地汚染被害者(2002年8月31日現在)

クラーク基地周辺の被害者

	生存者	死者	小計
中枢神経障害、脳性小児麻痺(1～7歳)	39	0	39
先天性心疾患(肺病、腎臓病を併発している者を含む)	26	28	54
白血病、およびその兆候	16	112	128
皮膚病、各種の皮膚の異常	71	5	76
腎臓病	28	8	36
肺病、肺結核	34	11	45
がん(乳房、咽頭、子宮、肝臓、膀胱など)	29	37	66
胃病	8	4	12
自然流産、死産	16	5	21
ぜん息	26	5	31
突然死	0	9	9
慢性髄膜炎	2	0	2
睾丸肥大	0	1	1
血管腫	1	0	1
合計	296	225	521

スービックの被害者

	生存者	死者	小計
中枢神経障害、脳性小児麻痺(1～7歳)	15	1	16
先天性心疾患(1～14歳)	19	4	23
心臓病、心臓機能の異常(大人)	11	6	17
白血病、および貧血症を含む白血病の兆候	55	244	299
皮膚病、各種の皮膚の異常	71	5	76
腎臓病	17	7	24
アスベスト症、肺の異常(元SRF労働者)	833	487	1320
がん(乳房、咽頭、子宮、肝臓、膀胱など)	15	42	57
腫瘍	14	4	18
自然流産、死産	6	5	11
ぜん息、肺病	52	5	57
脳水腫	6	4	10
慢性髄膜炎	3	0	3
睾丸肥大	0	2	2
血管腫	3	0	3
合計	1,120	816	1,936

出所)基地浄化のための国民対策会議(PTFBC)調べ。

ては、公式記録がまったく残っていないため正確にはわからない。

　唯一、CABCOMに避難したコミュニティのリーダー、マンディー・リベラ (Mandy Rivera) 氏が残したデータはCABCOMでの当時の汚染被害がどのようなものであったかを示す資料となっている。詳細は、フィリピン上院の基地汚染被害問題に関する専門委員会の最終報告書[8]に掲載されている。これによれば、リベラ氏は、1994年にCABCOMに当時住んでいた500世帯を対象として健康調査を行った。調査対象の500世帯の中で、健康障害(ガン、白血病、奇形、流産、死産、心臓疾患、腎臓疾患等)をもつ住民は144人にのぼった。上院委員会の追跡調査によれば、2000年5月現在、リベラ氏の調査で指摘された144人のうち76人はすでに死亡していた。CABCOMに避難していた住民は、CABCOMが設置された1991年から閉鎖される99年の9年間で約2万世帯に及ぶ。このことからすれば7,000人近くの汚染による健康被害者がおり、そのうち半数近くはすでに死亡してしまっている可能性すらある。これら直接的健康被害者の他に、CABCOMに居住していた女性から生まれた子供の間に、脳性小児麻痺が多くみられるのも特徴である。中には胎児性水俣病に似た患者もみられる。

(3) 戦争準備による環境破壊

　軍隊は、究極的には武力を行使することを目的として活動を行っている。したがって軍事力の実践的能力を維持するために、軍隊は常に演習や軍事訓練を行っている。平時の環境破壊の第三類型は、戦争準備による環境破壊である。弾丸・弾薬が環境破壊的であるからといって軍事活動の中で使用しないということはないし、騒音が発生するから速度規制するといったこともない。したがって各種訓練においても、環境はほとんど考慮されない。実弾射撃訓練、射爆訓練、離発着訓練は環境を破壊し、周囲の人々の健康を害するのが常である。

1) 騒音被害

　軍事空港や空母の母港周辺では、軍事目的で実施される離発着が周囲に暴力的な騒音をまき散らし、周囲の人々の健康を奪っている。基地周辺に住む人々は、睡眠妨害、難聴・耳鳴りをはじめとする身体的被害、心理的・情緒

的被害、会話や思考など日常生活上の障害等さまざまな被害を被っている。沖縄の嘉手納基地付近で記録された最高音は127dBにも達した。130dBで聴力喪失の危険があるといわれているから、まさに殺人的爆音である(福地 1996：72；嘉手納基地爆音訴訟原告団・弁護団 2001)。

　中でも日本の横田基地は、世界で唯一、独立国の首都に存在する外国軍の空軍基地である。横田には、太平洋軍(アメリカ軍の10の戦闘統合軍のうち地理的な責任区域をもつものの一つ) 所属の第5空軍司令部がおかれている。横田基地周囲は人口密集地帯である。被害自治体は、八王子市、昭島市、日野市、羽村市、福生市、立川市、武蔵野市、瑞穂町、埼玉県入間市、飯能市の9市1町に及ぶ。

2) 軍事訓練による自然破壊

　演習場、とくに、戦闘機の爆撃の対象となる射爆場は、常に戦争と同じような状態におかれており、徹底的な自然破壊が進む。これも平時の環境問題の特徴である。射爆場における自然破壊の典型が韓国梅香里(メヒャンリ)米軍国際射爆場(Kooni Fire Range)における環境破壊である。1955年から梅香里周辺の沖合(面積2,281ha)には射爆場が、1968年には陸上(面積96ha)には地上射撃訓練場がそれぞれ設置されたが、実際には1951年からアメリカ軍専用の射撃場が設置され訓練が行われていた。ここでは現在も沖縄、グアム、タイ、日本からの戦闘機も含めて集中的に爆撃演習が繰り広げられており、自然破壊が大規模に進んでいる。訓練場には農地や漁場が隣接しており、民家も間近に存在する。射爆場となっている濃島は、戦闘機から発射されるミサイル等の標的となっている。かつて同地域に存在していた亀島は消滅、現在、爆撃の標的となっている濃島も3分の2が消滅し、原型をとどめていない。

　射爆訓練は、自然破壊のみならず周辺住民に対しても健康被害をもたらす。梅香里住民に対する被害には、人命被害、財産被害(爆発の振動による住宅の破損)、騒音被害(難聴、電話不通、精神的ストレス、睡眠妨害、など生活全般)、経済損失(漁場の破壊、畜産業の放棄、農地へ出入り規制などによる所得減少)などがある。

(4) 平時の環境破壊を解決するにあたっての課題

　これまで述べたように、平時における軍事活動も環境を大規模に破壊する。それは、第一に基地建設にあたっての自然破壊、第二に基地内での汚染物質

取り扱いのずさんさによる環境汚染、第三に軍事訓練による環境破壊である。これらの環境問題は、「国家の安全保障」を確保するために平時に行われる行為からくるもので、被害の規模は非常に大きいといわざるをえない。

この種の問題も、多くの場合、解決に向けた取り組みがほとんどされないのが現状である。とりわけ、日本のように、アメリカの戦略の中に位置付けられた安全保障条約のもとでさまざまな軍事活動が行われているような場合は深刻で、被害補償は不十分にしかされないし、被害を防ぐための差し止めもなされない。

中でも深刻なのは、先にあげたフィリピンでの基地撤去後の被害をめぐる問題である。フィリピンのケースでは、環境汚染の除去も被害者への補償も一切行われていない。原状回復措置も被害補償もしない根拠は、フィリピンとアメリカとの間で取り交わされた基地協定17条（1947 Military Bases Agreement）にある。この条文には、基地を返還する際、アメリカは原状回復措置をとる義務がないと明記されている。このことをもって、アメリカは、フィリピンが補償要求を行う権利を放棄しているとしている。

2000年8月には、被害者住民側により、アメリカ、フィリピン両政府を相手取って損害賠償と汚染除去を求める訴訟が提起された。訴訟提起時の原告数はクラーク空軍基地関連で63名、スービック海軍基地関連は34名である。原告数はその後増大し、文書にされた被害者数は300名以上で、これを含めた被害者総数は1,000名以上とされている。訴訟における請求額は、表2に示すように、クラーク、スービックあわせて約1,008億ドル（約12兆円）にのぼる。同様の内容の地位協定をもつ日本や韓国にとっても、フィリピンの事例はき

表2　フィリピンの基地汚染関連訴訟での原告側の要求額

		スービック	クラーク
対アメリカ政府	実損害	350万ペソ	2,520万ペソ
	精神的損害	250億ドル	250億ドル
	懲罰的損害賠償	250億ドル	250億ドル
対フィリピン政府	実損害	350万ペソ	2,520万ペソ
	精神的損害	125億ペソ	125億ペソ
	懲罰的損害賠償	125億ペソ	125億ペソ

注）訴状に基づく。

わめて重要である。外国の軍隊であれ何であれ、原状回復義務と被害補償の義務を免除すべきではない。

4 「人間の安全保障」における環境の位置付け

　2、3節でみたように、「国家の安全保障」は環境保護とはまったく相容れないものとなっている。「国家の安全保障」を確保するための軍事力は、戦争時のみならず、平時においても深刻な被害をもたらす。また環境問題にかかわる費用を汚染者が負担していない。これらの性格が軍事力の本質であるとすれば、環境保護の観点から、軍事力は縮小し廃棄しなければならない。

　それでは、「国家の安全保障」とは異なる意味で1990年代から提起されるようになっている「人間の安全保障」は、環境にいかなる位置付けを与えているのであろうか。人間の安全保障については、1994年の『人間開発報告書』(*Human Development Report*) の中で、詳しい説明がなされている。これに沿って人間の安全保障の概念をみたうえで、環境との関連性について検討しよう（UNDP 1994：22-40＝1994：12-15）。

　『人間開発報告書 1994』によれば、人間の安全保障は、第一に universal な問題、すなわちすべての人々にかかわる問題であること、第二に、人間の安全保障の構成要素は相互依存の関係にあること、第三に早期の予防によるほうが容易に確保しうること、第四に、人々が中心に据えられることとされている。定義は、第一に慢性的脅威からの保護、第二に突発的な危険からの保護とされている。また人間の安全保障は、七つのカテゴリー、すなわち経済安全保障、食料安全保障、健康の安全保障、環境安全保障、個人の安全保障、コミュニティの安全保障、政治安全保障に分類される。

　『人間開発報告書 1994』では、これらの七つのカテゴリーのそれぞれについて若干の記述があるものの、環境の安全保障の独自の意義については明確な規定がない。また他のカテゴリーに属する安全保障との関連も曖昧である。ここで、他の六つのカテゴリーと環境の区別を明確にしておくと、他の六つのカテゴリーに属する安全保障と環境安全保障とは概念的に異なる意味をもつように思われる。決定的な違いは、環境以外の要素（経済、食料、健康、個人、

コミュニティ、政治)は人間社会の活動そのもの、つまり主体側の問題であるのに対し、環境は人間社会とは独立した客体であるという点である。

環境の安全保障について、『人間開発報告書』は、「人間は、良好な物的環境に依存している。……各国が直面している環境上の脅威は、地域生態系の破壊と地球システムの生態系の破壊の結合である」と規定している。これを人間の安全保障の定義に即して理解すれば、環境の安全保障は、人間が依存している客体としての地域生態系および地球規模の生態系を、人間に脅威や危険にならないようにすること、と理解すべきであろう。

このように理解すると、人間の安全保障に占める環境の安全保障の独自の意味が明らかになる。それは以下のようになるであろう。すなわち、客体としての環境安全保障が確保されない限り、主体としての人間の安全保障は確保されない。逆にいえば、主体としての人間の安全保障は、客体としての環境の安全保障に規定されている。経済、食料、健康、個人、コミュニティ、政治など、主体としての人間の安全保障は、客体としての環境を良好なものに維持して初めて得られる。これは、環境が維持されていなければ、社会のさまざまな営みはもちろんのこと、人間の生存に必要不可欠な安全な水、大気の供給、食料生産ができなくなるという理由による。つまり、環境(水、大気、土)を安全な状態に保つことは、人間の安全保障を確保する基本的条件である。

もちろん、主体と客体の間には相互関係もあるから、主体から客体への作用もある。客体としての環境は、主体的な人間の安全保障が満たされることによって、より一層良好な状態に保たれやすくなる。

以上のように理解したうえで、人間の安全保障としての環境安全保障と、国家の安全保障の関係をみると、いかなるものがみえるだろうか。国家の安全保障による環境への脅威は、戦時においては人間生活に対して突発的な破壊的影響を、平時においては慢性的な影響をわれわれ人間に対して与えるものであった。とすれば、国家の安全保障は、人間の安全保障の中で基底的な役割を果たす環境に対して脅威を与えるものと理解してよいだろう。つまり、国家の安全保障と人間の安全保障は、軍事と環境の領域において激しく対立している。

このことは、『人間開発報告書 1994』でも、また人間の安全保障委員会報告書(『安全保障の今日的課題』)でも曖昧にされている点である。例えば、後者では「「人間の安全保障」と国家の安全保障は、相互に補強し合い、依存している。「人間の安全保障なしに国家の安全保障を実現することはできないし、その逆も同様である」と記述されている。ここで国家の安全保障が何を意味するものであるかは判然としないが、少なくとも環境の観点からすれば、国家の安全保障の中で重要な役割を果たしている軍事力の行使は、見過ごすことのできない問題をはらんでいるといわざるをえない。

5　まとめにかえて——環境と安全保障の課題——

　以上述べてきたように、環境の観点からすれば、従来の安全保障概念にも、また人間の安全保障概念にも、検討すべき課題が数多く残されている。
　それは前者との関連でいえば、国家の安全保障によってもたらされる環境破壊を今後どのように解決すべきかという実践的課題である。21世紀早々、アメリカによるアフガニスタン、イラクへの武力行使がなされ、そこで深刻な環境破壊が起こっているとみられているだけに、まずは、実態解明とともに被害者救済に向けた枠組みづくりを国際的に構築していくことが急務である。兵器の発達とともに、環境への影響も飛躍的に大きくなっている。この問題を、国家の安全保障にかかわることだからといって放置しておく合理的理由はまったくない。これまで問題にされてこなかった環境破壊者への責任追及が国際的になされ、被害者救済と環境再生の努力が開始されるべきである。究極的には、それは環境保全の立場から軍事力を徹底的に縮小していくことにつながるであろう。
　後者との関連でいえば、環境が将来にわたって長期的に維持されていかなければならないことは事実であるが、それはいかなる制度によって可能であるのかという点が明らかにされていかなければならないであろう。本章では取り上げなかったが、今後より一層重要になるのは、地球規模での環境問題に対する枠組みをいかに構築するかということである。この場合、将来世代と現存世代の公平性、現存世代間での公平性をいかに確保するのか、また、

自然科学的知見から見出される環境上の目標を国際関係の中でどのように実現するかということが課題になる。

　いずれにせよ、環境保護は、人間社会にとって基礎的基盤を成すものであって、これを維持していくという意味での安全保障は今後も一層追求されていくであろう。この取り組みは一方では平和を、もう一方では環境保全を達成する取り組みである。軍事活動による環境破壊がますます深刻になっている中、われわれ人類は、できるだけ早い時期に、平和で環境保全型の社会をつくるための枠組みを構築していかなければならない。

注
(1) ここでは sustainable development を「維持可能な発展」と訳している。これは、客体としての環境が維持されるような発展のあり方にすべきであるという sustainable development という言葉の本来の意味を表したものである。この点については、都留 2003：139-141を参照のこと。
(2) 国連環境計画による劣化ウラン使用に関する調査については次の文献を参照されたい。すべて国連環境計画戦後評価部（UNEP Post Conflict Assessment Unit）の Web ページ <http://postconflict.unep.ch/> からダウンロード可能である。また、国連環境計画は1999年以来、大きな紛争や戦争の後、その環境影響についての報告書を出すようになっている。*UNEP Desk Study: The Potential Effects on Human Health and the Environment Arising from Possible Use of Depleted Uranium During the 1999 Kosovo Conflict*, 1999; *UNEP Final Report: Depleted Uranium in Serbia and Montenegro-Post-Conflict Environmental Assessment in the Federal Republic of Yugoslavia*, 2002; *UNEP Final Report: Depleted Uranium in Kosovo-Post-Conflict Environmental Assessment*, 2001, *Depleted Uranium in Bosnia and Herzegovina Post-Conflict Environmental Assessment*, 2003.
(3) Office of the Deputy Under Secretary of Defense 1999より推計。
(4) 「普天間飛行場代替施設の基本計画」(2002年7月29日)。<http://www.city.nago.okinawa.jp/nago_koho/hiroba0209/futenma.html#01>
(5) CGR2.CNV004xCNV005 Rev1, Conservation of Dugong (Dugong dugon), Okinawa Woodpecker (Sapheopipo noguchii) and Okinawa Rail (Gallirallus okinawae) in and around the Okinawa Island. 邦訳はジュゴン保護キャンペーンセンター編 2002：189-195。またこの経緯については、ジュゴンネットワーク沖縄『「沖縄のジュゴン保護のために（資料集）」(2000年7月) 追録（第2版）』2001年2月28日；ジュ

ゴン保護キャンペーンセンター編 2002：193-198；WWF『Monthly Magazine WWF』(特集：ジュゴンと沖縄の環境問題)1/2, 2002等を参照されたい。
(6) 「第1回軍事と環境に関する国際ワークショップ」3日目（2003年3月21日）のセッション「環境調査の手法」におけるソウル・ブルーム（アーク・エコロジー）氏の報告に基づく。
(7) 『神奈川県保険医新聞』1999年12月15日、呉東正彦 2003:18-27、および、2002年6月に神奈川県保険医協会に行った筆者らのインタビューに基づく。
(8) *Committee Report*, No.237, Eleventh Congress of the Republic of the Philippines, Second Regular Session, May 16, 2000, pp.12-15.

引用・参考文献

Morizumi, Takashi 2002, *A Diffrent Nuclear War：Children of the Gulf War.*
Office of the Deputy Under Secretary of Defense 1999, *Department of Defense Base Structure Report.*
United Nations Development Program 1994, *Human Development Report 1994*, Oxford：Oxford University Press ＝1994 国連開発計画『人間開発報告書1994』国際協力出版会。
UNEP 2003, Desk Study on the Environment in Iraq. <http://postconflict.unep.ch/publications/Iraq_DS.pdf>
Vo Quy 2003a, "Environmental Research on the Effects of Massive Defoliation on Forest Ecosystems of Southern Vietnam during the War," 『第1回「軍事と環境に関する国際ワークショップ」報告集』2003年3月、85-89頁。
Vo Quy 2003b, "The Effect of Massive Defoliation on the Forest Ecology of Southern Vietnam during the War and Environmental Restoration Program," 同上報告集、122-126頁。
梅林宏道 2002、『在日米軍』岩波書店。
江川紹子・森住卓 2003、『イラクからの報告』小学館。
嘉手納基地爆音訴訟原告団・弁護団 2001、『静かな夜を返せ――嘉手納基地爆音訴訟16年の闘い』。
原子力空母の横須賀母港問題を考える市民の会 1998、『基地の汚染と原子力空母の母港』。
呉東正彦 2003、「米海軍横須賀基地12号バースの重金属汚染と原子力空母の母港計画」前掲『「国際ワークショップ」報告集』18-27頁。
ジュゴン保護キャンペーンセンター編 2002、『ジュゴンの海と沖縄』高文研。
谷山鉄郎 1993、「湾岸戦争による環境汚染と植物影響」『海外森林酸性雨被害対策調

査事業 平成4年度調査事業報告書』財団法人国際緑化推進センター。
都留重人 2003、『体制変革の展望』新日本出版社。
ディフェンス・リサーチ・センター 2002、『軍事データで読む日本と世界の安全保障』草思社。
蓮池誠一郎 2001、「環境問題と安全保障 第二回――安全保障が引き起こす環境問題」『環境と正義』40号(4月)。
福地曠昭 1996、『基地と環境破壊』同時代社。
ブラウン, レスター編 1991、『地球白書 1991-92』ダイヤモンド社。
森住卓 2002『イラク 湾岸戦争の子どもたち 劣化ウラン弾はなにをもたらしたか』高文研。
劣化ウラン研究会 2003、『放射能兵器劣化ウラン』技術と人間。

第6章　人間の安全保障とクローニング

1　はじめに
2　クローニングの定義
3　人間の尊厳の原則と
　　個体の完全なクローニングの禁止
4　科学的研究の自由の原則と
　　ES 細胞(Embryonic Stem Cell)の使用の問題
5　まとめ

龍澤　邦彦

―― 本章の梗概 ――

　遺伝子的に同一の人間を作り出すクローニングは今日の科学技術的発展に伴う人間自体の対象化、モノ化の危険を含んでいる。社会の価値体系の究極性たる人間を自由に設計し作り出す可能性はその価値体系自体を根底から揺るがすものであり、本質的に人間の安全保障の概念に密接にかかわっている。実際、人間の安全保障の目的が人間の自由を向上させ、その能力を完全に発揮させるように人間のすべての生の中枢を保護することにあり、かつこの概念がダイナミックで時間的、領域的に発展性を有するものであるならば、クローニングの問題はその重要な一部をなす。

　クローニングの議論は二つの重要な原則をめぐって展開している。一つは人間の尊厳の原則であり、他の一つは科学的研究の自由の原則である。前者は神学的、哲学的概念から実定法の文脈に移植されたものであり、それを構成する権利(生命の尊重に対する権利、個人の尊重に対する権利、社会的文脈におかれた人の基本権)のもとにクローニングを考察した場合、これは人間の尊厳の原則に反する行為であるとみなしうる。後者はとくにクローニングの延長線上にある人ES 細胞を使用する研究を正当化するための根拠とされるが、同原則を構成する実験を自由に行う権利、研究に必要な手段および条件に対する権利、研究の成果を通知し流布する権利のもとで考察する時、おのずから制限が課される。

1 はじめに
──科学技術的進歩の成果としてのクローニングと人間の安全保障──

(1) 人間をも対象化しつつある科学技術

　ヨハン・ホイジンガは、第二次大戦直前のナチスの台頭期に表した著書（*In de schaduwen van morgen*『朝の影の中に』）において、すでに、科学の進歩はわれわれの想像力の限界にきていると述べていた。とすると、この21世紀の科学技術の進歩はわれわれの想像力の限界を押し広げつつあるといえよう。19世紀の産業革命以降、科学技術の進歩とその知識の社会そして個人への浸透は、迷妄を取り除き、人間性の開花に寄与し、無条件にわれわれの生活を便利にし、多大の恩恵を与えてくれるものと信じられてきた。20世紀の後半から21世紀にかけては、まさに「高度科学・技術の時代」と位置付けられる。しかし、一方で、20世紀半ば以降の、自然環境の破壊、エネルギー資源枯渇の危機は、効率性という価値基準に基づく科学・技術の盲信に対する懐疑と反省をもたらし、また、科学技術が独自の法則と論理に基づいて自立的に発展し始め、その進歩が次第に管理不能に陥り始めているという批判が生じてきたのである。

　例えば，ジルベール・オトゥワ（Hottois 1987）によると、人間は技術科学の主体というよりその仲介役である。人間は次第に広がりつつある自己の活動分野のために技術科学の可能性を役立て、人間自らが形成するかつ自らに起因する計画はこの可能性により左右される。ただし、技術科学の自立性はもちろん完全なものではなく、自分が制御していると信じているものによって自分自身がその理解力と想像力に至るまで大きく条件付けられてしまっているという事実を自覚するという条件のもとで、人間は、まだ、その発展の方向を変えることができるというのである。

　ヘルベルト・マルクーゼ（Marcuse 1968）は、技術の利用ではなく、技術それ自体が、すでに自然と人間に対する支配、整然とした、科学的なかつ計算された支配を成していると考えた。彼によれば、この支配を支えているのは、虚偽の消費の必要を受け入れることにより自己を喪失した人間なのである。

　ハンス・ヨナス（Jonas 1979）によると、「人間自体が技術の対象となってい

る。ものを作る動物たる人間は自らの技術を自分自身に振り向ける。ほかのあらゆるものの発明者にして作者たる自分自身を創意工夫により新しく作成し直すことができるようになった。これは人間の権力の完成である。しかし、これは人間の制圧を意味するかもしれない」。

人間は自己自身を科学の対象としていく中で、意識的にせよ無意識的にせよ、従来の法律および道徳的価値観の彼方に身をおくことになる。「結局、プロメテウス（技術）は鎖を解かれ、科学によりいまだまったく知られていなかった力を与えられ、経済が抑えがたい原動力を与えている。プロメテウスは自由に同意した枷により人の力が人自身にとり災いとなるのを妨げる倫理を要求している」。

人間自体を対象としもの化しつつある先端科学技術がバイオテクノロジーであり、そしてここに取り上げるクローニングはその最も顕著な事例となり得る。これが人間の安全保障とどのようなかかわりをもつのか？そもそも人間の安全保障とは何を意味するのか？

(2) 人間の安全保障とクローニングのかかわり

もともと、「人間の安全保障」なる概念は、1994年の国連開発計画(UNDP)の『人間開発報告書』の中に示された概念で、「恐怖」と「欠乏」から人々を「自由」にし、彼らが開発（自身の開発と自己の属する社会、国家、そして世界の開発）に完全な貢献を行うことができるよう確保することを目的とする概念であった。そこでは、安全の概念がもっぱら国家の領域的安全を強調することから人々の安全をより強く主張することへ、軍備による安全から持続可能な開発による安全へという二つの基本的な方向で緊急に変更されねばならないと述べられていた。

人間の安全保障委員会はこの方向性を踏襲している。その2003年の報告書によると、人間の安全保障は国家の安全保障と補完的な関係にあるが、同一ではない。前者はすなわち、物理的な力の衝突以上の脅威、例えば、環境汚染、国際テロ、国際的な人の大量移動、新たな疾病、その他の長期的な抑圧と収奪などを含み、国家の恣意的な権力からの人民の保護とその力の強化のよう

な対国家的な側面をも有しているからである。その定義は、「人間の自由を向上させ人間の能力を完全に発揮させるように人間の生のすべての中枢を保護すること（傍点筆者）である。人間の安全保障は、基本的自由、生活の基本である自由、を保護することをいう。……それは、全体として生存、生計、尊厳の構成要素を人々に与える政治的、社会的、環境的、経済的、軍事的かつ文化的体系を作り出すことを意味する」のである（Commission on Human Security 2003 : 4）。傍点部分についての考え方は、人々と社会、時代により多様であり、したがって、人間の安全保障概念は必然的に「動態的」なものである。また、それは、人権の保護、その環境をも含めた人間社会のグローバルかつ良き管理・運営（経済的、社会的な財への公平なアクセス、環境保護など）を通じて個人が自己の可能性を発揮する機会と選択肢を提供する。

　われわれは科学技術の進歩の主体が個人であり、その意味で人としての倫理観がその進歩の方向性を決定してきた時代をとうに過ぎてしまった。今や、重要な科学技術の進歩は国家やその成果を商業化しようという企業の助成のもとで組織化され細分化されている。人間の蒙を啓きその道徳性を高め、人間の生活水準を引き上げ、その福祉と安寧を確立するという一般的な目的に商業化に伴う利潤追求あるいは新技術の獲得による国際政治・経済における自国の優位の確保といった経済的、政治的目的が取って代わり、科学技術体系の管理・運用制度が一般の人々の手を離れたものになりつつある。重要なのは科学技術の発達を阻害せずに、この制度にいかに一般的な倫理と法則を妥当させていくかであり、このことはまた科学技術の最先端部分たるバイオテクノロジーについても同様なのである。

　ここで扱う、遺伝子的に同一の人間を作り出すクローニングは、それが、人間社会のあらゆる価値体系の究極性たる人間そのものを対象とするという点で、これらの価値体系の存続を脅かす危険性がある。遺伝子工学の成果によって自分の計画どおりに種を改善し変化させ、特定の固体のみを残しうるというほとんど造物主的な力は、生命の権利の妥当性を揺るがし、個人の尊重を否定し、また特定の個人または集団の優生学的または人種差別的な選別を可能にしてしまうことで人間の尊厳と人権を根底から脅かし、人という種の存続と進化自体を歪めてしまう。もし「人間の安全保障概念が人間の尊厳

をもまた強化」し、「人権を尊重することは人間の安全保障を保護することの核になる」ならば、科学技術の問題、とりわけクローニングの問題は、人間の安全保障に関する報告書の中に見出せなくとも、その最も重要な部分を占めているといってよいであろう。人間の安全保障概念はもともと開発の文脈におかれ、経済の安全、食料の安全、健康の安全、環境の安全、コミュニティの安全、政治の安全を主たる対象としたのであるが、この概念は、時間的にも領域的にも発展性を有する概念であり、より広く捉える必要があろう。それは、まさしく global issue であり、そして未来の世代をも含んだ人類全体の問題である。人民に「自己の福祉を決定するにあたって最大限に積極的な参加を確保すること」こそ人間の安全保障の主たる目的の一つであるとしたら、国家の枠を超えた先端科学技術の良き管理・運用制度形成への人民の積極的な貢献を確保することこそが人間の安全保障の枠内で求められている。ここではクローニングを人間の尊厳と人権を基礎とする国際的制度形成の観点から考える。

2　クローニングの定義

(1)　クローニングの技術

　遺伝子工学で用いられるクローニングの意味は、性行為なしで、人工的に個体全体または個体の部分の遺伝子的複製を作成することと理解される。ただし、クローニングは身体的にも性格的にもまったく同一の人間を作り出すことはない。毛髪や目の色などを決定する染色体の出方は多分に偶然によるものであり、また性格は後天的に形成される部分が多く、環境、経験、学習などにより変わってくる。

　科学的クローニングの研究は早くから行われていたが、6歳のメス羊の乳腺から取って冷凍していた細胞を使用して遺伝子的に複製した1996年7月5日のメス羊ドーリーの誕生により、人間のクローニングが理論上も技術上も可能となった。クローニングの具体的な技術 (Seidel Jr. 2000：17-36) としては、移植前の成長し増殖する期間に胚を分割して数を増やす胚分割法と、卵細胞の遺伝子を有する細胞核を取り除いて精細胞または体細胞の核を移植し、電

気的刺激を与えて細胞分裂を活発にした後、母体に移植する核移植法がある。前者は、本来の場所にある胚をピペットで保持しつつガラスロッドに微細刀がついた器具で胚を二分するという比較的簡単な方法でそれぞれを遺伝子的に同一な個体に成長させることができ、また片方の胚の冷凍保存もできる。良質の家畜の子孫の数を増やすために畜産業において商業的に利用される。狭義のクローニングとは後者の核移植法を指す。未来には、人間以外の動物の子宮または人工的な培養器への移植による生育も可能になろうが、当分、体細胞あるいは精細胞提供者、卵細胞提供者、代理母の三者の介在が必要なのである。狭義のクローニングは胚分割法に比して三つの特性を有している。一つは、成功率が低いにもかかわらず、複製できる個体数が限定されないことである。第二には、胚細胞のみでなく体細胞も使用可能な点である。第三には、胚分割法は受精した胚細胞を使用し二分することで、生まれてくる二以上の個体の遺伝子が同一なのに対して、核移植法は細胞核提供者と同一の遺伝子を有する個体を複製できることである。

(2) 法律上のクローニングの定義

　クローニングは、現時点では、いわゆるAMP（妊娠の医療的支援）の技術とは異なると考えるのが妥当であろう。この点に関して、この医学上議論の多い概念の定義を実定法として取り込んだフランスの公衆衛生法第152条1項によると、AMPとは、「試験管内での受胎、胚の移植および人工授精を可能にする医療上および生物学上の慣行、ならびに自然のプロセスによるのではない妊娠を可能にする同等の効果を有するいずれの技術をも意味する」。同条第2項はAMPの目的として、「医学的に診断された病理的性格を有する不妊症を治癒すること、子供への際立って深刻な病気の遺伝を避けること」の二つをあげている。これらの規定はAMPの二つの意味を明確にしている。一つは、AMPは治療を目的とする医療行為でなければならず、現時点では、その基準は体外受精をも含む従来の人工授精の方式であり、基本的に通常の生殖の過程を補助するものであって、この過程自体を変更するものではない。第二には、医療により支えられた妊娠のプロセスの前段階の技術をも含む、不妊症のカップルの妊娠を助けるいずれの技術をも含んでいるということで

ある。私見では、クローニングはこのような医療行為ではなく、医学的に支援された行為であり、通常の生殖の過程自体をも変更してしまうもので AMP とはいえない。

現在のところ、クローニングに関する明確な国際倫理法上の定義はない。欧州審議会閣僚理事会が採択した1996年の生物学と医学の人への応用における人権と人間の尊厳の保護のための条約 (以下、「欧州人権・生命医学条約」という) の1997年の追加議定書 (以下、「追加議定書」という) 第1条は、「他の生きているまたは死亡した人間と遺伝的に同一の人を作り出す目的を有するいかなる介入も禁止される」と定めている。その説明報告によると、「胚分割法によろうと、核移植技術によろうと、他の生者または死者と遺伝子的に同一な人間を作り出すことを目的とするいずれの処置も禁止されることを意味する」。この考え方は、いわゆるソフト・ローについても共通である。1997年の UNESCO の「ヒトゲノムと人権に関する宣言」第11条は、英文では、単に「人の複製クローニング」という表現を定義なしに使用し、これを禁じている (井田 2001a)。一般的にいって、クローニングは、国際法上、ごく簡潔に、「他の人間の遺伝的複製を作り出す」こととされることが多い。その他の多くの文書もこれに倣っている。

国内法は、国際法と反対に現行の技術レベルを参照した比較的明確な定義を有するものが多い。例えば、カリフォルニア州法688章第5条によると、クローニングとは「いずれの出所であっても核を取り去った人間の卵細胞に人間の細胞の核を妊娠させるために移植することにより人間を作り出すまたは作り出そうと試みること」をいう。いずれの出所からの細胞をも含めていることから、同法は、成人のクローニング以外のものについての事前の公式の審議がなかったことから、胚の核移植および胎児ならびに成人の細胞の核の移植をも禁止していると解釈される。また、いかなる遺伝子も複製されることがないにもかかわらず卵細胞の核移植も禁止されているとみなされる。ドイツの1990年12月13日の胚保護法第6条は、「他の胚、胎児、人または死亡した人と同じ遺伝的形質を有する人の胚が生まれる状態を人為的に生じさせる」(傍点筆者) 者を5年以下の自由刑または罰金刑に処することを規定している。この場合、傍点部分がクローニングを意味している。2003年12月15日の

改正生命倫理法はその刑法に付加されるべき第214-2条で、「他の生きている人または死亡した人に遺伝子的に同一の子供を誕生させることを目的とする処置を講ずる行為」を禁錮重労働または750万ユーロの罰金をもって禁止している。傍点部分がクローニングの定義であり、クローニングを行う行為を「人類に対する罪」に分類している。2000年のわが国の人に関するクローン技術などの規定に関する法律第2条11および10項によると、クローン技術とは「人クローン胚を作成する技術」をいい、「人クローン胚」とは「人の体細胞であって核を有するものが人の除核卵と融合することにより生ずる胚」をいうと定められている。この場合、「胚」とは、同条1項により、「一の細胞（生殖細胞を除く）または細胞群であってそのまま人または動物の個体に成長する可能性のあるもののうち、胎盤の形成を開始する前のもの」をいうと定められている。これらのことから、法律上のクローニングの定義は、その技術いかんにかかわらず、他の人と同一の遺伝的形質を有する人を人為的に作り出すことまたはその試みをいうと解釈されよう。

3　人間の尊厳の原則と個体の完全なクローニングの禁止

　法律論の構図をごく単純化すると、アメリカ合衆国においては、研究の自由の原則がバイオエシックス法において重要な位置を占めており、部分的クローニングやES細胞の利用に対して比較的肯定的であるのに対して、フランスをはじめとするその他の欧州諸国は人間の尊厳、とくに生命の尊重、個人の尊重、および遺伝学的平等に対する権利を優先させ、これらに対して制限的である。

　人間の尊厳の原則は、世界人権宣言をはじめとする国内、国際のさまざまな人権に関する法文書に含まれる人権を基礎付ける概念であり、人のクローニングの禁止の正当化の拠り所（例えば、欧州人権・生命医学条約追加議定書第1条、UNESCOとヒトゲノム宣言第11条その他）であるのに反して、その実体は明確ではない（井田 2001b：215-218）。なぜならこの概念は神学そして哲学から第二次大戦後法律および政治の文脈に移植されたものであるからである（ヨンパルト

2003：18)。

(1) 神学・哲学上の概念としての人間の尊厳

人間の尊厳の原則は、その淵源を宗教に求めうる。例えば、キリスト教、ユダヤ教、イスラーム教では、人間の尊厳を基礎付けるものは、第一に、「人間のみが神の似姿であり、不死なる魂を持つ」(Bible, Koran) ことにあり、人間の尊厳は神の御印ということに求められる。第二に、神が人間に自身の息（精神）を吹き込んだがゆえに材質は土であるにもかかわらず人間は聖性をもつ。これが人間の尊厳を形作る。第三に、人間は知性と理性を有し、宇宙に存在する事実全体を把握し理解する能力を有する。第四に、この人間の尊厳は、人間が信仰を受け入れ、神の代理者として地上における権限を行使することで強化される。

キリスト教によれば、卵母細胞が受精した時点から父の命でも母の命でもない新しい生が始まるのであり、成長によりたしかに新たな人間となる。したがって、受精卵はすでに妊娠の時からその権利と義務において人間として扱われねばならない。「性的関係なしに細胞分割、クローニングまたは単為生殖により人間を得ようとする試みまたは仮説は、人間の妊娠および夫婦の結びつきの両方の尊厳に反する」のである (Vatican Reflections of Cloning 1997：4；Donum Vitae 1987)。また、人間の体は個人の尊厳と人格の不可分な部分であり、したがって、卵母細胞や子宮を単にクローニングを行うための道具として利用するのは認められない。

イスラーム医療倫理規範の「人間の生命の聖性」によると、人の命は神聖なものであり、イスラーム法に定められた指示による以外、故意に奪われてはならないのであり、「人間の生命の尊厳は子宮内の胚と胎児の生命を含むすべての段階を含む」。1990年8月5日にイスラーム諸国会議機構の閣僚会議で採択されたカイロ・イスラーム人権宣言第2条aは、「生命は神の恩恵」であると表明しており、同条dによると、「人の体の保全は保障される」。「それは合法的な動機なく、攻撃または侵害の対象となってはならない」。「国はこの不可侵権の尊重を保障せねばならない」(同条d)。同第4条は「いずれの人もこの尊厳および名誉が生存中および死後も保護されるものとする」と述べる。

また、1994年9月15日にアラブ連盟理事会で採択されたアラブ人権宣言前文は、「神がアラブ世界を神の啓示の発祥の地にして自由、正義および平和の諸原則を適用して威厳ある生活に対する権利を主張した文明の地と成してアラブ民族に特別の恩恵を与えて以来」の「人間の尊厳におけるアラブ民族の信仰」を表明している。1997年6月14-17日にモロッコのカサブランカで開催されたイスラーム医科学機構の第9回法律・医学セミナーの勧告によると、核移植によるクローニングは認められないという前提に立ち、クローニングに関するイスラーム法規の明確化とクローニングの実験または促進のためのイスラーム諸国の直接的、間接的な利用防止に必要な法規制を行うこと等を要請している

　既述の宗教上の人間の尊厳観が科学技術の発達とともに、次第に神を後方に追いやり、隠して、人間の理性、合理精神を主体とするものに変化していった。近代的人間観は、その著『人間の尊厳』の中で、「限定された本性」をもつ他の被造物と異なり、人間はいかなる束縛もなくその本性は定まらずカメレオン的であって、自由意志により自身の本性を作り上げる存在であるとしたピコ・デラ・ミランドラ (della Mirandola 1987) のような人文主義者たちに端を発し、「自律」を「人間およびあらゆる理性的存在の尊厳の根拠」において、「汝の意志の準則が同時に普遍的立法の原理として通用しうるごとく行為せよ」と述べ、さらに、「汝の人格およびあらゆる他の人格における人間性を常に同時に目的として取り扱い、決して単に手段としてのみ取り扱わぬように行為せよ」と述べたイマヌエル・カント (Kant 1968：436) にまで、展開していった。クルト・バイエルツ (Bayertz 1995) の指摘のように、「人間尊厳の近代的理念は個人やその個別的な性質 (彼の社会的地位等) にではなく、『類』とその普遍的性質に関係しているということである」。人間の尊厳を構成する基礎は、思考する理性的動物としての合理性、自己の生き方を自由意志に基づき決定し、自己のあり方を希求しかつ選択できるという哲学的意味での自己決定権ならびに自己を完成する能力を含む非固定性、価値と規範の創造源としての自律性等の特性に求められる。これらの点で、人間は他の動物一般を含む自然と異なる。

(2) 法律上の人間の尊厳の原則

　法律上の人間の尊厳の原則の本質は前述の近代哲学の影響を受けて形成されてきた近代自然法思想の文脈において発展してきたもので、これが諸国家により実定法として採択されることにより確立された自然権と捉えられる。本題に入る前に、個人、人間（la personne humaine または l'être humain（仏）：human person または human being（英））そして人類（l'humanité（仏）：mankind（英））という三つの概念をここでは次のように理解する。人間とは生物学的な種としての人間を意味する。この種は既述のように、思考する理性的動物としてさまざまな特性を有する。個人はこの種に属する個別的存在を意味する。

　ここで重要なのは個人（individu（仏）：individual（英））と人（personne：ラテン語 persona の原意は仮面）の違いである。人についてはボエティウス以来のカトリック神学上の「理性的本性をもつ個的実体」、理性的で自己完結的なもの（神や天使の位格をも表し、ミゲル・デ・ウナムーノがその著『生の悲劇的感情』の中で「神とは森羅万象の人格化（personificaciòn）であり、宇宙の永遠のかつ無限な意識である」というのもこの意味である）という定義、persona 本来の神との対比における意味（人はその生が有限であるにもかかわらず聖性、理性、知性、宇宙のすべての事象を理解しうる能力を有する）から出発して、神の存在感が希薄になるにつれ、人間のこれらの本性が際立つようになる。また、"personnalisme"（社会の組織化および道徳的行為において人の尊重を要求することにある学説）のように政治学その他の諸学にも関係する、個人よりも広い概念として、社会的な文脈におかれた人、その社会的役割という意味をも有する。心理学や社会学の分野において、個的人間（individualité）に社会環境への適応を課する一種の仮面（ユング）または個人的衝動と外部的影響の組み合わせ（メゾヌーヴ）といわれるのはこのことを示している。この人の特性はまた集団としての人、人間のそれでもある。人類とは、キリスト教の影響下に成立した概念で、国籍、人種、性、宗教等さまざまな差異、区別を取り払った単一性と過去、現在、未来に生きる歴史的連続性を有する人間の総体を意味する。

　国際人権法上の観点からは、まず、世界人権宣言第1条は「すべての人間は生まれながらにして自由でありかつ尊厳と権利において平等である」と明記し、1966年の国連の人権諸規約は、前文で人権が「人間の固有の尊厳」に由来

することを認めている。1993年のウィーン宣言および行動計画も、前文で明瞭に「すべての人間は、人間に固有の尊厳と価値に由来すること」を表明する。2000年12月7日にニースで署名された欧州連合基本権憲章第1条によると、「人間の尊厳は不可侵である。それは尊重されかつ保護されねばならない」。

この原則はまた多くの国の憲法に明記されている。例えば、ドイツ基本法第1条は、「人間の尊厳は神聖なものである。公権力のすべての代理者はこれを尊重し、保護する義務を有する」と定める。イタリアの1948年憲法第3条、1987年の大韓民国憲法第10条、1982年制定の中華人民共和国憲法第38条、アイルランド、ギリシア、スペイン、ロシア連邦等の憲法もまた「人間の尊厳」を明記している。1999年のスイス連邦憲法第7条は「人間の尊厳は顧慮され、かつ保障されねばならない」とし、さらに、第119条2項は、連邦が人間の胚形質・遺伝形質の関係領域に関する規則を制定するにあたって「人間の尊厳、人格および家族の保護」に配慮する旨を定める。また、フランスの1994年7月27日の憲法院の決定 (Déc. D.C. N° 94-343/344) は「あらゆる形態の隷属および品位を傷つける取り扱いに対する人間の尊厳の保護は、憲法としての価値を有する原則である」と述べた。

人間の尊厳の原則は第一に法原則である。若干の議論はあるにしても (Bobbio 1972：260；Betti 1949：260)、多くの学者は、法原則は法規則であり、規範的命題または概念という形で提示される場合を除き、「多くの具体的な状態を恒常的に規定するためにしろ、これらの状態が生じさせる障害を解決するためにしろ、この具体的な状態に適用されうる法体系の基礎を成す抽象的な法規則」(Virally 1990：197)、「二次的適用規則および技術的規則が付加される基本的な」「法規則」とみなす。たとえその起源が自然法の文脈に見出せようとも、人間の尊厳の原則は基本的かつ一般的な性格を有する実定法規則である。第二に、したがって、法原則は「大きな可塑性および潜在的ダイナミズムを有する規範的要素を成し、実行に基礎付けられる必要なしに、演繹的な方法で規則の形成を容易にする」(Ripert 1933：575；Batiffol 1980)。「人間の尊厳」の原則は科学・技術的進歩を法の文脈に取り込み、他のさまざまな範囲と価値を有する権利を生じさせ、これに対応するメカニズムを創出するという意味で「マトリックス的」権利といえる。第三に、人間は制度を創造するという

意味で社会的動物であるとすると、人間の尊厳の原則は人権を通じてこの制度を枠組み付けることで人としての生活を保障し、そのことにより人を形作り、その個性を開花させる。したがって、人間の尊厳の原則はまた社会の公秩序を構成するといえる。実際、民主主義の目的が人民の自己統治の自由により確保される各人の自由の確立にあるとしたら (Cadart 1980 : 744)、人間の尊厳の確立はまた、民主主義の理念であるといえよう。

ここでは、人(personne)の既述の二つの意味に法律上対応すると考えられる三種類の権利(生命の尊重に対する権利、個人の尊重の権利、社会制度の文脈における人の基本権)を通じて人間の尊厳の原則を次のような図式で考察する。

①知的高等生命体としての人の生命の尊重に対する権利
↙　　　　↘
②個人の尊重の権利　↔　③社会制度の文脈におかれた人の基本権

(3) 人間の尊厳の原則を構成する権利
1) 生命の尊重に対する権利

①について、人間は、知的高等生命体として、生命の尊重に対する権利を有する。現代国際法体系においては、国際環境法の分野で、「すべての形態の生命はかけがえのないものであり、人間にとっての価値の有無にかかわらず尊重に値する」(「世界自然憲章」前文)という原則が芽生えつつあるにもかかわらず、国内法においては、「すべての被造物の普遍的な共通の福祉」ならびに「心をもつ動物の不可侵性」に留意する義務を課す伝統的イスラーム法体系を除いて、ほとんどの国の法体系においては、人間以外の生物をものとみなしてきた。これらの虐待、殺傷は道徳的に問題となるにもかかわらず、特定の保護法がない限り損壊として扱われてきたのである。近年、この傾向は改善されてきており、動物をものではないとする民法規則もみられるようになったが、いまだ売買の対象であることに変わりはなく、ものに関する規則の準用を認めている国が多い。法律上、人間の尊厳の原則の構成要素たる「人の生命の尊重に対する権利」は、他の生物のそれに対する人間の生命の価値の優越に基づいており人間のみに認められる。

生命の尊重に対する権利は、多くの国際人権条約において規定されている。

例えば、1966年の国連の市民的および政治的権利に関する国際規約（自由権規約）第6条は「すべての人間は、生命に対する固有の権利を有する。この権利は法律によって保護される。何人も恣意的にその生命を奪われない」と規定する。同様の規定は1950年の欧州人権条約第2条、人および人民の権利に関するアフリカ憲章第4条、米州人権条約第4条、1990年のカイロ・イスラーム人権宣言第2条 a、1994年のアラブ人権宣言第5条、欧州基本権憲章第2条にも含まれる。1983年の欧州審議会の死刑廃止に関する欧州人権条約第6議定書第1および2条は、戦時における死刑を除いて、死刑を廃止する旨規定する。

他方、この権利は多くの国の憲法にも含まれている。例えば、スイス連邦憲法第10条1項は「何人も生命への権利を有する」とし、「死刑はこれを廃止する」と定める。この他に、カナダ憲法第7条、ドイツ基本法第2条2項、ロシア連邦憲法第20条1項などが、死刑廃止を除き、同様の規定を有する。

これらの規定は本来第一義的に恣意的に人の生命を奪うことを禁止するものである。この「生命」(life) の中に胎児 (foetus) が含まれるかについては、国連の人権規約には規定がない。欧州人権条約においては、この点に関して欧州人権委員会が受理した請願の中で議論があったが、結論は出ていない。ただし、治療上の妊娠中絶は条約に反しないことが確認された (*Reports of the European Commission of Human Rights* 1980：244)。米州人権条約は生命に対する権利が「一般的に、受胎の時から」法律により保護されると定めているが基本的に欧州人権条約と同様の解釈をとっており、人工妊娠中絶を行った医師を無罪にした裁判所の判決とその後の妊娠中絶法の改正を条約違反とした請願に関して、米州人権委員会は胎児の生命に対する権利は「一般的に」のみ保護されるとして、これを退けた（*Human Rights Law Journal* 1981：110 and s)。改正フランス民法第16条は、「この法律は人間の優越性を保障し、その尊厳へのいかなる侵害をも禁止し、その生命の始まりと同時に人間の尊重を保障する」と定める。スイス民法第31条2項は、「胎児は生きて生まれてくることを条件として民事上の権利を享受する」と定めている。フランスその他の国の民法も同様の規則を有する。欧州人権委員会の指摘のように、人間の「生命」がいつ始まるかについてはさまざまな考え方があって、この語の定義が困難な原因となる。生物学および生理学的にみれば、年代的には、妊娠の14日後 (着床期)

から人が存在することになる。しかし、この時点から継続的に成長するのでその時期の区分は困難であり、人格その他の既述の人間の特性は出生後に形成されるのである。したがって、生命に対する権利の主体は、権利上の制限を受けるがまだ生まれていない者をも含む、生命を有するすべての人間であるとしかいえない(*the Report of the European Commission of Human Rights* 1975)。

　既述のように、科学技術の発達は人間をもその対象とするに至り、今日では、通常の生殖行為に拠らない出生が理論的に可能となっている。AMPまでは、通常の妊娠のプロセスの補助的手段とみなしうるが、クローニングは通常の生命誕生の過程自体を人為的に変えるものである。生命の尊重に対する権利は「生命は尊貴」であり、「一人の生命は全地球より重い」(1948年3月12日の最高裁大法廷判決) という考え方に支えられている。この考え方の根底には、同一の遺伝子構成を有する人はおろか人の生命というのは人工的につまり技術的に創造することが不可能であるということがあった。このことは後述する人格の尊重に対する権利にもいえる。クローニング技術により完全な個体を作り出すことは、この根底を揺るがすものであり、生命の尊重に対する権利の侵害とみなさざるをえない。2001年3月30日の日本不妊学会の「クローン人間の再生に関する見解」の根底にあるのはこの考え方である。そこでは「人間の尊厳」の語が使用されているが、「人間の生命に対する権利」が問題にされているのである。また、1998年の欧州審議会の人権・生命医学条約の追加議定書の説明報告書においてクローニングの禁止と人間の尊厳および完全性の保護との関係に重点をおいているのも同様である。

2) 個人の尊重の権利

　現在では、「個人の人格尊重」が「人間の尊厳」と混同される場合が多いが、これはフランス革命以降の近代市民社会が法・政治的に確立した個人の自由ならびに個人主義に由来し、近代市民社会と民主主義の展開の中で尊厳が個人に帰属するという考え方が生じたからである。個人の自由は、基本的に公私の峻別（その起源は古代ローマ法に遡る)、国家対個人という構図のうえに成り立つ。なぜなら、自由主義的個人主義の基本は、公権力の正当性を被治者の同意に求め、経済活動を含む私生活における国家のいかなる干渉をも排除して人権を確立し、個人の選択の自由を最大限に確保することにあったからで

ある。産業革命以後の資本主義の急激な展開と社会の階層分化に対する反発は、後述の社会的な文脈におかれた人の基本権に含まれる社会権を設定した。また、従来の自由主義的個人主義は、一方では、「公共の福祉」または「絶対的社会的必要」により制限を受け、他方では、人格の開花または発展という考え方を付加された。例えば、ドイツ基本法第2条1項は「各人は……自己の人格を自由に発展させる権利を有する」と定める。この他に、現行の1958年憲法に再録されたフランスの1946年憲法前文第10節、スイス憲法第10条2項および119条2項、イタリア憲法第3条第2節などがあるほか、アルジェリア憲法第12条、スリランカ憲法第16条2項のように開発途上諸国の憲法もこの権利に明確に言及している。個人主義は当初は個人対国家というマクロな文脈で捉えられて消極的な国家権力の介入の制限をめざしたが、今日では、「人格の開花」の名のもとに、国家はこれに必要な環境を整備し、社会的集団対個人というミクロな文脈で積極的に介入を行い集団の個人への干渉を防止する役割を負う。人格尊重の権利はこの個人主義の変質と無縁ではない。

　個人の尊重の権利の根底にあるのは persona の延長線上にある、個人をすべての価値の根源とみなす考え方である。個人の尊重の権利は実体的には個人の人格の尊重に対する権利である。「人格（personnalité）はまた通常の人の精神生活が帯びる形態であって、個別性、意識、および精神生活における統一性と継続性を確立するジンテーゼの機能を前提とするもの」または「所与の社会の構成員に固有な心理的形態であって一定の生活スタイルにより表されるもの」とされる (Cuviller 1989: 173)。ドネリーのいうように、「個人の性質または特性が天賦の資質、社会および環境の影響、ならびに個人の行為から生ずるように、人間は自身に関する社会的行為によりその基本的な性質を創造する」(Donnelly 2003: 15)。また、国際法においても、世界人権宣言第6条に「各人はすべての場所において法律上、人として認められる権利を有する」と述べ、第12条はこの内容を詳述している。また、自由権規約第16および17条はこれを規定する。

　個人の尊重において最も重要な権利である人格権について、後述するドイツの憲法裁判所の判決 (B Verf GE 45, 1977) は、人としての人間の尊厳は失いえないのであり、まさに彼が自律的な人格を認められ続けることから成ってい

ると判示する。この人格権は、人格的属性、すなわち、人に他者と区別される独自性を与える精神的特性およびそれに基づく理性的な行動の総体にかかわる権利であり、自己決定権、私生活の尊重に対する権利、アイデンティティの尊重に対する権利等からなるとされる。

　欧州人権委員会は1977年3月9日の見解 (*Publ. E.Court B*, Vol.26：7) で、「私生活の尊重に対する権利は個人に対して自己の人格を自由に発展させかつ実現させ得る領域を確保するような効力を有する」。また、1979年3月1日の見解 (*Publ. E.Court B*, Vol.36：24-25) では、この権利はまた「他の人と、とくに自己の人格の発展と実現のための情緒的な分野において関係を確立し、発展させる権利をある程度含んで」いるとする。ジャン・リベーロは次のように述べる。「私生活は何人もそれを求められることなしには干渉することができない各人の領域である。私生活の自由は、各人のために、彼に固有なかつ他者に自由に禁じうる活動領域を認めることである」(Rivero 1983：74)。

　アイデンティティの尊重に関しては、すべての人は氏名、国籍、住所を有し、これらのすべてが個人の身分と人格を構成する。例えば、国籍については、世界人権宣言第15条1項は、「すべての人は国籍を取得する権利」を有するとし、第2項は、国籍を「恣意的に奪われ」たり、その変更の権利を否認されないと述べている。これらの権利は先に述べた国際人権法、その他行政法や民法においても認められている。

　このうち、自己決定権とは、「各人が一定の重要な私的事柄について公権力から干渉されることなく自ら決定することができる権利」をいい（樋口ほか 1984：302)、この中には、献体や移植臓器提供等の様に自己の身体またはその構成要素を自由に処分する権利、自己が了解し選択する治療を受ける権利も含まれる。この権利が配偶子を提供してクローニングを行う権利を含むかに関して、筆者の見解は否定的である。なぜなら、自己決定権は人格権の一部であるが、クローニングは、自ら自己の遺伝子上の人格を否定する行為であり、人格権の通常の行使とは認められないからである。例えば、スイス連邦憲法第119条1および2項は、人間を生殖医療および遺伝技術の乱用から保護することならびに人間の胚形質、遺伝形質の関係領域に関する規則制定にあたり人間の尊厳、人格および家族の保護に配慮する旨を定める。

自己決定権に関連して、民法上、人間の配偶子をも含む身体に対して自己の財産権が設定できるかという問題がある。コモンロー系の諸国やドイツでは、毛髪、血液、小水、死体の組織等が限定的に財産権の対象となりうることを認めた判決（R v Herbert, 1961, 25JCL 163 ; R v Rothery, 1976, RTR 550 ; R v Welsh, 1974, RTR478 ; Roche v Douglas, 2000, WAR331)、生前に配偶者の使用のために委託した死者の精子を遺言贈与動産法上の財産、所有者の死により処分可能な財産とするために財産権的性質の権利を認めたヘクト・ケイン（16 Cal. App. 4th 836, 1993)判決、他者に供されていない（移植組織）または自己に戻す当てのない（貯蔵された精子）身体の部分は通常の財産規則にしたがうとしたドイツの連邦裁判所の判例などのように、一般的にかつ曖昧な形で「財産権的権利」を認めているが、これらは通常の意味の完全な財産権の認定とは考えられない。人の体とその構成要素の非商業化の原則が人間の尊厳、とくに生命の権利から導き出されるからである。例えば、ドイツでは1997年の臓器の提供、摘出および移植に関する法律第17条1項が治療目的の臓器取引を禁止している。また、イギリスの1990年の人の受胎および胎生学法およびその規則は財産権概念を用いずに、配偶子提供者の冷凍胚細胞に対する使用権と処分権のみを条件付きで認めている。フランスでは、改正フランス民法第16条の1項が「何人も自己の身体の尊重に対する権利を有する。人間の身体は不可侵である。人の身体、その構成要素およびその産物は財産権の対象とはならない」と規定する。さらに同条5項は、人の身体、その構成要素またはその産物に対して財産的価値を付与する効果を有する契約を無効と定め、同第6項は、「その身体に対する実験、その構成要素の摘出またはその産物の採取に同意するものに対するいかなる報酬をも与えてはならない」と定める。日本の臓器移植法第11条も、移植用の臓器提供またはその斡旋に係る対価としての財産上の利益の供与または要求、約束を禁じている。この人体の非商業化原則は後述するEU特許法の基礎でもある。

　これらのことは、学説上の指摘のように、人の身体、構成部分、その産物は「人」でもなく「もの」でもない（植木 1998：310)「中間的なカテゴリー」(Interim Category) (Mason, Smith & Laurie 2002：452-455) とみなされ、特別な尊重を受ける権利を有することを示すように思われる(Tennessee Supreme Court, Davis v Davis,

842 SW 2d 588, 1992)。これらに対する真の財産権は否認されるが、その使用と処分に関して人の取引不可能な所有権的性質の権利が認められる。クローニングのようにこれらを単にモノ化してしまうような使用や処分は認められないと考えられる。ドイツの憲法裁判所は1977年の終身刑事件の判決（B Verf GE 45, 1977）の中で人を状態の単なる客体とすることは人間の尊厳に反するとし、「人は常にそれ自体目的である」ということは法のすべての領域で無制限に有効であると判示している。1997年の追加議定書前文も、「遺伝子的に同一の人を故意に創造することによる人のモノ化は生物学および医学の不適切な使用になる」と述べている。また、欧州基本権憲章第3条「人の完全性に対する権利」の1および2項も、「人は身体および精神の完全性に対する権利」を有し、医学および生物学の枠内で、「人の体およびその部分を、そのようなものとして、利益の対象とすることの禁止」が尊重されなければならない旨定めている。

3）社会制度の文脈における人の基本的な権利

人間の尊厳は社会制度（達成すべき成果のあり方についての考え（理念）を核とし、法規則の総体により枠組み付けられる、社会的利益の達成を目的とする社会構造で、結婚、契約など社会生活の要素たるメカニズムとしての制度と組織としての制度がある）の文脈における基本的な権利により明確にされる。社会制度の文脈におかれた、人の基本権のうちクローニングに関連して問題となるのは、平等の権利、とくに、遺伝子上の平等の権利ならびに遺伝子上の非差別の原則であろう。個人の平等の権利について、世界人権宣言第1条、2条はそれぞれ、すべての人の「尊厳と権利における平等」、「法の下での平等」と「いかなる差別もなしに法による平等の保護を受ける権利」を認めており、自由権規約第3条および26条は、男女の平等と法の下での平等を定めている。他の国際人権諸条約も同様である。この権利はまた各国の憲法においても保障されていることはいうまでもない。ドゥオーキンの指摘のように、この原則の意味は、積極的には「若干の市民はより多く配慮するに値するのでより以上の権利があるという理由で不平等に財または機会を配布してはならない」ということであり、消極的には、「一つの良き市民生活の概念が……他の同概念以上に気高いまたは優れているという理由で」自由を制限してはならないということである（Dworkin 1977：

272-273)。欧州人権条約第14条の平等の権利は「性、人種、皮膚の色、言語、宗教、政治的意見その他の意見、国民的または社会的出自、国内少数者集団への所属、財産、出生その他の地位などいかなる理由による差別」をも禁じている。欧州人権委員会は、東アフリカのアジア人の問題に関する事件で「人の集団に公に人種に基づく特別な制度を課すことは若干の条件の下では人間の尊厳の侵害の特別な形態を成す」と述べている（Annuaire de la C.E.D.H. XII 1995）。区別的な扱いが認められるのは、合法的な目的を追求する場合であって、使用される手段と目的が合理的に均衡している場合（合理性の原則）に限られる（*Publ.E. Court A,* Vol.6, par.10; Vol.87, para.38）。この平等の権利と非差別の原則から、遺伝子上の平等の原則と優生学上の非差別の原則が導き出される（Beyleveld & Brownsword 2001 : 215-216）。クローニングに関しては、とくに、遺伝子上の選別の禁止が問題となる。

　遺伝的平等について、UNESCO のヒトゲノムと人権に関する宣言第6条は遺伝子上の平等原則につき、「何人も人権、基本的自由および人間の尊厳を侵害する意図または効果を有する遺伝的特性に基づく差別を受けることがあってはならない」と述べている。1996年の欧州審議会の人権・生命医学に関する条約によると「その遺伝的形質を根拠とする人に対するあらゆる差別は禁止される」のであり(第11条)、「民主的社会において法律により定められ、公共の安全、犯罪防止、公衆衛生の保護または他者の権利および自由の保護に必要な措置を成す」制約による以外に(第26条)、遺伝的平等の権利が侵害されないと定める。1997年の欧州議会のクローニングに関する決議（1997 O.J. (C 115) 14.4/92, Mar.12, 1997）によると、人間のクローニングは、「それが人類の優生学上のかつ人種差別的な選別を可能にし、人間の尊厳を侵害しかつ人間に関する実験を必要とするゆえに人間の基本的な権利の重大な違反であり、人間の平等の原則に反する」のであるから、いかなる状況のもとでも、いずれの社会も正当化し許容しえない。また、欧州基本権憲章3条2項も、医学および生物学の枠内で「優生学的行為、とくに人の選別を目的とする行為の禁止」の尊重を定めている。

4 科学的研究の自由の原則と ES 細胞（Embryonic Stem Cell）の使用の問題

(1) 科学的研究の自由の原則

すでに世界人権宣言第27条1項は、「すべての者は自由に社会の文化的な生活に参加し、芸術を享受し、ならびに科学の進歩およびその利益を享受する権利を有する」旨を表明していたが、1966年の国連の社会権規約第15条第1(b)および(c)ならびに3項は、すべての者の科学の進歩およびその利用による利益を享受する権利および自己の科学的作品により生ずる精神的、物質的利益の保護を享受する権利を認め、締約国が科学研究および創作活動に不可欠な自由を尊重することを約束する旨定めている。また UNESCO のヒトゲノムおよび人権に関する宣言第12条(b)によると、「研究の自由は知識の進歩に必要であり、思想の自由の一部を成す」のである。

科学的研究の自由の原則は本来思想の自由および表現の自由から導き出され国際人権法上確立されてきた。この原則はむろん無制限なものではなく、人間の尊厳の原則その他の諸権利により制限されるものである。欧州人権条約の中にはこの自由に関する明確な規定がないが、思想の自由を定める第9条および表現の自由に関する第10条から導き出されるとするのが通説となっている。これらの制限は、それぞれ、法律で定められる、民主的社会において必要なものであることを条件として、9条については、法律で定める公共の安全、公の秩序、健康もしくは道徳の保護、他者の権利と自由の保護、ならびに10条については、国家の安全保障、領土保全、無秩序もしくは犯罪の防止、健康もしくは道徳の保護、他者の信用もしくは権利の保護、秘密に受けた情報の暴露防止、司法機関の権威と公平性の維持などの制限に服する。

思想の自由に関しては、欧州人権委員会によると、この自由が人の政治的、道徳的、哲学的、または宗教的信念などに適用されるとしており、「哲学的信念」とは、一般的な考え方として、「自己の意識の欲求にしたがい人が採用し、公言する……世界、生活、社会その他に関する知識および人の推論に基づく考え方」であるとしている。表現の自由は、公の機関による干渉を受けることなく、かつ国境にかかわりなく意見を有する自由ならびに情報および考えを

受けかつ伝える自由をも含み、意見を外部に表明することを主要な目的とする。情報および考えを求める自由について条約は明確に規定していないが、この自由を除外することは情報を受け伝える自由から実効性を奪う結果となるゆえに、表現の自由はこの自由を当然含む (Pinto 1984：96)。表現の自由に基づき意見を伝える際には、その自由は、政治的、経済的、文化的、科学的、芸術的生活など社会生活のすべての分野に関係しうる (Ragaz 1979：52)。欧州人権裁判所によれば、「表現の自由は民主主義社会の基本原則の一つ、その進歩および各個人の開花の最も重要な条件の一つを成す」。それはまた、「好意をもって受け入れられた、または無害もしくは無関心とみなされた情報または考えのみでなく、国家または住民のいずれかの部分の顰蹙を買い、ショックを与え、または不安にさせる情報または考えにも適用される。多元性、寛容さおよび開かれた精神なしには民主社会とはいえないが、これらがそれを望むのである」(*Publ. E. Court A*, Vol.24, 18 ; Vol.133, 22)。また EU 基本権憲章第13条は、芸術および科学的研究は自由であり、学問の自由は尊重されると定める。

　科学的研究の自由の原則は、いずれの法系においても憲法的な価値を有する原則として認められてきている。例えば、ポルトガル憲法第42条は、知的、芸術的、および科学的創造は自由であると定めている。またギリシア憲法第16条1項、ロシア連邦憲法第44条1項、中国の憲法第47条も同様の規定を有している。ドイツの基本法第5条3項は、芸術、科学、研究および教育は自由であると定め、ドイツ憲法裁判所は、科学は科学研究の自由のゆえに実利的、政治的見地から自由であるので、国家や社会によりよく貢献できるのであることを考慮せねばならない、と述べている。同裁判所によると、集団の利益に結び付けられた考慮が、個人の自由の基本的な性格を強化することで、個人の自由という至上命令に合致する (388 Bverf GE Nº 47)。アメリカ合衆国、イギリス、フランスにおいては、この自由は思想、表現の自由などに当然含まれるものとされてきた。したがって、合衆国最高裁はこの原則に直接的に言及していないが、連邦下級審の判例や学説を参照すると、一定の条件のもとで、学者が研究を行う権利を有し、人間の知識の状態を進歩させる権利を有することを認めている。フランスにおいては、学説上、研究の自由を思想の

自由および情報の自由の原則ならびに「自由とは他者を害することのないあらゆる行為を行うことにある」という人権宣言に基づかせている。わが国でも、憲法第23条により学問の自由が明記されており、研究の自由もこの中に含まれる。

人ES細胞（人胚性幹細胞：Embryonic Stem Cell）は、胚盤胞段階の胚から採取された細胞またはこの細胞の分裂により生ずる細胞であり、適切な刺激を与えることで身体のさまざまな組織の細胞に分化する特性を有し、医学的な治療に利用可能である。この細胞の利用については、生命の権利を有する人胚起源のものであり、ES細胞の採取は人胚を損壊し、また人体実験とみなしうるのであり、人間の尊厳の原則への適合性が問題となるという見解と、ES細胞は生命創造の副産物で、生命そのものではないのであって、体外受精用の人胚の余剰部分から採取されたものの治療目的での研究・利用は科学的研究の自由の原則に基づき認められるという見解が対立している。多くの国では、人胚に関する研究を原則禁止とするが、科学的研究の自由を認めることの公益を考慮して、厳密な条件を付して一定の例外を認めている。ES細胞についても、フランス、イギリス、ドイツでは同様に、改正生命倫理法、人の生殖・胚生学法、胚保護法により、治療または科学的目的のみの利用に限定して、その研究を認めている。日本でも2004年6月23日、人クローン胚の作成と研究利用が総合学術会議生命倫理専門調査会で容認された。ES細胞の利用を科学的研究の自由の原則を構成する諸権利に照らして検討する。

(2) 科学的研究の自由の原則を構成する諸権利とその制限

研究の自由の原則はまた、①実験を自由に行う権利、②研究に必要な手段および条件に対する権利、③研究の成果を通知し流布する権利から成る。

①の権利は研究の自由の原則を実現するための前提条件である。1996年の欧州人権・生命医学条約第2条によると、人の利益と幸福は単なる社会の利益または科学の利益に優先する。ただ、学問の自由は精神的自由の傾向が強いが、科学的研究の自由は学問の自由の中でも人間の生活向上により直接的に貢献するという公益性が強く、研究の合目的性(finalité)を考慮して、自由な実験の権利を若干の個人的な権利に優先させる場合もある。

この原則の制限として重要なのは既述の人間の尊厳の原則である。第二次大戦時のナチスの非人道的行為を裁いた国際軍事裁判で形成されたいわゆるニュールンベルグ綱領の10原則はこの原則を具体的な形で示した。これらのうち、とくに、実験は社会の善となる結果を生じさせるべきであり、他の研究方法、手段をもっては考えられず、その性質上放縦かつ不必要なものであってはならないこと、生じうる危険の程度が実験により解決されるべき問題の人間への貢献度を決して超えるべきではないこと、実験は不必要な肉体的ならびに精神的な苦痛と傷害を避けるように行われること等は、被験者の私生活の権利の尊重の原則、人の体の非商業化の原則とともに、その後、世界医師会のヘルシンキ宣言や国際医科学機関評議会（CIOMS）のマニラ宣言、犬山宣言、イスタパ宣言その他の医学分野のNGOが採択してきた宣言、綱領、行動指針等の中に取り入れられた。

　この中でとくに重要なのは被験者の任意の同意の原則である。これは、被験者本人が同意を与える能力を有するのみでなく、暴力、詐欺、虚偽、脅迫その他の制約や強圧を隠した形でのいかなる要素の干渉もなしに自由に選択する権利を行使できる状況におかれるべきであること、かつ被験者が実験目的を理解し啓発されたうえで決定を行えるように主要な関係事項の要素に関する十分な知識と理解をもつべきであることを意味する。実験の目的、性質ならびにその成果と危険性につき被験者への事前の通知が要求され、同意は随時自由に撤回しうる。未成年者や無能力者については、その法定代理人の同意を必要とする。この原則は多くの国際文書および国内法にも採用されている。この同意の原則はアメリカのジョージ・W・ブッシュ政権下の2003年の指針によると、連邦資金のES細胞研究への割り当ての条件であり、フランスにおいても、事前に文書により少なくとも48時間前に与えられるES細胞採取目的に関する適切な情報に基づく妊娠を中断した（未成年者と無能力者を除く）女性の同意が必要とされる。

　他方、現代における基本的な権利および自由の実現は国家の積極的な介入により権利の行使を可能にし、促進していくメカニズムを必要とするに至っている。②の権利について、世界人権宣言第27条2項は、すべての者は「自己の科学的、文学的または芸術的作品により生ずる精神的および物質的利益の

保護」の権利を有すると定めている。また、国連の社会権規約第15条2項は、規約の締約国が科学および文化に関する権利の「完全な実現を達成する」ための措置を講ずることの中に「科学および文化の保存、発展および普及に必要な措置」を含めることを定めている。また UNESCO のヒトゲノムと人権に関する宣言第14条は、国家は「ヒトゲノムに関する研究活動の自由な実施に好都合な精神的かつ物質的な条件を促進するため」、かつ当該宣言に定める諸原則の枠内で「倫理的、法律的、社会的かつ経済的な影響を考慮するために適当な措置を講じなければならない」と決定している。

　この権利は各国の憲法においても保障されている。例えば、ギリシア憲法第16条によると、科学の発展と進歩は国家の義務を成す。イタリア憲法第9条は共和国が文化の発展と科学技術的研究を奨励すると定め、憲法裁判所は、すべての生産物、とくに科学的なそれの財産権また非財産権の保護は人の創造的な能力の賜物であることを認めることにより正当化され、このことにより文化の一般的な利益における他の作品の生産が奨励されると判示する。またフランスの憲法院によると、研究業績への援助の付与をフランス語での業績の普及促進の条件にしたがわせることは研究の自由の原則に反すると述べている。

　この権利に関連して重要なのは、身体またはその一部を利用した研究成果は現時点で原則的には知的所有権の対象とはなりえないことである。フランスをはじめとする欧州各国の国内倫理委員会の見解（例えば、フランスの生命・衛生科学倫理諮問委員会の1990年12月13日の見解）や国内法がほぼ一致している。他方、欧州特許権条約第53条 a) は、その公表または製作が公序良俗に反する発明に特許権を与えないとし、同 b) は微生物による工程とこれによる生産物を除いて、「植物変種および動物種、ならびに植物または動物を取得する基本的に生物学的工程」を特許取得可能性から除外している。実際、欧州特許局は1992年10月の見解の中で遺伝子的変更を加えた鼠が特許の対象となるかにつき、公序良俗の観点から、動物が被った苦痛が人類がこの発明から引き出せる利益に比して不均衡か否かを検討している (le rapport du C.E. 1994：138)。特許における公序良俗の基準と人の体の非商業化の倫理則の堅持などを含んだオトゥワとミエスの欧州委員会への1996年4月1日の報告書に基づき、EU は

1998年7月6日命令98/44/CE を採択した。これは次の点を含んでいる。①その組成と発達のさまざまな段階での人の体ならびに遺伝子配列または部分的な配列を含むその一つの要素の単なる発見は特許権取得可能な発見を構成しない。②遺伝子配列または部分的な配列を含む人の体の分離した、または技術的工程により別段に作成された要素は、たとえこれらの要素の構造が自然のそれに同一であっても特許権取得可能な発明を構成する。③遺伝子配列またはその部分的な配列の産業的応用は特許申請において具体的に説明されねばならない(以上第5条)。④その商業開発が公序良俗に反する発明の特許取得はできない。⑤人のクローニング手続き、人胚の遺伝子的同一性の変更、人胚の産業・商業的目的での利用、および実質的な医学的効用のない動物に苦痛を強いる性質のこれらの遺伝的同一性の変更手続きならびに同手続きの成果は特許を取得できない (以上第6条)。合衆国において遺伝子解読責任者だったクレイグ・フェンターが1988年新たに発見された人の若干の遺伝子に関して特許申請を行った際の合衆国特許局の却下の理由は、配列の実際的な効用が明確でないという理由であり、上記の欧州の見解に類似する。

　UNESCOのヒトゲノム宣言第1条は、象徴的意味で、ヒトゲノムを「人類の遺産」と定義し、自然状態にある (in its natural state) ヒトゲノムが経済的利用を生じさせてはならないと述べた(位田 2001b：225)。これも発見と発明の法理の区別、つまり、経済的利用の禁止は自然に存在するものについて適用され、人間活動の人工的産物の成果には適用されないという解釈の余地を残している。

　③の権利は国際人権法上特別な規定を有していないが、学説および国際判例上、表現の自由に当然に含まれるとみなされ、各国の憲法のうち、例えば、1978年のスペイン憲法第20条1(b)および2項は、「文学的、芸術的および科学的生産および創造の権利」の行使はいずれかの形態の事前の検閲によって制限されえないと定める。③の権利はフランスにおいては、教育と研究の役務の利益自体のために表現の自由と教員の独立性が関係法規により保障されることを必要とする旨の憲法院の決定 (Déc.165 D.C.)、あるいは教育と研究における表現と伝達の自由を人権宣言第11条(思想および意見の伝達の自由)に基づかせる旨の決定 (Déc, 93-322 D.C.) により、憲法的価値を有するとみなされる。ハ

ンガリーの憲法裁判所(Déc. De la C.C. du 24 juin 1994, BJC Hun-94-2-010)は、研究の自由が表現の自由に密接に結び付けられており、国家に研究の成果の流布を保障するよう義務付けていると判示する。合衆国においても、連邦上訴裁判所の判決(Borard of leland Stanford University v. Sullivan, 773F Sup.478)により、科学的表現の自由は修正第1条(信教、言論、出版、集会の自由、請願権を定める)により保護され、研究とその成果の出版は基本的に政府の検閲・管理のもとにおかれることはない。

　この権利は「知りすぎない自由」に関係する。「『知る自由』一般に対して『知りすぎない自由』、『生殖技術の自由』一般に対して『生殖技術からの自由』を対置するとき、後者をも包み込んだ自由が人権本来の姿というべきなのである」(樋口 2004：62)。規制と監督の権限はまた法律によってのみでなく、例えば、欧米の大学の人種、宗教、性、国籍、信条、年齢その他により個人を不当に非難し迫害するような、教育環境を脅かすような行為・言動の禁止を含む演説綱領のように自主規制という形で行われうる。第一に研究自体の瑕疵、つまりその本質的目的が純粋に知識の追求にあるのではなく、禁止されたあるいは反社会的行為の実施にあることで、この場合、研究行為自体も含めて制限を受ける。第二に研究が生じさせる結果が他者の権利を侵害する場合に制限を受ける。第三に研究の成果の潜在的利用が生じさせうる社会的危険性のゆえに制限される。

　ES細胞の研究成果については現在のところこれらの制限は課せられていない。例えば、日本の人ES細胞の樹立および使用に関する指針第38条は、その使用が同指針に適合して行われたことの明示を含む研究成果の原則公開を定めている。しかし、少なくとも、ES細胞の提供者を特定できるような情報の公開は私生活の尊重の権利に基づき避けられるべきであろう。

5　まとめ

　いうまでもないが、クローニングを含めた生命倫理の問題の法的分析は、単なる職業倫理、経済的効果などの考慮を超え、道徳規範を法律の文脈に移植した規則の分析と根源的な概念(人間の尊厳、人格などの意味)の考察が必要と

なる。この意味で、ルノワールは「生命倫理法」の用語を使用するのであり、そこにまた人間の安全保障に密接に関連する部分もある。十分な実験と研究に基づくより多くの情報を待たずに性急に研究を否認することに対するドゥオーキンのような反対論 (Dworkin 2002：442) もあるが、クローニングの行為自体は社会システムの究極性たる人間の尊厳を直接的に脅かすものであり、これを禁止すべきであるという主張が一般的に受け入れられつつあるように思われる。しかし、他方で、クローニングを除き、人胚、ES 細胞の研究は原則禁止または条件付きではあるけれども科学的研究の自由の原則の適用により制限的に認められつつあり、欧州においても、人の体の分離したまたは人工的に製造された要素を特許権取得可能な発明とみなす段階にまで至っている。人のもの化の始まりである。人間の尊厳の原則のグレー・ゾーンが公益性を声高に主張する科学的研究の自由の原則に侵食され、人体の非商業化の原則の適用範囲も後退している。今日、重要なのは科学的自由の諸権利の制限条件に一般市民の倫理を反映させることで、人間の尊厳の原則を活性化させることであろう。人間の福祉と尊厳を決定するにあたって、人民の参加を確保することはまた、人間の安全保障の目的にも適合し、人間の安全保障の文脈に生命倫理の問題を位置付けることを可能にする。

引用・参考文献

Batiffol, H. 1980, *Problèmes de base de philosophie du droit.*
Bayertz, Kurt　1995, "Die Idee der Menschenwürde：Probleme und Paradoxien," In Bayertz et al., *Archiv für Rechts und Sozialphilosophie*, Vol.81＝2002 山内寛廣隆・松井富美男編監訳『ドイツ応用倫理学の現在』ナカニシヤ出版。
Betti, E. 1949, *Interpretazione della lege e degli atti giuridici*, Milano.
Beyleveld, D. & R. Brownsword 2001, *Human Dignity in Bioethics and Biolaw*, Oxford University Press.
La Bible, Génèse 1.27 et 28, le Koran, sourate 17, verset 72 et sourate 33, verset 70.
Bobbio, N. 1972, *Contributi ad un dizionario giuridico.*
Cadart, J. 1980, *Institutions politiques et Droit constitutionnel*, L.G.D.J., T.1.
Commission on Human Security 2003, *Human Security Now*, New York.
Cuviller, A. 1989, *Vocabulaire philosophique*, A. Colin.
della Mirandola, Pico 1987 (re éd.), *Discorso sulla dignita dell'uomo*, Brescia (ed.,

G.Tognon).
Donnelly, J. 2003, *Universal Human Rights In Theory & Practice*, Cornell University Press.
Dworkin, R. 1977, *Taking Rights Seriously*, Harvard University Press.
Dworkin, R., 2002, *Sovereign Virtue, The Theory and Practice of Equality*, Harvard University Press.
Hottois, G. 1987, "Humanisme et évolutionnisme dans la philosophie technique," dans *la Revue internationale de philosophie, Questions sur la technique*, No.161.
Human Rights Law Journal 1981.
Jonas, H. 1979, *Das Prinzip Verantwortung Verzuch einer Ethik für die tehbologische Zivilisation*, Frankfurt, Inse Verlag ＝2000 加藤尚武監訳『責任という原理』東信堂。
Kant, I 1968, *Grundlegung zur Metaphysik der Sitten*, Akademie Textausgabe, Bd.IV.
Marcuse, H. 1968, *L'homme unidiomensionnel*, Paris, Editions de Minuit.
Mason, J.K., R.A. McCall Smith & G.T. Laurie, 2002 *Law and Medical Ethics*, Butterworths, London.
Pinto, R. 1984, *La Liberté d'information et d'opinion en droit international*, Economica.
Ragaz P. C. 1979, *Die Meinungsgäussrungsfreiheit in der Europäischen Menschenrechts konvention*, Bern-Francfort.
Ripert, G. 1933, *Contribution à l'étude des principes généraux du droit visés au Statut de la Cour permanente de Justice internationale*, R.C.A.D.I.
Rivero, J. 1983, *Les libertés publiques*, P.U.F., T.2.
Seidel Jr., George E. 2000, "Cloning Mammals：Methodes, Applications, and Characteristics of Cloned Animals," In Barbara Mackinnon ed., *Human Cloning Science, Ethics and Public Policy*, University of Illinois Press.
Velu, J. et R. Ergeg 1990, *La Convention européenne des Droits de l'homme*, Bruylant, Bruxelle.
Virally, M. 1983, *Panorama du droit international contemporain Cours général de droit international public*, R.C.A.D.I., vol.183.
Virally, M. 1990, "Le rôle des principes dans le développement du droit international," dans le *Droit international en devenir Essais ecrits au fil des ans*, P.U.F.
位田隆一 2001a、「ヒトゲノム研究をめぐる法と倫理：ユネスコ『ヒトゲノム宣言』を手がかりとして」『法學論叢』(Kyoto Law Review) 148,(5-6頁)。
位田隆一 2001b、「科学技術と人権の国際的保護」『日本と国際法の100年』第4巻「人権」207-234頁。

植木哲 1998、『医療の法律学』(第二版)有斐閣。
樋口陽一 2004、『国法学――人権原論』有斐閣。
樋口陽一ほか 1984、『注釈日本国憲法 上巻』青林書院。
ヨンパルト, ホセ 2000、『法の世界と人間』成文堂。

国際判例・資料集その他
Annuaire de la Cour europeenne de droits de l'homme(未製本).
"Baby Boy, Abortion Case" 1981, In *Human Rights Law Journal*.
Donum Vitae Instruction for Human Life in Its Origin and on the Dignity of Procreation Replies to Certain Questions of the Day of February 22 (1987)
Le Rapport du Conseil d'Etat les lois bioethiques 5 ans apres, 1994.
Lenoir, Noël et Bertrand Mathieu 1998, *Les normes internationales de la Bioéthique*, PUF.
Publication of the European Court of Human Rights, Series A and B.
Reports of the European Commission of Human Rights.
Vatican Reflections of Cloning of June 25, 1997.
『生命倫理と法』 2003、太陽出版。
「ミネソタ大学人権センターの人権法電子資料」。<http://www1.umn.edu/humanrts/>

第 2 部
人間の安全保障と外交政策

第7章　日本の援助外交と人間の安全保障
――平和構築の観点から――

1　はじめに
2　「人間の安全保障」の概念導入の意義
3　平和構築に関するわが国の援助外交
4　おわりに

黒澤　　啓
川村　真理

本章の梗概

　10年以上にわたりわが国の援助政策の根幹を成してきた政府開発援助大綱（ODA大綱）が2003年8月に改定され、その基本方針に「人間の安全保障」が組み込まれた。これは、経済援助だけにたよった対症療法では、貧困削減等グローバルな問題の十分な解決に至らなかった反省と、こうした問題の放置がテロの温床となり地球規模の問題となることから根本要因への対処が重要であるとの認識に基づいている。

　人間の安全保障の重要な構成分野である平和構築が新ODA大綱の重点課題の一つとして掲げられ、アフガニスタンにおける復興・開発支援や、人間の安全保障基金を通じた援助をはじめとして、わが国の平和構築分野におけるODA実績は急増している他、平和構築支援の対象も多岐にわたるようになってきている。今後は、人間の安全保障の根幹となる個人や社会の保護と能力強化を図っていくとともに、援助の効果を早期に発現するための柔軟性・迅速性と、従来の開発援助に求められる自立発展性・透明性とのバランス、および、平和構築の視点と開発援助の視点とのバランスをとっていくことが、人間の安全保障を推進していくうえでの鍵になるものと思われる。

1　はじめに

　1992年に閣議決定された政府開発援助大綱（以下、ODA大綱と略す）は、10年以上にわたりわが国の援助政策の根幹を成してきた。この間の国際情勢は変化し、国際社会は、新たな開発課題への取り組みを強化している。日本も、日本国憲法の精神に基づき、国際社会の信頼を得るような平和と発展への貢献に積極的に取り組むことが求められている。こうした背景から、2003年8月にODA大綱が改定され、その基本方針に「人間の安全保障」が組み込まれた。本章では、まず、日本の援助外交に「人間の安全保障」の概念を導入する意義について考える。次に「人間の安全保障」にかかわる援助がどのように行われているのかを考察する。人間の安全保障は多くの分野に関連するため、ここでは、近年援助の対象として重要視されるようになった「平和構築」に関連する事例について検討を行うこととする。最後に、今後の課題について述べたい。

2　「人間の安全保障」の概念導入の意義

(1)　国際社会の援助政策の変遷

　政府開発援助（以下、ODAと略す）の歴史は、第二次大戦の終結を機に始まった。アメリカ合衆国は、冷戦構造の中、ソ連共産主義の浸透を防止する安全保障の観点を踏まえて援助政策を展開していく。南北の経済格差の憂慮から1970年代には、「ベーシック・ヒューマン・ニーズ」(BHN)重視の戦略や、1980年代には、「構造調整」アプローチとして経済的コンディショナリティがとられたが、根本的解決には至らなかった。冷戦終結により、国際社会の構造において、南北関係の再構築の模索が始まった。欧米のドナー国は、資本主義、自由主義、民主主義を普遍的価値と認識し、これらのグローバル化を模索するにあたり、援助を武器としていく戦略を展開した。こうした動向の中、グローバリゼーションの負の産物として、貧富の格差の拡大、地域紛争・内戦・テロ行為の頻発、破綻国家、国際組織犯罪、感染症の蔓延、地球環境問題なども国際問題として取り上げられることとなった。

　こうした背景を受けて、援助政策の重点課題として次の三点が注目される

ようになった。第一に、民主化、人権、グッドガバナンス(良い統治)などの政治的コンディショナリティ、第二に、人間中心の開発、第三に、開発と平和のリンクである。開発の伝統的なアプローチが、貧困国や紛争終結国の変革をもたらさず、途上国の成長目標の達成にも寄与せず、貧困削減や持続可能な開発にも十分な効果をあげてこなかった反省から、国際社会は、対症療法ではなく、根本要因の除去のアプローチを模索し始めたのである。

1996年、経済協力開発機構開発援助委員会 (OECD/DAC) は、「21世紀に向けて：開発協力を通じた貢献」(以下、新開発戦略と略す) を採択した。新開発戦略では、パートナーシップ、オーナーシップを通じて、人間中心の開発を行うことをめざし、経済的福祉、社会的開発および環境の持続可能性と再生を目標に掲げた。さらに、1997年、OECD/DAC は、「紛争、平和、および開発協力：21世紀の到来を目前にして」の中で、開発援助は、紛争予防と平和構築における役割を担わなければならないとし、開発援助が、暴力的紛争の根本要因に取り組むことにより紛争予防にも影響を与えるとした。2001年、国連ミレニアム・サミットを受けて、ミレニアム開発目標 (MDGs) が宣言された。これは、貧困と飢餓の撲滅を中心課題として、初等教育の完全普及、男女平等と女性の能力強化、児童の死亡率削減、妊産婦の健康改善、エイズやマラリア等の疾病蔓延の防止、持続可能な環境の確保、ODA、貿易等多方面にわたる包括的な開発のためのグローバル・パートナーシップの構築を掲げた。2001年、OECD/DAC は、「暴力的紛争の予防を支援するための DAC ガイドライン」の中で、紛争予防を貧困削減と持続的開発の中核に位置付け、貧困を生み出す根本要因にアプローチする方策を打ち出した。このように、開発と平和の課題を一つのものと捉え、援助再活性化への道筋が作られてきた。

また、2001年9月に起きたアメリカの同時多発テロを契機として、アメリカを中心に、国際社会が貧困や格差拡大に対処する重要性を再認識し、開発援助への取り組み強化に動き出した。2002年には、アメリカと EU が開発援助の増大を表明、カナダ、オーストラリア、ノルウェーも相次いで ODA 増額を表明した。こうした動きに対し、国際社会、とくに途上国より、MDGs 達成への積極的取り組みが期待されている。

(2) 日本の援助政策の変遷

　日本の援助は第二次大戦被害国への賠償から始まった。1960年代になり、国際社会は日本に対して賠償ではないODAの強化を促した。1970年代になると、日本は、石油危機や反日暴動などの試練から経済協力基本方針五原則に沿って、アンタイド（資材調達先を日本に限定しない）化の促進等ODAを見直し、充実・強化を行っていく。1977年、いわゆる「福田ドクトリン」では、アジアへの「地域政策」の主要な手段としてODAを位置付けた。このことは、東南アジアの共産主義国家を含む地域全体を支援することを意味した。大平正芳首相は、軍事安全保障だけでなく、経済安全保障と国内安全保障を包括的に捉える「総合安全保障」を提唱し、安全を高める手法の一つとして、国際環境を安定化させる間接手法としてODAを位置付けた。1980年代、絶頂期を迎えた日本の経済状況を受け「黒字還流」の必要から、日本は、ODAをさらに拡大させた。ODAを冷戦戦略として用いていなかった日本は、欧米諸国とは異なり、冷戦終結という国際社会の変動の影響を受けることなくODAを増額する。この時期には、援助政策の理念を、自助努力支援、相互依存性の認識と人道主義の認識から捉えるようになっていた。こうした日本の援助政策は、政経分離主義として開発途上国にも受け入れられた。しかし、国内では、フィリピンのマルコス政権の汚職にODAが関連していた疑惑等ODAに対する批判が出始める。

　日本の援助枠組みの変革は湾岸戦争を機に始まる。これまでのODA疑惑に対する批判に加え、イラクへのODAは、イラクの侵略戦争を支援する結果となったとの批判が高まり、国会では援助基本法を策定してODAを管理する動きがみられたが、解釈・運用上の柔軟性を残した「ODA大綱」が1992年に閣議決定された。ODA大綱では、人道的考慮、相互依存性の認識、環境保全、自助努力支援という四つの基本理念が掲げられた。

　さらに、環境と開発の両立、軍事的用途および国際紛争助長への使用の回避、開発途上国の軍事支出等の動向の注意、開発途上国における民主化の促進などを定めた「ODA大綱」の四原則は、冷戦終結後の国際政治構造の変動からくる国際援助政策の転換と、湾岸戦争への対処を如実に反映するものとなっている。ODA大綱以降、国際社会の援助政策に関する潮流の影響を受け、

紛争後の平和・復興に関連する援助も行っていくことになる。民主化促進やグッドガバナンスといった政治的コンディショナリティも大綱の中には定められている。

その後、日本政府は、先に触れた1996年のOECD/DACの新開発戦略が、21世紀の国際社会の開発協力の礎になるものと認識し、これに沿った開発援助を実施していくことになる。1998年、小渕恵三首相は、アジアの長期的発展のために人間の安全保障を重視した新たな経済発展の戦略を考えるべきとし、ODA政策方針に人間の安全保障を据えることを明らかにした。国際社会が開発と平和をリンクさせ人間中心の包括的開発協力を模索する中、日本経済は厳しい状態に陥り、ODA事業を適正かつ効率的・効果的に実施し、事業の透明性を高め、国民の理解と支持を得ていく必要性が増してきた。こうした背景から、外務省は、1999年に「ODA中期政策」を策定し、5年間のODAの方向性を具体的に示した。基本的考え方として次の四点が確認された。①「新開発戦略」を基本的に踏まえる(具体的開発目標、自助努力、パートナーシップ)。②既得権益化の排除、状況変化に応じた援助制度(円借款等)の適時適切な見直し。③「人間中心の開発」および「人間の安全保障」という概念の強調。④「顔の見える援助」、民間を含めたわが国の発展経験・技術・ノウハウの活用、被援助国民のわが国の援助への理解の一層の促進。

さらに、同年、日本は、国連内に「人間の安全保障基金」を設置した。また、ミレニアム・サミットにおける森喜朗首相の呼びかけに応えて、人間の安全保障概念の精緻化と具体化のための提言を行う「人間の安全保障委員会」が2001年に設立された。

2002年、ODA大綱策定後の10年間における、わが国のODAを取り巻く次の四つの状況の変化を踏まえてODAを見直すこととなった。第一に、貧困はテロの温床となりうるとの認識が国際的にも強まったこと。第二に、開発援助をめぐる国際社会の議論がますます進化していること。第三に、わが国は、厳しい経済財政状況のもと、ODAの実施に際し、戦略性、透明性、効率性の確保が一層求められていること。第四に、ODAに対する国民の関心がますます高まり、幅広い国民参加によるODA実施が求められていること。

外務省は、2003年7月9日に「ODA大綱(案)」を公表し、同年8月29日、閣議

決定により改定された。ODAの目的は、国際社会の平和と発展への貢献を通じて、わが国の安全と繁栄を確保することと定められた。基本方針として、①開発途上国の自助努力支援、②人間の安全保障、③公平性の確保、④わが国の経験と知見の活用、⑤国際社会における協調と連携——を掲げている。また、重点課題として、①貧困削減、②持続的成長、③地球的規模の問題への取り組み、④平和構築——を掲げている。

ODA大綱見直しの主要点として、まず、その目的があげられよう。国民からは、「国益」「わが国の安全と繁栄」の言及に関して、賛否両論の意見がよせられたが、外務省は、ODAが外交の重要な役割を果たしており、外交目的がわが国の安全と繁栄を確保することを踏まえて、上記のような文言となったとしている。

次に、基本方針として以下のように「人間の安全保障」の視点を組み込んだことがあげられる。

　　紛争・災害や感染症など、人間に対する直接的な脅威に対処するためには、グローバルな視点や地域・国レベルの視点とともに、個々の人間に着目した「人間の安全保障」の視点で考えることが重要である。このため、わが国は、人づくりを通じた地域社会の能力強化に向けたODAを実施する。また、紛争時より復興・開発に至るあらゆる段階において、尊厳ある人生を可能ならしめるよう、個人の保護と能力強化のための協力を行う。

新ODA大綱作成の過程で、「人間の安全保障」の概念は、国民からも支持を得ていたようであるが、「人づくりを通じた地域社会の能力強化」にとどまらず、グローバル化の犠牲にならないような対策や自己決定・参加を可能とする制度強化も支援対象とすべきであるといった意見もよせられた。それに対して、外務省は、個人の尊厳を守る社会制度の構築やグローバル化の負の側面に対処するような支援も「人間の安全保障」の観点から重要であり、ODAを通じ積極的に協力すると回答している。

また、特筆すべき点は、「平和構築」を重点課題として掲げたことがあげら

れる。新ODA大綱では、「予防や紛争下の緊急人道支援とともに、紛争の終結を促進するための支援から、紛争終結後の平和の定着や国づくりのための支援まで、状況の推移に即して平和構築のために二国間及び多国間援助を継ぎ目なく機動的に行う」と定めた。具体的には、ODAを活用し、例えば和平プロセス促進のための支援、難民支援や基礎生活基盤の復旧などの人道・復旧支援、元兵士の武装解除、動員解除および社会復帰(DDR)や地雷除去を含む武器の回収および廃棄などの国内の安定と治安の確保のための支援、さらに経済社会開発に加え、政府の行政能力向上も含めた復興支援を行うとしている。国民からは、紛争地への介入、戦争協力への懸念、武器使用および軍隊・自衛隊との連携が「軍事的用途及び国際紛争助長への使用回避」から逸脱する恐れ、政治的中立性確保が困難となる可能性があることなど慎重な意見が出された。これに対し、外務省は、アフガニスタン、スリランカなどの平和構築に積極的に協力しているこれまでの経験を踏まえ、ODAが紛争予防や平和構築に重要な役割を果たすとして、重点課題の一つとして妥当であるとの見解を示した。

新ODA大綱は、MDGsでの議論、国際社会の動向の影響を強く受けているものの、戦後の日本外交においてODA政策が果たしてきた役割と機能を踏まえ、日本が推進してきた基本方針を中心に据えた改定内容となっている。換言すれば、日本の外交政策がこれまで基本としてきた、国連を中心とした国際協調外交、対米基軸の外交、そしてこれまでのODA政策の柱である地域政策、総合安全保障を融合させ、世界の平和と安定に貢献しうる外交政策の柱としてのODAとなりうるような改定内容といえよう。

(3) 人間の安全保障の概念

では次に、日本政府が基本方針に据えた「人間の安全保障」という新たな概念はどのようなものであるかを明らかにし、当該概念の導入の意義について考えてみたい。

国連開発計画(UNDP)は『人間開発報告書』(1994)において、冷戦後の新たな国際情勢の中で、核の安全保障から人間の安全保障へと切り替えるべきであると指摘し、人間の安全保障とは、選択権を妨害なしに自由に行使でき、し

かも今日ある選択の機会は将来も失われないという自信をもたせることであると定義した。UNDPのいう人間の安全保障は、①世界共通の問題であること、②構成要素が、相互依存関係にあること、③後手の介入より早期予防のほうが容易であること、④人間中心主義——の四つの特徴をもつ。そして、「恐怖からの自由」と「欠乏からの自由」の二つの主要構成要素から成り、経済、食糧、健康、環境、個人、コミュニティ、政治の七種類の安全保障に分類される。UNDPは人間の安全保障を普遍的な生存権の要求を認めることから始まる包括的概念であるとしている。

2000年、コフィ・アナン国連事務総長は「人間の安全保障」とは、平和、安全保障、開発を統合し、人権、グッドガバナンス、教育・医療へのアクセスを含み、個人が潜在能力を発揮する機会と選択を保障することであると述べている。また、欠乏からの自由、恐怖からの自由、将来の世代が健全な自然環境を引き継ぐための自由を含むとしている。

では、日本政府はこの概念をどのように捉えているのだろうか。

先に触れたとおり、初めて「人間の安全保障」を本格的に日本外交に位置付けたのは小渕首相である。小渕首相は、1998年12月、「アジアの明日を作る知的対話」国際会議の冒頭演説で、人間の安全保障とは、人間の生存、生活、尊厳を脅かすあらゆる種類の脅威を包括的に捉え、これらに対する取り組みを強化する考え方であると述べた。その後も小渕首相は、外交の場において頻繁に人間の安全保障に言及している。

2000年のミレニアム・サミットで森首相は、人間の安全保障を日本外交の柱に据えると正式に明示した。2003年の第3回人間の安全保障シンポジウムで、川口順子外務大臣は、人間の安全保障委員会報告書を受けて、日本の人間の安全保障外交の一層の推進に向けて取り組むことを表明した。ここで、日本政府は、人間の安全保障委員会の定義および提言に基づいて政策立案を行うことを明示したのである。同委員会は、「人間の安全保障」とは、すべての人間の生活の中核を守ること、基本的な自由を保護すること、人々を死活的および広範な脅威および状況から保護すること、人々の力と願望を生かす方法をとることを意味するとしている。また、人々に生存、生活および尊厳の礎をともに生み出す政治的、社会的、環境的、経済的、軍事的、文化的シス

テムの創設をも意味するとしている。

　また、同委員会は、暴力を伴う紛争下の人々の保護、移動する人々の保護と能力強化、紛争後の状況下にある人々の保護と能力強化など多方面にわたる政策提言を行っているが、包括的分野への取り組みの中での個人の保護と能力強化を行うことを強調している。

　これを受けて、新ODA大綱においても、前述のように、人間の安全保障とは個人の保護と能力強化であることを明示するようになったのである。外務省の『外交青書』(2002)では、この人間の安全保障委員会の最終報告書の考え方について、「人間の安全保障を実現する上で、紛争及び開発・貧困に至る様々な課題を包括的にとらえ、人々や社会に焦点をあて、上からの『保護』の観点に加え、下からの『自立』を図っていくことが重要であるとの指摘である」とし、従来から日本が行っている開発援助の思想とも軌を一にするものであると述べている。

　「人間の安全保障」をODAの基本方針に据えた日本のアプローチは、経済援助だけに頼った対症療法では、貧困削減等グローバルな問題の十分な解決に至らなかった反省と、こうした問題の放置がテロの温床となり一国の問題に限らずたちまち国境を越え地球規模の問題となることから、根本要因への対処が重要であるとの認識に基づいている。さらに、個人の保護と能力強化のための国際連帯なくしては国際社会の平和と発展はなく、ひいては日本の安全と繁栄確保にも問題を生むという考え方から「人間の安全保障」を基本方針に組み込んだのであろう。人間の安全保障とは、単に包括的開発援助というのではなく、21世紀の国際社会の新たな枠組みを提示する国際社会観なのであって、国際社会における日本のあり方を示す重要な視座ということがいえよう。

3　平和構築に関するわが国の援助外交

　人間の安全保障委員会は、人間の安全保障を、紛争下の人間の安全保障と、開発における人間の安全保障の二つの側面から捉え、人間の安全保障が、開発を促進し、紛争に対処し、人間の安全保障の多くの脅威を鈍らせるための

新しい機会への対応であるべきこと、そのためには、紛争予防、人権、開発の促進が必要であることを強調している。本節では、とくに紛争と開発の双方に密接に関連する平和構築に関するわが国の援助を概観し、わが国のODAが平和構築にどのように貢献しているか、人間の安全保障の概念をどのように取り入れているかについて考察する。

(1) 平和構築の概念

平和構築とは一般的に、紛争予防、紛争和解、そして復興支援までを網羅する全体的なアプローチであり、和平達成において従来から重視されている軍事的枠組や、平和維持活動(PKO)、予防外交、軍縮、調停などの政治的枠組みに、人道・開発援助を加えた三本の柱による包括的な取り組みであると理解されている。紛争への対処には、第一義的には軍事的・政治的な努力が必要であるものの、あわせて、紛争の背景にあるさまざまな紛争要因の緩和のための紛争予防や、紛争が発生した際の人道緊急援助、および、紛争後の復興のために開発援助の果たす役割が重要視されてきている。

国際協力機構 (JICA) は、こうした平和構築の概念を、紛争発生の可能性を最小限化し、発生した紛争の拡大を防止し、紛争によるダメージを復興し、その地域の持続的開発に結び付けていくプロセスであり、平和構築の究極的な目的は、途上国にかかる能力を備えることにより、恒久的な自立発展をめざすことと解釈している。紛争終結後の復興・開発支援に対しては、JICAでは、以下の七分野を平和構築支援の重点分野としているが、人間の安全保障委員会でも、ほぼ同様の分野への支援の重要性を強調している。

人道緊急援助　　：難民・国内避難民等に対する人道緊急援助
社会的弱者支援　：児童兵・戦争孤児・寡婦・障害者等への支援、他
和　　解　　　　：難民・国内避難民帰還・社会への再統合、敵対グループ間・多民族間の再融和、平和教育、他
治安維持　　　　：DDR、小型武器取り締り、安全保障改革、他
ガバナンス支援　：選挙支援、人権擁護、行政制度の整備、市民社会の育成、他

社会基盤整備　：基礎インフラ整備、保健医療・教育支援、対人地雷問題
　　　　　　　　　　への対応、他
　　経済復興支援　：経済社会サービスの整備、コミュニティ開発・貧困対策、
　　　　　　　　　　経済インフラの整備、他

(2) 日本の平和構築援助システム
1) わが国の援助政策における平和構築の位置付け

　わが国は、カンボジアをはじめとしてさまざまな国の復興支援に取り組むとともに、1999年に発表されたODA中期政策では、「紛争と開発」を重点課題として取り上げ、紛争予防・紛争後の復興のために積極的役割を果たす必要性を強調しているが、平和構築そのものの概念が援助政策に浸透してきたのはつい最近のことである。

　2002年5月のシドニーにおける政策演説で小泉純一郎首相は、わが国は、「紛争に苦しむ国々に対して平和の定着や国づくりのための協力を強化し、国際協力の柱とする」として、とくに紛争後の平和構築分野でより積極的な取り組みを行っていく決意を示した。また、2002年に官房長官が主催した「国際平和協力懇談会」においても、平和構築に対するさまざまな取り組みのあり方が議論され、平和構築に果たすODAの役割が強調されている。また、2003年8月29日に閣議決定された新ODA大綱では、平和の構築を重点課題の一つとしたことはすでに触れたとおりである。

　JICAでは、1999年に平和構築研究会を設立し、平和構築における開発援助の取り組みのあり方についての検討が進められた。こうした努力の甲斐もあり、2003年10月1日に発足した「独立行政法人国際協力機構」では、これまでのJICAの協力の実績を踏まえ、地域紛争等により荒廃した国または地域の平和構築をさらに強化するために、「復興」を新しい機構の目的として独立行政法人個別法に明記し、安全対策、補償、人材育成も含め、包括的に復興・開発支援に取り組む体制が整えられた。

2) 平和構築に対する援助の動向

　1999年に始まった東ティモールや、その後のスリランカ、アフガニスタンにおける復興・開発支援、あるいは、インドネシア・アチェの和平プロセス

の促進、フィリピンにおける平和と安定のためのミンダナオ支援は、平和構築という概念に留意したODA支援の始まりであり、その規模の大きさのみならず、専門家の派遣を含めた人的貢献、および、さまざまな援助形態による多面的な協力という面ではるかに進歩したといえる。例えば、金額ベースでみた場合、わが国のODA予算は、ここ6年で27%削減されているが、平和構築分野におけるODA実績は急増している。また、平和構築支援の対象も多岐にわたるようになり、これまでODAで取り組むことは考えられなかったような除隊兵士の再定住支援、小型武器関連プログラムへの取り組みも開始されている。こうした現場での復興・開発支援のみならず、JICAでは、2001年に第二次平和構築研究会を立ち上げ、とくに、平和配慮の強化の観点から、紛争要因を助長する可能性を事前に審査するための紛争分析手法の開発を行うなど、平和構築支援に対する積極的な取り組みを行っている。

また、わが国は、カンボジア復旧および復興に関する閣僚会議(1996年)や第一回東ティモール支援国会合 (1999年) をはじめとして、アフガニスタン復興支援国際会議(2002年)、スリランカ復興開発会議(2003年) を開催するなど、和平プロセスの促進にも積極的な役割を果たしている。

こうした平和構築に対する一連の取り組みに関し、『政府開発援助(ODA)白書』(2002)では、戦略をもったわが国ODAの展開のために、人間の安全保障の推進の必要性を強調するとともに、平和の定着と国づくりのためには、和平プロセスの促進、安定と治安の確保、人道・復旧支援の三つの分野における協力が必要であるとしている。

3) 平和構築に資する援助スキーム

日本の援助システムは非常に多岐にわたっているが、これは一つには、新たなニーズに対応できるように常に援助システムを改善していることによるものであり、とくに平和構築支援に対しては、その地域の特性にあわせてさまざまな援助を組み合わせることにより、効果的な援助ができる体制になっているといえる。ここでは、とくに平和構築支援にとって重要な手段となっている主要な援助制度について説明する。

(a) 一般無償

一般無償の枠組みでは、とくにインフラ整備で大きな役割を果たしている

第2部 人間の安全保障と外交政策　169

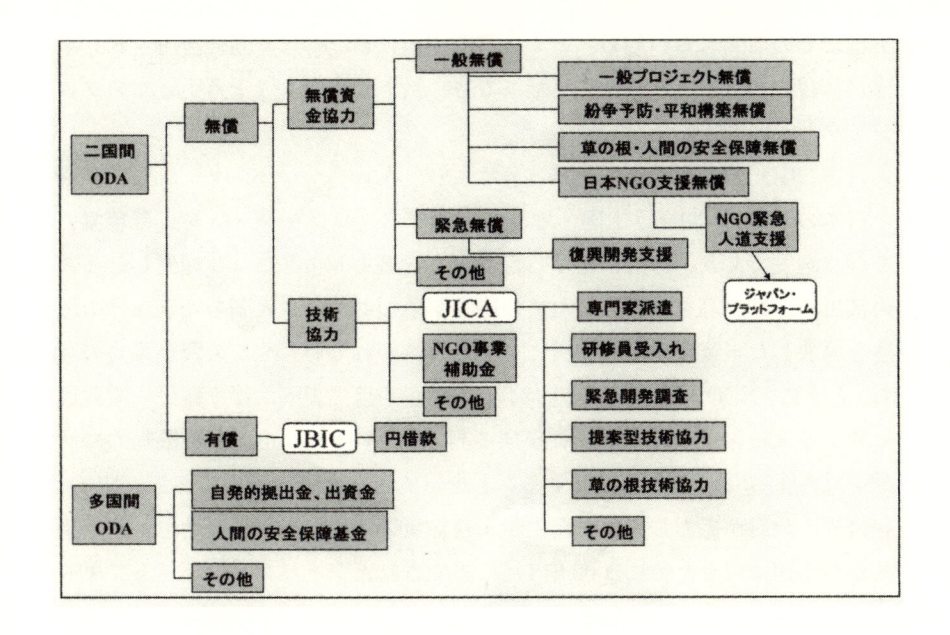

図1　平和構築に資する援助形態

一般プロジェクト無償(平成16年度予算784億円)に加えて、とくに以下の制度が、平和構築支援に大きな役割を果たしている。

紛争予防・平和構築無償(平成16年度予算165.5億円)：
　小型武器廃棄プログラム、DDR、平和・和解を促進するための啓蒙活動、民族間融和統合プログラムなどに対応するために、平成14年度に新設された。外務省の予算制度の中で平和構築という名前がついた初めてのケースであり、これまでにアフガニスタンやシエラレオネのDDRの支援等に使われている。
　草の根・人間の安全保障無償(平成16年度予算150億円)：
　人間の安全保障の考えをより強く反映させるとともに、迅速な実施が求められる緊急の支援にも対応していくために、平成15年度より、従来の草の根無償資金協力が「草の根・人間の安全保障無償」と改変された。主たる対象分野は、紛争後の難民・避難民帰還支援、難民・避難民への母子保健支援、地雷除去活動支援等である。本制度は、主にNGOを被供与団体とし、要請から

実施までの期間も短いため、とくに復興支援においては有効に活用され、平成14年度には、アフガニスタンだけでも、合計36件、2億7千万円近くのプロジェクトが実施された。

日本NGO支援無償(平成16年度予算27億円)：

日本のNGOが開発途上国・地域で実施するプロジェクトに対し資金協力を行う制度であり、海外における自然災害や武力紛争等により発生した多数の被災者・難民等を救済するための国際緊急援助活動や人間の安全保障の理念を反映した事業に対する支援にも重点がおかれている。この資金協力のうち、とくに、NGO緊急人道支援は、武力紛争や自然災害に伴う難民・避難民に対する人道緊急援助活動に従事する日本のNGOが、迅速かつ機動的に活動を立ち上げられるよう支援することを目的とした資金協力である。NGO、経済界、政府が協力して難民発生時・自然災害時の人道緊急援助をより効果的かつ迅速に行うために2000年8月に設立されたジャパン・プラットフォームへの支援にも使われている。

(b) 緊急無償(平成16年度予算316.6億円)

緊急無償には、自然災害および内戦等の人為的災害の際の緊急援助活動を支援するための「災害緊急援助」、選挙の実施や選挙管理・監視を支援するための「民主化支援」、かつて紛争当事者であった国・地域での復興再建プロセスをスムーズに移行させるための支援を行う「復興・開発支援」がある。緊急性を要することから、資金供与がなされるまでの手続きが簡素化されている他、多くの場合、相手国政府ないし国際機関に援助資金が直接供与されるため、とくに、紛争勃発時や紛争終結直後の人道緊急援助の支援に有効な手段となっている。

(c) JICA

JICAもわが国のODAの技術協力実施機関として、種々の援助形態を有しているが、ここでは、とくに近年の東ティモールやアフガニスタンにおける平和構築支援で重要な役割を果たしたいくつかの援助形態について説明する。

なお、JICAの緊急援助隊制度(JDR)については、1991年にPKO法が制定された際に、PKO法による人道的な救援活動は紛争によって生ずる被害を、JDR法による人道緊急援助は自然災害やガス爆発等の人為的災害のみを対象

とするという仕分けがなされたため、現時点では、紛争に起因する災害にJDRを派遣することはできない。

緊急支援調査：

緊急支援調査制度とは、復興支援のための緊急復興計画を策定するとともに、緊急復旧のためのリハビリ事業（クイックプロジェクト）を実施する制度であり、迅速な対応が可能な協力形態として、復興・和平へ向けた平和構築支援の重要な柱として機能している。例えば、アフガニスタン復興・開発支援では、緊急支援調査（2002年3月～2003年3月）の一環として、カブール市内における教育、保健・医療、放送分野の短期的復興支援計画策定および関連施設の緊急リハビリ事業を行った。

提案型技術協力：

提案型技術協力は、民間に技術協力プロジェクトの形成または準備段階から実施までを一括して委託する制度である。この制度には、要請対応タイプ（タイプA）と、課題開発タイプ（タイプB）があり、タイプBは、平和構築を一つの公示対象分野とし、とくに紛争終結後で開発途上国政府のプロジェクト形成や実施能力が脆弱な場合に、JICAの復興・開発支援の一つの重要なツールとして機能している。また、JICAと民間が合同でプロジェクト形成のための調査等を行い、相手国関係者とともにプロジェクトの計画案を策定するために、現地のニーズにより合致した援助を実施することが可能となっている。

(d) 人間の安全保障基金

1999年3月に日本政府により国連に設置されたもので、2002年度までに累計約229億円が拠出されている。本基金の目的は、人間の安全保障の視点に立って、人間の生存、生活、尊厳に対する多様な脅威に取り組む国連機関のプロジェクトを支援することを通して、人間の安全保障の考え方を具体的な活動に反映させていくことである。支援対象の審査に際しては、人間の安全保障という観点から、貧困、環境悪化、難民や国内避難民、感染症などの問題により生存、生活、尊厳が脅威にさらされている個々人が、当該プロジェクトの実施により、具体的にどのように、どの程度の持続性をもって裨益するかということを、重要なメルクマールとしている。

(3) 平和構築援助の事例

ここでは、数ある平和構築援助プロジェクトの中から、人間の安全保障の概念を反映させている三つの事例を取り上げる。

1) Imagine Co-existence

紛争終結後の、帰還民と受け入れ社会間・敵対グループ間・多民族間の和解は、紛争の再発予防にとって非常に重要な要素である。他方で、紛争予防よりも紛争の再発予防をさらに難しくしている要因として、いったん紛争が勃発すると、戦争経済や貧しい戦闘員の雇用の問題の他、憎悪や復讐心等から紛争を永続させようとする力が働くということもあり、対立するグループ、とくに、異民族間の共存、和解は、非常に難しい事業である。

共存の目的は、コミュニティ間の対話を促進することであり、共同活動を通じて、対立するグループ間の相互の信頼と尊重を醸成することである。経済的機会と人間の安全保障を徐々に認識することにより、異なるグループのメンバーが、再び相互に受け入れるようになり、双方が平和に生活することを想像し始める。こうした緒方貞子元国連難民高等弁務官（現国際協力機構理事長）の発案に基づいて、2001-2002年に、人間の安全保障基金により、国連難民高等弁務官事務所（UNHCR）がボスニアとルワンダで Imagine Co-existence プロジェクトを実施した。目的は、帰還民や国内避難民を地元社会に再統合するために、分断されたコミュニティ間の共存に貢献する要因を分析し、人道援助における共存を促進するための戦略を策定することである。ボスニアでは、収入創出事業、文化活動、職業訓練に焦点がおかれ、ルワンダでは、政府、国際機関、ドナー政府間のネットワークを設立し、平和教育と紛争解決の研修を取り入れた。

プロジェクト終了後、教訓の一つとして、対話の場が意識的に作られ支援されれば、プロジェクトにおけるコミュニケーションと相互の信頼が増幅されることがあげられた。また、プロジェクトの計画と実施におけるローカル・コミュニティの参加が重要であること、異なるコミュニティからの人々の参加や女性の参加が重要であること、および、共存促進を目的としたプロジェクトが復興開発戦略に取り入れられることが重要であるこが認識された。さらに、紛争管理研修と、コミュニティ・メンバーによる意思決定プロセス

の組み合わせが、共存に対して最も大きなインパクトを与えることも判明した。

2) アフガニスタン復興支援

日本はアフガニスタンの復興支援にいち早く参加し、一貫して国際社会で主導的な役割を果たしてきた。2002年1月のアフガニスタン復興支援国会合で、向こう2年半で最大5億ドルまでの支援を行うことを表明し、2003年9月までに、人道支援約1億2,000万ドル、復興支援総額約4億4,000万ドル、計5億6,000万ドルの支援を行っている。

従来の復興支援と比較して、アフガニスタン復興支援における大きな特徴として以下があげられる。

(a) 包括的な枠組み

2002年5月に川口外務大臣が発表した和平プロセス、国内の治安、復興・人道支援の三つの要素から成る「平和の定着構想」に基づいた支援が展開さ

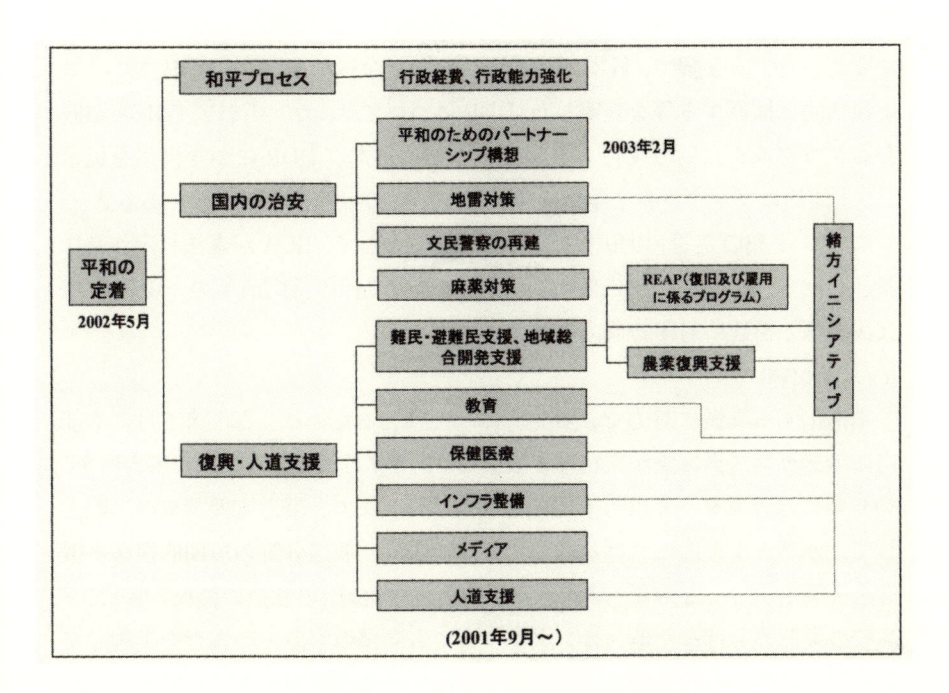

図2　わが国のアフガニスタン復興支援の枠組み

れている。ややもすれば、従来、国際機関や受け入れ政府の要請に基づいて、明確な方針が定まらないままプロジェクトを実施してきた場合もあり、かかる包括的な枠組みを最初の段階で設定することにより、日本の援助を効果的に実施していくとともに、国際社会に対して明確に日本の復興支援方針を表明したことは、非常に有意義であったと考えられる。また、この平和の定着構想が、今後の国際社会による復興支援において、平和と安定をもたらすうえでの試金石となるものと思われる。

(b) 新たな分野への取り組み

復興支援においては、とくにDDRを実施することが、治安の改善、紛争再発防止のために不可欠である。日本政府は、2002年5月に、DDRを推進するための平和構築プログラムである「Register for Peace」(平和のための登録) 構想を発表した。これを具体化すべく、日本は、国連アフガニスタン支援ミッション (UNAMA) およびUNDPと協力し、「平和のためのパートナーシップ計画」を策定するとともに、2003年2月には「アフガニスタン『平和の定着』東京会議」を開催した。本会議で、日本は3500万ドルの資金拠出を行い、DDRプロセスを包括的に推進する等を表明した。DDRについては、カンボジアでJICAが既存のプログラムに対して協力をしているが、日本がDDRにつき構想を提示し、主体的にプログラムを策定・実施していくのは初めてのことである。

また、「平和の定着」の和平プロセスの一環として、JICAが憲法制定作業に参加したり、復興後の治安維持に重要となる安全保障部門改革の一環として、文民警察の再建に対する協力も実施されている。

(c) JICAの貢献

本格化する支援に対応できる実施体制を整えるために、2002年6月に本部内にアフガニスタン支援業務室を設置し、同年7月には、カブール事務所を、2003年にはカンダハルにも事務所を開設した。また、緊急支援調査の一環として、カブール市内における教育、保健・医療、放送分野の短期的復興支援計画を策定するとともに、結核研究所の修復、診療所の井戸の修復、小・中・高校の復旧等も行った他、カンダハル市でも同様の緊急復興調査を実施している。この他にも、民間の協力を得てカンダハルで帰還民支援を行うことも予定されており、従来の復興支援に比べれば、はるかに多面的、かつ即効的

な援助を実施しているといえる。

(d) 地域総合開発支援「緒方イニシアティブ」

　緒方貞子総理特別代表の提案により2002年に始まった地域総合開発支援プログラムが、2003年7月までに日本政府による総額約9,000万ドルの資金をもとに国連機関により実施されている。本プログラムは、カンダハル、ジャララバード、マザリシャリフという地方都市を中心とした地域を対象として、さまざまな分野にまたがる包括的な支援を行うことにより、人道支援から復興支援への継ぎ目のない移行の促進、帰還民の再定住と、受け入れ地域の総合開発を行うとともに、その実施プロセスを通じて、移行政権の能力強化と、中央政府と地方当局の連携強化を図ることを目的としている。

　フェーズ1では、帰還民の再定住支援に焦点があてられ、仮設住居機材の供与、水供給システムの改善、農業再興、児童・教員用教材の配布、仮設教育施設の供与、コミュニティ復興支援等が実施された。フェーズ2では、帰還民に加え、地域住民も対象とした地域総合開発へと拡大され、緊急所得創出事業をはじめ、労働の対価としての食糧配布、基礎的なインフラ整備、母子健康保全、教育実施能力強化、地雷対策事業等が実施されている。フェーズ3では、教育施設における水供給・衛生環境改善、教員養成、都市部における居住環境整備、地雷除去、地域経済再生計画等の実施が計画されている。

　緒方イニシアティブは、とくに、政府からの援助がなかなか届かない人々に対して迅速なボトム・アップ型の協力を行ううえで有効な手段として機能しており、上からの保護に加えて、下からの自立を図っていくことが重要とする人間の安全保障の考え方にも合致している。また、人道緊急援助から復興・開発支援までのすべての段階を対象としたプログラムを策定し、そこに日本が資金を一貫して供与するというのは、ギャップへの対応モデルとして評価できる。本イニシアティブには、国連関係機関との連携、人道支援から復興支援のギャップの解消、帰還民と地元社会の融和、移行政権の能力強化等、今後の復興支援のモデルとなりうる要素が数多く含まれ、平和の定着を進める起爆剤としても期待されており、かかる協力プログラムを日本が主導したことは非常に意義深いものと思われる。したがって、アフガニスタンにおける経験を踏まえて、かかるイニシアティブを他の紛争終結国でも実施し

ていくとともに、今後は、日本自身に経験を蓄積するためにも、こうしたプログラムを、国際機関だけに任せるのではなく、日本自身も実施に参画していくことが望ましいと思われる。

3) ザンビア・イニシアティブ

ザンビア・イニシアティブ（ZI）は、難民受け入れ地域の貧困削減を図り、その過程において、難民の地元社会への統合、平和、安全保障、地域の安定化を導くことを目的として、2002年にUNHCRの協力を得てザンビア政府により開始された。

難民の自発的帰還は、最も好ましい恒久的解決策とされているが、母国での紛争が続いている場合、必ずしも現実的な選択肢ではない。難民受け入れ国において、難民を単なる援助の受け手ではなく開発の担い手として活用し、コミュニティ開発を通じて、難民とコミュニティの共存を支援することが重要である。難民と受け入れコミュニティの社会的・文化的な統合が進めば、両者が共存し、多様かつ開放的な社会が形成されることになる。その結果、両者の格差や対立も縮小し、人々の共存と紛争予防に寄与することになるといえる。

日本政府は、当初からZIに積極的に協力し、2002年3月に実施されたドナー・ミッションに参加するとともに、草の根無償により、対象地域の病院に救急車を供与した他、人間の安全保障基金により116万ドルの資金供与を決定した。また、JICAは、難民受け入れ地域の農業省技術者の研修を実施した他、地元社会の能力構築を検討中である。

ZIは、難民と受け入れ社会双方のニーズが、地域の開発計画に反映されるよう留意しており、そのために、難民、受け入れ社会住民の双方から構成される委員会を設置し、プロジェクトの計画や実施に参画させている。農民の自主性を尊重して、政府の指導のもとに、計画の立案からプロジェクトの実施まで農民に任せているプロジェクトもある。

ZIは、難民と受け入れ社会の関係の新しい局面の先触れであり、パイロット・プロジェクトが成功すれば、他の難民受け入れ国でのモデルとなりうるものと期待されている。

4 おわりに

　わが国の人間の安全保障の概念に基づく援助は、いまだ緒に就いたばかりである。平和構築分野において、今後、わが国が人間の安全保障を推進していくうえで取り組むべきと思われる課題を以下に掲げることにより、本章のまとめとしたい。

(1) 個人や社会の保護と能力強化の考慮

　人間の安全保障の推進のためには、人間の安全保障にとって重要となるさまざまな分野への支援を拡充するとともに、人間の安全保障の根幹となる個人や社会の保護と能力強化という理念の追求の両面が必要である。事例紹介でみたとおり、人間の安全保障を構成する平和構築分野の支援は拡充されてきているが、これらの援助において、個人や社会の保護と能力強化が十分に考慮されているかどうかは必ずしも定かではない。

　この理由としては、何をもって個人や社会の保護と能力強化が達成されたかをみるべき明確な指標がないこと、プロジェクトの計画や実施段階での個人や社会の参加のプロセスが不明なこと、プロジェクトがどの程度個人や社会に焦点をあて、ボトムアップによる自立を図ろうとしているかが不明なことなどがあげられる。これまですでに、ドナー・コミュニティでは、参加型開発、NGOや市民社会の活用、能力構築、評価指標の開発などに関する多くの議論がなされ、さまざまな指針や手引き書も開発されていることから、人間の安全保障の視点を加味してかかる既存の知識や経験を見直すことにより、人間の安全保障の取り組みを強化する方策を検討することが必要であると思われる。

(2) 柔軟性・迅速性と自立発展性・透明性のバランス

　紛争終結後の復興支援では、スピードが重要である。とくに、アフガニスタンのように復興支援に多くのドナーが参入している場合には、各機関が迅速に復興事業計画を立て、プロジェクトを実施しているため、わが国だけが、既存の援助システムにのっとって時間をかけて実施するわけにはいかない。

また、国際社会による支援が目に見えることが重要である。援助を受ける住民が、実感として援助による変化を感じること、平和の配当を感じることが、民生安定の観点からも重要である。かかる視点は、国際社会の支援を引き出している政府に対する住民の信頼感の醸成にもつながることとなり、とくに政府の基盤が脆弱な場合には、政治的にも大きな役割を果たす。

　さらに、援助の効果が早期に発現することが重要である。目に見える支援であっても、支援の効果が迅速に住民に実感されなければ、国際社会や政府に対する住民の不満がつのる結果となりかねない。さらに、こうした視点に加えて、計画や実施段階に住民が参加する機会を増やし、ボトム・アップ型の協力を推進することが重要である。

　他方で、通常の技術協力や無償資金協力は、一般的に、計画策定から実施までにはかなり時間がかかるため、上記の視点をどこまで考慮していけるかが、効果的な援助を行っていくうえでの鍵となる。プロジェクトの実施に際しては、住民のニーズ、自立発展性や裨益効果についての調査や、援助が紛争要因を助長することのないよう事前に配慮することが重要であるが、迅速性を優先すれば、かかる調査や配慮が不十分とならざるをえない。また、緊急無償の制度に準じて手続きを簡素化すれば、迅速に対応できる制度となるかもしれないが、プロジェクト・コストの積算や調達手続きも簡素化されれば、資金の透明性や説明責任の問題も生じてくる。したがって、こうした柔軟性・迅速性と自立発展性・透明性という相反する視点のバランスをどうとっていくかが重要となるものと思われる。

(3) 平和構築の視点と開発援助の視点のバランス

　難民受け入れ国においては、大量の難民が、経済的機会や教育機会が限られたキャンプに幽閉されることにより、新たな紛争や暴動の火種となりかねない。難民が受け入れ国にもたらす経済的社会的負担も相当であり、とくに、難民と地域住民が限られた資源を争う場合には、地域の貧困を増加するとともに、限られた資源をめぐる争いは、難民と受け入れ社会の緊張や対立を増加し、社会の不安を増加する。また、難民へ国際社会の支援が集まることによる難民社会と受け入れ社会の生活レベルの格差も対立の要因になっている。

したがって、難民、受け入れ社会双方の不満を解消し、受け入れ国の負担を軽減することにより、地域の安定と開発を図っていくことが平和構築の観点から重要である。

しかしながら、難民受け入れ地域への援助に際しては、これらの地域が辺境地域にあるために、裨益効果、自立発展性などの問題から、プロジェクトが採択されないことが多い。たしかに、これらのプロジェクトは、純粋に開発援助の視点からすれば、優良プロジェクトではないかもしれないが、平和構築の視点からみれば、当該地域の貧困削減、さらには、難民と受け入れ住民の共存を促進することにより、新たな紛争を予防するという効果が期待できる。また、難民受け入れを、受け入れ国だけに負担させるのではなく、国際社会が責任と負担を分担することが、地域の安定化や国際協調にとっても重要である。極論すれば、こうした援助については、長期的な開発の効果よりも、短・中期的な紛争予防の効果を追求することが重要であるかもしれない。したがって、今後、わが国が平和構築支援を拡充していく場合には、こうした平和構築の視点をどこまで優先させていくか、開発援助の視点とのバランスをどうとっていくかが重要になると思われる。

(4) 紛争予防の強化

復興・開発支援においては、DDR、小型武器規制、多民族間の共存促進、民主化支援など、紛争の再発予防に資する援助は強化されてきているが、紛争勃発前の紛争予防については、あまり実例がない。わが国に限らず、国際社会でも、開発援助による紛争予防の重要性は認識されていても、実際の取り組みはいまだあまり効果をあげていないのが実情である。そもそも、紛争の勃発が目前に迫っているような危機的状況においては、開発援助でできることはおのずと限られてくるが、長期的観点から平和の基礎を築くような支援を行うとともに、少なくとも、通常の開発援助が紛争要因を助長することのないよう十分配慮していくことが重要である。人間の安全保障委員会報告書では、紛争の主要要因として、土地や資源をめぐる競争、急激な政治的経済的変革、個人・コミュニティ間の不平等の拡大、犯罪・汚職・不正取引の増加、脆弱で不安定な政治体制等を掲げている。したがって、開発援助では、

こうした紛争の主要要因を削減するための支援を一層強化するとともに、紛争を事前に予防するための能力を個人や社会に備えさせていくことが重要であると思われる。

〈付記〉本章は、筆者の個人的見解を示したものであり、所属する機関の見解を代表しているものではない。

引用・参考文献

Annan, K. 2000, Press Release SG/SM/7382.
Commission on Human Security 2003, *Human Security Now*, New York.
Leonhardt, M. 1999, *Conflict Impact Assessment of EU Development Cooperation with ACP Countries*, CPN Analysis and Evaluation Paper.
OECD/DAC 1997, *Conflict, Peace and Development Co-operation on the Threshold of the 21st Century*.
OECD/DAC 2001, *Helping Prevent Violent Conflict: Orientations for External Partners*.
UNDP 1994, *Human Development Report*.
五百旗頭真 2003、「外交戦略のなかの日本ODA」『国際問題』第517号、2-20頁。
大隈宏 2003、「開発から平和へ——新しい援助戦略の模索」『国際問題』第517号、21-39頁。
外務省 2002、2003、『外交青書』。
外務省 2002、『政府開発援助(ODA)白書』。
草野厚 1997、『ODAの正しい見方』筑摩書房。
黒澤啓 2001、「JICAの平和構築支援への取組み」『IDCJ Forum』no.2、国際開発センター、43-55頁。
黒澤啓 2003、「UNHCRの平和構築に果たす役割」『立命館国際地域研究』第21号、165-179頁。
国際協力事業団(JICA) 2001、『事業戦略調査研究 平和構築』。
国際協力事業団(JICA) 2002、『効果的な復興・開発支援のための援助の枠組みの検討——今後の平和構築支援に向けて』。
下村恭民・中川淳司・斉藤淳 1999、『ODA大綱の政治経済学』有斐閣。
高橋恒一 2003、「国際社会に対する新たな脅威と日本——『人間の安全保障』の観点から」日本国際連合学会編『国連研究』第4号(国際社会の新たな脅威と国連)、国際書院、101-111頁。
星野俊也 2002、「人間の安全保障と日本の国際政策」『国際安全保障』第30巻第3号、

9-25頁。
弓削昭子・脇祐三・山内昌之・南博 2003、「座談会　日本外交の機動力として──なぜ人間の安全保障なのか」『外交フォーラム』第185号、20-31頁。

国際平和協力懇談会 2002、『「国際平和協力懇談会」報告書』。<http://www.kantei.go.jp>
外務省ホームページ <http://www.mofa.go.jp>
国際協力機構ホームページ <http://www.jica.go.jp>
経済開発協力機構ホームページ <http://www.oecd.org>
国際連合ホームページ <http://www.un.org>
日本国際交流センターホームページ <http://www.jcie.or.jp>

第8章　人間の安全保障と政治
――日本の「選択的受容」の意味――

　　　　1　はじめに
　　　　2　多様な「人間の安全保障」論
　　　　3　対外政策の柱に据えられた「人間の安全保障」
　　　　4　おわりに

野崎　孝弘

―― **本章の梗概** ――

　本章では、さまざまなタイプから成る「人間の安全保障」論を、「人間の安全保障」の精神に照らし合わせて検証する。同じ名称で呼ばれる見解に違いを生じさせる分岐点として三つの争点があることを指摘し、「人間の安全保障」論がいかに多様な形態をとりうるかを概略的に再現していくことにする。その作業を踏まえ、本章後半では、対外政策の柱に据えられた「人間の安全保障」、日本政府が展開する「人間の安全保障」論を検証する。対外関係においてのみ「人間の安全保障」を受け入れる「選択的受容」の態度は、「人間の安全保障」の精神を踏みにじる横領行為の一例である。受容した事実を逆手にとって、「完全なる受容」に向けての飽くなき要求を政府に突きつけていくことができるか。横領行為に対して脆弱な「人間の安全保障」の命運は日本政府が握っている。私たちが「人間の安全保障」の精神にのっとり日本政府の姿勢を改めさせることができるかどうかに、すべてがかかっていると強調しておきたい。

1 はじめに

　新しい安全保障観が提唱されてから久しい。国家ではなく人間こそが安全を保障されるべきだとの主張を軸に、人間が選択権を自由に行使することをめざし、選択機会の喪失への不安があるかないかを問題とする。地球規模で進行する生態系の破壊、不治の病の蔓延、政治経済状況の急速な悪化、民族紛争の続発、難民の流出、国際犯罪組織の暗躍……。国連開発計画(UNDP)が提示した「人間の安全保障」(human security) は、こうしたさまざまな問題を「脅威」と捉え、その克服に向けた努力を国家と国際社会全体の責務とする斬新な発想に貫かれていたために、世界の現状を分析し行動する際の指針として多くの人々からの注目を集めた。今や「人間の安全保障」は、研究者の視座や運動体のめざす目標にその名を記すだけでなく、国家が遂行する対外政策の柱の一つに名を連ねるに至っている。言及される回数と、「めざすべき理想」として掲げている運動体や組織の数から判断すれば、「人間の安全保障」は国際社会に広く認知されたといえるだろう。しかしながら、国際的な規模で受容が進み、その概要がさまざまな社会的地位を占める人々に知れわたるにつれて、「人間の安全保障」は新たな問題を抱え込むことになった。1994年度の『人間開発報告書』で示された「人間の安全保障」の精神を無視するかたちで横領行為を働く数々の「人間の安全保障」論が出現し、幅を利かせるようになったからである。2001年1月にコフィ・アナン国連事務総長が設立を発表し、2003年5月に報告書を提出した「人間の安全保障委員会」の目的は、国際社会に「人間の安全保障」についての共通理解を作り出し、政策方針を示すことにあった。それはいうまでもなく、政治の表象的次元に、解釈と解釈の闘いに「人間の安全保障」が介入せざるをえなかったことを示している (野崎 2000：87-90)。さまざまな「人間の安全保障」論の出現は、受容が進んでいることの証として何よりも歓迎すべき事柄ではあるが、それは同時に「人間の安全保障」にとって、新たな闘いの始まりを意味する現象なのである。

　「人間の安全保障」は、あらゆる人間とすべての人間集団がおかれた状況に目を向ける。優先順位をつけるよう求められる場合には、「世界のどこかに安全を保障されていない人がいる限り、誰も安全が保障されない」(UNDP 1994＝

1995：39）との認識に基づいて、最も弱い立場にある個人や集団が直面している問題に力点をおく。脅威の対象は、経済、食糧、健康、環境、紛争といった多様な争点に及ぶが、国家もまた例外ではない。先進国であれ開発途上国であれ、政府の施策が人間不安の源泉となっている場合には、その政策を問題化し、責任を果たすよう国家に要請する。「人間の安全保障」の精神とは、そのようなものであろう。本章でははじめに、さまざまなタイプから成る「人間の安全保障」論を、「人間の安全保障」の精神に照らし合わせて検証する。同じ名称で呼ばれる見解に違いを生じさせる分岐点として三つの争点があることを指摘し、「人間の安全保障」論がいかに多様な形態をとりうるかを概略的に再現していくことにする。その作業を踏まえ、第3節では、日本政府が展開する「人間の安全保障」論を検証する。対外政策の柱の一つに「人間の安全保障」を掲げ、国連に対し「人間の安全保障委員会」を設置するよう働きかけたのは、他でもない日本政府である。脅威は国境の外にあるとの前提を捨て、対外関係においてのみ「人間の安全保障」を受容する態度を改めることができるか。自らが推し進める政策によって人間の安全が脅かされている現状を認め、是正に向けた一歩を踏み出すことができるか。横領行為に対して脆弱な「人間の安全保障」の命運は日本政府が握っているといっても過言ではない。

2 多様な「人間の安全保障」論

「人間の安全保障」には多くの解釈がある。あらゆる人間とすべての人間集団がおかれた状況を包括的に捉え、解決の道筋を記した報告書を伴って登場してきたにもかかわらず、多様な解釈が出現する余地を「人間の安全保障」は払拭することができなかった。これは何も、報告書の作成を委託された専門家たちの責任ではない。世界の至るところでさまざまな脅威に曝されている人間と、彼／彼女らを表象する「人間」との間には、決して埋めることのできない隙間が存在するからである（野崎 2002：133-134）。この裂け目は、解釈の複数性を可能にし、「原典」の権威に臆することなく増殖を続けるよう「人間の安全保障」論に要請する。「人間の安全保障」は、受容という名の消費の過程において「原典」としての特権を剥奪され、さまざまな「人間の安全保障」論との

競合を余儀なくされる。「人間」をどのように規定するかをめぐって複数の解釈が展開する恒常的な戦い。この戦いに勝利を収めるためには、人間を「人間」と「人間にあらざるもの」に選別する数々の横領行為と闘わねばならない。「人間の安全保障」は、ようやくそのことに気がつき、共通理解の構築をめざして介入し始めた。問題は、個々の解釈の内容である。「安全が保障されるべき客体は人間である」。「個人の安全と国家の安全とが矛盾する場合には、個人の安全を優先すべきである」……。いずれの解釈も、このような主張を展開する点では同じであるが、以下の争点についてどのような見解をもっているかで違いが出てくる。

(1) 「人間」とは誰か？

第一の争点は、どのような人間や人間集団を念頭において「安全が保障されるべき客体は人間である」と主張しているのか、である。学術的な議論の場において有力見解の一つに、国家安全保障(national security)と「人間の安全保障」は対立する概念ではないとの解釈がある。この解釈は、競合する二つの見解の「総称」にすぎないため、本来であればさらなる付言を必要とする。国家安全保障を「人間の安全保障」に奉仕させる見解に基づいているのか。それとも、「人間の安全保障」を国家安全保障に従属させる見解に基づいているのか。国家安全保障と「人間の安全保障」が相補的な関係にあることを指摘したいのであれば、どちらの見解に基づいているのかをはっきりと示しておかねばならない。前者の見解と後者の見解とでは、「人間」の範囲に明らかな違いがあるからである。国家安全保障は、その社会的な機能において内部の構築に従事する。「市民権と国籍の一致」を前提とする国民国家の排他的な性格と連動しながら、領域的境界の内部に「同質的な空間」を打ち立て、「内なる敵」と対決するであろう「真の国民」を生産する（野崎 2002：137-138）。国家安全保障が「人間の安全保障」に包摂される限りでは、国家安全保障のこのような性格が「人間の安全保障」に転移することはない。「内なる敵」も無国籍者も、「真の国民」と同じ「人間」のままであり、彼／彼女らの安全を保障することが政府の果たすべき責務となる。だが、反対に、国家安全保障によって「人間の安全保障」が包摂される場合には、「人間の安全保障」は選別の要求に屈し、「国民に

あらざるもの」を敵対化するようになる。「内なる敵」と無国籍者は、「人間の安全保障」によって「人間」の地位を追われ、脅威の最たるものとしてその戦列に名を連ねることになろう。「人間の安全保障」は自らの精神の名において、前者の見解に軍配をあげる。「学術的な議論の場において有力な見解の一つ」が後者の見解の別名であるなら、その見解に闘いを挑み、唱道者を敵対化する (野崎 2002：132-137)。

　同様の解釈は、移民／移住労働者をめぐる政治空間でも見受けられる。今や、先進国に生きる誰もが無関係では済まされないこの政治空間においては、次の二つの解釈が競合の最中にある。一つは、移民／移住労働者の増大を、権力の獲得あるいは強化に利用しようと画策する政治勢力が、得意気になって披露する「人間の安全保障」論である。もう一つは、移民／移住労働者、とりわけ、在留資格をもたない移民／移住労働者を念頭に、「安全が保障されるべき客体は人間である」と主張する「人間の安全保障」論である。双方とも、人間を軸として不安全 (insecurity) を語る点では同じであるが、「人間」の範囲に明らかな違いがある。前者の場合には、経済機会の喪失と治安の悪化に不安を抱く人々が「人間」と規定されており、彼／彼女らの安全を脅かしかねない脅威を除去することが「人間の安全保障」の使命とされる。反対に、後者の場合には、越境し移動してきた人々が「人間」と規定されており、適正な生活水準と健康の安全を保障することが「人間の安全保障」の使命とされる。「人間の安全保障」の精神からすれば、どちらの解釈が推奨されるべきかおわかりいただけよう。後者の「人間の安全保障」論である。この見解は、入居や教育といった公的サービスを受ける段階において一方的に不利な状況を強いられ、社会保障制度の差別的な性格によって診療機会が著しく制限されている、彼／彼女らの日常的な不安全を克服するよう政府に要請する。悪化の一途を辿りつつある外国人差別の風潮に対しては、それを野放しにしてきた政府の責任を厳しく追及し、排外思想の蔓延に活路を見出す政治勢力に対して毅然とした態度をとるよう政府に要求する。「人権」概念の普遍性のもとにその埒外を認めようとしない、きわめて民主的な営為[1]。「人間の安全保障」は、「人間開発」と不可分の関係にあるだけではない。「人権」概念とも深く結びついている (UNDP 1994＝1995：32-33)。(国民が手にしている権利の一部を、彼／彼女らに認める

ことさえ拒絶する)反民主的な解釈が「人間の安全保障」を僭称するなら、「人間の安全保障」は自らの精神の名において、この見解を敵対化する。移民／移住労働者をめぐる政治空間において彼／彼女らの立場に立って「安全が保障されるべき客体は人間である」と主張する「人間の安全保障」論は、前者の見解に希望を見出しやすい人々を「人間にあらざるもの」と規定するものではない。国民であるか否かによって脅威が非対称的に配分されている先進工業社会の「裏の現実」。そのような現実を見据え、その変革を契機に、あらゆる人間とすべての人間集団がおかれた状況を改善していこうと考えているからこそ、彼／彼女らを優先する道を選ぶのであり、国民に理解と協力を求めるのである。

　移民／移住労働者だけではない。「人間の安全保障」が「最も弱い立場にある個人や人間集団」の一つにあげている難民／国内避難民をめぐっても、同様の解釈が競合の最中にあり、固有の政治空間を成立させている。とはいえ、特筆すべきは、女性をめぐる政治空間の情況と、先住民族をめぐる政治空間の情況であろう。これら二つの集団は、「人間の安全保障」をめぐる議論の場から知らず知らずのうちに排除されていく傾向にあるため、競合の仕方に特徴が現れる特異な政治空間と化しているからである。そこにみられるのは、単なるリップ・サービスとしての「人間の安全保障」論と、そうではない「人間の安全保障」論との競合でしかない。双方の違いは、はっきりしている。女性が経験している人間不安の例証となるような具体的なケースとデータを引用しつつ、女性の問題も大事だと結論づける「人間の安全保障」論と、その背後にある歴史的・構造的な不安全をも視野に入れて「安全が保障されるべき客体は人間である」と主張する「人間の安全保障」論……。これら二つの見解を分かつのは、女性であるか否かによって脅威が非対称的に配分されている国際社会の現状を踏まえているかどうかである。たしかに「人間の安全保障」は、国連平和維持活動の要員が女性の人身売買に加担している事実や、軍事基地が行使するジェンダー暴力を捉えてはいない。それゆえ、「人間の安全保障」の陰に、国家安全保障と同じ男性中心主義をみることもできるだろう。しかしながら、女性であるか否かによって脅威が非対称的に配分され、(最も弱い立場にある人間集団を含む)あらゆる集団の根底に男女差別の構造があること

を指摘し、対処すべき問題群の一つにあげている事実（UNDP 1994＝1995：26, 28, 31-32）は、ジェンダー関係における「人間の安全保障」の位置を見定めるうえで看過してはならない重要な点である。「人間の安全保障」の精神を受け継ぎ、自らに可能なやり方でさまざまな問題を克服しようとする「人間の安全保障」論は、男女間にある歴史的に不平等な関係を念頭に、女性が経験している日常的な人間不安の解消をめざす。女性の不安全に言及する「人間の安全保障」論が単なるリップ・サービスとしての「人間の安全保障」論かどうかは、歴史的・構造的な不平等の問題に踏み込んでいるかどうかで決まるのである。

　先住民族をめぐる政治空間についても同様のことがいえる。日常的な人間不安の例証となるような具体的なケースとデータを引用しつつ、先住民族の問題も大事だと結論付ける「人間の安全保障」論と、その背後にある歴史的・構造的な不安全をも視野に入れて「安全が保障されるべき客体は人間である」と主張する「人間の安全保障」論……。これら二つの見解を分かつのは、今日の先住民族にとって最大の問題とは何かを理解しているかどうかである。それは、世界を席巻するネオリベラル・グローバリゼーションが三億人の先住民族に突きつけている死の宣告に他ならない。先住民族は、国際通貨基金（IMF）と世界銀行（WB）がネオリベラルな経済政策を唱導するはるか昔から、経済的に劣悪な状況に据え置かれてきた。例えば、ラテンアメリカの国々に生きる先住民族の場合、不遇の歴史は、1492年の「新大陸の発見」にまで遡る。彼／彼女らは、コルテスやピサロをはじめとする「征服者たち」が行使した物理的暴力と、ラス・カサスに代表されるキリスト教の聖職者らが行使した精神的暴力とによって、土地を奪われ、労働を強いられ、身体を陵辱され、信仰を奪われる過酷な歴史を歩まざるをえなかった（Shapiro 1988：106-111；Connolly 1989: 323-333）。今日、彼／彼女らの多くは、先祖から受け継いできたわずかな土地で自給自足型の農業を営んでいる。この状況は自然に生まれたものではない。何百年もの歴史をもつ「土地の収奪」と、貧困問題の元凶に取り組むことを避けてきた各国政府の怠慢。そして、構造的な不平等を念頭に市場での競争力を授けていく「人間開発」の視点をもてずにきた、政府の想像力の欠如……。こうした要因が複合的に作用する中で創り出されてきた、人為的な人間不安の状況である（武者小路ほか 2002：191）。このような場所にネオリベラル

な経済政策が適用され、貧困層に不利な条件を強いるネオリベラル・グローバリゼーションの渦中へと先住民族が叩き込まれたらどうなるか。結果は目に見えている。各国の研究者が述べているように、「今や先住民族は、グローバル化した農産物市場の動向に翻弄され、（鉱産物と森林資源に目をつけた）グローバル資本主義によって土地を奪われる、受動的で脆弱な立場に据え置かれている。彼／彼女らに残された道は、開発難民となって移住するか、故郷にとどまり、栄養不良、疾病、買売春の中で日常的な人間不安を感じ続けるかのどちらかでしかない」(武者小路ほか 2002：191)。

自由貿易体制の守護神を自認する世界貿易機関(WTO)も、先住民族にとっては「脅威の源泉」の意味合いを濃くする。WTOが認めた知的所有権と貿易関連知的所有権(TRIPS)は、特許制度にアクセスしやすい多国籍企業の権利を保護し、先住民族の権利を侵害する傾向にあるからである。薬学的な分野における先住民族の貢献は、きわめて大きい。彼／彼女らが代々守ってきた植物の種子や薬学的知識は、正当な補償を要求するに足る彼／彼女らの貴重な財産である。だが現状は、グローバルな民主化の実現には程遠い。「先住民族の知識は、その地球的な価値からいって『世界共通の遺産』である」との奇妙な論理のもと、それらに目をつけた多国籍企業が早々と特許を申請し、取得を進めていったがために、本来の所有者である先住民族が特許料の支払いを強要される理不尽な事態が生じている[2]。WTOの政策に少しでも精通している方なら、TRIPS協定にある次の条項はよくご存知であろう。「農家が種子を自家採取した場合でも、その農家は特許料を支払わねばならない」。この条項が先住民族にとって何を意味するのかは想像のとおりである。

こうしてみると、国際的な議論の場から先住民族が排除されていく傾向にあるのも、ある種納得がいく。先住民族の人間不安に取り組むこととは、IMFやWB、WTOの政策に異議を唱えること、言い換えれば、ネオリベラル・グローバリゼーションに異議を唱えることに他ならないからである。もちろん「異議」は、「罵倒」を不可欠の契機とするものではないだろう。これら三つの機関を念頭に説得の言葉をつむいでいき、政策転換の決断を促していくこと……。それもまた、異議がとる形態の一つでありうる。UNDPが提唱した「人間の安全保障」は、先住民族であるか否かによって脅威が非対称的に

配分されている国際社会の現状を明らかにし、彼／彼女らが経験している日常的な人間不安を解消するよう国家と国際社会に要請する（UNDP 1994＝1995：25, 28, 32, 33）。「人間の安全保障」の精神を受け継ぎ、自らに可能なやり方でさまざまな問題を克服しようとする「人間の安全保障」論は、「国際先住民族の10年」が必要であると訴えるリゴベルタ・メンチュウの特別寄稿を掲載した「原典」の姿勢（UNDP 1994＝1995：33）を論拠に、先住民族の人間不安の源泉である歴史的・構造的な不安全をも射程に入れる。先住民族の問題も大事だと主張する「人間の安全保障」論が単なるリップ・サービスとしての「人間の安全保障」論かどうかは、ネオリベラルな経済政策とネオリベラル・グローバリゼーションに異議を唱えているかどうかで決まるのである。

(2) どのような国家か？

では、第二の争点に話を移そう。この争点は、人間や人間集団の空間的位置にかかわるものである。それは、どのような国家を念頭において「個人の安全と国家の安全とが矛盾する場合には、個人の安全を優先すべきである」と主張しているか、に他ならない。

国際的な議論の場において頻繁に耳にする解釈としては、次の二つの「人間の安全保障」論があげられよう。一つは、政府が現実に機能していないために、国民一人一人の生命や財産が十分に保障されていない「破綻国家」を念頭に、「個人の安全と国家の安全とが矛盾する場合には、個人の安全を優先すべきである」と主張する「人間の安全保障」論である。もう一つは、反体制派を弾圧し人権を侵害している「強権的な政治体制をとる一部の開発途上国」を念頭に、「個人の安全と国家の安全とが矛盾する場合には、個人の安全を優先すべきである」と主張する「人間の安全保障」論である。双方とも「問題のない解釈」にみえるが、その根底にある共通の認識を見落とすべきではない。先進国に生きる人々が経験する人間不安は、不安全に値するものではないとしてその埒外におかれているからである。このような解釈が発揮する「メディアとしての効果」は大きい。「個人の安全と国家の安全との矛盾が起きるのは、破綻国家や一部の開発途上国でのことであって先進国でのことではない」。このような思い込みを真実であるかのように語り、もっともらしい装いで再生

産していく。そのため、これら二つの解釈を耳にした人々は、その筋書きに沿って現実を理解し、先進国における人間不安を「人間の安全保障」の対象から排除しようとする策略に嵌（はま）ってしまうことになるだろう。「原典」たる「人間の安全保障」は、先進国における人間不安を隠蔽するものではないというのに……。たしかに「人間の安全保障」は、いわゆる「通常時」と「非常時」の問題を視野に入れていない。通常の国内治安対策／安全保障政策が個人の安全と一致しないケース[3]や、監視と盗聴のネットワークによる人権侵害と情報操作は、「有事」には付きものの人権侵害と同様、先進国における人間不安の典型的な事例であり、本来であればその対象となってしかるべき現象である。だが、その視野にはない。国家安全保障と「人間の安全保障」の間に緊張関係をみることを拒絶し、後者から前者への従属関係があると結論付ける「人間の安全保障」論。「人間の安全保障」の精神を受け継がんとするねらいから、そのような見解をあえて表明し、「人間の安全保障」に再考を迫る急進的な解釈もあるだろう。しかしながら、「人間の安全保障」が次のような解釈を支持し、推奨していることは明白である。破綻国家や「強権的な政治体制をとる一部の開発途上国」を念頭におくだけでなく、先進国をも念頭において、「個人の安全と国家の安全とが矛盾する場合には、個人の安全を優先すべきである」と主張する「人間の安全保障」論を（UNDP 1994＝1995：3, 22-39）。

「街頭での犯罪や麻薬戦争の脅威、HIV／エイズなど不治の病の蔓延、土壌の侵食、汚染の進行、失業の心配、延々と続く飢餓、病気、貧困の脅威……」（UNDP 1994＝1995：24）。脅威がそこにある限り、それがどこなのかは関係ない。「人間の安全保障」の精神を受け継ぎ、自らに可能なやり方でさまざまな問題を克服しようとする「人間の安全保障」論は、先進国／開発途上国の区別にかかわらず、あらゆる人間とすべての人間集団がおかれた状況に目を向ける。国家に属さない人間や人間集団の場合も例外ではない。国家と国際社会には人間の安全を保障する義務がある。その義務がある限り彼／彼女らの安全を保障するよう求めるのが、「人間の安全保障」の「人間の安全保障」たる所以なのである。

(3) 現行の国家と国際社会の性格を踏まえているか？

最後に、第三の争点である。この争点は、「人間の安全保障」が理想とする国家と国際社会の性格にかかわるものである。それは、国家や国際社会に対して対策を講じるよう求める際に、現行の国家と国際社会の性格を踏まえたうえで行っているか、に他ならない。まずは、「人間の安全保障」の基本的な考え方を確認しておこう。

　人間の安全を脅かす脅威は、軍事的なものに限らない。むしろ、個人の置かれた状況によって多様な問題群が脅威となっており、それらが複合的にからみあって人間の安全を脅かしている。したがって、軍事力で人間の安全を保障しようとする政策は有効とは言えない。さまざまな社会経済政策の領域を含んだ包括的なアプローチを採る方が、人間の安全を保障するうえで効果的である。人間の安全を脅かすさまざまな脅威の中でも、人口の増加や環境の悪化、麻薬取引、国際テロといった問題は、脅威の源泉が世界のいたるところに存在しているため地球規模での対策を必要とする。国家と国際社会は、人間の安全を保障する主体として具体的な対策をとらねばならない[4]。

注目すべきは、傍点を付した部分である。さまざまな社会経済政策の領域を含んだ包括的なアプローチを採用する国家と国際社会。「人間の安全保障」が理想とするのは、そのような国家、国際社会であることがわかる。では、現在の国家、国際社会は「面倒見のいい国家、国際社会」なのであろうか。答えは明らかに否である。私たちは今、グローバリゼーションの一つの形態であるネオリベラル・グローバリゼーションが世界を席巻している時代に生きているからである。

　ネオリベラル・グローバリゼーションは、市場の規制を撤廃し、投機的な大競争を推奨する性格をもつ。そのため国家は、市場と投資の安全を確保することにその役割を限定するよう求められている（武者小路ほか 2002：190）。「小さな政府」を追求すべき理想とするネオリベラル・グローバリゼーションが世界を覆うにあたっては、金融型国際機関、とりわけIMFが果たした役割が大きい。財政が破綻した国に対して融資を行う際にIMFが受け入れを迫っ

た緊縮財政措置は、開発途上国をはじめとする多くの国々をネオリベラル・グローバリゼーションの真っ只中に叩き込むにあたって重要な役割を演じてきた (Enloe 1989 : 185)。問題は、このような状況にある国家と国際社会に対し「人間の安全保障」があくまでも、積極的な役割を果たすよう求め続けている点にある。

　要求の内容に問題があるのではない。脅威の多様性に応じて対策の多様化を求めること。それは、いずれの解釈も否定しない至極当然の論理であり、この論理に基づかない「人間の安全保障」論は存在しないといってよい。むしろ、議論を呼ぶのは、障害を除去するための戦略が必要なのではないか、ネオリベラル・グローバリゼーションを敵対化する必要があるのではないか、との問いかけをめぐってなのである。「人間の安全保障」は国家と国際社会に対し、包括的なアプローチを採用するよう要請する。だが、国家と国際社会の方は、そのような指針に基づいて行動できる状態にはない。だとすれば、国家と国際社会が積極的な役割を果たせるよう、障害となっているものを取り除く必要があるのではないか……。このような問いかけが契機となって、ネオリベラル・グローバリゼーションを問題化する「人間の安全保障」論が登場する。その必要はないと考えるさまざまな解釈との間で、終わることのない死闘を繰り広げるのである。

　ここで再び、先住民族をめぐる政治空間を検証した際にも問題となった、ある論点に立ち戻ることになる。はたして「人間の安全保障」は、ネオリベラル・グローバリゼーションに対してどのような態度をとっているのであろうか。1994年度の『人間開発報告書』では、明確な態度表明は行われていない。たしかに「人間の安全保障」は、不安定な雇用形態への移行と社会の二極分化を特徴とする現代世界の実像を捉えており、人間の安全を脅かすさまざまな脅威の背後に、国際的にも国内的にも不公平な所得配分の構造があると力説している (UNDP 1994＝1995 : 24-28, 34-35)。しかしながら、このような変化がなぜこれほどまでに急激に進んでいるのかについては、明確な解答を示していない。すでに存在する不公平な構造を、あたかも存在しないかのように考えることで、さらなる強化に貢献するグローバルなプロジェクト。豊富な資金力をもつ企業家に一方的に有利な世界を創り出そうとするこの壮大なプロ

ジェクトについては言及さえしていない。「人間の安全保障」は、ネオリベラル・グローバリゼーションが直接的あるいは間接的に人間不安を創り出す元凶となっている事実を踏まえてはいなかったのである。

　だが、2003年に転機が訪れた。脱却を志向する「人間の安全保障」論は、新たなお墨付きを得ることに成功した。「人間の安全保障委員会」の最終報告書である。その第5章には、「最貧困層にも裨益する公正な貿易と市場の強化」が謳われており、ネオリベラル・グローバリゼーションの旗振り役を務めているIMFやWBを意識した記述が随所にみられる[5]。さらに第6章では、WTOが進める知的所有権／TRIPSの問題にも踏み込んでおり、この問題について衡平な議論がなされることを勧告している[6]。豊富な資金と大きな影響力をもつこれら三つの機関を敵にまわしていては、国家と国際社会が包括的なアプローチを採用できる状態を創り出すことはできない。ネオリベラルな経済政策の転換を促し、人間不安の解消と「人間開発」にその資金を充当させるためには、「説得」という名の駆け引きを繰り返し行っていく必要がある。「人間の安全保障」は異議を、罵倒するかたちではなく説得するかたちで表明したことで、ネオリベラル・グローバリゼーションを問題化する新たな時代を切り開いた。「人間の安全保障」の精神を受け継ぎ、自らに可能なやり方でさまざまな問題を克服しようとする「人間の安全保障」論は、IMFやWB、WTOに対し政策転換を迫り始めた「人間の安全保障」の決断を支持し、ネオリベラルな経済政策とネオリベラル・グローバリゼーションを敵対化する。その意味では、IMFとWBにおいて大きな発言力をもつ国々、とりわけ日本に対する働きかけが鍵を握ることになろう。金融型国際機関はその意思決定の仕組みとして、出資額に応じて票数を配分する加重投票制度を採用している。アメリカ合衆国に次ぐ第二位の出資額を誇る日本は、政策転換の実現に向けて主導的な役割を果たすことができる格好のポジションにいる。国連に対し「人間の安全保障委員会」の設立をもちかけた「最大の理解者」たる日本が、IMFとWBにおいて重要な位置を占めている事実は、新たな時代を切り開いた「人間の安全保障」とその精神を受け継がんとする「人間の安全保障」論にとって、これほど好都合なことはない。日本政府に対する期待は嫌が応にも高まってくる。では、日本政府のいう「人間の安全保障」は、このような期待

に応えられる内容を持ち合わせているのであろうか。次節で検証することにしよう。

3 対外政策の柱に据えられた「人間の安全保障」

> 「人間の安全保障」とは、近年のグローバリゼーションの進展、地域紛争の頻発を背景に、人間ひとりひとりの生存、尊厳、生活に対する脅威として強く認識されている貧困、環境破壊、薬物、人の密輸等の国際組織犯罪、難民流出、紛争下の子ども、対人地雷といったさまざまな問題について、人間個人に着目して、国際機関、各国政府、NGO等の連携を強化しつつ対応する必要があるとの考え方である。「人間の安全保障」の考え方について、日本においてもアジア経済危機を契機に認識が高まり、小渕総理は、1998年12月、ハノイにおける政策演説において「人間の安全保障」の確保を外交政策の重要な要素として位置づけており、政府は現在、ODAを含めた開発協力の在り方について「人間の安全保障」の観点から新たな展開をはかろうと努めている。武力行使を伴う紛争や大規模な災害は人間ひとりひとりの生活基礎を根底から覆す人道上の問題を引き起こすだけでなく、それまでの開発の成果を損なう。また、その後の復旧・復興にも多大の時間とコストを伴う。日本は「人間の安全保障」の観点から、これらの被災者の支援を重視している[7]。

これは、日本外務省のホームページに掲載されている「人間の安全保障」についての一節である。この文章にもあるように、「人間の安全保障」と日本政府との結び付きは、1998年12月に小渕恵三総理大臣（当時）がベトナム国際関係学院で行った政策演説に始まる。それ以来、日本政府は、「人間の安全保障」を対外政策の柱の一つに掲げ、主に開発援助の分野で活用してきた（平井2001：344-348）。2003年の現時点においても、この傾向に変化はみられない。たしかに、「人間の安全保障」が掲げられる問題群の範囲は、「紛争後の平和構築」を含むかたちで拡大する傾向をみせている。だが、「人間の安全保障」が対外政策の柱に据えられていること、言い換えれば、「人間の安全保障」の適用

される問題群が対外政策の領域にあると考えられていることでは一貫している。この一貫性は大きい。なぜなら、日本政府が展開する「人間の安全保障」論の特徴は、まさしくこの点に現れているからである。「人間の安全保障」は国境をものともしない。先進国における人間不安にも目を向ける。このような広い視野をもつ「人間の安全保障」が、外交理念の明確化を迫られていた日本政府の手によって対外政策の柱の一つに掲げられる。「人間の安全保障」にどのような変化が起きるのか、おわかりいただけよう。視野が狭められてしまうのである。「人間の安全保障」は、対外政策の領域に位置付けられることによって、国境の内側にある脅威を不問に付すよう「最大の理解者」に要請される。「『人間の安全保障』が取り組むべき対象は、国境の外側にのみ存在する」。「国境の内側には、『人間の安全保障』が取り組むべき問題群は存在しない……」。このような想定を支え、強化するための道具に「人間の安全保障」は成り下がってしまうのである。

具体的に考えてみよう。例えば、日本に生きる移民／移住労働者が強いられている次のような状況は、本来であれば「人間の安全保障」にとって見過ごすことのできない不安全の一例である。国境の内側にあるさまざまな脅威は、「人間の安全保障」が対外政策の柱に据えられることによって逆に隠蔽され、取り組むべき問題群の範囲から抜け落ちていくのである。

・社会保障制度の差別的な性格と、公共サービスの受給における差別的な扱い：

「人間の安全保障」は、合法か非合法かを問わず、すべての移民／移住労働者の安全を保障するよう国家と国際社会に要請している[8]。移住してきた先で彼／彼女らが感じる人間不安は、いわゆる「生活安全保障」の視点から十分に対処することができる。にもかかわらず、日本に住む移民／移住労働者、とりわけ、在留資格をもたない移民／移住労働者（人身売買の被害に遭い、売春を余儀なくされている女性を含む）は、教育や入居といった公的サービスを受ける段階において一方的に不利な状況を強いられ、社会保障制度の差別的な性格[9]によって診療機会が著しく制限されている日常的な人間不安の状況に据え置かれたままである。

・収容施設で横行する非人道的な扱い：

退去強制手続の執行まで外国人を収容している入国管理局の施設では、職員による暴力やセクシャル・ハラスメントのほか、手錠の使用や独房への拘禁など、外国人に対する非人道的な処遇が横行している。国連の規約人権委員会は1998年11月、日本の入国管理行政について異例ともいえる「強い懸念」を表明し、改善に向けて努力を行うよう日本政府に勧告した。「人間の安全保障」を掲げる政府は1999年に出入国管理法を改正し、この勧告に積極的に応えるかにみえたが、不法滞在罪の新設と入国禁止期間の延長を柱とする同法の改正において、規約人権委員会の勧告は完全に無視された(10)。

・悪化の一途を辿っている外国人差別の風潮を野放しにし続ける政府の怠慢：

「人間の安全保障委員会」は、移民／移住労働者に対する不寛容が高まりをみせつつある現状に強い懸念を表明し、権力と強制力を手にする兵士や警察官に対し人権教育を徹底することが必要だと強調している(11)。日本政府は、紛争後の平和構築との絡みでこの要請を積極的に受容し、支持する姿勢を鮮明に打ち出しているが、それはあくまでも、国境の外側でのことにすぎない。例えば、警察庁の科学警察研究所が進めている研究プロジェクト「来日外国人犯罪の増加に対処するための新しい検査指標の開発」(12)は、犯罪捜査への信頼を損なうばかりか、外国人差別の風潮を助長し、排外思想の蔓延に手を貸してしまう危険性がある。にもかかわらず日本政府は、身内の暴走を止めようとしない。日本の対外政策の柱に「人間の安全保障」を掲げた当の機関である外務省でさえも、「人間の安全保障」の精神に反するこのような研究に対しだんまりを決め込む始末である。

国境の内側では受容しない。政府の施策が生み出す人間不安も存在しない。外交当局が管轄する問題領域である限りにおいてのみ「人間の安全保障」を受容し、対外政策の柱に据え称揚する。日本政府のいう「人間の安全保障」とは、対外関係においてのみ「人間の安全保障」を受け入れる「選択的受容」の態度の

別名に他ならない。外務省は厚生労働省に対し、社会保障制度の差別的な性格を改めるよう要請したか。外務省は法務省と入国管理局に対し、収容施設での非人道的な処遇を改善するよう要請したか。外務省は警察庁と科学警察研究所に対し、意図されざる帰結をもたらしかねない「民族識別指標の研究」を取り止めるよう要請したか……。「縦割り行政の弊害」は理由にならない。管轄内であるかどうかも意味がない。日本の外交当局が管轄外であることを理由に、国境の内側にある人間不安を放置する愚を犯し続けるとすれば、それは、「人間の安全保障」に対する明白な裏切り行為だといわざるをえない。日本政府に対する期待は、こうして幻滅へと変わるのである。

4 おわりに

　日本政府が展開する「人間の安全保障」論は、「人間の安全保障」の精神を踏みにじる横領行為の一例である。国境の内側にあるさまざまな不安全と、政府の政策が人間不安の源泉となっている事実を隠蔽すること。国境の内側に生きる人間を「人間」と「人間にあらざるもの」に選別し、後者が直面している問題を「人間の安全保障」の視野から奪うこと……。対外関係においてのみ「人間の安全保障」を受容する「選択的受容」の態度は、こうした一連の営為を可能にし、「人間の安全保障」を無力化する。この問題は、日本政府に対する信用のレベルにとどまらない。解釈と解釈の闘いに介入し始めたばかりの「人間の安全保障」にとって、きわめて重大な意味をもつ。国連に「人間の安全保障委員会」の設立をもちかけ、「最大の理解者」としての立場を内外に印象付けた日本政府でさえ、「人間の安全保障」の精神を踏みにじる横領行為に手を染めている。この問題に毅然とした態度をとらずに黙認を続ければ、日本政府が展開する「人間の安全保障」論への幻滅が「人間の安全保障」そのものへの幻滅を生み出し、動員力を失う結果に終わりかねないからである。

　「人間の安全保障」の精神を受け継ぎ、自らに可能なやり方でさまざまな問題を克服しようとする「人間の安全保障」論は、こうした事態を「『人間の安全保障』そのものの危機」と捉え、「選択的受容」の態度を改めるよう日本政府に要求する。今日の社会情勢を考えるに、日本国内で優先されるべきは、在留

資格をもたない移民／移住労働者が据え置かれた状況である。日本の社会保障制度に刻み込まれた差別的な性格を克服し、彼／彼女らが感じている日常的な人間不安を解消する仕組みを考案すること。人身売買の加害者を処罰し、被害者の人権を保障する「人身売買禁止法」の制定を急ぐこと。入国管理局の収容施設や警察における処遇を監視し、不当な扱いを受けたとの訴えがあれば、それを救済する機能をもつ、独立した国内人権救済機関の設立を認めること……。こうした一連の措置は、「人間の安全保障」を危機的な状況から救い出すだけでなく、日本に生きるあらゆる人間とすべての人間集団がおかれた状況を改善していくための大きな突破口になるだろう。横領行為に対して脆弱な「人間の安全保障」の命運は日本政府が握っている。私たちが「他者への不寛容」と決別し、移民／移住労働者の立場に立って「安全が保障されるべき客体は人間である」と主張し続けることができるかどうかに、すべてがかかっているのである。

注

(1) 「民主主義」という概念が登場して以来、その根底にあり続けた「平等化への要求」は、アメリカン・デモクラシーが一世を風靡する中で人々の認識から忘れ去られる傾向にあった。本章でいう「民主主義」は、この古くて新しい民主主義の一つの次元にかかわるものである。「民主主義の制度的次元」とは異なる第二の次元、すなわち「民主主義の壊乱的次元」については、ラクラウとムフの共著（1985＝1992：244-302）か野崎（2001：47-49）を参照されたい。

(2) http://www.unic.or.jp/centre/txt/indige03.txt

(3) 例えば、①テロや犯罪から社会全体を保護し、国内秩序を維持するための政策が個人の安全や自由を制約する事態を招くケースや、②軍事基地が特定の地域に集中しているために、住民の生活環境が脅かされるケース、③一般的には「平和を維持するための活動（軍隊）」と説明され理解されている活動（軍隊）が、個人の安全を脅かしているケース、などがあげられよう。

(4) この文章は、フェミニズム／ジェンダー分析の視点と「人間の安全保障」の視点から国際社会と日本社会の現状を明らかにする講義を行った、横浜国立大学経済学部の2003年度教養教育科目「現代政治（国際）」の講義ノートから引用している。ちなみに、この文章を作成するにあたっては栗栖論文（1998：85-90）を参考にした。この場を借りて深く感謝したい。

(5) http://www.humansecurity-chs.org/finalreport/chapter5.pdf
(6) http://www.humansecurity-chs.org/finalreport/chapter6.pdf,pp.104,109.
(7) http://www.mofa.go.jp/mofaj/gaiko/oda/oda99/gai/gai-04-1.htm（一部改）
(8) http://www.humansecurity-chs.org/finalreport/chapter3.pdf,pp.46-47,51-52.
(9) 日本の社会保障制度は、日本国民と日本に1年以上合法的に滞在する外国人に対してのみ保障されている。そのため、在留資格をもたない移民／移住労働者は国による保護の対象外となっている。
(10) http://www2.odn.ne.jp/nyukan/adv/adv00.htm；
http://www2.odn.ne.jp/nyukan/immlaw /law00.htm
(11) http://www.humansecurity-chs.org/finalreport/chapter7.pdf,pp.122,126.
(12) http://www.nrips.go.jp/evaluation/H14/jigohyouka2.pdf

引用・参考文献

Commission on Human Security, *Final Report of the Commission on Human Security*. <http://www.humansecurity-chs.org/finalreport/index.html>

Connolly, William E. 1989, "Identity and Difference in Global Politics," In James Der Derian, & Michael Shapiro eds., *International/Intertextual Relations : Postmodern Readings of World Politics*, Lexington：Lexington Books, pp.323-342.

Enloe, Cynthia 1989, *Bananas, Beaches and Bases : Making Feminist Sense of International Politics*, London：Pandora.

Laclau, Ernesto, & Chantale Mouff 1985, *Hegemony and Socialist Strategy*：*Towards a Radical Democratic Politics*. London：Verso ＝1992 山崎カヲル・石澤武訳『ポスト・マルクス主義と政治 ――根源的民主主義のために』大村書店。

Shapiro, Michael J. 1988, "The Constitution of the Central American Other：The Case of 'Guatemala'," In *The Politics of Representation : Writing Practices in Biography, Photography, and Policy Analysis*, Madison：The University of Wisconsin Press, pp.89-123.

UNDP 1994, *Human Development Report 1994*. <http://hdr.undp.org/reports/global/1994/en/> ＝1995.

国連開発計画(UNDP) 1994、『人間開発報告書 1994』国際協力出版会。

栗栖薫子 1998、「人間の安全保障」日本国際政治学会『国際政治』第117号（安全保障の理論と政策）、85-102頁。

野崎孝弘 2000、「記憶と表象――世界と政治の意味をめぐって」『神奈川大学評論』第36号、87-96頁。

野崎孝弘 2001、「国際関係論におけるヘゲモニー概念の批判的検討(4)――問題化と

抵抗を志向する二重の戦略」『早稲田政治公法研究』第68号、33-63頁。
野崎孝弘 2002、「安全保障の政治学——国家から人間への視座の転換を問う」『現代思想』1月号、青土社、132-145頁。
平井照水 2001、「日本の外交政策と人間の安全保障——バングラデシュの事例から」勝俣誠編著『グローバル化と人間安全保障——行動する市民社会』日本経済評論社、343-386頁。
武者小路公秀ほか（野崎孝弘訳）2002、「『人間安全保障』についての公開書簡」『世界』5月号、岩波書店、187-198頁。

日本外務省ホームページ <http://www.mofa.go.jp>
警察庁科学警察研究所ホームページ <http://www.nrips.go.jp/index.html>
国際連合広報センター　ホームページ <http://www.unic.or.jp/>
入管問題調査会ホームページ <http://www2.odn.ne.jp/nyukan/index.html>

第9章　カナダの外交政策と人間の安全保障

1　はじめに
2　人間の安全保障
3　外交政策と人間の安全保障
4　カナダの外交政策における人間の安全保障
5　人間の安全保障とカナダ外交政策の伝統
6　おわりに

ジョージ・マクリーン

本章の梗概

　本章の目的は、カナダの外交政策において人間の安全保障という考えが登場してきた過程と、その理念の採用がカナダ政府にどのような影響を与えたのかについて考察することにある。人間の安全保障を第二次大戦の終結以降のカナダ外交の文脈に位置付ける作業を通して、人間の安全保障がカナダの外交政策の実践から大きく逸脱するものではなく、また広くその外交政策の伝統に根ざしている点が明らかにされる。またカナダでは、人間の安全保障という視座から外交問題に取り組む伝統が根強い一方、実際にカナダ政府が政策として実行する場合には、考慮すべきさまざまな問題が存在することも指摘される。人間の安全保障政策を擁護しなくてはならなかったり、通商上の利害や同盟関係などと矛盾する、もしくはそれらを軽視していると批判を受けたりしているのである。こうした点を踏まえたうえで、本章は、まず人間の安全保障概念の概略を述べ、もし人間の安全保障を政策オプションとして用いるとするならば、どのような外交政策のアプローチと手段 (skillsets) が適用されなくてはならないのかを検討する。次にカナダが掲げる人間の安全保障の基本方針およびその影響を評価し、また人間の安全保障がカナダの外交政策の伝統とどのように関連しているのかについて考察を加える。

1 はじめに

　カナダの外交政策は、権利、人道主義、文民の保護を強調することで知られている。近年では、こうした伝統は「人間の安全保障」の重視をもたらした。本章において後述するように、それは、政策の「変更」というよりむしろ「進化」である。しかし、カナダが人間の安全保障を採用したことは、時に他の政策や方針との矛盾も生じさせたことはもちろん、同盟関係や、外交政策を展開するにあたって中核となる利害、政府間機構におけるカナダの役割に対していくつか重大な帰結をもたらすことさえあった。

　カナダの人間の安全保障アジェンダは、広くカナダの外交政策の伝統に根ざしている。このことは、重要な問いをいくつか提起する。すなわちカナダの人間の安全保障アジェンダはいかなる基盤のうえに成り立っているのか。であれば、どれくらい人間の安全保障は従来の［訳注：外交政策の］実践から逸脱しているものなのか。本章は、カナダの外交政策における人間の安全保障の展開を概略的に示し、人間の安全保障がカナダ政府に与える反響を評価する。また、人間の安全保障がカナダの外交政策の実践から大きく逸脱していないことを主張する。まず人間の安全保障概念を概観することから始め、次にもし人間の安全保障が政策オプションとして含まれるとすれば、どのような外交政策のアプローチと手段 (skillsets) が適用されなくてはならないのかを考察する。続いて、カナダの人間の安全保障の基本方針やそれに関連する含意が検討される。最後に、人間の安全保障とカナダの外交政策の伝統とのかかわりについて若干の考察を行う。

2　人間の安全保障

(1)　グローバル化する世界と人間の安全保障概念の登場

　現代世界政治のグローバル化は、私たちの安全保障観に影響を及ぼしている。簡潔にいえば、冷戦型の戦略的思考の諸概念や基準は、現在の国際関係に現出している安全保障上の挑戦を的確に捉えていない。しかし、このことは、システムの変化が何らかの理由で国際的な安全保障問題をとるに足らな

いものにしてしまったことを示すものではない。実際、国家間の戦争、大量破壊兵器の拡散、(いくつかの例においては)通常兵器による軍拡は、世界各地で、現在も安全保障上の脅威リストにおいて中心要素として残っている。しかしながら、ロバート・ウィリアムズが論じているように、「かつてそうできたとしても、もはや領土や主要な価値を軍事的脅威から防衛する国家の能力という観点だけでは安全保障を定義できないのである」(Williams 2000)。

現代の安全保障問題は、民族紛争、平和維持、環境破壊、人の移動、内戦のようなお馴染みの問題はもちろんのこと、潜在的脅威や現存する脅威に関連するはるかに広範囲の課題を扱わなければならない。これらの問題は、グローバル化過程の只中にあって、従来のアリーナの範囲を広げ、研究手法や論点の幅広い構想を求めている。国民国家に関する私たちの従来の見方に加えて、この新しいアプローチは、個人および共同体の役割やその含意に注意を向ける。マブーブル・ハクが主張するように、「昔日の理念や道具を使って、人間の安全保障に対する新たな脅威に対処することはできない」(Haq 1993)。

外交政策オプションとして人間の安全保障が登場したことは、世界大で加速的に進んでいるグローバル化と密接に関連し、かつその衝撃に曝されている。グローバル化は、主権の撤廃ではなく、むしろトランスナショナルな主体、例えば、市場へのアクセスを求めて、国家と交渉する多国籍企業、あるいは集団的行動を通して主権国家に制約を課そうとする国際連合のような多国間主体などに一定程度の政治的権威を拡張することを意味する。しかも、カナダの外交政策という文脈では、主要な問題は国境を越えた諸国家の法に基づく行動にかかわる。グローバル化が深化し、それによって統合が進んでいく過程を考えると、外交関係をめぐるカナダの政策は、ますます増大する政治的関係によって影響を受けるのは確実であろう。したがって、グローバル化過程という文脈において、人間の安全保障は、伝統的な安全保障問題が提起する課題を論理的に拡大したものとして表れるのである。

国際関係における新しくかつ革新的な概念の多くがそうであるように、人間の安全保障は外交政策の専門家から歓迎されることもあれば、中傷されることもある。それが「曖昧で」明確さに欠けているという者もいれば、その[人間の安全保障] 政策は提唱者を道徳面で優位に立たせると指摘する者もいる

(Owens & Arneil 1999；Hampson & Oliver 1999)。それにもかかわらず、人間の安全保障が急成長中の概念であることは広く認められている。人間の安全保障に批判的な者たちも、課題が広がっていく結果として国際安全保障の分野においてもパラダイムの変化がみられることを少なくとも認めている。

人間の安全保障は、よく全般的に捉えどころのない概念[1]とみなされているけれども、「安全保障」それ自体が何世代にもわたって活発な議論の対象となってきた概念である。ラメシュ・タクールが的確に指摘するように、一般的な意味で、安全保障は、政治、経済、社会、集団、環境、民族／国民といった観点から考えられてきた(Thakur 1999: 52；Williams 2000 も参照)。同様に、フィリップ・サーニーは、国境を横断するネットワークや忠誠およびアイデンティティの変化という環境において「新しい安全保障ジレンマ」が国家システムに挑戦し、「上からの安全保障」を課すことがより困難になっていると論じている(Cerny 2000)。

(2) 国家から個人へ：人間の安全保障の争点

実践的観点では、人間の安全保障は領域に基づく伝統的な安全保障から、人／身体(person)へと私たちの焦点を移行させた。個人の身体の保護・保持が、政治的ユニットである国家の防衛だけでなく、個人の福利や生活水準へのアクセスからも生じることを人間の安全保障は認識している。しかし人間の安全保障は、教育、健康管理、犯罪からの保護といった個人の福利にかかわる問題を「含む」だけではない。これらは、当然のことであるが、主権国家の領分にある問題である。なぜならいかなる国家の中心的な目的も安全保障が第一であり、その次に福利に向けられるからだ。しかし、国家安全保障が人間の安全保障にとって必要条件である一方で、「国家が安全であるからといって、住民も安全であるということにならない」(Department of Foreign Affairs and International Trade, Canada [DFAIT] 1999：1)という指摘は重要である。

人間の安全保障は、環境・資源の希少性から生じる暴力、人権侵害、あるいは大規模な人の移動といった非領域的安全保障の位相の多くをしばしば伴って生じる脅威からの保護を意味している。それゆえ、領域的安全保障という伝統的概念が国家の戦争行為にみられる組織的な脅威に関係するならば、

人間の安全保障は偶発的な脅威の問題に対応する。要するに、人間の安全保障は、個人の身体的環境、彼らが生活する共同体、そしてそれら共同体がおかれている環境における安全を含むのである。広義には、人間の安全保障には次のような争点が含まれる。
- 暴力もしくは危害からの個人の身体の安全
- 基本的な生活必需品へのアクセス
- 次にあげるものからの個人の保護
    犯罪およびテロリズム
    感染症
    政治腐敗
    大規模な人の移動
- 人権の付与
- ジェンダーに基づく暴力からの自由
- 政治的および文化的共同体の権利
- 天然資源の乱用および浪費の防止
- 環境の持続可能性および汚染抑制のための取り組み

(3) 伝統的安全保障との相違点

以上の争点は安全保障上の関心の多岐にわたるセットのように思われるかもしれないが（そして実際そうである）、ここには明らかに中心となるテーマがある。つまり最も深刻な次元において、こうした争点の各々が偶発的な暴力の脅威と、環境の悪化の問題を含んでいる。しかし、人間の安全保障は安全保障の単なる「再定義」ではない。事実、人間の安全保障は、個人もしくは共同体が抱く剥奪感に対する保障ないし擁護という点で領域的安全保障という伝統的な規範理念と密接に関連している。さらに、人間の安全保障は、諸国家の通常の課題を果たす機能である伝統的安全保障にかかわっている[2]。また人間の安全保障は各種の福利目的の達成と保障に集中する。他方で、それは、「防衛的」概念であるだけでなく、「統合的」概念[3]であり、個人の福利や保護という広範な目的をもった政治共同体の統治および保護を包摂するよう設計されている点で伝統的安全保障と区別される。

こうした区別と並んで、[伝統的安全保障と人間の安全保障の]重要な類似性が確認されなくてはならない。伝統的安全保障が紛争解決だけでなく、紛争予防ともかかわっているように、人間の安全保障は争いを抑制あるいは回避する取り組みであり、その中には紛争の積極的な回避も含まれる。タクールが指摘するように、人間の安全保障は私たちが従来理解しているような安全保障にとって代わるものではない[4]。むしろ、私たちの幅広い思考にこの理念を取り入れることを可能にする「多元主義的な共存」(pluralistic coexistence) が内在している、と彼は述べる (Thakur 1999)。領域的ないし人間的に「安全な」環境とは、紛争が解決されただけでなく、それが予防された場所でもあるのだ。

3 外交政策と人間の安全保障──適用か変容か──

(1) 相互脆弱性の増大と人間の安全保障の要請

人間の安全保障は、現代の政治共同体が直面する「相互脆弱性」[5]の増大の反映である。この相互に脆弱な状態は、国際システムにおける諸国家間の相互連関性が拡大した結果である。この相互連関性あるいは相互依存性といった概念は決して新しいものではないが (Keohane & Nye 1977)、ここで脆弱性という論点は重要である。伝統的な政治共同体は常に他者の行動から何らかの影響を受けている。しかし、他者の行動に対する感受性は領域国家だけでなく、地域共同体や諸個人にも及ぶ。さらに、諸個人と共同体の相互連関性は、国際システム全体にとっても影響をもたらす。すなわち、最も脆弱な地域における問題さえも安定した地域に派生的結果をもたらし、国際システムにおいていかなる地域もほかの地域における人間の安全保障のリスクからの影響を免れない状況を生み出す (Head 1991; Nef 1995)。

概念的に人間の安全保障が私たちの伝統的な安全保障観と容易に「合致」しない理由の一つは、人間の安全保障に関する問題の多くが国際領域ではなく、国家が責任を持つ領域にあると考えられているからだ。しかし、純粋に国内レベルあるいは国際レベルにある諸問題を考えることができるかもしれないけれども、私たちは国内の出来事と国際社会に影響を及ぼす出来事の関連を捉えることの困難さを認識しておかなくてはならない。

このことは、国家がこの関係性から何らかの理由で排除されてしまう、ということを示すものではない。むしろ、人間の安全保障は、国家、多国間ないしトランスナショナルな主体、国際社会全体それぞれの利害に関係する。国際システムにおける諸国家の相互連関性のゆえに、国内レベルでの出来事が不可避的に国際的な領域に「波及」するのである。

(2) 人間の安全保障のアプローチと手段(skillsets)

人間の安全保障に対処することは、従来とは異なるアプローチと手段(skillsets)を必要とする。**表1**は、空間的要素、関係する対象、主要な問題、管理形態、意思決定手続き、潜在的脅威、そして対処策といった諸次元を概略的に示すことによって人間の安全保障と伝統的安全保障を分類している。制度化された政治やルールに則った意思決定形態をもつ主権的領域国家が対象となる伝統的安全保障への対処は、国政術(statecraft)の通常「道具」である外交的および軍事的手段を必要とする。[このことと]その共同体に生活する個人を守ることとは別の問題である。概念上、それは往々にして非領域的な関係から発し、そこには外部勢力によって意思決定が制限あるいは強制されている非国家および制度化が十分でない主体が含まれる。手段とアプローチに関して、前述の人間の安全保障上の争点のリスト（**表1**）を簡単に参照することによって、人間の安全保障に対処するうえで必要となる多様なアプローチの指標が得られる。この点で、**表2**は、それらの争点と、その対処に必要な手段のいくつか、すなわち警察、政府による公共財の供給および配分、調整メカニズム、憲法および法規範、そして民主的開発を組み合わせたものである。重

表1 伝統的安全保障および人間の安全保障の諸次元

次　元	伝統的安全保障	人間の安全保障
空間性	領域主権	空間的に定まっていない
対象	国家	共同体・個人
主要な問題	外交・軍事	社会政治・社会経済・環境
コントロール形態	制度化されている	制度化されていない
意思決定	公式(政治)	非公式(直観的)
潜在的脅威	組織的暴力	偶発的な暴力
対処策	外交・軍事：単独	科学・技術：多国間統治

表2　人間の安全保障の脅威への対処策

人間の安全保障の争点	必要な手段(skillsets)・アプローチ
暴力および危害からの個人の身体的安全	現地の警察行動
基本的な生活必需品へのアクセス 犯罪およびテロリズム・感染症・政治腐敗・大規模な人の移動からの個人の保護	現地の統治・公共財の配分・健康管理政策・トランスナショナルな協調
人権の付与 ジェンダーに基づく暴力からの自由 政治・文化共同体の権利	法的、立憲的、司法的
政治・経済・民主的開発	民主的開発・援助と貿易戦略

要なことは、外交的および軍事的権能以外にも及び、政府だけでなく、科学、技術、法の執行、司法権、社会サービスが組み込まれているという点である。

　表2を注意深く考察すれば、人間の安全保障がもつ複雑性のいくつかが明らかになろう。簡単にいえば、住民は安全であるか、それともそうでないのかということである。さらに、安全が保障されていないところは、管理が行き届いた範囲から外れ、国民国家の権威が及ばないところで経験される状態からたびたび生じる。例えば、適正な法制度や健康管理を引き受ける責任には国家主体とともに非国家主体が含まれる。したがって、人間の安全保障が遭遇する困難には、多岐にわたる実施上の争点と関係主体がしばしば含まれる。

　ここには、考慮すべき多くの争点がある。つまり、国際問題と国内問題に認められる「溝」を架橋すること、主権原則を廃止せずに従来とは異なる脅威に対応すること、各層の主体の利害を反映すること、そして紛争や偶発的な暴力を防止する取り組みに従来用いられてこなかったような手段（unorthodox skillsets）を取り入れることなどである。

　人間の安全保障の適切な実施および計画は、問題の性格を明らかにさせるために、適切な外交政策を提起したり、制度化の拡大という実践的な道筋を確立したりすることを諸国家に要請する。すべての国家がこの手順を引き受けてきたわけではないが、カナダは主導的役割を担ってきた。この目的に向けて、カナダ政府が着手した人間の安全保障を一貫した対外政策の基本方針に統合する取り組みをみていこう。

4　カナダの外交政策における人間の安全保障
―― 原則と含意 ――

(1)　外交政策オプションとしての人間の安全保障原則

　おそらく、他の国と比べると、カナダは一貫して外交関係の人道的側面を強調してきた。実際、そうした人道主義の伝統は、最近の人間の安全保障アジェンダに反映されている。前外相ロイド・アクスワージー[6]は、任期当初に、人間の安全保障を外務国際貿易省の政策の中心的な柱として位置付けた。国内では「予算規模を越えている」(Owens & Arneil 1999：2)外交政策の見解であるという批判を招いたにもかかわらず、アクスワージーは、国際問題においてはしばしば「行動が理論を導く」(DFAIT 1999：ⅰ)と述べ、人間の安全保障を政策の一つの基盤として強力に推進した。

1) カナダ政府の見解

　人間の安全保障は国家安全保障にとって代わることができるというのではなく、むしろ国家安全保障および国際安全保障の論理的拡大であるというのがカナダ政府の立場である。カナダの外交政策声明は、人間の安全保障に関する国連開発計画(UNDP)の基準――経済、食糧、健康、環境、個人、コミュニティ、政治――を反映している。しかしこの同じ声明では、この基準が「政策手段としては適用しにくい」(DFAIT 1999：3)概念を導くとも指摘している。UNDPの基準は、武力紛争の結果、住民が曝される脅威に十分な注意を払っていないとカナダは主張してきた。政策オプションとして人間の安全保障を打ち出す際に、カナダは住民が基準であるという立場をとっている。この場合、国家、経済、資源へのアクセスの保護が国家安全保障、経済安全保障、資源安全保障に寄与するように、文民の保護が確保されることは人間の安全保障に寄与するのである。さらに、カナダ政府が人間の安全保障に賛成して、どうやら国家安全保障という伝統的概念を放棄してしまったという通念にもかかわらず、カナダの外交政策声明においては、国家［安全保障］と人間の安全保障には明白な関連性が示されている。カナダ政府のある文書は以下のように主張している。

人間の安全保障アプローチが国家安全保障の位置付けをめぐる問題を提起するのは不可避である。これら二つの概念は根源的に相補うものである。市民全員の保護を確保できるような開放的で、寛容、かつ即応的な国家によって住民の安全は保障される。同時に、人間の安全保障を高めることは、国家の正統性と安定性を高め、国家自体も強固なものにする。安全かつ安定的な世界秩序は下からと上からの双方から築かれる。しかし、国家が常に人間の安全を保障するとは限らないことは明らかである。国家が対外的には侵略的で、国内では抑圧的である時、あるいは実効的な統治を行うには脆弱である時、住民は被害を受ける。国家が支援する大量殺戮、住民に対する計画的な残虐行為、非道な人権侵害に直面した時、人道的な行動義務は無視できないし、ある場合には、国家主権の問題よりも重要となりえる (DFAIT 2000：3)。

したがって、カナダが強調する人間の安全保障と国連の解釈を同一視する見方とは反対に、オタワにとっての鍵となる特徴は、安全が保障されていない状態がその人間 (the person) に影響を及ぼす構図であった。事実、カナダは、個人の問題に国連が注意を欠いていることにきわめて批判的である。この点は重要な問題である。なぜならば人間の安全保障を批判する人たちは、しばしば人間の安全保障の課題が非常に多岐にわたるので、財政的にも、また実行するにしても不可能であると論じているからだ。これは妥当な指摘である。すなわち疾病や感染症、自然災害、環境破壊、経済混乱といった問題の範囲を考えると、UNDP 型の人間の安全保障アジェンダの一部と考えられる争点すべてを組み込もうとするのは説得力を欠くであろう。しかし、こうした多岐にわたる問題群とは対照的に、カナダは暴力の脅威から文民を保護することに集中する。個人に焦点を据えることで、カナダの人間の安全保障アジェンダは外交政策を展開するにあたって五つの優先事項を分類している。つまり文民の保護、平和支援活動、紛争予防、統治および説明責任、公共の安全である。

2) カナダが重点をおく分野

文民の保護という項目では、カナダ政府は次のようなことを想定している。

戦争の影響を受けた子供の法的および身体的保護、人権分野での活動、対人地雷の製造および使用の禁止に向けた取り組み、そして人道的介入であり、その中には論議を巻き起こしている介入と国家主権に関する国際委員会(ICISS)へのカナダの支援が含まれる。

平和支援活動に関して、カナダは、主として、平和維持という、外交関係の長期的な側面に関係する分野に力を注いできた。そのために平和活動を援助する専門家を派遣してきたが、そこには民主的統治の分野での政治的支援、司法改革、子供の保護、メディアの自由、人権、紛争解決および和解、文民警察隊の広範な使用などが含まれる。カナダはまた公共および民間分野での人材育成を促進する。

第三に、紛争予防の領域では、カナダは、G8、国連、地域機構などの制度機構を支援し、紛争の根本原因に対処する。さらに、ここでの基本方針は目標を定めた制裁(targeted sanction)の活用、小火器の管理、紛争後の平和構築を要請する。

第四に、人間の安全保障に対するカナダの立場は、統治と説明責任を含み、それらは国際刑事裁判所(ICC)の設立、安全保障分野の改革、腐敗防止と透明性への取り組み、言論および表現の自由の涵養、民主的統治、企業の社会的責任から成る。最後に、公共の安全には、トランスナショナルな組織犯罪、違法な麻薬取引、テロリズムに対する取り組みも含まれるというのが、カナダの見方である。

(2) 外交政策オプションとしての人間の安全保障の含意(インプリケーション)
1) 人間の安全保障と軍事力の役割

政策オプションとしての発展が比較的最近であるにもかかわらず、人間の安全保障を打ち出すことは、カナダの外交問題にいくつかの含意をもたらしてきた。第一に、カナダ政府は、政策オプションとしても、また実践においても人間の安全保障を擁護しなくてはならない。例えば、コソボ危機は、カナダによって人間の安全保障の非常事態と呼ばれた。NATOの空爆におけるカナダの役割は、そうした観点から説明されたのである。しかしイギリスやアメリカ合衆国などの諸国は、関与の根拠としてこの概念[人間の安全保障]を使

わなかった。しかも、コソボへの関与を人間の安全保障という観点から説明するということについては、カナダ国内でも批判がなかったわけではない。しかしながら、空爆に携わった軍隊の見方は、人間の安全保障と軍事力が結び付いているというものであった。

　　コソボは一つの国の中で起こった紛争であった。そこでは、基本的人権が侵害され、カナダからみれば、国際社会の主要な関心は個人の保護にあった。それは、カナダ人にとって、人間の安全保障の典型的な事例であり、国際社会がそれぞれの国の国益を守るためではなく、個人の安全に対処するために行動を起こした事例であった。私の立場からいえば、コソボにおける軍事力の使用は、もし人間の安全保障を提供することに関与したいならば、自分の道具箱に軍事力も含む、力を行使する能力をもつよう忠告されることを示した。「ソフト・パワー」と「ハード・パワー」はともに人間の安全保障アジェンダに重要な貢献を果たしうるのである(Leach 1999)。

　明らかに、人間の安全保障政策は、多目的で、戦闘能力のある部隊をもつ必要性を排除していない。しかし、このことは人間の安全保障を実行するにあたり、非国家的および文民形態だけでなく、軍隊という従来の手段もいぜんとして必要となることを慎重にも示唆しているようにも思われる。
　カナダが主張する人間の安全保障アジェンダは外交問題において軍事力が果たす役割を低下させるものだという批判が蔓延しているにもかかわらず、カナダの人間の安全保障アプローチの提唱者たちは軍隊の役割を認識し、かつ要求していると明記しておくべきだろう。たとえば、前カナダ外務国際貿易省のグローバル・安全保障政策担当次官補で、国連大使であるポール・ハインベッカーは、人間の安全保障が「国際関係の中心に住民を据え、新しい組織原理の中心となっている」一方で、コソボ空爆が証明したようにその達成においてたびたび「鋭い刃」(hard edge)を必要とするかもしれないと論じている。

対セルビア戦争は価値をめぐる戦争、人間の安全保障のための戦争であったし、いったん開始されたならば、価値をめぐる戦争は勝利しなくてはならないか、そうでなければその価値自体が危険に曝される。コソボ危機が証明したことは、文民の保護に関与する際には、外交を後押しするために、軍事力による威嚇、そして必要ならば武力行使を伴う関与も求められるということであった(Heinbecker 2000a)。

この発言や、「戦争」および「武力行使」といった、断固とした用語は、カナダがその外交政策の焦点を伝統的な義務から逸らしたという認識を緩和するだけでなく、(本章や別のところでなされている[7]) 以下のような議論に信頼を与えるものである。つまり人間の安全保障は、私たちが抱いている安全保障観それ自体の全面的な再編ではなく、むしろ個人や国家に対するさまざまな脅威と取り組む中で、安全保障を定義し、そして再定義してきた長い歴史に連なるものである。

2) 通商上の利害および同盟関係への影響

カナダの人間の安全保障アジェンダは、ほかの関与政策との矛盾をもたらすかもしれないという批判を招いている。例えば、長年、カナダの兵器貿易を批判してきた非政府組織プロジェクト・プラウシェアーズは、カナダの兵器貿易および軍備調達を非難するために人間の安全保障という委任状(mandate)を使ってきた。実際、この組織は一つの政策にかかわる課題を用いて、別の課題を批判してきた。プロジェクト・プラウシェアーズは、「人間の安全保障に基づく防衛政策と一致させるためにカナダの軍事契約および調達政策を検証する必要があり」、「安全保障の『人間的』要素の強調は、安全保障問題における不均衡、つまり住民の安全を犠牲にして、国家機構、イデオロギー的正統性、体制の存続のための軍事支援に必要以上の注意が払われていることを是正しなくてはならない」と論じている (*Ploughshares Monitor* 1999：1)。人間の安全保障は、カナダと核保有国との関係も悪化させてきた。核兵器の「違法性」に関する世界法廷の判決［国際司法裁判所(ICJ)の勧告的意見］[8]と連動して、カナダが個人の安全に焦点を合わせることは、核兵器を保有している同盟諸国に対する戦術的支援と人間の安全保障を採用する立場が矛盾するとい

う主張をもたらした (Collins 1998 ; Bedeski 1999)。

　人間の安全保障アジェンダは、カナダの対外通商上の利害にもある含意をもたらす。個人の保護、平和支援、紛争予防、統治、公共の安全などの人間の安全保障に関するカナダの懸念が、政治的な不安定に苦しんでいる地域や諸国で起きた時、それは対外経済関係にとって重大な結果をもたらす。その格好の事例がカナダとアフリカ諸国との関係にかかわる次の二つである。第一の場合、カナダは、スーダンのタリスマン・エネルギー社の通商活動に関して毅然とした立場をとらなかったと批判されてきた。スーダンの石油備蓄を開発する4カ国コンソーシアム (four-member consortium) に参加していたタリスマン社は、1998年に始まったスーダン紛争に巻き込まれた。石油の利潤は、南部スーダン住民に対するスーダン政府の内戦のための財源として使われたとされる (Drohan 2001)。カナダ政府は、もし真相調査団が石油利潤の紛争利用を突き止めたならば、スーダンに制裁を課すと迫った。実際には、石油収入が紛争に利用されていることが明らかになった時、カナダ政府は、制裁よりもむしろ「建設的関与」政策に乗り出した。

　第二の事例では、シエラレオネのダイヤモンド貿易状況に関する一連の報告書の公表が、カナダの人間の安全保障政策と通商上のアクセスとが食い違っているという批判をもたらした。これらの報告書は、ダイヤモンドの不法貿易や密輸が、シエラレオネにおける人間の安全保障に対して内戦を含む深刻な脅威を与えていると批判していた。さらに、シエラレオネにおけるカナダの通商上の利害が現地に暮らす住民の人間の安全保障に対して被害を与えているという主張も出てきた (Smillie, Gberie & Hazleton 2000)。ここから派生する結果は、実際、きわめて深刻である。すなわち人間の安全保障アジェンダを包括的に取り入れることは、必然的にカナダの対外経済および通商関係にも影響を及ぼすのである。

　人間の安全保障は、人権、民主主義、開発といった諸概念を統合するという挑戦を生み出す。これらの概念は、規範的には類似しているが、異なる解釈をはらんでいる。それにもかかわらず、カナダ政府は、「相互補強概念」(DFAIT 1999：3) としての理解を力説しながら、人間の安全保障と開発の二つの概念に明白な関連性をもたせようとしてきた。外務［国際貿易］省によれば、

この関連性は、人間開発を「可能にする環境」(DFAIT 2000：3) を人間の安全保障が作り出す方法にある。人間の安全保障は、統治構造が強化された環境、人道支援、そして最終的には持続可能な開発を提示することで、武力紛争の本質にある不平等の問題に対処できると主張される。

3) 多国間制度における取り組み

国際機関レベルでは、人間の安全保障は、外交政策の実施にあたって国家および非国家機関の活動を調整するための際立った役割を要請してきた。国連安全保障理事会の非常任理事国としてのカナダの最近の立場は、カナダの人間の安全保障に対するスタンスにインプリケーションをもたらしている。この点で国連を通した法規範の強化はカナダが明らかにした目的の一つであった(DFAIT 1999：10)。ポール・ハインベッカーが述べたように、国連安保理メンバーとしてのカナダの主要な目的の一つは、「人間の安全保障、とりわけ文民の保護を理事会の活動の中心的焦点に据える」ことであった (Heinbecker 2000b：24)。カナダ政府によると、こうした企ては成功を収めつつある。ロイド・アクスワージーは、文民の保護に関連する用語は「あまり理解されていないけれども」、2000年春までに、「人間の安全保障という言葉は定着した」と述べている (DFAIT 2000：1)。しかし、スーダンの事例が証明するように、人間の安全保障アジェンダは、必ずしも安保理の審議の中心にあったわけではなかった。実際、カナダが安保理の最優先リストにスーダンの事件を載せることができなかったことは、まさしく人間の安全保障という言葉がどのくらい「定着した」かについて疑問を抱かせる。

ほかの制度機構の文脈でも、カナダは人間の安全保障アプローチを実行しようとしてきた。難民高等弁務官 (UNHCR) および人権高等弁務官 (UNHCHR) のような国連の専門機関やG8への関与、対人地雷禁止条約の起草 (1997年)、1998年の国際刑事裁判所創設における主導的役割、そして小火器禁止条約を始動させる近年の取り組みは、すべてカナダが人間の安全保障の枠組みで進めてきた多国間機能の例である。

一例として、1999年6月のケルンにおけるG8 [外相] 会談の公式声明には、人間の安全保障上の争点が盛り込まれた。公式声明には次のように記されている。「個人であれ集団であれ、人々の効果的な保護は、引き続きわれわれの中

心的課題である。われわれは、人間の安全保障にとっての非常に重要な基礎は、引き続き民主主義、人権、法の支配、良い統治および人間開発であることを強調した」(Group of Eight (G8) Foreign Ministers' Meeting 1999)。ここで重要なことは、公式声明で述べられた人間の安全保障にかかわる争点の中身である。実際、G8の声明は、UNDPによって主張されるような人間の安全保障の解釈にしたがっているのではなく、むしろ個人および開発を強調するカナダ政府の見解を反映している。

最後に、そしてそれは非常に驚くべきことかもしれないが、人間の安全保障は、何人かの政府関係者によって国連の平和維持の取り組みやアメリカとカナダの緊密な軍事関係の改善に関する提案の基盤として使用されてきた。例えば、カナダ自由党の下院議員であるデヴィッド・プラット［2003年12月に発足したマーティン政権の国防相］である。彼は、平和維持活動を支援するカナダとアメリカの合同部隊に関するディスカッション・ペーパーを配布したが、そこにはこの部隊が人間の安全保障の諸目的を支援する取り組みで両国の作戦行動における共同運用性 (inter-operability) が記されている (Pratt 2000)。このディスカッション・ペーパーは、カナダとアメリカの協調関係や、アクスワージーが国連活動の目的として掲げる人間の安全保障の考えを援用すると称しているが、アメリカも国連も人間の安全保障とその効用に関して［カナダとは］決定的に異なる解釈を主張しているので、読んだ者を混乱させるかもしれない。二国間および多国間の場で、カナダの外務高官たちが人間の安全保障をどれくらい促進するのかについては今後も注視する必要がある。

5 人間の安全保障とカナダ外交政策の伝統
――新しさはあるのか？――

ロイド・アクスワージーが外相を離任してから短期間のうちに、彼の任期に対する評価がいくつか出された。多くの評価では、彼の在任期間は、歴代外相の中でも最も「活動的な」期間の一つとして位置付けられている (Lee 2000 ; Ross 2000 ; Hay 1999)。例えば、スティーヴ・リーは、アクスワージーが人間の安全保障アジェンダに取り組むために「政府、外務省、現実主義的思考

の強い学界、国際機構および非政府組織」に挑戦したと述べている。同じく、ジェニファー・ロスは、アクスワージーが人間の安全保障アジェンダを推進できた一因にはカナダが国連安保理の非常任理事国の席を占めていたことがあったと論じている。脚光度と行動力という点で、カナダの外交政策史上、アクスワージーは最も傑出した外相の一人であった、といわなければならないだろう。

　しかし、アクスワージーのドクトリンは、カナダの外交政策における人間の安全保障の進化についての疑問を提起する。つまり、カナダの外交政策における人間の安全保障の概念的起源には多大な注意が向けられたにもかかわらず、人間の安全保障アジェンダを鼓舞した「規範的」起源への探求はそれほどなされてこなかった。例えば、ロスは、人間の安全保障概念を分析する中で、中米の内戦の事例とカナダが個人の安全に焦点を据えたことを踏まえ、人間の安全保障「ドクトリン」が「1980年代初頭」のカナダの外交政策まで遡れることを説得的に論じている(Ross 2000：75)。しかし、カナダの人間の安全保障アジェンダに向けられた注意はすべて何らかの広い規範的文脈を求めている。新しい分析手段としての人間の安全保障の受容、あるいはカナダの外交政策へのその適用といった論点が幅を利かせているが、その価値の出自をめぐる問題にも目を向けなければならない。すなわち、次のような問いである。つまり、人間の安全保障はカナダの外交関係における理念の伝統から大きく逸脱するものなのか。

(1)　外交政策の価値・規範的要素

　人間の安全保障アプローチの中核には、規範的な世界観がある。あるレベルでは、それは人権をめぐる集団主義的な見方と個人主義的な見方の争いと理解されるかもしれない。この場合、個人の基本的権利という西洋的価値は、集団を重視する東洋的価値とそぐわない。あるいは、これらの解釈を自由民主主義的価値と社会主義的形態の価値との相違と定義する人がいるかもしれない。

　現在の外交政策論争は、「規範的な思い入れに基づく」分析もしくは立場の主張に対して脆弱である。人間の安全保障は、おそらく現代の国際関係にお

けるこの最も重大な事例を提供する。多くの場合、規範や行動基準をめぐる見解の相違が、個人の権利と集団の権利との対立とか、主権アクターの介入権とかいった問題をめぐる多くの見解の対立の根源にある。しかし、カナダの外交政策における価値、あるいは「善」と「悪」の問題は新しいものではない。例えば、1965年の講演において、ジェームズ・エアーズは、外交政策における価値志向的な理想主義の伝統について語っている。ほかのイデオロギーのように、理想主義には多くの形態がある。興味がそそられるのは、それがいろいろな次元で、人間の安全保障をめぐる現在の論争に当てはまることである。すなわち、エアーズは、「自由主義的な理想主義」の伝統が道徳的進歩、品格、客観的基準を通して自らの状況を改善する人間の合理性を主張していると指摘した。あるいは、「独善的な理想主義」が主張するのは、「不正」と思われる他人の解釈よりむしろその人自身の解釈であるがゆえに、ある世界観もしくは外交政策が「正しい」のは当然と考えられるということである。そして「実践的な理想主義」は、現実主義的な世界観に強く影響され、あまりに悲観的でも残酷でもない見方に依拠している(Eayrs 1966：27-32)。

　カナダの外交政策における規範的価値についてのエアーズの議論は、今から40年前のものであるが、先見の明があった。正しく解釈すれば、人間の安全保障に関するカナダの立場は、こうした理想主義的世界観の組み合わせに基づいている。つまり、その立場は、人間的な改良と進歩の期待が達成可能であること、領域に基づく伝統的安全保障から個人の安全に視点を移すような信念が正しく、正当であること、そして人間の安全保障の実行には国政術(statecraft)のさまざまな道具から成る「鋭い刃」(hard edge)が必要になること、を主張する。エアーズは、カナダの内閣には「良心の国務大臣」(Secretary of State for Conscience)がいないので、私たちは「ごく平凡な肩書きをもつ政治家によってこの役割が遂行され」るべきであると主張しなければならないと結論付けている(Eayrs 1966：32)。

(2) カナダ外交の特色：価値重視と独自性

　外交政策の範囲にカナダ的な「価値」を取り入れるべきかどうかということは、長年の論争点である。1947年、トロント大学におけるグレイ財団講義の

記念講演で、当時の外交問題担当大臣ルイ・サンローランはカナダの外交政策における「人道的価値」の基盤について論じている。とりわけ、サンローランは、「個人の重要性、人間関係の振舞いにおける道徳原則の役割、単なる物質的安寧を越えた判断基準を重視する価値」[9]がカナダの外交関係の基盤であり、カナダ人はこれらの価値を「保護し、涵養する」責任を負っていると指摘した。カナダの外交政策における人間の安全保障の妥当性をめぐる現在の論争を考えると、サンローランが、外交関係における価値について語りながら、「私たちは、偏狭な現実主義だけで国際問題の対処を語ることが流行であるような時代に生きている」(St. Laurent 1947；Blanchette ed. 2000：5 に再録)と述べたことも指摘しておかなければならない。

加えて、カナダの外交政策とその同盟諸国の政策の違いは、カナダの外交政策の「独自性」という長年の傾向を反映したものである。例えば、1960年代、社会改革のための大学連盟(ULSR、前外相アクスワージーも会員であった)は、公共政策問題を議論する独立した場を提供した。その最も重要な業績の一つは、カナダの外交関係について(1967年当時の)新進気鋭の研究者たちが執筆した論文集『カナダにとって独自の外交政策とは』(Clarkson ed. 1968)であった。その書名が示すように、寄稿者たちは、「アメリカとの友好の深化を自立性よりも優先する」(Clarkson ed. 1968：xiii) 傾向に反対して、カナダにとって真に「独自の」外交政策の可能性を追求した。「きわめて上品でありながら、あまり効果のない外交政策という快適で、安全な道か、それとも効果的かつ独自の役割をもったよりダイナミックで、骨の折れる道を選ぶか」(Clarkson ed. 1968：xiv)が、カナダの選択であると締め括った。この立場は、カナダが人間の安全保障のオプションを着実に進めるという今日の決定の基盤を形作るものである。

外交関係の方針を律するオプションは、ここしばらくカナダの安全保障政策に対する挑戦を生み出してきた。アンドリュー・クーパーは、この挑戦の基盤が「安全保障の形態および焦点をめぐって広まった論争」にあると論じている。彼の指摘によれば、この論争は、二つの側面から成る。すなわち、一方で安全保障は、国家主義的用語の文脈で「公式には」考えられているが、他方では、安全保障は「経済、法、環境分野を包括する」価値志向的な観点に沿って幅広く定義される。二番目の定義は、人間の安全保障という概念によって

最も典型的に示されるとクーパーは主張する（Cooper 1997：111）。カナダの安全保障政策は、何年間にもわたって地政学か、それとも普遍的価値・規範かという全般的な論争の中で組み立てられてきたが、クーパーが注意を促すように、この二つの見解の違いは誇張されるべきではない。事実、本章で前述したように、人間の安全保障は、これまでの安全保障自体の定義の拡張という確立した先例に根ざしている。それは、国家の安全保障目的に基本的に関連しており、また結局のところ、構造的な暴力および偶発的な暴力の双方がもたらす脅威とかかわっている。したがって、安全保障をめぐる伝統的な国家主義的解釈と普遍主義的解釈に認められる「溝」を強調するいかなる試みも、二つの解釈の齟齬を誇張しているのである。

現在のカナダの外交政策における人間の安全保障アジェンダは、事実、長年にわたる「理想主義的・人道的介入」戦略の継続である。人間の安全保障が外交政策におけるロイド・アクスワージーの指導力のもとで生まれたわけではないが、この政策はアクスワージーの外相としての活動的能力によって「成熟した」（Hay 1999：215）というロビン・ヘイの主張は正しい。「ソフト・パワー」のような概念を誤用したとか（Hampson & Oliver 1998）、影響力や道徳的説得を通してカナダが外交政策目標を達成することを提案している（Nossal 1998：A19）とアクスワージーを非難する者がいるが、人間の安全保障に備わっている一般的アプローチは、明らかにカナダの外交政策の伝統と通底しているのである。

6　おわりに

ロイド・アクスワージーの後任であるジョン・マンリーは、人間の安全保障を前任者ほど優先させることはなかった。しかし、マンリーが外相の地位にいたのは短期間で、2002年1月にジャン・クレティエン首相によって財務相兼副首相に任命された。マンリーの後任は、カナダの外交政策に精通している議員ではあるが（1995年から2002年まで外交問題および国際貿易に関する下院常任委員会の委員長を務めた）、閣僚経験がないビル・グレアムであった。グレアムは、カナダの外交政策における人間の安全保障を再び強調したが、2001年9

月11日のテロ攻撃以降、カナダはアメリカの政策に神経を尖らせている。実践的な面で、カナダの外交政策は、アメリカのイニシアティブと歩調を合わせ、そして最も重要な同盟国と緊密な関係を維持することに集中している。興味深いことに、このことは、クレティエン政権において大きな影響力をもち、アメリカ合衆国・本土安全保障省長官トム・リッジと親しい関係にあるジョン・マンリーのほうがビル・グレアム外相よりもカナダーアメリカ関係において影響力があることを意味している。人間の安全保障は、カナダの外交政策アジェンダから排除されてしまったわけではないが、アクスワージーが外相の地位にあった時に比べれば、現政権においてそれほど認知されていないのは明らかである。さらに、次のカナダ首相ポール・マーティン［2003年12月12日に正式に就任］もまた、アメリカとの緊密な関係を優先させるだろう。ビル・グレアムが外相にとどまりそうもなく［12月に発足したマーティン政権で引き続き外相となった］、カナダの外交政策において人間の安全保障が担う今後の役割については予断を許さない状況にある。

　人間の安全保障をめぐるカナダの立場に対する批判の一つは、カナダが、開かれた経済体制をもち、国際システムと貿易によって密接につながっている、地球上で最も安全な国の一つであるというものである。この相対的な安全性があればこそ、カナダはそのような［人間の安全保障］アジェンダを採用することができるというのである。しかし、カナダがそのような基本方針を推進することは驚くべきことではない。民主的かつ開放的な価値は、人道主義や平和維持のような介入主義的な措置と同じく、長年にわたってカナダの外交政策の基本的要素であった。さらに、人間の安全保障に対するカナダの立場については、計算された合理性がある。つまりほかのOECD諸国と比べて、対外貿易への依存度が高い国内経済という点を考えれば、なぜカナダが起こりうる国際的な不確実性に関心を抱くのかを理解できなくはないだろう。

　こうした新しい安全保障上の脆弱性に対するカナダのアプローチは、個人にかかわるインプリケーションに深い焦点を定めている。しかし、人間の安全保障という言い方をすることは、時に、この新しいアプローチの誤読や誤解を招いてしまう。本章で論じてきたように、個人に焦点をあてることは、実際には、従来の安全保障上の関心から決定的に離反するものではない。カ

ナダ政府は、[人間の安全保障] 政策を擁護することを余儀なくされたり、人間の安全保障を強調することで外交問題のほかの諸相と矛盾をきたす、あるいはそれらを軽視していると批判されたりしてきたが、そのカナダ政府にとってこの政策を実施することは、いくつかのインプリケーションをもってきた。また、それは、カナダの貿易および通商関係にとっても重大な影響をもたらした。[人間の安全保障] 概念を最初に採用してから比較的日が浅いことや、今後のポール・マーティンの外交政策基盤を取り巻く不確実性を考えれば、カナダが新しい外交問題の基本方針を包括的に採用したと指摘するのは明らかに時期尚早である。それにもかかわらず、人間の安全保障を掲げることはカナダの伝統的な安全保障アジェンダからそれほどかけ離れたことではないとはいえ、それが意味するものは重要であり、同盟諸国や多国間制度との関係はもちろん、カナダ国内での外交政策決定過程にも広く影響するのである。

注

(1) 例えば「恐怖からの自由」と「欠乏からの自由」の違いは、分析者によっては、矛盾とみなされることもあれば、相補うものであるとも理解されている。こうした点に沿って、人間の安全保障政策における逸脱がよく指摘されるが、この二つの見方は別個のものというよりもはるかに関連したものである。

(2) 人間の安全保障の全般的な目標は、国民国家の目標と関連している。なぜなら国民国家の主要な安全保障上の目的は、第一にその領域的尊厳を維持すること（戦略的目標）、第二に、市民に便益を提供し、公共財を配分すること（福利目標）だからである。

(3) 国連開発計画が採用した言葉である。"Global Environmental Change and Human Security?" *Changes: An Information Bulletin on Global Environmental Change*, Issue 5, 1997より引用。

(4) カナダ外務省高官によっても「人間の安全保障は国家安全保障の代替物でも、代案でもない」(Heinbecker 2000a) と指摘されている。

(5) この点を掘り下げた議論は、Head 1991にみられる。

(6) ロイド・アクスワージーは外相の職を2000年10月17日に前産業相ジョン・マンリーと交代した。アクスワージーは、外務省と政界を去り、バンクーバー[ブリティッシュ・コロンビア大学]の教授職に就いた。カナダ首相ジャン・クレティエンは後にマンリー外相を副首相兼財務相にし、ビル・グレアムを外相に任命した。

(7) タクールの安全保障概念がその例である。

(8) 国際司法裁判所勧告的意見全文「核兵器による脅しもしくはその行使の合法性」(1996年7月8日)<http://www.igc.org/disarm/icjtext.html> を参照。
(9) むしろ今日の多文化主義的状況では受けのよくない「キリスト教文明の諸価値」と称されるもの。

引用・参考文献
Bedeski, Robert 1999, "The Future of Nuclear Weapons," *Global Centres* (November). <http://www.globalcentres.org/docs/bedeski/html>
Blanchette, Arthur E. ed. 2000, *Canadian Foreign Policy, 1945-2000 : Major Documents and Speeches*, Ottawa：The Golden Dog Press.
Cerny, Philip G. 2000, "The New Security Dilemma：Divisibility, Defection, and Disorder in the Global Era," *Review of International Studies*, 26.
Clarkson, Stephen, ed. 1968, *An Independent Foreign Policy for Canada?*, Toronto：McClelland and Stewart.
Collins, Robin 1998, "Nuclear Weapons Abolition on Canada's Human Security Agenda?" *Liaison*, 2 (November).
Cooper, Andrew 1997, *Canadian Foreign Policy: Old Habits and New Directions*, Scarborough：Prentice-Hall.
Department of Foreign Affairs and International Trade, Canada 1999, *Human Security: Safety for People in a Changing World* (April).
Department of Foreign Affairs and International Trade, Canada 2000, *Freedom from Fear: Canada's Foreign Policy for Human Security*.
Drohan, Madelaine 2001, "Government Should Make Up its Mind about Talisman," *Globe and Mail*, 24 March.
Eayrs, James 1966, *Right and Wrong in Foreign Policy*, Toronto: University of Toronto Press.
"Global Environmental Change and Human Security?" *Changes : An Information Bulletin on Global Environmental Change*, Issue 5 (1997).
Group of Eight (G 8) Foreign Minister's Meeting 1999, "Conclusions of the Group of Eight (G8) Foreign Ministers' Meeting," Cologne, Germany, 10 June.
Hampson, Fen Osler & Dean F. Oliver 1998, "Pulpit Diplomacy: A Critical Assessment of the Axworthy Doctrine," *International Journal*, 53 (Summer), 379-406.
Haq, Mahbub ul 1993, "New Compulsions of Human Security," NGO/DPI Annual Conference, New York, 8 September.
Hay, Robin Jeffrey 1999, "Present at the Creation : Human Security and Canadian

Foreign Policy in the Twenty-first Century," In Fen Osler Hampson, Michael Hart & Martin Rudner eds., *Canada Among Nations 1999 : A Big League Player?*, Toronto: Oxford University Press.

Head, Ivan 1991, *On a Hinge of History: The Mutual Vulnerability of South and North*, Toronto: University of Toronto Press.

Heinbecker, Paul 2000a, "Human Security: The Hard Edge," *Canadian Military Journal*, 1 (Spring).

Heinbecker, Paul 2000b, "Interview with Paul Heinbecker," *Canada World View: Building a Safer World*, 7 (Spring).

"Human Security and Military Procurement," *Ploughshares Monitor*, June 1999.

Keohane, Robert & Joseph Nye 1977, *Power and Interdependence: World Politics in Transition*, Boston: Little, Brown and Co.

Leach, W. 1999, "CF Perspectives on Human Security," 1999, Atlantic Canada Diplomatic Forum, 5 November.

Lee, Steve 2000, "The Axworthy Years: Humanist Activism and Public Diplomacy," *Canadian Foreign Policy*, 8 (Fall), 1-10.

Nef, Jorge 1995, *Human Security and Mutual Vulnerability*, Ottawa: IDRC.

Nossal, Kim Richard 1998, "Foreign Policy for Wimps," *Ottawa Citizen* (23 April).

Owens, Heather & Barbara Arneil 1999, "The Human Security Paradigm Shift," *Canadian Foreign Policy*, 7 (Fall).

Pratt, David 2000, "Fostering Human Security: A Joint Canada-U.S. Brigade," unpublished discussion paper.

Ross, Jennifer 2000, "Is Canada's Human Security Policy Really the 'Axworthy' Doctrine?" *Canadian Foreign Policy*, 8 (Winter), 75-93.

Smillie, Ian, Lansana Gberie & Ralph Hazleton 2000, *The Heart of the Matter: Sierra Leone, Diamonds, and Human Security*, Ottawa: Partnership Africa Canada.

Thakur, Ramesh 1999, "The UN and Human Security," *Canadian Foreign Policy*, 7 (Fall).

Williams, Robert 2000, "Defining Security: What's at Stake in Expanding the Concept," paper given at the International Security Conference, Denver Colorado, 9-11 November.

（我妻　真一訳）

第10章　人間の安全保障をめぐるアジアからの視座──保護責任とは何か──

1　問　題
2　人間の安全保障の多義性
3　アジアの対応と定式化
4　保護責任
5　次なるステップ
付録　保護責任の概要

ポール・エヴァンズ

───── **本章の梗概** ─────

　本章では、北東および東南アジアに位置する国家の政策立案に関与する政府高官や有識者の「人間の安全保障」に対する見解や規範の変化を中心に考察する。議論の対象となる地域には、対外的に主権と内政不干渉を厳格に主張する政府が多く、「人間の安全保障」のような介入的な概念に対して懐疑的な見方が根強いといわれる。しかし、本章は「人間の安全保障」が地域内の政府の行動に影響を与えていないとしながらも、それを受容する規範的な変化と支持者の拡大が認められることを示唆する。その議論の焦点は、受容されやすいとされる開発や環境などの広義な「人間の安全保障」よりも、内戦における市民の保護を目的とする、軍事的介入も政策オプションに含めた、狭義な「人間の安全保障」におかれている。とりわけ、「介入と国家主権に関する国際委員会」(ICISS) の報告書で提示される「保護責任」という概念の検討を通じて、新たな主権の解釈と多国間機構による行動原則が、アジアの政府に受け入れられる可能性について試論する。本章の構成を概略するなら、まず、「人間の安全保障」の概念と反響を概観したうえで、北東および東南アジアにおける「人間の安全保障」の現状について議論する。最後に、「保護責任」の概要とそれに対する地域内の反応を検討したうえで、地域の安全保障に関して取り組むべき諸課題について提言する。

「安全な状態とは満たされた生命が依拠する不安の欠如である」。キケロ

1 問 題

「人間の安全保障」というフレーズは、1990年ごろまでにも時折見受けられた。しかし、そのフレーズが世界中の学術および政策の言説に浸透し始めたのは、1994年に国連開発計画(UNDP)の『人間開発報告書』がこれを定式化して以降のことである。この間、「人間の安全保障」は、理論、概念、パラダイム、分析の起点、世界観、政治的アジェンダ、規範、そして政策的枠組みの新たなオルタナティブとして論じられ、膨大な書籍・論文・雑誌記事・政府報告書や、数多くの新しい研究・教育プログラムを生み出した[1]。不思議に思われるかもしれないが、それは理論的な考察からではなく、国際関係の変化する実践から生じたものである。その原動力は、主に政治家、外交官、NGO活動家であって研究者や専門家ではなかった。当初、研究者や専門家は人間の安全保障に対して懐疑的で、最近になるまで協力的な役割を果たしてこなかったのである。

人間の安全保障のもつ特質と意義に関しては、そもそも人間の安全保障とは何であるのか、そして、どのように実現するのか、という点についてのさまざまな見解の相違がみられる。しかし、なぜ、そして、いつから人間の安全保障が登場したのか、という点については、それほど大きな見解の相違はみられない。その提唱者たちは決まって冷戦後の安全保障環境の変化、国家間紛争と比較した国内紛争の重要性の高まり、国家・国際機関・市民社会を結ぶ新しい外交の登場を指摘する。そしてより根本的には、新しい情報ネットワークとメディアの展開を可能にし、破綻国家が直面する問題を悪化させ、民主化への新しい可能性を生み出すグローバリゼーションの深化を指摘する。

ここでの私の焦点は、アジア、とりわけ北東アジアおよび東南アジア各国の政府やその他の政策形成にかかわる個人や集団に、どのように人間の安全保障が解釈され、取り組まれているのかという点にある。その基本的な論点は、当初は反対論に直面した人間の安全保障が、現在では国家および地域の政策論争において一定の地位を獲得しているということにある。議論の主た

る傾向が、人間の福利の多様な側面に目を向けた広義の人間の安全保障アプローチに向けられているとはいえ、武力紛争下の個人の保護という狭義の人間の安全保障への理解の受容に向けた動き——少なくともその問題をめぐる真剣な論争——も、少ないながらも見受けられる。後者の論理を最も具体的に表現するのが「保護責任」という考え方である。さしあたって、個々の国家と地域機構は人間の安全保障をスローガンやドクトリンとして採用することに躊躇してきたのだが、人間の安全保障は国家の責務および主権と不介入の原則に関係する規範的枠組みが変化する際の触媒作用の役割を果たしている。

ここでの議論のためのいくつかの留意点をあらかじめ示しておきたい。第一に、アジアおよびより幅広い国際環境において、人間の安全保障は国際関係の理論と実践において非常に不安定な位置にある。カナダやノルウェーといった一握りの国家を除けば、人間の安全保障をめぐる議論は主流というよりは周縁的な位置にとどまっている。その概念は分析上の概念としては問題が多く、道徳的に危うく、持続不能で、非生産的なものとして広く批判されてきている(Buzan 2001；Ignatieff 1998；Bain 1999；Luttwak 1999)。人間の安全保障は国際的なメディアによってほとんど取り上げられることはない。インターネット検索エンジン 'Google' の検索で、2002年度の英字新聞における、安全保障を修飾する多様な形容詞(例えば、国家安全保障、政治体制の安全、包括的安全保障、協調的安全保障、本土安全保障など)の使用頻度を査定すると、人間の安全保障に言及した記事は0.3％以下であった。学界では、人間の安全保障とその内容の支持者の数は増えてはきているけれども[2]、アンドリュー・マックの調査によれば、同じ時期の主要な学術誌の安全保障に関する論考において、人間の安全保障や非伝統的な安全保障問題を取り扱っているのは5％以下であった。アジアでのインパクトはさらに小さなものであり、国際問題にかかわる政策エリートたちの間以外では事実上ほとんど議論にあがっていない。

第二に、アジアでの最近の議論の傾向を示す資料は乏しく、せいぜいいくつかの学術著作や政策文書、アジア各地で最近行われたトラック・ツー[3]会議におけるインタビューや議論があげられる程度である。より体系的で詳細な検討が必要とされている。

第三に、介入をめぐる微妙で論争的な争点や、保護責任に代表される人間

の安全保障の明確な目的に深入りすることは戦術的に賢明ではない、と少なくともアジアでの人間の安全保障の支持者の一部は感じている。なぜなら、そのことが、欠乏からの自由というアジェンダをアジアの政府が採用するよう説得する際の展開を危険に曝しかねないからである。支持基盤を広げるために、普遍的な方法で人間の安全保障を提示する政治的な必要性を認識しつつも、理論的にはアプローチの多様性を前提としながら、重複分野や争点領域を分析し、困難な事例を考察していく必要がある。

最後に、私はリベラルな国際主義者であり、人間の安全保障を理念とする前カナダ外相が率いる研究所を拠点に、彼とともにこの主題に関するセミナーで教え、なおかつアジアでの協力関係や人間の安全保障に関する対話の根っからの支持者である。そういうカナダ人としての思い入れもあって、以下の論述においても、いくぶん客観性やバランスを欠く面があるかもしれない。また、実際は静止状態にあるところに動きを見出すことによって、過まった楽観主義、希望的観測の罪を犯しているのかどうかについても、読者の判断に委ねたい。

2 人間の安全保障の多義性

(1) 国家安全保障との関係

誰にとっての安全保障なのか、何からの安全保障なのか、どのような手段による安全保障なのか、こうした問いに対する具体的な解答が人間の安全保障の中核を成す、と指摘することはお馴染みとなっている。その基本的な仮説は──(a) 個人(individual)（例えばボスニアのセルビア民族などの集団や共同体内における個人）が安全保障にとっての分析の基本単位の一つ（あるいは定式化次第では基本単位そのもの）であること、(b) 個人あるいは集団の安全はさまざまな脅威に曝されているが、国外からの軍事的脅威はそのうちの一つにすぎず、おそらく、最も重要とはいえないということ、(c) 個人の安全保障と国民、国家、政治体制の安全保障との間に緊張関係が生じることもありうる──ということである(Hampson et al. 2002：1-37)。

こうして、分析の基本単位を変化させ、通常の安全保障の戦略を超えて拡

大する問題と手段を導入することによって、人間の安全保障は国家安全保障という伝統的な概念に対する挑戦を提起することになる。哲学的には、良心、国境を越えた義務、開発、国内的な正統性と関係した重要な諸問題を呼び起こす。政治的には、主権、介入、地域機構の役割、国家と市民の関係についての問題を提起する。[訳注：「東アジアにおける人間の安全保障」と題する]会議[4]でピーター・ウォーレンスティンが述べたように、「もし国家安全保障という伝統的な概念が『国家中心』であるとするなら、人間の安全保障は少なくとも『国家に懐疑的』な概念である」。

こうした論点をみても、人間の安全保障は多様なアプローチに分散する。個人と国家安全保障の関係に、どのように優先順位を付け、概念化するのか。どの段階で国家が人間の安全保障にとって脅威となるといえるのか。主要な脅威をどのように分類するのか。個人に対する暴力は不安の根源的源泉とみなされるべきなのか。キケロによる安全保障の理解が正しいとするならば、何人の人間の不安を和らげる必要があるのか。そして、どのような手段によって実現するのか。

(2) 広義と狭義の「人間の安全保障」

これらの問題に答えようとすると、時には途方もなく多くの定義／意味の中に投げ込まれる。人間の安全保障は定義、範囲、対処法に関する数多の考えが注目を得ようとする「百花繚乱」期にあるのが実情である。多様なアプローチを調査し、それらを分類しようとする研究者もいる。例えば、フェン・ハンプソンは三つに分類している。第一に人権および法の支配という伝統から生じるもの、第二に住民の安全に光をあてるもの、そして第三に維持可能な人間開発に焦点をあてるものである(Hampson & Hay 2002)。

強いていえば、「百花繚乱」の状況は二つのグループに大別できる。第一のグループは、人間の安全保障を人間の福利の一種とみなすので、その定義と範囲についてのアプローチの力点は広範なものとなる。「恐怖からの自由」と「欠乏からの自由」という1994年UNDP『人間開発報告書』にある最初の定式化に共鳴して、そのグループはどちらか一方が他方よりも重要ということはなく、両方が重要であることを認定している。実際、そこで取り扱われる脅

威はとても幅広いものになる。この種の定式化には、まったく暴力が含まれないものもある(King & Murray 2002)[5]。

そうした広範あるいは包括的なアプローチの最も洗練された形態は、日本政府の後援を受けた緒方貞子とアマルティア・センを共同議長とする「人間の安全保障委員会」の作業にみられる。その最終報告書は次のように述べている。

> 人間の安全保障委員会は「人間の安全保障」を「人間の生にとってのかけがえのない中枢部分を守り、すべての人の自由と可能性を実現すること」と定義する。すなわち、「人間の安全保障」とは、人が生きていく上でなくてはならない基本的な自由を擁護し、広範かつ深刻な脅威や状況から人間を守ることである。また、「人間の安全保障」は、人間に本来備わっている強さと希望に拠って立ち、人々が生存・生活・尊厳を享受するために必要な基本的手段を手にすることができるよう、政治・社会・環境・経済・軍事・文化といった制度を一体としてつくり上げていくことをも意味する(Commission on Human Security 2003：4＝2003：11)。

報告書は、そのかなりの部分を武力紛争・難民・国内避難民の状況、武力紛争からの復興、経済安全保障、公衆衛生、人間の安全保障のための知識・技術・価値の問題に割いている。そこでは保護・権利・開発・ガバナンスの問題を関連付けようとすることが明確な目的とされている。さらに報告書は、人間の安全保障を武力紛争と欠乏の両方の状況に対処するものとみなしている。

第二のグループは、暴力を伴う紛争での個人と共同体の保護に焦点をあてた人間の安全保障とその脅威に特化した、狭義のアプローチをとる。時にそれは「恐怖からの自由」のアプローチと呼ばれ、その焦点は内戦という文脈における個人や共同体の極度の危機的状況におかれる。そのグループに属する人たちは、人間の福利への多様な脅威の存在を否定しない。しかし、分析上の明確さと活動の焦点を絞るという理由から、彼らは一つの脅威に限定したいと考えている。分析上、貧困・ガバナンス・暴力の間にある重要な相互の

関係を考察するために、従属変数と独立変数を区別することが重要であると彼らは確信している。新しい「人間の安全保障報告書」の創始者アンドリュー・マックは次のように論じている。

> 「不安全」(insecurity) という言葉の下に広範で多様な被害を混同することは、単なる看板の書き換えにすぎず、明白な分析目的にも適さない。かりに「不安全」という言葉が——尊厳に対する侮辱からジェノサイドまでの——あらゆる形態の被害を含むものであれば、その説明能力は極端に低いものとなる。……例えば、貧困と暴力の関係を検討するためには、その分析目的上、それらが別個に扱われることが必要である。従属変数と独立変数を混同した結論を含むどのような定義も、因果関係の分析を事実上不可能なものとしている (Mack 2002)[6]。

実際的にも、第二のグループに属する人たちは、その方向で問題に取り組む多様な研究機関やネットワークがすでに存在すると論じている。そのうえで必要とされていることは、特定の種類の脅威に集中することであり、その脅威に取り組むための政治的意思および実践的な手段の創造にある、と彼らは論じている。焦点を狭く維持することができれば、人間の安全保障はその概念上の長所を最大限に発揮できる。

カナダ人はそうした「狭義の」アプローチを最も強力に擁護してきたグループの一つである。カナダ政府は人間の安全保障を外交政策の四つの支柱の一つに昇格させ、地雷、戦争被害を受ける子供たち、紛争下の女性、小・軽火器、「人間の安全保障ネットワーク」・「国際刑事裁判所」・「介入と国家主権に関する国際委員会」(ICISS) の創設などを人間の安全保障のアジェンダとして掲げてきた。カナダ政府は「人間の安全保障に関するカナダ人協会」といった組織を通じて、学界とNGOとの連携を支援している。その協会の内部では人間の安全保障を定義したり、促進したりする方法について活発な議論がなされているが、協会のかなりの部分が狭義のアプローチと恐怖からの自由に関するアジェンダに特別の関心をもっている、といってもよいであろう。

カナダと日本のアプローチは対極的であると感じる人々もいる。しかし、

学術的研究と政治的実践において、二つの潮流はたびたび交流したり収斂したりしている。本章はそれらの比較優位を議論する場ではなく、アジアにおける人間の安全保障の定式化を分類し、評価できるような枠組みを提起するものにすぎない。

3 アジアの対応と定式化

(1) 人間の安全保障に対するアジアの反応

人間の安全保障は、――UNDPの『人間開発報告書』はアジアの聴衆を念頭にパキスタン人によって書かれたことから――「主にアジアの出自を主張できる」(Acharya 2001：459) 一方、当初は不毛の岩に撒かれた種粒のようなものであった。アミタブ・アチャリアが的確に述べるように、人間の安全保障は「安全保障を軍事的脅威に対する主権と領土の保護とみなす伝統的な理解を『再定義』し、拡大しようとするアジア各国政府による当初のあらゆる試みを凌駕する独特な概念である」(Acharya 2001：443)。こうした考え方にすぐさま関心を示した政府や知識人はアジアには少なかった。また、一部の論者は、アジアで人間の安全保障の基本的な前提と行動のアジェンダが支持を得ることはできないだろう、という結論をいち早く下した。というのも、アジアでは、国家が最善（そしておそらくは唯一）の安全保障の提供者であると各国政府が信じ、国家主権の絶対性と内政不干渉の原則を感情的なまでに擁護してきたからである。ある台湾の研究者の言葉を借りれば、その最初の反応は「躊躇しがちで、懐疑的であり、用心深いもの」であった(Song 2002)[7]。

1997年のアジア通貨危機とともに、議論の傾向が変化し始めた。人間の安全保障の理念がヨーロッパ、アフリカ、ラテンアメリカほど熱心に議論されることはなかったが、広範な人間の安全保障アプローチは少なくともかつてよりも暖かな歓迎を受け始めた(Anthony 2002：18)。人間の安全保障は、「規範創出者」(norm entrepreneurs) と称される数人のアジアの指導的知識人たちによって促進された。その中には山本正 [日本国際交流センター理事長]、東南アジア諸国連合(ASEAN)戦略国際問題研究所グループの一部、小渕恵三、スリン・ピッツワン [タイ外相]、金大中などの政治指導者たちもいた (Tow, Thakur &

Hyun eds. 2000)。

　本章はアジアにおける人間の安全保障の関心、言説、行動を体系的に図式化することを目的としたのものではない。[「東アジアにおける人間の安全保障」と題する]会議に提出されたリ・シンワの論文は、体系的な図式化がどのように、そしてなぜ行われているのかについて、いくつかの示唆を与えてくれる。人間の安全保障がアジアの安全保障の語彙に加わって以降の10年間を検討した時、いくつか興味深い点で進展がみられる。

　アジア域内の地域的政府間機構において、人間の安全保障というフレーズは政治指導者や官僚によって断続的に使用されている。しかし、一定の議論を経た後にも，それはASEAN、ASEANプラス3、ASEAN地域フォーラム(ARF)、アジア太平洋経済協力会議（APEC）を含めた地域機構の基本的なドクトリンとはならなかった。興味深いことは、アジアの官僚が、（例えばAPECのような）環太平洋、あるいは（例えばASEM＝アジア欧州会議のような）ヨーロッパとアジアとの対話の場においてよりも、アジア域内でそのフレーズをより頻繁に使用していることである。

　対人地雷全面禁止運動、国際刑事裁判所、コソボ・ハイチ・ルワンダ・ソマリアに対する人道的介入といった人間の安全保障に直接的に結びつく主要な世界的イニシアティブに対するアジア各国政府の対応はさまざまである。

　人間の安全保障という考え方を最も活発に促進した二つの国家は日本とタイである。日本における人間の安全保障の概念と、政府、大学、市民社会におけるその取り組みは、[「東アジアにおける人間の安全保障」と題する] 会議に提出された福島明子の研究の主題ともなっている。首脳および外相級会談において日本政府高官はアジアのどの政府よりも頻繁にその言葉を用い、その促進のためにかなりの資金と人的資源を注ぎ込んできた。主に先の民主党政権期のタイの政府高官や学者たちは、この理念に魅了された。それ以前には部分的にしか支持されていなかったのである。タイは国内の社会安全問題に焦点をあてた「人間の安全保障省」を創設した。

　地域レベルでは、ASEANのISISそしてCSCAP[8]を含めた多様なトラック・ツーのプレイヤーが狭義と広義のいずれの定義でもそのフレーズを使用している。「東アジア・ビジョン・グループ」はその最終報告書のいくつかの

セクションにそのフレーズを取り入れた。過去5年間に原則的な焦点および主要な主題として人間の安全保障を掲げるトラック・ツーの会議がおよそ30あった[9]。

人間の安全保障への関心はとくにタイ、韓国、フィリピンのようなアジアの新興民主主義諸国において強い。当然かもしれないが、最も強い否定的な反応は北朝鮮とミャンマーから生じている[10]。しかし、その関心と政治体制の類型との相関性は完全なものではない。人間の安全保障に対する強い批判のいくつかはインドの高官から生じている。強力な市民社会と民主制度が機能している台湾でも、その概念はようやく注意を引き始めているにすぎない(Lee 2003)。

(2) 中国と人間の安全保障

おそらく人間の安全保障に関する見解で最も興味深い進展が中国で生じている。1990年代後半まで、事実上そのフレーズは中国の学界では知られていなかったし、公式の会議およびメディアでは高官によっていまだに使用されていない。その状況は二つの主要な点で変化してきている。第一に人間の安全保障の国内的側面――内部からの脅威――が重要な関心を引いていることにある。そこには環境、貧困、治安の問題などが含まれている。第二に、人間の安全保障は、中国の新しい安全保障概念の核心的な諸要素、とりわけ差し迫ったトランスナショナルな問題に取り組むための協調的な行動を重視する中国の姿勢と共通した部分がある (Chu 2000)[11]。「人間の安全保障」よりも「非伝統的な安全保障」という考え方に傾いているとはいえ、中国政府は、2002年11月、違法な麻薬、女性や子どもの人身売買、著作権侵害、テロリズム、武器密輸、マネー・ロンダリング、国際的な経済犯罪、サイバー犯罪に関連する「非伝統的な安全保障問題分野の協力に関するASEANと中国の共同宣言」に共同調印した[12]。

武力紛争下にある個人の保護という、国家主権や内政干渉の問題と直ちに結びつく人間の安全保障の核心的な目的との関連についていえば、過去7年間の中国の反応は一般的に描写されるほどに硬直したものではなく、それなりに考え抜かれたものである。たしかに、平和五原則や国連憲章第2条4項

を重視し、人道的介入よりも人道的援助を好み、平和維持活動における厳格な中立性を支持し、介入の行動に隠された動機を見透かしながら、主権と内政不干渉の原則に関する厳格な解釈を支持する中国人はいぜんとして存在している。そうした傾向は、過去の屈辱、台湾・チベット・新疆ウイグル自治区への干渉に対する懸念、個人よりもむしろ国家に焦点をあて、人間の安全保障と現在呼ばれるものから人間の安全(safety)を分離しようとする政治哲学など、中国国内に深く根付いた見解を映し出したものである(ICISS 2001；Mao 2002)。

しかし、こうした見解を固定的なものとみなすことは間違いである。この点に関してチュ・シュンルンは、次のように指摘している。「中国指導部は基本的な国家主権を擁護し続けるが、同時に世界的趨勢は、中国人が人間の安全保障を含む比較的新しい安全保障概念に対し柔軟になり、受け入れるようになる圧力となっている」。「統合とグローバリゼーションの時代において、世界中の国家と人々が国家安全保障に対する従来の立場を変えることによって、失う以上のものを得られることを中国人は認識している」(Chu 2002：25)。

(保護責任に関する報告書公表以降の2002年1月に発表された) 中国での最近の議論についてのアレン・カールソンの報告は、主権と介入の問題をめぐる中国の見解と実践の歴史的進化に関して洞察力に満ちた分析を行っている。過去10年間を通じての見解の変遷を明らかにしながら、政策集団内ではアプローチや議論が「混成状態」にあると彼は指摘する。「根深い懸念」にもかかわらず、利害の合理的計算、イメージや評判に向けられる関心、新しい規範的原則の採用の組み合わせが、より多様な議論を生み出している (Carlson 2002：3)。カールソンは次の二つの結論を導いている。第一に、「とくに際立った人道的危機を解決するための集団的介入に関する一般的な正統性を多くの中国人エリートが現在受け入れるようになってきている」こと(Chu 2002：32)。第二に、「中国が、国家主権の不可侵性を疑問視し国際社会の介入の権利を拡張しようとする国際的な趨勢に、しぶしぶながらも加わるようになった」ことである(Chu 2002：29)。

カールソンは、保護を目的とする多国間介入の最近の事例への中国の対応と、多様な平和維持活動での中国の役割を跡付けている。コソボへの介入に

対する反対と東ティモールへの介入に対する賛成に表れた中国の対応の違いについて、中国国内の議論が、原則論よりも人道的危機の目標選定や実施細目についての西欧諸国の曖昧さをめぐって交わされた、という点から彼は説明を試みている。

(3) アジアにおける人間の安全保障の可能性と限界

さらに視野を広げれば、人間の安全保障に対するアジアの反響にいくつか幅のある傾向が現れていることがわかる。

第一に、安全保障理論のレベルでは、人間の安全保障はアジア地域の条件にうまく適応する。アチャリアが論じる次の点が指摘できる。人間の安全保障は包括的な安全保障のほとんどの定式化と両立可能であること、アジア各国政府のニーズ志向のアプローチと共鳴すること、安全保障の基本単位として個人と共同体の両方を含める柔軟性があること、開発の問題に適切に結びつくこと、そして、人間の尊厳という本来備わった慣習に適合しやすいことである(Acharya 2001：444-451)。

第二に、志向性のレベルにすぎないかもしれないが、安全保障についての広義の概念のほうが受容されやすかった。これまでは、アジアでは「欠乏からの自由のほうが人間の安全保障の促進と理解において恐怖からの自由よりも重視されてきた」(Acharya 2001：460)[13]。人権の理念と人道的介入の緊密な関連性ゆえに、恐怖からの自由に抵抗を感じる者もいる。したがって、「人間の安全保障」に代わる、より受けの良いオルタナティブといえるのは「非伝統的な安全保障」という考え方である。この考え方が厳密に定義されたり、評価されたりすることはなかったが、その基本的な特徴は、通常の軍事的脅威を超えた新たな安全保障上の脅威の範囲を確定し、(気候変動、環境汚染、麻薬取引、人身売買、国際的組織犯罪、伝染病といった)新しいトランスナショナルな問題群と、貧困と不平等など、グローバリゼーションともかかわりのある国内課題を内包することにある。そのアプローチで特徴的なのは、(a)安全保障の単位が国家なのか、あるいは個人なのかについては曖昧であり、(b)その提唱者たちはこうした脅威に対応する最も良い方法として国家および国家中心的手段を通常は強調する、ということである。フォード財団による研究・会議プロジェ

クトの第1期では、東アジア、東南アジア、南アジア出身の研究者によるおよそ60の研究が1999年と2002年の間に完成した。そのうち暴力と介入の問題を直接的に取り扱っているのは七つにすぎない。(単に政策目標としてだけではなく) 政策プレイヤーとして非国家アクターに注意を払っているのは10にすぎなかった (Khan ed. 2001; Chari ed. 2001; Zhang ed. 2001; Tan & Boutin eds. 2001)。

第三に、地域的な議論では進展している側面があるにもかかわらず、人間の安全保障は国家および地域の政策決定に影響を与えている様子はほとんどみられない。例えば、「人間の安全保障委員会」の最終報告書は注意を必要とする広範な問題を取り扱っている。だが、国家が委員会による勧告にしたがって行動したり、財源や人材を国家安全保障の伝統的な装備よりもそうした勧告実現のために振り向けるような兆候は見当たらない。こうした反応は人間の安全保障の対象を、真に安全保障の問題として認識できるようにする作業がもっと必要であることを示唆している。その示唆から生じる疑問として、いつ、そして、なぜ、その作業は始まるのか。その障害は何であるのか、がある。

第四に、人間の安全保障が支援者をもつ範囲は、大衆運動や草の根組織であるより、政府高官や政策の専門家のレベルにおいてである。しかし、とくに東南アジアにおいては、ASEAN人民会議のようなプロセスを通じてNGOがその概念に接する機会をもつにつれて、状況はいくぶん変化してきている。少なくとも環境問題の領域においては、広義の人間の安全保障アプローチが国境を越えるネットワークと現地の活動家と共鳴している。しかし、人間の安全保障は政府によって方向付けられ、押し進められるトップダウンのプロセスであるという考え方が、アジアのいくつかの国ではいまだに根強くある。ジェームス・タンが述べているように、欠けている構成要素は人間の安全保障を受け止める市民社会である。

第五に、1997年に始まった経済危機は広義の人間の安全保障概念にアジアの注意を引きつけた。人間の安全保障は、底辺の弱者を浮き彫りにする方法であると同時に、開発の基本的問題と国内および地域紛争の影響に取り組むためのさらなる国内および国際的資源を確保するための方法としても提示された。9.11とテロリズムに対する戦争の影響は複雑である。一方でそれは、

地域および世界に影響を与える暴力の根源的な原因と内戦に対して新たな注意を喚起した。同時に、テロリズムに対する戦略は、概して、国家と政治体制の強化と、目的達成の主要な手段としての伝統的な強制力（軍隊、警察、諜報機関）の使用という枠組みの中で立てられてきた。

　第六に、主権、不介入、そして制度づくりにまつわる地域的な規範にいくぶんか変化の兆しがみられる一方で、アジア諸国の大半は国内紛争の展開に地域および世界の注意が向かうのを好ましく思っていない。予防外交のような考え方が受け入れられるのにも時間がかかった。受け入れられたことは、国内の不安定と脆弱さが国家による格別な注意を必要としている、ということである。これを果たすうえでは、悪い政府でもないよりはましだ、と考える者もいる。

　全般的には、アジアにおいて人間の安全保障は、安全保障に関する議論の主流でも政府の行動に影響を与えるものでもない。それでも、人間の安全保障は、アジア地域の議論の周縁とはいえ、理論的に洗練され、はっきりとした主張をもった支持者を増大させている。国家の行動様式は大きく変化したとはいえないが、その基礎にある規範的枠組みは変化している。

4　保護責任

(1)　介入の制度化

　主権と軍事的介入という困難な問題に関して、規範的枠組みがいかに、そしてなぜ変化しているのかということを理解するためには、近年の野心的なプロジェクトである「介入と国家主権に関する国際委員会」(ICISS) とその最終報告書『保護責任』(*The Responsibility to Protect*) に対する反響をみることが有効である[14]。

　ソマリア、シエラレオネ、ルワンダ、ボスニア、東ティモールに対する人道的介入（と不介入）をめぐる論争を背景に、ICISS は、危機的状況下におかれている住民の保護をめぐる強制行動の実施原則とプロセスをめぐって、国際社会がコンセンサスを形成するよう、コフィ・アナンが要請したことに応えたものであった。ギャレス・エヴァンズとモハメド・サヌーンを共同議長に、

カナダ政府といくつかの民間財団の後援を受けて2000年9月に発足したICISSは、2001年10月のその報告書の公表に先立って大規模な調査と協議を実施した。

　ICISSの報告書は「人道的介入」と「介入の権利」という言葉の使用を明確に避ける代わりに、保護責任という観点から主権と介入の問題を構成することで、支援を必要とする人々のニーズに焦点をあてた。報告書は国家主権、国連憲章のもとでの責務、国際法上の既存の法的義務、そして国家・地域機構・安全保障理事会の行動の進展を関連付ける核となる一連の原則を確認した。その責任を実行できない、または実行する意思のない国家における人々の保護という要求に直面する時、報告書は予防する責任、対応する責任、再建する責任を含めることで保護責任を拡大した。さらに、報告書は予防原則、正当な権威、行動原則と同様に正当事由のハードルに関して正確な定義を提供した。これらのことは本章文末の付録「保護責任の概要」に要約されている。

　報告書は、保護責任と、「人々の安全──身体的安全、経済的・社会的福祉、人権と基本的自由の保護」として定義される広義の人間の安全保障概念との間に直接的な関係を作り出す (IDRC 2001：15)。人間の安全保障を「不可分」なものとして取り扱いながら、報告書は次のように論じる。

　　主権と介入の問題は単に国家の権利および特権に影響を与える問題であるだけではなく、本質的な意味で個々の人間に深く影響を与え、関係する。この議論において重要な争点を「保護責任」として表現する利点の一つは、それが、(最も注意が払われるべきところとして)、保護や援助を求める人々のニーズに焦点をあてていることである。……人間の安全保障の基本的構成要素──生命／生活、健康、日々の生活、個人的安全、人間の尊厳に対する人々の安全保障──は国外からの侵略や、「治安」目的の警察力や軍隊を含む国内要因によっても危険に曝されている。いまだに「国家安全保障」という偏狭な概念に執着することは、各国政府が健康状態に対する遍在的な敵や日常生活に関する人間の安全保障に対する現実的な脅威から市民を守ることよりも、不特定な国外からの軍事攻撃に対する市民の保護に労力を費やす理由の一つとなっているのかもしれない

(IDRC 2001：15)。

　報告書は、国家が自らの市民を保護すべき具体的な危険を列挙しているが、そのリストには戦争の手段としてのレイプ、民族浄化、ジェノサイド、自国の軍隊によって殺害される市民とともに、飢餓、不十分な収容施設、病気、犯罪、失業、社会的紛争、環境汚染などが含まれている(IDRC 2001：15)。報告書で特徴的なことは、幅広い概念としての脅威と「不可分性」から、生命の大規模な損失と民族浄化という二つのタイプの脅威に特定の焦点を移していることである。

(2)　報告書に対するアジアの反応
　10人いる委員のうち2人(フィデル・ラモスとラメッシュ・タクール)はアジア出身である。草稿作成中の10の諮問会議のうち二つがアジア(デリーと北京)で開かれている。報告書に対するアジアの反応は多様であった。
　国連との関連でいえば、現在まで安全保障理事会はその報告書を理事会にとってのガイドラインとして承認しておらず、総会においても報告書を支持する宣言決議さえも通過していない。しかし、加盟国のいくつかは報告書の原則と勧告への支持を明言している。また、ミャンマー、北朝鮮、インドを含めたアジアの数カ国は、報告書が開発途上国の国内事項に干渉する口実を先進国に与えることを理由に、77カ国グループ(G77)にその報告書を拒否するよう求めた(Mohanty 2002)[15]。
　ASEAN、ASEANプラス3、APEC、ARF、アジア欧州会議(ASEM)を含めたアジア地域の政府間機構のいずれも報告書に言及していない。こうした傾向は、報告書が公表される以前の議論に基づいて出されたアチャリアの結論とも合致している。彼は、「総じて、アジア太平洋では、人道的介入を必要とする人間の安全保障に対する多国間アプローチは、その介入がどんなに穏健なものであってもほとんど支持を得ていないようだ」(Acharya 2001：459)と結論付けていたのである。
　最も興味深い反応がみられたのは、それぞれの国内と地域フォーラムにおけるトラック・ツーでの対話である。政府機関が応答する準備ができていな

いとしても、潜在的な問題と原則がきわめて重要かつ複雑だったため、学術的な研究とトラック・ツーの政策議論にとっては当然の議題となったのである。保護責任はアジア太平洋ラウンドテーブルと ASEAN 人民会議を含めた会議での主要な議題である。また、保護責任は東京(2002年12月)、北京、上海、南京(2002年1月)、バンコク(2003年3月)、シンガポール(2003年3月)、ジャカルタ(2003年4月)、マニラ (2003年7月) での会議とワークショップの主要な焦点となっている。

　その議論は活発で精力的である。中国の特殊な文脈に照らしすでに述べたように、最近の議論では、アジア的価値や人道的介入に関する初期の会議よりも、より複雑で広範囲にわたる対話が実現している。

　介入をめぐる政策論争は主にアフリカに焦点をあてているが、アジアにおける多くの状況が保護責任のレンズを通して考察できることは明らかである。この理由の一端には、内戦や国内での抑圧といったいくつかの事例がアジアでも存在するためである。1965年のインドネシア、クメール・ルージュ期のカンボジア、近年のミャンマーと東ティモールにおける大規模な殺戮の恐ろしい記憶が、その消えることのない根拠を与えている。また、アジア諸国が経済の自由化、社会の開放、相互依存の深化によって近代化とグローバリゼーションの突きつける挑戦に対応する際に、近隣諸国との相互作用の問題は以前よりも増して、公然化し、複雑化していることもその理由となる。

　保護責任と同様に、一つの権利として主権を意義付けることは、政策の正統性の確保がますます重視されているアジア諸政府にとって道理にかなうものである。保護責任についてのほとんどの評論は、国家の脅威としてよりもむしろ国家を強めるものとして保護責任を捉えている。それらの評論は、介入の正当事由のハードルと予防原則を注意深く見極めたうえで、保護責任の枠組みが実際には軍事的介入の可能性を少なくすると結論付ける。ラメッシュ・タクールは、報告書が途上国に提供する予防措置の種類を概説することで、この議論を補強している(Thakur 2003)。

(3) 介入に対する規範の変化

　保護責任への否定的な反応はいくつかの形態で生じており、それらは必ず

しも報告書の読解に基づいているわけではない。報告書が主権の概念を曲解する油断のならない介入の新たなドクトリンにすぎないとみなす者もいれば、いかなる軍事的介入にも反対する者もいる。(例えば、安全保障理事会を過大視するといった) 報告書の特定の条項に同意しない者もいる。介入の条件となる基準があまりにも厳密で多くのことを求めているために、大きな被害ではないが殺害の続くミャンマーのような国家に行動を促すことはできない、という者もいる。さらに、ある者は、結局、保護責任は行動する意思のある大国に左右され、ガイドラインや道徳的原則とは無関係に、そうした大国の国益に一致する場合にのみ、実行されると論じる。人道的義務をめぐる論争のようにみえるものが、事実上、権力政治の行使に等しいものとなる。

こうしたパワーポリティクスに依拠する見解は、報告書に明記された介入条件の厳密さや予防措置にもかかわらず、その現実的な結果が予防的な防衛目的のための単独主義的行動への抵抗を弱めてしまうのではないかという強い懸念と結び付いている。ブッシュ政権が報告書を支持しないこと、有志の国家連合によってではなく (Evans 2003)[16]、正当な権威をもつ多国間の機構(国連がより好ましいが、地域機構の場合もありうる)による制裁を報告書が明らかに要求しているという認識がある一方で、報告書がイラクで起こったような先制攻撃への道を整備するのではないかという不安も拭い去られていない。

全体として、世界的または地域的機構の場でアジアの政府が報告書を支持する用意が整わない一方で、その議論の傾向は原則と哲学をめぐるものから、状況、環境、手段に関する議論へと移行している。この傾向はアジアにある民主政府だけでなく、中国においても明白である。どの程度、規範的な問題が浸透しているのかという感触を得るには、1979年のベトナムのカンボジア侵攻とその20年後の東ティモールへの地域的な反応を比較するだけで十分である。

次のテストケースを待つ間、少なくとも短期間のうちには、アジアの指導者たちがその議論や特定の介入を主導するようなことはありえそうにない。しかし、彼ら／彼女らは予防と復興に、より深く関与するようになるだろう。また、アジア域外の諸国や機関によって主導される多国間による紛争状況への介入についても、ICISSが提起する基準をクリアしている場合には、これ

を支持するだろう。報告書の公表後に書かれたアチャリアの文章には次のような一節がある。「主権に関するアジア諸国の不安により、軍事的予防のための地域的な能力が発揮されることは難しいだろう。アジアの地域機構にとって重要な課題は、軍事的保護については国連に委ね、紛争予防、あるいは予防責任を引き受けることになるだろう」(Acharya 2002：379)。近い将来、アジア諸国が、その主導権が域外から発した場合、さらにたとえそれが国連によって委任されたものではないにしても、地域的に支持された連合に参加することは、少なくとも想像はできる。

5 次なるステップ

保護責任は「人道的介入をめぐるジレンマを解決してはいないが改善している。その言い回しを変更したり、適用範囲を厳格に定めることで、報告書は国際社会において人道的介入を受け入れ可能な規範や行為とすることに成功している」、というアチャリアの結論に同意しないわけにはいかない(Acharya 2002：380)[17]。介入という問題を捉え直すことは、東アジアにおける地域的な議論に新たな展開を切り開いているかのようにもみえる。ワシントンよりも北京のほうが、人間の安全保障や保護責任についての創造性のある対話を行ないやすい、とある研究者は皮肉まじりに述べた。

10年あまりの概念をめぐる論争を経て、狭義の人間の安全保障概念と広義のそれとの関係をめぐる、より詳細で行動志向な実験の段階が始まっている。私たちがそのことを「人間の安全保障」、「人間の安全」、あるいはまったく異なる言葉で呼ぶかどうかは重要なことではない。異なる不安の形態から生じる暴力の差し迫った脅威という文脈において、安全保障を分類する際、分析上および政策上の有用性が生じる。人間の安全保障委員会と ICISS の最終報告書において、いわゆる日本型とカナダ型のアプローチという両者の間に最終的には収斂がみられることは、望ましいことである。

東アジアにおいて、または他の地域においても、保護責任が政策議論と政策行動にどれほど深い影響を及ぼしているのかについて述べることは時期尚早である。それが試されるのは次に生じる大規模な人道的危機においてであ

ろう。しかし、最近の議論では、アジアの人々が主権と介入を結び付ける国境を越えたより核心的な側面だけでなく、人間の安全保障という幅広く進展する側面に取り組む用意ができていない、という見解はみられない。

　議論をより効果的に進めるためには、介入の問題のみが突出して取り扱われるべきではないけれども、いずれ介入の問題は、人間の安全保障についてのより重要な対話への入り口となるかもしれない。それは、人間の安全保障に偏見を抱かせるよりもむしろ、議論を活性化させるかもしれない。介入の問題は今や安全保障の問題として自覚され、予防・対応・復興への責任という形で枠組みが与えられることによって、かつてはあまりに敏感で押し付けがましいとみなされてきた問題の範囲を再編している。重要な論題は、（狭義に定義された）人間の安全保障、開発そしてガバナンスの相互作用である。

　アジアにおける議論の次の段階は、原則、正当な権威付けの問題、個々の状況の考察に焦点を当て続けることにあるといえるだろう。より革新的な事態の展開もありうるかもしれない。保護責任を支えているものは、紛争解決や暴力の管理について普遍的といわれるアプローチについての暗黙の理念である。紛争予防、介入、紛争後の再建に向けた処方箋のすべては、西欧の経験から生まれたガバナンスと政治的プロセスに関する見解に基づいたものである。カンボジアでの国連カンボジア暫定統治機構（UNTAC）、あるいは東ティモールでの国連東ティモール暫定統治機構（INTERFET）のように、その処方箋が東アジアで適用された時、その結果は適切なものだった。もし介入が受容されるだけでなく、効果的であるとすれば、アジアの政策共同体にとって、それらをただ受け入れていくよりも、国際的関与の方法と哲学を形成していこうとする精神のもとに、介入行動——過去の体験、得られた教訓、現状——を注意深く検証する大きな機会となるだろう。地域的な文脈の外部で生じる多国間行動の主導権を委託する時のリスクと利点のバランスはどこにあるのか。アジアの現実と優先課題を考慮しながら、保護責任の構想はどのように調整される必要があるのか。保護責任を考慮するために開発援助プログラムはどのように改訂されるべきなのか。テロリズムへの対抗は人間の安全保障とどのように適合するのか。軍事的対応と開発との適切な組み合わせとはいかなるものなのか。国家安全保障と人間の安全保障はどのように和解し

うるのか（Liotta 2002）。

　最後に、もしも規範的変化が生じているとすれば、なぜ今なのか。深化する相互依存、地域的統合、アジア社会と経済の開放、新しい情報通信技術が、その答えの一部であることは確かである。そして、一つの国際委員会によって賢明に企画され、論争的、かつ行動的に提起された報告書が、時宜を得て公表されたこともその要因となっている。しかし、より考慮を必要とすることは、力関係の変化、なかでも9・11後のアメリカ合衆国の力の誇示、ブッシュ政権の先制攻撃ドクトリン、アメリカの単独主義に対する不安の増大である。こうした新しい要因の組み合わせが、介入や保護責任を含む人間の安全保障に対するアジアの理解を後退させる可能性を生じさせている。しかし、それ以上にも増して、それらの要因が一定の規則に基づいた枠組みの模索へとアジアの決意を深めていく可能性も高まるだろう。その枠組みとは、多国間を基盤とした集団的行動に支持を与え、なおかつ単独行動的な介入を弱いながらも抑制するのに役立つものとなるだろう。

付録　保護責任の概要[18]

保護責任：核となる原則

(1) 基本原則

　　A．国家主権とは国家と同時にその人民の保護に対する最も重要な責任を伴う。

　　B．内戦、反乱、抑圧、国家破綻の結果として、深刻な危害に遭う人々を抱え、それを食い止めようとしない国家では、不介入の原則は国際的な保護責任に道を譲る。

(2) 根　拠

　諸国家から成る国際共同体にとっての指導的原則として、保護責任の根拠は以下の項目に見出される。

　　A．主権概念に内在する義務

　　B．国連憲章第24条における国際の平和と安全を維持する安全保障理事会の責任

C．人権と人間の保護宣言、協定と条約、国際人道法と国内法のもとでの特定の法的義務

D．国家、地域機構、安全保障理事会の展開する実践

(3) 要　素

保護責任は三つの特定の責任を含む

A．予防する責任：住民を危険に曝す内戦および他の人為的危機の根本的原因と直接的原因の双方への取り組み

B．対応する責任：制裁や国際的訴追、極端な場合には軍事的介入のような強制手段を含む適切な手段を用いて人間のニーズを強制する状況への対応

C．再建する責任：とくに軍事的介入の後、その介入が防ぐことを目的としていた危機の原因に取り組みながら、回復、再建、和解のための十分な支援の提供

(4) 優先課題

A．予防は保護責任の最も重要な局面である：介入が検討されるまでに予防という政策オプションは常に検討され尽くされるべきであり、より多くの責任と資源が予防に充てられなければならない。

B．強制的な介入の手段が適用される以前の予防と対応というそれぞれの責任の行使では、常に強制的でも介入的でもない手段が用いられるべきである。

保護責任：軍事的介入の原則

(1)　正当(just)事由のハードル

人間の保護を目的とした軍事的介入は例外的であり臨時の手段である。その正当な根拠を得るためには、深刻かつ取り返しのつかない、即座に起こりうるような以下の種類の危害が存在しなければならない。

A．現実に生じたあるいは懸念される、ジェノサイドの意図の有無にかかわらず、計画的な国家の行動、国家の怠慢と無能力、破綻国家の状況のいずれかの所産である人命の大規模な損失

B．現実に生じたあるいは懸念される、殺害、強制的な追放、残虐行為やレイプにより実行される大規模な「民族浄化」

(2) 予防の原則
    A．正しい意図：介入する国家がもつその他の動機は何であれ、介入の主要な目的は人々を苦しめている状況を止めることになければならない。正しい意図は地域の意見や関係する被害者により明確に支持される多国間行動によって、より適切に確かなものとされなければならない。
    B．最終手段：軍事的介入は危機への予防や平和的解決というあらゆる非軍事的選択が検討され、強制力の少ない手段が成功しないと考えられる正当な理由をもつ時のみ正当化できる。
    C．均衡のとれた手段：計画される軍事的介入の規模、期間、強度は人間の保護という限定された目的の達成に必要最小限なものとなるべきである。
    D．合理的な予測：行動した結果が行動しなかった結果よりも悪化しないという予測のもとに、介入を正当化する危害の防止と回避に成功する合理的な公算がなければならない。
(3) 正当な(right)権威
    A．人間の保護を目的とする軍事的介入に権威を与えるために国連安全保障理事会ほど適切な機関はない。その課題は権威の源泉として安全保障理事会の代わりを見つけることではなく、現在よりも安全保障理事会をより良く機能させることにある。
    B．すべてのケースにおいて、安全保障理事会の権威は実施されるいかなる軍事的介入にも先んじて求められるべきである。介入を要求する人々は自らのイニシアティブによる安全保障理事会への問題の提起や、国連憲章第99条に基づいて事務総長に問題を取り上げさせることで、公式にその権威を要求するべきである。
    C．安全保障理事会は、大規模な人命の損失や民族浄化の申し立てのある地域への介入に必要とされる権威に関するいかなる要求にも、迅速に対処すべきである。その過程で安全保障理事会は、軍事的介入を支持する理由となる事実や状況などの十分な根拠を求めるべきである。
    D．死活的な国益とは関係ない地域の問題について、多数の支持があり

人間の保護を目的とした軍事的介入に権威を与える決議の通過を妨害するために拒否権を適用しないことに、安全保障理事会の常任理事国5カ国は同意するべきである。

E．もしも安全保障理事会が必要な時期に提案を拒否、あるいはそれに対処することができないとすれば、その代わりとなるのは次の選択である。

　Ⅰ．「平和のための結集」という手続きのもとで国連総会緊急特別会議における問題の検討

　Ⅱ．安全保障理事会からの授権を要求することを条件にした、国連憲章第8章に基づく地域的もしくは準地域的な機構による管轄範囲内の行動

F．行動を必要とする良心を揺るがす状況において、安全保障理事会が保護責任を負担できないとすれば、関係各国はその状況のもつ重大性や緊急性に見合う他の手段を除外しないかもしれない。そのことで国連の能力と信頼性が損なわれる可能性を安全保障理事会はそのすべての協議において考慮するべきである。

(4)　行動原則

A．明確な目標：常に明確な権限委託：適切な資源

B．関係するパートナー間の共通の軍事的アプローチ：命令の統合：明確な伝達と指令系統

C．軍事力の適用に関する制限、増強、漸進主義の承認。目的は国家を敗北させることではなく人民の保護にあることの承認

D．国際人道法の完全な支持と均衡の原則を反映する作戦上の概念に適合する交戦の規則

E．軍事的保護が主要な目的とはならないことの承諾

F．人道的機関との最大限可能な協調

注

(1)　それは少なくとも西欧の支持者の間では何らかの症候群あるいは徴候でもある。人間の安全保障に関心をもつ者は、グローバリゼーション、自由化、タガが

外れた市場について相反する感情をもちがちである。また国際開発とより公平な資源配分に関心を示し、社会的正義や根本的原因といった言葉を使用する。さらに国連、国際刑事裁判所、(イラク戦争におけるものではなく、対人地雷廃絶運動において使用される意味での)「有志の連合」という新しい外交を含んだ多国間による制度や組織を支持する。その一方で、アメリカの単独行動主義と特殊主義には批判的である。

　しかし、人間の安全保障をリベラルな国際主義の一種であるとみなす見解は知的な面では有効であっても、9.11以降のますます反自由主義化するグローバルな秩序において、そして自由主義がしばしば地域的規範や国益と調和しないアジアにおいては、その存続に疑問が投げかけられている。

(2)　カナダの大学研究者による最近の調査は、人間の安全保障に関する研究や講義があるとしている33大学の145以上を列挙した。そのリストとシラバスは次のURLから入手できる。<http://www.humansecurity.info>

(3)　トラック・ツーとは、政府関係者および有識者が個人の資格で参加することで、自国の政府の立場にかかわりなく、自由に意見を交換する民間外交である。

(4)　2003年6月16-17日にソウルで開かれたユネスコ主催による国際会議を指す。

(5)　彼らは人間の安全保障を「広まった貧困のない状況で生活する日数」と定義する。

(6)　これはマックの「人間の安全保障報告書計画」という未公表の論考からの引用である。2004年11月に『人間の安全保障報告書 第1版』として出版される予定である。

(7)　これは2002年12月16日に台湾で開かれた「人間の安全保障会議」の報告書である。

(8)　CSCAPは、1994年6月にアジア太平洋地域の安全保障問題に関する協力を推進することを目的とした民間の国際組織として発足した。その活動はトラック・ツーの提供、研究交流と政策提言を軸とする。詳しくは次のURLを参照。<http://www.cscap.org/>

(9)　こうした会議のいくつかは「対話と研究報告」(the Dialogue and Research Monitor)に記録されており、次のURLから入手できる。<http://www.jcie.or.jp>

(10)　翻訳は奇妙な仲間を生み出すことがある。2000年夏の非公式会談において、朝鮮民主主義人民共和国外相ペク・ナムスン[白南淳]が「人間の安全保障」理念を提唱するカナダ外相ロイド・アクスワージーを称賛した際に興味深い混乱が見られた。この状況に困惑した高官たちは後にペク外相が「人間の安全保障」と「人間中心」のチュチェ[主体]思想を同じものと考えていたことに気づいた。アクスワージーの演説を詳しく読んだ北朝鮮側は、二つの概念が容易には調和しないこ

(11) この議論は彼の著書である *China and Human Security* 2002, Vancouver：Program on Canada-Asia Policy Studies, North Pacific Policy Paper #8 でさらに展開されている。<http://www.pcaps.iar.ubc.ca>

(12) 中国の意見に関する背景を理解するために次の URL にある議論を参照されたい。"China's Position Paper on Cooperation in the Field of Non-Traditional Security Issues." <http://www.fmprc.gov.cn> (29 May 2002)

(13) その事例として、以下の文献を参照されたい。*The Asian Crisis and Human Security: An Intellectual Dialogue on Building Asia's Tomorrow* (Tokyo：Japan Center for International Exchange, 1999); *Sustainable Development and Human Security: Second Intellectual Dialogue on Building Asia's Tomorrow* (Tokyo and Singapore: Japan Center for International Exchange/Institute of Southeast Asian Studies, 1999)；Thiparat, Pranee, ed., *The Quest for Human Security：The Next Phase of ASEAN?* (Bangkok：Institute of Security and International Studies, 2001)；*Health and Human Security: Moving from Concept to Action* (Tokyo：Japan Center for International Exchange, 2002); Chen, Lincoln, "Human Security：Concepts and Approaches," In Tatsuro Matsumae, & Lincoln Chen eds., *Common Security in Asia: New Concepts of Human Security* (Tokyo：Tokai Press, 1995).

(14) International Development Research Centre (IDRC), *The Responsibility to Protect: Report of the International Commission on Intervention and State Sovereignty*, 2001. この報告書、関係文書、その背景などは次の URL から入手できる。<http://www.idrc.ca>

(15) この文献は2002年8月27日から28日まで北京で開かれた「人道的介入に関する国際セミナー」で報告されたものである。

(16) この記事での、イラクへの介入を人道的根拠に基づいて正当化することに対する、エヴァンズによる熱のこもった議論を参照されたい。

(17) その報告書では「人道的介入」というフレーズは使用されていない。

(18) 完全な文書は次の URL から入手できる。<http://www.idrc.ca> また、HTML 形式は以下の URL から入手できる。<http://www.dfait-maeci.gc.ca/iciss-ciise/report2> 英語、フランス語、スペイン語、ロシア語、中国語で閲覧できる。タイ語への翻訳はチュラロンコン大学の研究者たちによって現在準備されている。

引用・参考文献

Acharya, Amitav 2002, "Redefining the Dilemmas of Humanitarian Intervention," *The Australian Journal of International Affairs*, vol.56, no.3.

Acharya, Amitav 2001, "Human Security : East versus West," *International Journal,* Summer.
Anthony, Mely 2002, "Human Security in the Asia-Pacific : Current Trends and Prospects," In David Dickens ed., *The Human Face of Security : Asia-Pacific Perspectives,* Canberra : Strategic and Defence Studies Centre, Australian National University.
Bain, William W. 1999, "Against Crusading : The Ethic of Human Security and Canadian Foreign Policy," In *Canadian Foreign Policy,* Vol.6, No.3 (Spring).
Buzan, Barry 2001, "Human Security in International Perspective," In Mely Anthony & Mohamed Jawhar Hassan eds., *The Asia Pacific in the New Millennium,* Kuala Lumpur : ISIS Malaysia.
Carlson, Allen 2002, *Protecting Sovereignty, Accepting Intervention : The Dilemma of Chinese Foreign Relations in the 1990s,* New York : National Committee on United States-China Relations, China Policy Series, Number 18 (September).
Chari, P.R. ed. 2001, *Security and Governance in South Asia,* Colombo : Regional Centre for Strategic Studies.
Chen, Lincoln 1995, "Human Security : Concepts and Approaches," In Tatsuro Matsumae & Lincoln Chen eds., *Common Security in Asia : New Concepts of Human Security,* Tokyo : Tokai Press.
Chu Shulong 2000, "China, Asia and Issues of Sovereignty and Intervention," *China Institute of International Relations* (November).
Chu Shulong 2002, *China and Human Security,* Vancouver : Program on Canada-Asia Policy Studies, North Pacific Policy Paper #8. <http://www.pcaps.iar.ubc.ca>
Commission on Human Security 2003, *Human Security Now : Final Report,* New York : CHS=2003 人間の安全保障委員会事務局訳『安全保障の今日的課題――人間の安全保障委員会報告書』朝日新聞社。
Evans, Gareth 2003, "Humanity Did Not Justify This War," *Financial Times,* 14 May.
Hampson, Fen et al. 2002, *Madness in the Multitude : Human Security and World Disorder,* Oxford University Press.
Hampson, Fen & John Hay 2002, "Human Security : A Review of the Scholarly Literature," paper prepared for the Canadian Consortium Human Security (April).
International Commission on Intervention and State Sovereignty (ICISS) 2001, "Rapporteur's Report on Beijing Roundtable Consultations." <http://web.gc.cuny.edu/icissresearch/Reports/Beijing_Rapporteur_Report.html>
International Development Research Center (IDRC) 2001, *The Responsibility to Protect :*

Report of the International Commission on Intervention and State Sovereignty.

Ignatieff, Michael 1998, *The Warrior's Honour: Ethnic War and the Modern Conscience,* New York: Viking Press.

Japan Center for International Exchange 2002, *Health and Human Security: Moving from Concept to Action,* Tokyo.

Japan Center for International Exchange 1999, *The Asian Crisis and Human Security: An Intellectual Dialogue on Building Asia's Tomorrow,* Tokyo.

Japan Center for International Exchange/Institute of Southeast Asian Studies 1999, *Sustainable Development and Human Security: Second Intellectual Dialogue on Building Asia's Tomorrow,* Tokyo and Singapore.

Khan, Abdur Rob, ed. 2001, *Globalization and Non-Traditional Security in South Asia,* Colombo: Regional Centre for Strategic Studies.

King, Gary & Christopher Murray 2002, "Rethinking Human Security," *Political Science Quarterly,* Vol.116, No.4 (Winter).

Lee Chyungly 2003 "Human Security : Implications for Taiwan's International Roles." <http://www.humansecurity.info>

Liotta, P.H. 2002, "Boomerang Effect : The Convergence of National and Human Security," *Security Dialogue,* vol.33, no.4 (December).

Luttwak, Edward 1999, "Give War a Chance," *Foreign Affairs,* Vol.78, No.4 (July-August).

Mack, Andrew 2002, "The Human Security Report Project," typescript (November) (The first edition of the Human Security Report is scheduled for release in December 2003).

Mao Yuxi 2002　"'Human Intervention' Dubious," *China Daily,* 25 February.

Mohanty, Manoranjan 2002, "Humanitarian Intervention in an Unequal World — A View from Below," paper presented at the International Seminar on Humanitarian Intervention, Beijing, 27-28 August.

Song Yann-huei 2002, "The Concepts of Human Security and Non-Traditional Security : A Comparison," paper presented at the Human Security Conference, Taipei, 16 December.

Tow, William, Ramesh Thakur & In-Taek Hyun eds. 2000, *Asia's Emerging Regional Order: Reconciling Traditional and Human Security,* Tokyo : United Nations University Press.

Tan, Andrew & Kenneth Boutin eds. 2001, *Non-Traditional Security Issues in Southeast Asia,* Singapore: Select Publishing.

Thiparat, Pranee ed. 2001, *The Quest for Human Security: The Next Phase of ASEAN?*, Bangkok: Institute of Security and International Studies.

Thakur, Ramesh 2003, "Intervention Could Bring Safeguards in Asia," *The Daily Yomiuri*, 3 January.

Zhang Yunling ed. 2001, *Stability and Security of Socio-Economic Development in East Asia*, Beijing: China Social Sciences Press.

(和田　賢治訳)

第3部
グローバリゼーション・紛争・人間の安全保障

第11章 9・11同時多発テロと人間の安全保障──イスラーム世界からの解釈──

1 はじめに
2 人間の安全保障再考
3 ネオリベラル・グローバリゼーションとイスラーム世界
4 テロとの戦いと人間の安全保障
5 結 論

ムスタファ・カマル・パシャ

本章の梗概

　ネオリベラル・グローバリゼーションを背景とした「テロとの戦い」は、相互に結び付きながら、人間の安全保障に対する重大な脅威を生み出している。開発の危機と正統性の危機という双子の危機に直面するイスラーム世界に対しては、とくに重大な影響を与えてきた。それはまた、グラムシのいう新帝国の様相を帯びながら、イスラーム文化圏を分裂させ危機に陥れるものである。新帝国的配置は、イスラーム文化圏における国家の正統性をむしばみ、軍事優先主義を強要するため、正義・人権・平等は後退させられる。人間の安全保障は、本来的に物質的側面と非物質的側面の統合に向かわなければならず、市場原理に頼る世俗的西洋がイスラーム世界に対して求める世俗化は、問題の本質を理解していないために起こるのである。グローバル化した世界において、イスラームの危機は、世界全体の危機となる。

1 はじめに

　2001年9月11日(9・11)の衝撃的な同時多発テロは、今後の世界秩序をめぐり、きわめてシニカルなものからきわめて劇的な変革を求めるものまで、これまでにない多種多様の議論を生み出すこととなった[1]。政治学的な意味における現実主義者や理想主義者、また、ホッブス主義者やカント主義者、さらには、グローバル主義者や反グローバル主義者といった人たちすべてが、揺らぎの中の不確実性の時代に生きていることを実感したのではないだろうか (Gray 2000：25-27)。未来の世界秩序の方向を予測しようにも、あまりにも大きな出来事であったために、それらしきシナリオを描こうとしても、思慮を欠いた思惑買いのような未来予想に頼らざるをえない。確かなことと思われるのは、確かなものが無いこと、つまり、パターン化された日常生活が、劇的変化を内包する偶発性によって置き換えられた、ということである(Walker 2002：3-25)。

(1) 9・11事件後の新しい世界秩序

　9・11以降の世界は、国際協調の潮流を覆す勢力を台頭させることとなった。国際関係の究極の決定要因を武力に求める現実主義者にとって、9・11は、国際協力を推し進めようとする多国間主義の人々、つまり世界の諸問題を国際的協力で解決できると信じるナイーブな夢想家の意志を挫く、またとない機会を与えてくれたことになる。9・11以降の世界を和平構築のためのリスクと挑戦を伴う転換点と考え (Smith 2002a：67-85；2002b：171-183)、軍事力とパワーポリティクスがもつ力への古くさい信仰を復活させるべきではないと考える人々は、そのような風潮に懐疑的だが、単独行動主義者たちは、新しい世紀に、新たな帝国を再構築する機会を手に入れようと目論んでいる[2]。

　地球政治における変化があまりにも急激であるため、これまでの思考の様式を放棄してしまうことは困難であるように思われる。「優越した文明という新しいカルト」(Connolly 1999：1-6) が見え隠れし始めた時に早くも予想されていたように、自己保存のための武力干渉 (先制攻撃と言い直されているが) が再び行われるようになった。この武力干渉があるから、世界は覇権体制と考えら

れ、この武力干渉によって世界の諸問題が解決されることとなった。世界秩序を北側諸国の立場から構築する人々の多くは、軍事的・政治的なパワーのみが、不確実性の時代における最良・最高の答えを与えることができるものと考えている。このような状況において、世界の周縁に押しやられてしまったのが、人間の安全保障という喫緊の関心事なのである。

アフガニスタンとイラクにおける戦争、また、イラクの崩壊と占領、そして、打ち続く「対テロ戦争」など、多くの人々にとっては、思いもよらない事態の連続である。その結果、ニューヨークのツイン・タワーが崩壊する前、また、ペンタゴンが攻撃される前には、想像すらできなかったような新たな世界秩序の到来が宣言された（Kagan 2003；Venn 2002：121-136）。「対テロ戦争」に対してサミュエル・ハンチントンが予言したように、世界はイスラームと西洋との歴史的対決（Huntington 1996）という解釈に基づいて平衡状態を保っているかのようである。この解釈では、文明の衝突は、すでに進行中であり勢いを得ていることになる。善と悪、文明と野蛮、救われたものと呪われたもの、というマニ教的な二分法が、より強烈に、世界的規模で再び現れた、といえる（Euben 2002；Cainkar 2002：22-29；Mamdani 2002：766-775）。

新しい世界の最もわかりやすい特徴は、アメリカ合衆国の指導のもとで、新帝国が再構築され、それが承認されたことである。ここでいう、アメリカの指導とは、国際法、または、国際社会により抑制されない単独主義的統治・施政のことである（Chomsky 2002：1-18）。第二次大戦が終了して以来の正当なゲームのルールや国際慣行により構築された行動規範などに頼ることなく（Bhuta 2003：371-391）、新帝国は覇権ではなく実力支配に、同意ではなく強制に基づく[3]。ネオリアリズムはグローバル化と重なり、世界中に矛盾を撒き散らした（Gill 2002：47-65）。このような状況における新帝国の形成は、植民地帝国の行き過ぎと植民地化の傲慢により今なお創出される世界システムの下半分を構成する諸国に対して、これまでにないリスクと挑戦の機会を与えている（Blaut 1993）。植民地時代が終わった世界は、自治と自由が約束され、社会生活の改善が可能となり、平等原則が与えられると思われていたが、今やそのような望みも絶たれてしまう兆しが現れてきた。世界の窮状に対する無関心、冷淡、無視が、現代において明瞭になってきたのである（Liotta 2002：

473-488；King & Murphy 2001：585-610；Hampson 2002）。

　冷戦の終結により、国家の安全保障を中心とする国際関係から人間の安全保障を第一の基準とするような国際関係へと移行する千載一遇の機会が約束されたかに思われた。伝統的な東西のライバル関係は歴史の記憶にしまわれ、ようやく人類の直面する現実の問題を考えることができるようになったと思われた。それらの問題とは、貧困・飢餓・低開発・欠乏・密輸・児童労働、そして、あらゆる形態での不平等である。希望は泡と消え去り、軍事優先主義や、新しい敵に対する終わりのない戦争や地球的規模の恐怖がとって代わったのである。もしも、これらが9・11のテロリストが求めた目的だったとしたら、彼らの試みは、まったく失敗だったわけではない。「テロとの戦い」は、不確実性とリスクを世界中に広げたのである。

　恐れと不安に最も脆弱である人々の運命にとって、この不確実な時代が意味するものとは、何であろうか。また、人間の安全保障に関する新しい世界の(無)秩序の衝撃とは何であろうか。これらの問いかけは決して新しいものではないのだが、(特権を有する者と奪われた者の区別、権力をもつ少数の人々と権力をもたずに自己の安全に過大な労力を払う多数の人々との間の区別という)国際関係の基本的に誤まった区分があるため、答えを与えることは、とくに急を要することなのである。

　地球大の物差しで、人間の安全保障に照らし合わせながら9・11や「テロとの戦い」などの最近の出来事の結果を評価・分析することは不可能である(Pasha & Murphy eds. 2002)。第一の理由としては、9・11、さらには、アフガニスタンとイラクにおける戦争の後遺症から回復しつつある状況で、新しい世界秩序の方向をはっきり見通すには、時期が早すぎるからである。紛争のいつ果てるとも知れない状況や復興の困難さを考えると、予測することは困難を極める。第二の理由は、地球規模での混乱の影響は、一様に波及することはないことがあげられる。工業化の進んだ北側諸国から多様性のある南側諸国まで、影響の程度は、大きく異なるものである。不確実性とリスクは地球的な規模となったが、その深刻さは時と場所によって異なる。経済的に脆弱な人々にとっては、ネオリベラル・グローバリゼーションが与える打ち続く衝撃は、「対テロ戦争」がもたらす影響と区別することはできない。

(2) 不確実な時代におけるイスラーム文化圏

　正確に比べたわけではないが、イスラーム文化圏（Islamic Cultural Zones = ICZs）は、9・11と「対テロ戦争」から最も深刻な影響を受けている地域の一つであることは間違いがない[4]。この地域は、人間の安全保障に対して、地球的規模の新しいリスクの中心にある。国内的な亀裂と外部の圧力に直面しているイスラーム文化圏においては、地球的規模の抗争が激化し、さらに、ネオリベラル・グローバリゼーションと「対テロ戦争」がもたらす新たな紛争の緊張が高まっているのである。したがって、世界秩序を管理しようとする者にとっては、イスラームの問題が地球規模の政治的な「問題」(Esposito 2002)として認識されている限りにおいて、人間の安全保障に対する脅威はその広がりにおいてもその内容においてもグローバルな性格をもつ。イスラーム文化圏は、政治的・経済的・社会的要因など多くの点で西洋とは異なるのだが、ネオリベラル・グローバリゼーションの背後にある世俗的西洋とは、とくに宗教の相違のためにうまくいかない状態にある(Falk 1999；Creider 1997)。

　本章では、ネオリベラル・グローバリゼーションを背景として、「テロとの戦い」がイスラーム文化圏にどのような影響を与えるのかについて検証する。人間の安全保障は、グローバル・システムに組み込まれれば波及効果の可能性があるのだが、イスラーム文化圏は［訳註：世俗的西洋による孤立化政策のため］厳しい状況にある、というのが主要な論点である。さらに、ネオリベラル・グローバリゼーションは、世界の南の他の地域と同様、イスラーム文化圏においてもその社会的・文化的生活のフレームワークとは、どうしても相容れないでいる (Gills ed. 2000)。人間の安全保障の中心となる要素は、1994年の国連開発計画（UNDP）の『人間開発報告書』で強調されたように、飢餓・疾病・抑圧のような慢性的脅威からの安全ばかりではなく、日常生活の根本的な崩壊からの保護も含んでいる。後者については、個々の文化において、持続する社会習慣の保護なども、対象としている。これらの社会習慣に対する脅威は、ネオリベラリズムのもとで、西洋中心の世俗的近代化を進める新十字軍的政策によって現実のものとなっている。それとともに、社会習慣への脅威は、イスラーム文化圏の深刻な分極化を促進しつつある。したがって、伝統

的な社会生活を守るための闘争と、物質的な生き残りのための闘争とは、密接につながっているのである。ネオリベラル・グローバリゼーションおよび「テロとの戦い」がもつイデオロギー的政治的性格により、イスラーム文化圏の多くでは、物質的な生き残りから日常生活のあり方に至るまで、重大な脅威に曝されているのである。

　議論を明確にするために、本章では、三つのセクションに分けて考察を加える。第一のセクションでは、人間の安全保障の概念について再考してみようと思うが、その際、人間の尊厳の保護をもとに物質的側面と非物質的側面の統合を試みたい。ネオリベラルは、生活の改善を主に物質的発展に矮小化しようとするので、非物質的側面、とくに、宗教が社会に秩序を与える役割を軽視している。文化の中心様相とは、文化の多様な様相において、宗教が果たす役割のことをいうのである。

　第二のセクションでは、イスラーム文化圏において、ネオリベラル・グローバリゼーションならびに「テロとの戦い」が、人間の安全保障に、どのような衝撃を与えているのかを検証する。市場文明を徹底させることをそれほど望まない社会 (Gill 1995：399-423) において、また、市場への過程を他の社会的営みに従属させようとする社会 (Polanyi 1944：401-418) においては、ネオリベラル・グローバリゼーションは、基本的に、イスラーム文化圏を蝕む変化を生み出す情け容赦ないエージェントとなって立ち現れる。また、「テロとの戦い」におけるイデオロギー的側面と政治的側面は、人間の尊厳を容赦なく傷つけ、イスラーム文化圏の多くの人々から、文化的に意義深い習慣を剥ぎ取ってしまう可能性がある。外からもたらされる変容の主要なターゲットは、まず、文化的に構造化された日常生活の行為から生まれる自尊と自律の考え方である。自由と民主主義という手続き的理念は、普遍主義を装いながら、イスラーム文化圏における社会的理想とその周辺に形成された期待を無視してしまうのである。

　また一方では、新帝国的配置が生まれることによって、国家主権の原理が一層ないがしろにされている。主権の原理は、歴史的には小国に対してそれなりの保護を与えたのであるが、とりわけ、文化的にまたそうではないとしても政治的に、それらの小国が相対的な自律を享受することができたことは、

重要なことである。例えば、先制攻撃論(新たな帝国的配置の中心的項目)は、国家に特定の将来を描き出す余地をほとんど残さないことによって、ネオリベラル・グローバリゼーションの効果が一層ひどく蔓延することを目論むものなのである。名目的な原理にすぎなかったかもしれないが、主権は、国際関係における国家の形式的平等の概念を受け入れる。形式的平等さえも否定されると、弱小国家は絶対的に弱小となり、最近のアフガニスタンやイラクの例が鮮やかに示すように、帝国的野望に対して、国際システムは保護を提供できなくなる。この意味で、イスラーム諸国は、先制攻撃論の第一目標に据えられ、この地域の途方もない不安と危機感に苛(さいな)まれている。主権原理を基礎におく政権の正統性が、恣意的な帝国的行動に従属させられることにより、人間の尊厳をさげすむ植民地時代の記憶がよみがえってくるのである。

地球政治を軍事化することは、人間の安全を脅かす脅威の源泉であると、長く認識されてきた。しかし、現在では、軍事中心主義は、さまざまな方向に拡大している。第一に、国際問題に取り組む際に軍事力に依存することは、人権擁護・環境・開発に関して同意されてきた国際協力を蝕む可能性がある。第二に、現在の軍事中心主義は、イスラームに対する非合理な恐れと結び付き、イスラーム文化圏内において［世俗的西洋諸国に対する不信という］深い亀裂が生じてきた。イスラーム文化圏の人々の多くは、イスラームを世界中で悪魔呼ばわりされることは、イスラームの信仰と文明を傷つける協同行動とみなしているのである。

イスラーム文化圏内には［スンニ派とシーア派の対立など］既存の分裂があるが、［近代化や世俗化などの］新しい矛盾は、9・11以降の世界の(無)秩序と密接にかかわって大きくなっている。社会的・政治的生活を組織化するモデルは、外発的なものと内発的なものがある。この両モデルの間の溝が大きくなると、世俗的近代主義者と宗教的原理主義者との間の文化闘争のようにみえる (Li 2002：401-418)。事実、社会発展に関する論争は、ネオリベラル・グローバリゼーションと「テロとの戦い」によって複雑なものとなっている。ネオリベラル・グローバリゼーションの効果により、また、(アフガニスタンとイラク以降の) その他のイスラーム文化圏諸国への「テロとの戦い」の拡大により、イスラーム文化圏における痛ましい抗争の犠牲を最も被っているのは、人間の安

全保障そのものである。

　最後の第三セクションでは、9・11以降の世界の(無)秩序が、矛盾する特徴に満ちていることを検証する。この検証は、人間の安全保障に対する挑戦ともなり、また、絶好の機会ともなる。最も大きな問題は、ネオリベラリズムの圧力により勢いを得たグローバル・ガバナンスのために、一国内の正統な権威の喪失が増大していることである。イスラーム文化圏にとっては、正統な権威の凋落は、「テロとの戦い」とそれに付随する圧力により、さらに複雑な様相を呈している。

　現在みられるような「テロとの戦い」は、世俗的近代化の名においてイスラーム文化圏を変革するための性急で野望に満ちた計画を推し進めようとするものである。しかし、この計画は成功しそうにはない。イスラーム文化圏は、ジェンダー・階級・民族の区分や社会的硬直性などの困難を内包している。近代化と伝統という単純化された二分法によってこの根本的な分裂を取り繕う試みは、イスラーム文化圏の複雑な社会状況を誤って考えていることの現れである。

　実行可能な計画としての世俗的近代化の最大の弱点は、歴史を直線的な過程として概念化してしまうことにある。たしかに、社会的・政治的組織の別のモデルは軽視されてはいるが、それでも、政治的構想から完全に消し去ることはできない。政治の世界においてイスラームが意識され、その意識が増大するのは、この点においてである。皮肉なことに、「テロとの戦い」は、イスラーム文化圏において、宗教を政治化する過程を早める傾向にあるが、この点は、歓迎されてはおらず、また、逆の結果を招く。

2　人間の安全保障再考

　人間の安全保障は、なお争いのある概念であるが、それは人間の状況についての普遍的な要求と［イスラーム文化圏など、世界の各地域における］特定の歴史的文化的文脈におけるその実現を結び付ける[5]。人間の安全保障概念の順応性にはかなり大きな幅があり、しばしば受け入れられないこともあるが(Paris 2001：87-102)、生命の維持という最も基本的な領域の保護のために、物質的

側面と非物質的側面とを統合する可能性を提供するものである。人間の安全保障は、ミニマムでいうと、人々の安全を保障するいくつかの重要な側面を意味するものであるが、それらは、次の四点に示されるように、伝統的な国家の安全保障においては欠落していたものである——①生活資材の確保、②武力のみならず、さまざまな様式の暴力から人類を保護すること、③生活を維持するために必要な居住空間の確保、④人間の尊厳を守り、文化的特性を尊敬すること。軍事力・国家・パワーブロックへの関心から移行させることにより、これまでの安全保障の焦点を、人間の安全保障に向けることにより、人間生活を維持するための最も重要なものと取り組む可能性が開かれる。安全保障の中心を移行させることにより、市民社会は、単に国家の一部分であるだけでなく、人間を保護する統合的システムとなることができるのである[6]。

　また、人間の安全保障には、不平等と不公平という目に見えない構造を正しく評価する側面が組み込まれている。ここでいう目に見えない構造とは、軍事支出、国家安全保障、軍事同盟、そして、国境警備などのことである。このような見えない構造において、正義・平等・人権の概念を十分に回復させるためには、個々の具体的な生活状態が適切なものかどうかを知らなければならないし、一般の人間の基本的価値に敬意を払う必要性も認識しなければならない。正義・平等・人権の概念は、ただ単に地球政治を理解した後に結果的にわかるというだけでは不十分である。人間の安全保障を否定してしまうことが、この世界の主要な問題であることは、まず、間違いない。人間の安全保障を認識することは、国家の安全保障によって伝統的に占有されてきた国際関係の特徴を変えてしまうことなのである。

　したがって、物質的側面と非物質的側面を統合すれば、人間の安全保障という概念はより豊かなものとなる。上に触れた正義・平等・人権の概念は、個々では、人間の安全保障の概念を説明し尽くすことはできないが、全体論的に考えると、これらの要素は人間が生き残るための経済的・政治的・社会的・文化的諸相の相互依存性を浮き上がらせる。同時に、人間の安全保障は、近代化とネオリベラル・グローバリゼーションの野心に満ちた約束の中には、浅薄なものがあることを警告している。本質的に、近代化の要求もネオリベラル・グローバリゼーションの主張も、より良い生活への希求を、物質的発

展、消費世界の拡大、個人の必要と欠乏の認識に矮小化してしまっている。ネオリベラル・グローバリゼーションの論理に欠けているものは、価値ある生活がもつ非物質的・文化的・共同体的側面である。人間の安全保障は、生存への脅威を取り除くために、単なる最小限の物質的生活を供給する必要性があることにわれわれの関心を向けさせるだけではなく、文化的共同体的存在の特定の形態を保護することが必要欠くべからざるものであることにも目を開かせてくれる。開発と近代化の諸理論に付随する物質主義的偏向は、人間の状態の物質的側面を何よりもまず強調する傾向があり、ネオリベラル・グローバリゼーションにも大きな影響を与えている。

　均質化してしまうことは、環境破壊・飢餓・暴力の脅威と同じく、人類に対する脅威である。したがって、西洋中心の「普遍的文明」(Fukuyama 1992)という巨大な大砲は、共同体とその文化的特異性や生存可能性を打ち砕いてしまう可能性がある。実際には、その過程は共同体に属する人々が新たな戦略を求めつつ抵抗すると、はるかに複雑なものとなる。しかし、そのような抵抗も、時には失敗に終わったり、暴力的なものとなったりして、文化全体の一体性を危うくすることもある。

3　ネオリベラル・グローバリゼーションとイスラーム世界

(1)　正統性の危機

　「テロとの戦い」とそれに付随するイデオロギー的・政治的諸側面の与えた衝撃を解明するためには、まずイスラーム文化圏内の紛争と矛盾の主要な源泉を強調しなければならない。イスラーム世界を宗教的観点から排他的なものとして特徴付ける傾向は、イスラームの政治・経済の両側面、とりわけ、開発と正統性の双子の危機の重大性を正確に表現することを困難にする。とりわけイスラーム文化圏は事実上どこでも、階級・ジェンダー・エスニシティの分裂に直面している。中でも、イスラーム世界の多くにみられる正統的権威の危機は、開発と正統性の分裂を拡大させてきた。顕著な例外もあるが、開発の失敗は正統性の危機を増大させてきた。したがって、イスラーム

の復興が叫ばれる主要な原因は、巷間でいわれるような西洋との衝突ではなくて、政治・経済構造の硬直性である。硬直性のゆえに、国内抵抗層を抱える政権を西洋が支持することは、反西洋主義の政治的環境を整えることになる。

　ここでの議論を簡潔にするために、イスラーム文化圏に対するネオリベラリズムの浸透が、以下の三つの効果により特徴付けられることを指摘しておく。①開発能力の衰退、②福祉の削減と市民社会の[無定見な]肯定、③富の偏在化の増大と内部の反対派に対する政治抑圧[7]。地球規模の経済への統合が促進され、ネオリベラリズムの諸政策に黙従することによって、長期的開発を計画する国家の能力は直ちに衰退してしまうであろう。ほとんどすべてのイスラーム文化圏においては「国民」経済を、国際通貨基金 (IMF)、世界貿易機関 (WTO)、世界銀行などの国際機構の指導により (Cammack 2001：397-408； 2003：37-59)、開発から経営へと変化させてきた(Beinin 1999)。国家の能力の衰退は、国家が人間開発の分野、とりわけ、教育と雇用の分野における改革に失敗したことに示されている。イスラーム文化圏の多くの地域で起こりつつある都市人口の増加と相まって、国家の能力の衰退は、高まる不満を革命へと煽り立てる役割を果たしてきた。国民の最貧困層、とりわけ、都市の下層階級に影響を与えてきたのは、ほとんどの場合、福祉の縮小である。イスラーム文化圏において、この階級の人々がイスラーム復興の旗印と約束に励まされながら世俗的ナショナリスト政権に抵抗するのは、単なる偶然ではない(Amin 1990；1993：9-27)。

(2) イスラーム復興と市民社会

　イスラーム復興を訴える声は、周縁化された社会階層のみからあがっているのではなく、おそらく、小市民的要素も再興を求める声の背後の推進力となっている (Fischer 1982：101-125)。ほとんどのイスラーム文化圏が慢性的な経済的危機に直面しているが、市民社会のより広い層が、世俗的ナショナリズムから離反し、イスラームの復興へ向かって勢力を結集し始めている。生活のための基本的サービスが、非政府組織 (NGO) の自助的な活動により担われることが多くなり、その結果、国家の正統性をさらに衰えさせている。イ

スラーム的 NGO の存在は、正統性の政治的危機とともに論じられることがあるが、その役割は、イスラームの復興へ向かう文脈において認識される必要がある(Wiktorowicz & Farouki 2000：685-699)。国際的な支援を享受する一握りのエリートたちと、保護されていない多くの人々との間にある不平等が増大しつつあるため、市民社会を構成するグループは、二面性をもった組織へと変化しつつある。もたざるものの代表が信用を与えられずに締め出されてしまうような国内での政治的チャンネルの構築が、国際機関を通じて行われたため、周縁化されてしまった人々は、市民社会の中で政治的発言を求めているのである。

　市民社会の擁護は、イスラーム文化圏における、国内の反対派に向けられた政治的抑圧とも関連がある。一般的な正統性を欠き、経済的・社会的開発をうまく促進できないために、政権はごく限られた政治基盤しか有していない。社会福祉の削減は、より多くの失業者を保護しないまま、援助も受けられない者へと落とし込んでしまうので、ネオリベラル・グローバリゼーションは、自らの政治的資本を失ってしまう。社会的抗議は、大いなる脅迫と受け取られ、しばしば大規模な国内的抑圧と国家による暴力的人権侵害を引き起こしてしまう。それゆえ、ネオリベラル・グローバリゼーションとイスラーム文化圏における政治的抑圧は、密接に関連しているのである。人々の抗議は、国家により抑圧されるが、人々は抑圧に抵抗しようとし、そして国家のさらなる抑圧を招くという、暴力的な抑圧と抵抗の悪循環に陥ってしまう場合もある[8]。

　ネオリベラル・グローバリゼーションの広がりとともに、イスラーム文化圏における人間の安全保障は脅かされ続けてきた。その脅威は、階層構造の地域的多様性と市民社会の特性により直接的であったり、また、間接的であったりする。再分配能力をもつがゆえに分極化があまり進んでいない社会においては、一般的には、脅威の程度は軽減されるが、しかしながら、政府がどれだけ社会福祉に取り組んできたかによっても異なる。石油で豊かな湾岸諸国も含めて、イスラーム文化圏の中には、ネオリベラル・グローバリゼーションからひどい影響を被るのを避けることのできた国もある。経済的安全保障のために支払う代価として、政治的・文化的自由の欠如、とりわけ、男

女の関係における自由の欠如があげられる。これに対して、イスラーム文化圏の再分配能力をもたない諸国家はより多くの社会的自由を許してはいるが、政治的行動にはほとんど自由を与えないでいる。これらの国家は、政治的財産を大切にしないことにつけこむ反対勢力に対して最も脆弱であり、単なる抑圧政権となってしまう可能性がある。

政治的正統性、ならびに、再分配能力も欠如している国家においては、人間の安全保障は最も劣悪なものとなる。これらの国は、階層分化の進行につれて、さらには、信仰心の程度によって人々をさらに階層化しながら、政権に都合のよい宗教的な言説を繰り返してきた。一般的には、宗教に基づいて問題解決を図ってきた人々は、世俗的なナショナリスト国家に対する懐疑が強く、国内的・国際的圧力に対抗して福祉的保護かそうでなければ文化的保護政策を提供する能力があるのかどうかを疑問視している。その代わりに、宗教に基礎をおく社会的諸力は、国家を捉える第一歩としての市民社会の再構築の過程を通じて、または、可能であれば国家の力を利用して市民社会を再構築する方向に向かいつつ、より良い世界像を描き出そうとするのである (Pasha 2000：241-254)。

世界の南の他の地域における階層化とグローバル化の圧力のもとでの国内的崩壊は、イスラーム文化圏が危機に直面していることを明白に物語っている。次に、人間の安全保障は、イスラーム文化圏における多くの政権が抱える脆弱性により脅威に曝されているだけではなく、「テロとの戦い」とそのイデオロギー的・政治的性格により、さらなる脅威に曝されていることについて述べる。

4 テロとの戦いと人間の安全保障

「テロとの戦い」が、イスラーム文化圏の人間の安全保障を悪化させている原因には、少なくとも次の四つのものがある。まず第一に、重要な資源を人間開発から伝統的な国家の安全保障に振り向けていることがあげられる。軍事的安全保障・警察活動・監視活動を重視するために、物質的生存・医療活動・経済的安全保障における諸問題が軽視されることで、社会的に脆弱な

人々を置き去りにしてしまうのである。多国間の援助も、自国から出た国際的なテロリストをどれだけ根絶することができるかというキャンペーンの度合いと密接に結び付けられているため、イスラーム文化圏の人々には、開発のための諸政策を遅らせてでも「テロとの戦い」に参加する以外の選択はない。

政権というものは、安全保障装置を強化するために自らの資源を利用する生来の傾向がある。「テロとの戦い」は、今や国家の強制力をもつ機関を優先させつつ社会部門を無視することに格好の根拠を与えている。政策の優先順位が変化することによって起こる逆説的な結果の一つが、社会的・政治的な阻害感を生み出す源泉となっている不平等の増大である。国家と社会の間の溝が拡大すると、それはしばしば、闘争と暴力のもととなって国家による抑圧を引き起こす。それゆえ、国家の安全保障を強化するために人間の安全保障を無視することにより、国家は自己増殖をして人間の安全保障を蝕むようになるのである。

第二に、イスラーム文化圏では、形成されつつあるグローバルな秩序は、新しい帝国的配置に対して人権や経済安全保障の重要な諸問題を回避するための無制限な許可を与えてしまっていることである[9]。「テロとの戦い」への支援に深くコミットすればするほど、国内の反対勢力に対処する自由がより多く得られる。統治における民主化と透明性という美辞麗句にもかかわらず、戦争努力と結びついた政権は、国内政治を律する国際的規範をも簡単に無視することができる[10]。人権が権力政治の舞台で組織的に犠牲にさせられた冷戦時代を思い出させるかのように、「テロとの戦い」は、単純な友敵関係に国家関係を還元してしまう。その結果、対外的には「友」である国の反政府勢力は、もはや国際的な民族性に訴えることもできず、また、政府を反対派に対して寛容にさせることもできない。いうまでもなく、基本的な政治的・市民的自由に対する冒涜は、イスラーム文化圏に限ったことではなく、西洋のデモクラシーが確立されているところでも起こっている。世界に対して民主化を説いている国家が、最も初歩的な自由のいくつかを否定してきたことは明らかである。

第三の原因として、「テロとの戦い」がイスラーム文化圏の人々を、西洋化を支持する中道派とそれを拒む過激派といった単純化しすぎた分類を行って

いることである。この分類の背後にあるイデオロギー的原理の一つは、宗教を基礎におく社会秩序と社会過程に反して世俗のルールが勝っていることへの暗黙の承認なのである。

　信仰心を基礎とする社会習慣をもつ人々に対する寛容と平等との否定は、このような社会から自分たち自身の（文化的）生活様式を選ぶ権利を奪い取っている。それゆえ、「テロとの戦い」の不可欠な部分とは、イスラーム世界を規定する世俗的な西洋のイメージで変革しようとする十字軍的思考方法なのである。このことは、イスラーム文化圏における宗教制度と象徴に対する無差別的攻撃と民主化のための地球大に繰り広げられたキャンペーンにおいて認められる。これらの努力において、変化は急速であることを求められ、それゆえに、社会的亀裂はさらに広がる。しかし、より重要なことは、そのことが当たり前の文化的習慣に敬意を払わず、人間の尊厳を無視していることである。とりわけ、信仰が異なっているという理由で正統性を認めないことは、イスラーム文化圏における多くの人々にとっては、文化的安全が大きく損なわれることを意味する。このような、危機的感覚の中で、人々は、めまぐるしく変化する世界経済において、世俗的な行いに個人的な宗教的信念を組み合わせようと悪戦苦闘しているのである。社会的進歩は信仰心の拒否によってのみ可能となるという期待は、宗教的信念はそれほどではなくとも文化の維持と統一性には重要な貢献をする人々にとっては、とりわけ克服しがたい心理的な壁となる。「テロとの戦い」のイデオロギー的側面は、イスラーム世界の急速な社会変革のための世俗的近代化のプロジェクトとして、文化的危機をはらんでいるのである。

　最後に、「テロとの戦い」は、イスラーム文化圏でもそれ以外の地域でも暴力の悪循環を生み出し続けている。「目には目を」のアプローチが、テロを含む過激な政治をしばしば育む条件に対して何も対処することなく、暴力を常態化してしまっている。テロリズムとテロに対する「戦争」の主要な犠牲者は、テロリストの一味とみられたり、また、付随的被害者として巻き込まれたりする無辜の市民なのである。アフガニスタンとイラクの出来事が示しているように、これらの国では人間の安全保障は高まらず、逆に、劇的に減少してしまっている。このことは、戦争それ自身により繰り出される暴力、そして、

戦争が日常生活の中で生み出す混乱という二つのレベルで観察される。終わりのない戦争は、北の国も南の国をも飲み込みながら、暴力を生み出す永遠に繰り返される悪循環、ならびに、グローバルな精神疾患の原因となっているのである。

5 結 論

「テロとの戦い」は、西洋中心のネオリベラル・グローバリゼーションに対して、イスラム文化圏はどのように対応しなければならないのかという課題を突き付けるとともに、イスラーム文化圏における人間の安全保障にとって新たな脅威となり、波及効果をもたらしている。これまで述べてきたように、不確実性とリスクは、地球的な規模へと拡大された。社会的過程におけるグローバルな連関と速度が増すことにより、その効果は世界大に波及し、「テロとの戦争」をある地域、とりわけイスラーム文化圏に限定することはもはや不可能になっている。物質的価値と理念的価値の伝播は、今や世界的な広がりをもっている。一つの地域の社会的な秩序の崩壊は、他の地域にも影響する。それゆえに、イスラーム文化圏における人間の安全保障の危機は、グローバルな意味をもっているのである。

注

(1) 9・11の評価を集めたものに次の文献がある。Calhoun, Prince & Timmer eds. 2002 ; Mann 2001.

(2) この傾向においては、「アメリカ新世紀プロジェクト」(Project for a New American Century ＝ PNAC) が2000年9月に発表していたレポートは、興味深い青写真を提供していた。

(3) グラムシの文脈では、新しい帝国とは、野蛮な武力という脆弱な基礎に基づいているのであって、正統性のある権威やリーダーシップではない。

(4) 本章で使われている「イスラーム文化圏」(Islamic Cultural Zones ＝ ICZs) という言葉は、イスラーム文化が定着した地理的地域の推定上のまとまりを意味するとともにイスラーム世界の多様性をも意味している。

(5) 人間の安全保障に関する文献は多くあり、その数も増大している。概念の議論については次が参考になる。Nef 1999 ; Thomas & Wilkin 1999 ; Stoett 1999.

⑹　しかしながら、この変化は、一途に歓迎されるものではない。その理由は、二つある。一つは、有効な国家権力がないために、強力な社会的利害によって市民社会が機能しなくなる可能性があることであり、いま一つは、イスラーム文化圏も含んで、開発途上国に必要不可欠な大規模開発事業を促進することは市民社会には不可能であるということである。これらの保留条件にもかかわらず、国家から人間の安全保障を守ることは、問題を生み出すよりも可能性を提供するであろう。次を参照。Blaney & Pasha 1993.

⑺　中東におけるネオリベラリズムの刺激的な議論に関しては以下の文献が参考になる。Mitchell 1999；Beinin 1999.

⑻　アルジェリアとエジプトは、悪循環に陥っているが、お互いに異なったタイプのものである。他のイスラーム諸国家においても同様の過程がみられる。

⑼　同時に、「テロとの戦い」を支援することにあまり熱意がなく、独自の外交政策を進めるイスラーム文化圏の諸国は、人権を侵していることを日常的に非難され、アメリカ主導の国際的な経済制裁に直面することもある。この典型的な事例としては、イランをあげることができる。

⑽　世界的な「テロとの戦い」において政権の責任が問われることを前提にすれば、インドネシアとパキスタンは、この傾向の主要な事例である。

引用・参考文献

Amin, Samir 1990, "Is There a Political Economy of Islamic Fundamentalism?" In *Delinking: Towards a Polycentric World*, Translated by Michael Wolfers, London and NJ: Zed Books.

Amin, Samir 1993, "Culture and Ideology in the Contemporary Arab World," *Rethinking Marxism*, 6 (3): 9-27.

Beinin, Joel 1999, "The Working Class and Peasantry in the Middle East: From Economic Nationalism to Neoliberalism," *Middle East Report*, 29, 1: 18-22.

Bhuta, Nehal 2003, "A Global State of Exception? The United States and World Order," *Constellations*, 10 (3): 371-391.

Blaney, David L. & Mustapha Kamal Pasha 1993, "Civil Society and Democracy: Ambiguities and Historical Possibilities," *Studies in Comparative International Development*, 28 (1): 3-24.

Blaut, J.M 1993, *The Colonizer's Model of the World: Geographical Diffusionism and Eurocentric History*, New York and London: Guilford Press.

Cainkar, Louise 2002, "Arabs, Muslims and Race in American-No Longer Invisible: Arab Muslim Exclusion after September 11," *Middle East Report*, 32 (3): 22-29.

Calhoun, Craig, Paul Prince, & Ashley Timmer eds. 2002. *Understanding September 11*, Project coordinated by the Social Science Research Council,. New York : New Press.

Cammack, Paul 2003, "Making the Poor Work for Globalization?" *New Political Economy*, 6 (3): 397-408.

Cammack, Paul 2003, "The Governance of Global Capitalism : A New Materialist Perspective," *Historical Materialism*, 11 (2): 37-59.

Chomsky, Noam 2001, *9-11*, New York : Seven Stories Press.

Connolly, William E. 1999, "The New Cult of Civilizational Superiority," *Theory and Event*, 2 (4): 1-6.

Creider, William 1997, *One World, Ready or Not : The Manic Logic of Global Capitalism*, New York : Simon and Schuster.

Esposito, John 2002, *Unholy War : Terror in the Name of Islam*, Oxford : Oxford University Press.

Euben, Roxanne L. 2002, "The New Manicheans," *Theory and Event*, 5 (4).

Falk, Richard 1999, *Predatory Globalization : A Critique*, Malden, MA : Polity Press.

Fischer, Michael M.J. 1982, "Islam and the Revolt of the Petit Bourgeoisie," *Daedalus*, 111 (1): 101-125.

Fukuyama, Francis 1992, *The End of History and the Last Man*, New York : Free Press.

Gill, Stephen 1995, "Globalization, Market Civilization and Disciplinary Neoliberalism," *Millennium : Journal of International Studies*, 23 (3): 399-423.

Gill, Stephen 2002, "Constitutionalizing Inequality and the Clash of Globalization," In Mustapha Kamal Pasha & Craig N. Murphy eds., *International Relations and the New Inequality*, New York : Blackwell, pp.67-85.

Gills, Barry K. ed. 2000, *Globalization and the Politics of Resistance*, Houndmills, Basingstoke, Hampshire : Macmillan Press.

Gray, John 2002, "The Era of Globalization is Over," *New Statesman and Society*, 24 (September): 25-27.

Hampson, Fen Osler 2002, *Madness in the Multitude : Human Security and World Disorder*, Ontario : Oxford University Press.

Huntington, Samuel P. 1996, *The Clash of Civilizations and the Remaking of World Order*, New York : Simon and Schuster.

Kagan, Robert 2003, *Of Paradise and Promise : America and Europe in the New World Order*, New York : Alfred A. Knopf. Distributed by Random House.

King, Gary & Christopher Murphy 2001, "Rethinking Human Security," *Political*

Science Quarterly, 16 (4): 585-610.
Lafeber, Walter 2002, "The Post September 11 Debate Over Empire, Globalization, and Fragmentation," *Political Science Quarterly*, 117 (1): 1-18.
Li, Xing 2002, "Dichotomies and Paradoxes: The West and Islam," *Global Society*, 16 (2): 401-418.
Liotta, P.H. 2002, "Boomerang Effect: The Convergence of National and Human Security," *Security Dialogue*, 33 (4): 473-488.
Mamdani, Mahmood 2002, "September 11, 2001-Good Muslim, Bad Muslim: A Political Perspective on Culture and Terrorism," *American Anthropologist*, 104 (3): 766-775.
Mann, Michael 2001," Globalization and September 11," *New Left Review*, 112 (November-December): 51-72.
Mitchell, Timothy 1999, "Dreamland: The Neoliberalism of Your Desires," *Middle East Report*, 29, 1: 28-33.
Nef, Jorge 1999, *Human Security and Mutual Vulnerability: The Global Economy of Development and Underdevelopment*, 2nd ed., Ottawa: International Research Development Centre Press.
Paris, Roland 2001, "Human Security: Paradigm Shift or Hot Air?" *International Security*, 26 (2): 87-102.
Pasha, Mustapha Kamal 2000, "Globalization, Islam, and Resistance," In Barry K. Gills ed., *Globalization and the Politics of Resistance*, Houndmills, Basingstoke, Hampshire: Macmillan Press, pp.241-254.
Pasha, Mustapha Kamel & Craig N. Murphy eds. 2002, *International Relations and the New Inequality*, New York: Blackwell.
Polanyi, Karl 1944, *The Great Transformation*, New York: Farrar and Rinehart.
Smith, Steve 2002a, "The End of the Unipolar Moment? September 11 and the Future of the World Order," *International Relations*, 16 (2): 171-183.
Smith, Steve 2002b, "The United States and the Discipline of International Relations: Hegemonic Country, Hegemonic Discipline," In Mustapha Kamal Pasha, & Craig N. Murphy eds., *International Relations and the New Inequality*, New York: Blackwell, pp.67-85.
Stoett, Peter 1999, *Human and Global Security: An Explanation of Terms*, Toronto: University of Toronto Press.
Thomas, Caroline & Peter Wilkin 1999, *Globalization, Human Security and the African Experience*, Boulder, CO: Lynne Rienner Press.
Venn, Couze 2002, "World Dis/Order: On Some Fundamental Questions," *Theory,*

Culture and Society, 19 (4): 121-136.
Walker, R.B.J. 2002, "After the Future : Enclosures, Connections, Politics," In Richard Falk, Lester Edwin J. Ruiz, & R.B.J. Walker eds., *Reframing the International : Law, Culture, Politics*, New York : Routledge, pp.3-25.
Wiktorowicz, Quintan & Susha Taji Farouki 2000, "Islamic NGOs and Muslim Politics : The Case from Jordan," *Third World Quarterly*, 21 (4): 685-699.

(藤原　郁郎訳)

第12章 南部アフリカにおける人間の安全保障——紛争解決における市民社会の役割——

1 はじめに
2 市民社会と紛争解決
3 人間の安全保障と平和の全体像
4 紛争解決における市民社会の役割
5 まとめ

フセイン・ソロモン

本章の梗概

　アフリカ大陸における紛争の予防・仲介において、アフリカ諸国は国家として十分な役割を果たしているとはいいがたい。その理由として、国家の管理能力の欠如、また、国家の脆弱性が指摘されている。国家の和平構築への働きを補うものとして、NGOを含めた市民社会の役割が重要視されている。市民社会を強化することにより人間の安全保障を確保する統合的な政策が必要である。歴史的にみても、ジンバブエの独立において、カトリック教会は重要な役割を担い、また、南アフリカにおいても、市民社会を構成するさまざまな組織が参画することにより民主化が推し進められた。これらの事例に共通していることは、紛争から平和への過程は部分的に捉えるのではなく、紛争と平和が並存することを認識しながら複合的に展開されなくてはならないということである。政治的な民主化とともに経済再建、司法制度の整備、健康と住居の確保などが並行して展開される必要がある。過去の癒しのために市民社会の活動が取り込まれなければならない場合もある。トラック・ワン(政府外交路)の国家の公的な交渉力だけでは十分ではなく、トッラク・ツー(市民社会諸組織)におけるNGOなどの市民社会のアソシエーションが、効率よく活動する環境が整備されなければならない。持続可能な和平構築は、マルチ・トラック(複数の道筋)の場における複合的な過程を通じて行われる必要がある。

1　はじめに

　アフリカを平和な大陸として描くことはできない。アフリカ大陸の多くの地域で紛争が続発しているからだ。紛争があたかも解決不可能であるかのように思われた時、アフリカ大陸に広がりつつあるルネッサンスの希望は消え去ってしまう。紛争によって、アフリカの経済発展は蝕まれ、グローバル化の政治経済の中で、アフリカのさらなる周縁化が推し進められる結果となる。紛争により人々の生命は悲劇的に奪われ、コミュニティは破壊され、何百万という人々が土地を追われる。このようにして、アフリカ大陸の人間の安全保障は、著しく損なわれている。1991年のボン宣言［訳注：1991年ボンで開催されたUNDP主催の会議における宣言］においては、人間の安全保障が確保されていない状況について言及がなされ、人間の生命・生活様式・文化への脅威について人々がより意識的になることを促した。キャロライン・トマスは、人間の安全保障を次のように説明している。「人間の安全保障とは、あるレベルでは、ベーシック・ヒューマン・ニーズ（基本的人間ニーズ：BHN）を満たすことに関することであり、また、他のレベルでは、人間の尊厳を満たすことであるが、これにより、個人が自立し生命を守り、さらに、コミュニティへの十全な参加が可能となる」(Thomas 1993：3)。

　このように定義された人間の安全保障の概念は、二つの仮定を前提としている。一つは、軍事的脅威を最も重要視する伝統的な安全保障の概念とは異なり、人間の安全保障はより広範囲にわたって統合された観点から人々の生活の安全を考えることである。例えば、環境破壊が、どのようにして武力紛争に至ってしまうのかを理解することも含まれている。もう一つは、人間の安全保障は、非軍事的な安全の側面を含む、より幅広い安全保障上の課題を意味するだけでなく、その強化にかかわるアクターの数の増大を伴うことである。したがって、国家の安全保障に不可欠と考えられてきた軍隊は、市民社会など、他者と共生するアクターのうちの一つにすぎなくなるわけである。本章の目的は、とくにアフリカの紛争解決の取り組みにおいて、市民社会の役割に焦点をあてることによって、アフリカにおける人間の安全保障に貢献することにある。最初に、二つのケーススタディにより、アフリカの紛争解

決における市民社会の歴史的役割を考察する。次に、平和の全体像の理解を深めるために、人間の安全保障という幅広い概念が、現実に何を意味しているのかを分析する。最後に、アフリカにおける市民社会の今日的役割についてマルチ・トラック（複数の道筋）の観点からその意義と必要性について検証する。

2 市民社会と紛争解決
──市民社会の定義と紛争の歴史的考察──

ララ・ケイムラーは、市民社会について次のように述べている。

> 市民社会とは、国家や生産過程とは別のものでありながら、しかもそれらと相互に影響を与え合い、数多くのアソシエーションから構成されており、特殊な利益をめぐって組織され、本来的に多元的な広がりをもつものであって、以下のような共通点をもつ──共同体として組織され、かつ、独立的・任意的・自律的で、他の利益団体と連携することができるが、決して国家にとって代わろうとはしない(Camerer 1996：11)。

これは、基本的には有効な定義であるが、事例研究への応用においては、後にみるようにいくつかの問題点も残されている。

方法論上の問題にもかかわらず、紛争解決のより広範な取り組みにおける市民社会の役割は、最近、さらに強調されるようになった。その理由として、いくつかのことが考えられる。第一に、今日の紛争の大半が国家間紛争ではなく国内紛争であり中央政府がそのような暴力紛争において主要な役割を果たしているため、平和創設や平和構築において中立的な第三者の必要性が強調されるようになっているということである。第二に、アフリカ諸国が、国家として脆弱であり法的管理能力に欠けるため、第三者の介入の必要を生じさせていることである（Solomon 2001：243）。市民社会は、そのような第三者の一つである。市民社会は、第三者的立場から、アフリカ大陸全体の紛争について、危機が迫っていることを早期に知らせたり、仲裁したり、紛争後の再

建をしたりして、中心的役割を担うようになった。第三に、非政府組織は、政府や政府間組織よりも差し迫る危機に際して迅速に対応することができることである。非政府組織は、きわめて柔軟性があり、政治的謀略に巻き込まれたとしても、動きが取れなくなってしまうことが少ないからである (Carnegie Commission 1997：37)。しかしながら、市民社会を広範な紛争解決の取り組みに巻き込む必要性が重要視される最も大きな理由は、アフリカ大陸においては、地域的紛争・国際的紛争にかかわらず、国家レベルでの紛争の予防・仲裁が顕著な成果をあげてこなかったことに関連している。ミシェル・パーレヴリート (Parlevliet 2001：62) は、国家から市民社会へのイニシアティブの移行について、「……もしも、紛争の予防と変換の過程に、持続的な影響をもたせようとすれば、地域に根ざしたアクターの広範なかかわりが必要であることが次第に認識されるようになってきた」と、述べている。

次に、ローデシア／ジンバブエと南アフリカの事例研究に基づいて、市民社会が、それぞれの紛争当事者にどのようにして交渉による解決を受け入れさせたのか、その役割に焦点をあてて論じることとする。

(1) ジンバブエの闘争における市民社会の役割

ローデシアの白人少数支配に対する抵抗運動において、市民社会は重要な役割を果たした。最も重要な働きをした市民社会組織の一つが、教会、とりわけカトリック教会であった。教会による組織的な抵抗は、イアン・スミスがローデシア戦線 (Rhodesian Front = RF) を率いるリーダーに就いた1964年4月13日に始まった［4月30日首相に就任、イギリスからの「独立」を強行］。イアン・スミスは、保守派であり、イギリスからの一方的独立派として知られていたため、教会の指導者たちは彼の選出に不安をつのらせた。その結果、教会の指導者たちは、1週間後に集会を開き共同宣言を発表した。ローデシアのすべての人々の同意が表明されなければ、憲法の規定から外れたいかなる法律も道徳的に正当化されないというものであった (Linden 1980, 83)。共同宣言は、さらに、キリスト教徒が不正な権力に反対して正統な反乱に参加することは許されると宣言した。この宣言の後まもなく、キリスト教会はローデシア戦線政府に挑戦する先頭に立っていた。例えば、スケルトン主教は、ブラワーヨに

ある英国国教会聖ヨハネ大聖堂の日曜礼拝で、政府に対する市民的不服従を呼びかけた(Linden 1980：83)。

　1965年に一方的独立宣言 (Unilateral Declaration of Independence = UDI) が出されると、政府と教会とりわけカトリック教会との対立は新たな段階に入った。もちろん、ローデシアのカトリック教会は単にバチカンからの指示を受けているにすぎないのだ、と主張することもできよう。1965年、バチカンのスポークスマンは、ローデシアの一方的独立宣言に対する教会の立場を次のように表明した。「……この独立は、大陸の他の地域に広がっている傾向に明らかに反対する南アフリカ・ブロックを結成させることとなろう。その結果、予期できない展開を運命付けられた人種対立となる可能性があるが、確実なことは、その規模があまりにも深刻なことである」(Linden 1980：88)。ローマ・カトリック教会のスミス政権への反発が、どのような起源をもっていようとも、一つだけ確かなことは、ローデシア戦線政府の怒りを買ったことであった。例えば、イエズス会のディーター・ショルツ神父は、「正義と平和のカトリック・コミッション」の仲間たちとともに、ローデシア治安部隊によって行われた残虐行為を調査し公表する活動で中心的な役割を果たした。この活動により、神父たちは、「国家の敵」と呼ばれるようになり逮捕されたが、それ以降、残虐行為の公表は禁じられてしまった (Meredith 2002：16)。ウムタリのローマ・カトリック司教でもあったドナルド・ラモント大司教は、ゲリラの存在を当局に報告することを拒否し、同様な行為を人々に扇動したという理由で逮捕されてしまった(Hutson 1978：116-117)。カトリック教会は、ゲリラ活動の直接支援でも重要な役割を果たした。例えば、1975年3月、ロバート・ムガベはローデシア治安部隊により逮捕されまいとしてカトリックの聖職者に助けを求めた。エマニュエル・リベイロ神父とドミニカ修道女たちは、モザンビークへの逃亡に必要な手助けをムガベに与えたのである (Meredith 2002：4-5)。

　キリスト教会に加えて、市民社会の他の組織も、政府に圧力を加えた。新聞社はスミス政権とその国家非常事態宣言に対し、反対の立場を明らかにして、空白の部分を紙面に残したままの発行を繰り返していた。検閲法の存在を人々に理解させようとしたのであったが、この抗議の結果、『モト』紙は

ローデシア警察により差し押さえられ、『ローデシア・ヘラルド』紙の主筆は逮捕されてしまった(Linden 1980：88)。

　市民社会の抗議は、教会とメディアだけに限ったものではなかった。南ローデシア・アフリカ民族協議会 (Southern Rhodesia African National Council = SRANC)のもとにあったコミュニティの草の根運動諸組織は、市民的不服従に加わってあらゆる人種差別立法に反対するよう、アフリカ人に訴えかけた (Kriger 1992：97)。これらの諸組織は、アベル・ムゾレワ主教率いるメソジスト教会の組織とともに、1971-72年頃には国際的なメディアの関心を集めた。1971年11月、(サーの称号をもつ)アレック・ダグラス・ヒューム [当時イギリス外相] とローデシア政府は、ローデシアの問題の解決のために一連の提案をするに至った。しかし、イギリス政府側は黒人たちのうちの過半数の同意を得ることを条件とした。1972年には、ピアース委員会を発足させたが、この委員会は、1971年の解決提案に対する黒人の意見を調査するリトマス試験紙の役割を果たした。ムゾレワ司教とその支持者たちは、1971年の解決提案の撤回を求めて、反対運動を広範囲に繰り広げようと努力した (Hutson 1978：100)。

　市民社会に関するこれまでの検討では、ケイムラーの市民社会の定義には問題があることが指摘された。ケイムラーの定義は、前述のような市民社会の側面にはきわめてよく当てはまるが、ヨーロッパ中心主義のために、アフリカの伝統の文脈に当てはめて市民社会を検討することには問題があることは明らかだ。例えば、アフリカの人々が白人移住者たちへの抵抗を示した始まりは1890年に遡り、1893年と1896-97年には、反乱も起こしている (Hancock 1980：173)。これらの反乱の多くは、首長(チーフ)たちによって率いられた。この場合、首長制は、伝統的な市民社会の定義に照らせばどこに位置するのであろうか。また、人類学者であるディビット・ランは、洞察力に富んだ研究の中で、ショナ人たちの宗教的リーダーである霊媒たちがどのようにしてジンバブエ・アフリカ民族同盟(Zimbabwe African National Union = ZANU)に積極的な支持を与えるようになったかを説明している (Lan 1985：121)。このような霊媒たちの関与により、戦争の規模は、先祖と子孫、現在と過去、この世とあの世との間を結び付けるような驚くべき行為にまで拡大した。霊媒たちのおかげで、1893年および1896-97年の反乱と現在の紛争との間に連続性が保たれ

ることとなった。繰り返していうが、伝統的な市民社会の概念は霊媒たちの役割には何も言及していない。

　一方、クリガー (Kriger 1992：121)、ガンおよびヘンリックセン (Gann & Henriksen 1981：88) は、ZANU の軍事作戦において、村人たちが果たした中心的な役割を明確に指摘している。ZANU ゲリラに食料・情報・新加入者・荷物運搬人（機械化された運搬手段をもたない陸軍には必須）などを供給したのは村人たちであり、こうした地元の協力がなければ、ZANU が反乱を拡大・強化することはできなかっただろう。これらの村人たちを、市民社会の一部として、また、反乱派に対する彼らの貢献を地元のカトリック教会組織の貢献と同じものとみなすべきであろうか。もし、そうであるとしても、市民社会の組織はお互いが独立したものであるということも指摘しなければならない。問題に行き当たるのは、ここの部分である。というのも、村人たちはパングウェ (pungwes) と呼ばれるゲリラと市民との会合を通じて、ZANU の政治的・軍事的機構に組み込まれていたからである。

　ジンバブエの闘争において市民社会が果たした役割をどのように評価するとしても、市民社会の概念の再定義が必要である。そうすることにより1979年のランカスター・ハウス協定［黒人多数派政権樹立を認めた協定］に至る準備段階としてのジンバブエの客観的現実に、より良く適合する概念を提供することができるはずである。

(2)　南アフリカの民主化闘争における市民社会の役割

　アパルトヘイトにより生み出された状況とは、教育・健康・住宅における機会の不平等、および、雇用と政治の差別的なシステムであった。アパルトヘイト支配体制に挑戦する活気に満ちた市民社会は、アパルトヘイト体制への反発を国内外にさらにかき立てたのである。これらの抗議に対して、国家は厳しく対処した。パス法［白人区域通行のため身分証明書（パス）携帯義務を定めた］に対する1960年の抗議は、シャープヴィル虐殺をもたらした。武器を持たずにデモを行う民衆に対して警官隊が発砲したのである。ソウェトで1976年に学校の子供たちによって同様の抗議が行われた。子供たちの抗議は、自分たちが受けている教育の質や内容［とくにアフリカーンス語履修への反発］に関して

であったが、この時も武装した治安部隊による情け容赦ない介入が行われ、その後、黒人居住地区における警察活動に軍隊を投入する回数が増大していった(Goldsworthy 1980：209-210)。その結果、南アフリカの社会は軍事化されていった。しかしながら、市民社会側の反抗も多くの有益な結果を勝ち取った。まず第一に、アパルトヘイト国家の無敵神話に真の意味で挑戦したことである。このことは、アフリカ人の間の士気を高めることに役立ったが、さらには海外の投資家に対して結局のところ南アフリカは安定的投資対象とはならない、という信号を送る役割をも果たした。その結果、何十億ドルという海外からの投資を失った。第二に、抗議とそれに対する国家の弾圧の模様が世界中の家庭に報道されたことによって、アパルトヘイトの問題が浮き彫りにされ、全地球的な規模での反アパルトヘイト運動へ拡大する基盤を作り出した。第三に、1976年のソウェトでの抗議は、南アフリカ国家を驚愕させ、それ以降、国内防衛により多くの予算を割くようになった。同年の防衛予算編成では、国家予算全体の25パーセントにまでふくれ上がり、後年、経済制裁を受けるようになった時には、非常に大きな負担となったのである。

　1952年の不服従キャンペーンから1970年代半ばまでの時期は、アパルトヘイト政権に対する市民社会の最初の抗議の時期にあたる。1976年の蜂起の後、さまざまな市民社会団体は戦略・戦術を根本的に検討し直した。アパルトヘイト・システムの核心部分に挑戦するために、より焦点を絞った活動が必要であると思われた。1976年の蜂起の後、市民社会は厳しい抑圧のためにきわめて弱体化されてしまう。それゆえ市民社会のさまざまな組織間において調整と協力が必要であるように思われた。タカ派の首相(後に大統領) P・W・ボタの政権が1979年に誕生したことにより、国家の抑圧装置に対するより統一したアプローチの必要性が一層認識されるようになった。

　1970年代後半以降、アパルトヘイト国家に対する市民社会の挑戦は、第二段階を迎え、より焦点が絞られたものとなった。運動の目標の一つは、アパルトヘイトのもとでの軍隊だった。アパルトヘイトのもとでの軍への入隊拒否は、1983年の徴兵撤廃キャンペーン(End Conscription Campaign = ECC)［白人男性の兵役義務廃止を求めた］という実質的結果を生み出していった (Evans & Philips 1988：134)。1986年までに、ECCは50を越える組織の全国的上部構造に成長し、

九つのセンターから成る支部組織をしたがえるようになった。ECC のキャンペーンの衝撃は、国家の安全保障装置に現れた。徴兵通知を受けた者のうち、4分の1が召集に応じなかったのである。さらには、召集に応じた兵士も黒人居住地区への配属を拒む者が増していった (Evans & Philips 1988：135)。明らかに、ECC は国家の軍事力にマイナスの影響を与えたわけである。その後、ECC が国家の安全保障上の攻撃対象となっていったことは驚くべきことではない。

　この第二段階において、アパルトヘイト政権に対する市民社会の闘争は、焦点を絞った行動ばかりではなく、市民社会の諸組織間の調整行動にも現れた。その一つが、全国的な闘争と地方の闘争を連携させようとするものであった。1979年10月には、ポートエリザベス黒人市民組織 (Port Elizabeth Black Civic Organisation = PEBCO) が結成された。PEBCO は、国が任命したコミュニティ議会に挑戦し、地方税・賃貸料引き上げに対して PEBCO のメンバーを動員して反対した。また、この闘争をより広範囲な全国的闘争と結び付けようとした。PEBCO は、ネルソン・マンデラの釈放を要求し、さらに、「南アフリカの白人居住区」内で黒人たちに土地保有権を与えるように求めた (Alden 1996：156)。1983年8月20日には、より効率的な調整能力の必要から、560の反アパルトヘイト組織を一つの団体にまとめて、民主統一戦線 (United Democratic Front = UDF) が形成された。当時の UDF は新しい組織の目標を次のように宣言している。

　　　UDF の運動の中心は、地方・地域レベルにある。UDF に属する組織は、そのメンバーを直接的に国民として認めさせる新憲法策定の運動に取り組む。したがって UDF は、単なる政治的抗議団体ではなくて、アパルトヘイトに代わる人種差別のない民主主義の構築と強化をめざすものである (Alden 1996：187)。

　このような目的をもった組織は、市民団体だけではなかった。労働団体もそうであった。1985年12月には、南アフリカ労働組合会議 (Congress of South African Trade Unions = COSATU) が、コミュニティ志向の独立労働組合を統合し

て結成された。1年後、ソウェト蜂起の10周年記念でストライキを呼びかけた際に、COSATU の強固な基盤が打ち立てられた。トランスバールでは組織労働者の90％がストライキの呼びかけに賛同した。他の地域でも同様であり、ナタールでは80％、イースタンケープでは99.5％であった(Webster 1988：187)。1984年から86年にかけての蜂起の結果、UDF と COSATU が国家による弾圧の対象となったのは驚くにあたらない。その時に、ボタ大統領が発令した非常事態宣言は、これらの組織や市民社会に大きな影響を与えた。

　アパルトヘイトに対する市民社会の抗議行動の第三期は、1980年代の後半に始まり1990年代まで続いた。この第三期は、トラック・ツー(第二の道筋)と呼ばれる NGO などの民間団体による外交をも含み、紛争後の復興と調整に関連した時期だった。国民党政府とアフリカ民族会議 (African National Congress = ANC) の間では、1984年以来ジュネーブで一時的な接触が諮られたが、その後、南アフリカ民主的オルタナティブ研究所 (Institute for a Democratic Alternative in South Africa = IDASA)は、フレデリック・ファン・シル・スラバート博士の指導のもと、ANC とアフリカーナの地位ある人々との間の接触を促進しようとした。最初の会談は、1987年7月に、セネガルのダカールで行われた。62人のアフリカーナ代表が、ANC と南アフリカ共産党(South African Communist Party = SACP) の18人のメンバーたちと会った。このダカール会議は、南アフリカの政治的運命を決める決定的な会議となった。ダカール会議の代表たちは、将来の政治的・経済的構造や民主主義への移行の問題から国家の統一の構築までの広範囲にわたる問題を話し合った(Webster 1988：267)。ダカール会議の成果は、その後のケンプトンパークにおける公式交渉を意義あるものとした。このような状況のもとで秘密会談が12回開かれた後に、南アフリカ国内で公式な交渉が始まった。

　市民社会が重要な役割を果たしたのは、正式な交渉へ至る調停だけに限ったことではない。1994年4月27日に行われた南アフリカ最初の民主的選挙においても、市民社会は決定的な役割を果たした。インカタ自由党(Inkatha Freedom Party = IFP) は選挙への参加を拒否したが、英国国教会デズモンド・ツツ大主教とフランク・チカネ司祭の努力により、IFP の選挙参加が実現した。この二人の努力の裏には、ケニヤのワシントン・オクム教授の仲介があった

(Gounden & Solomon 2001：187)。選挙後に新生南アフリカの和解の努力に最も重要な働きをしたのは、広義の市民社会の一員としてのNGOと個人たちだった。デスモンド・ツツ大主教が「真実和解委員会」で果たした決定的な役割は広く認められている(Huyse 2001：358-364)。

　以上みてきたように、ジンバブエと南アフリカの民主化過程において、市民社会の国内的圧力が決定的な役割を果たしたことは、誰もが認めることだろう。市民社会が民主化過程で両国の治安部隊が行った虐殺を明るみに出し、ソールズベリとプレトリアの権力の道義的根拠に疑問を投げかけ、現政権の改革への努力が見せかけにすぎないことを暴露し、それを挫いた。また、市民社会は、両国の解放運動に対し直接・間接の支持を与えた。さらには、ボイコット・ストライキ・遵法闘争などにより、国家権力そのものを弱体化させたのである。

　市民社会がジンバブエと南アフリカの民主化過程で果たした歴史的な役割は、いくら強調しても強調しすぎることはない。しかし、現代は、変化が早くその程度が深いことに特徴がある。紛争の性格も劇的に変化している。その理由は、民主化過程でより広範囲な平和コミュニティに重大な挑戦を突きつける。次の節では紛争の複雑さを検証しながら、人間の安全保障という包括的な考え方が、平和を全体として捉えることにいかに有益であるか考えてみる。

3　人間の安全保障と平和の全体像

　平和と紛争に対する理解を、より広い視野から統合的にかつ全体像を描きながら述べてきたが、それは、人間の安全保障という概念がこれまでの紛争解決に関する言説にさらに付け加えられたものである。従来は二元論的善悪論や直線的な過程として紛争から和平構築までを理解するのが主流だった。紛争解決を直線的つながりで捉えようとしたのが、スタンリー・サマラシンゲである(Samarasinghe, no date：2)。彼は、どのような暴力的紛争も、次の五つの基本的な段階をもっていると主張している。

・プレ紛争期

・紛争発現期
・危機的状況期(混沌と錯綜した危機を特徴とする)
・紛争収束期
・ポスト紛争期

　国内紛争を区分けされた直線的なものとして理解するのは、アカデミックな世界では有力な考え方であるようだ。この考え方によれば、再建・修復・調整は、ポスト紛争期にあたることになる。しかしながら、戦争に見舞われた社会の変化を研究した国連社会開発研究所(United Nations Research Institute for Social Development = UNRISD)は、これに対立する報告を行った。UNRISDの研究報告は、次のように述べている。「戦争から平和へ至る時間経過は、長い期間にわたるものであり、その間、両者は並存しているようにみえる。ある地域は平和となるが、他の地域はならないのである。紛争は長引き、時には、収まりかけたものがまた炎のように燃え盛ることさえある。復興と再建は、すべての時期にわたって行われることになる」(UNRISD 1995：5)。この考え方こそが、平和と紛争を全体として捉える、人間の安全保障の統合された見方を補強するものである。

　平和を構築するためには、一方では戦闘行為を調停すると同時に、もう一方では、再建・修復・調整への努力も怠ってはならない。一見したところ、破壊的な軍事力に対応しながら、再建の見通しを立てようとするのは矛盾しているように思われるかもしれないが、さまざまな変数が相互作用することにより可能となる。その具体的な例を貧困と紛争の相互作用にみることができる。ルワンダにおける貧困と1994年の大虐殺を関連付けながら、ルペシンゲとアンデルリニは、次のように述べている。

　　……ルワンダは、世界で最も貧しい国の一つであり、急激な人口増加が多くの問題を引き起こした。例えば、農業生産の減少、地方への補助金の不均等な配分、社会的な緊張の悪化などである。さらには、1980年代後半にお茶とコーヒーの価格が下落したことと、1990年に行われた構造調整とが相まって、生活環境はさらに厳しいものとなり、これらの結果として、国民の眼からみて政府の正統性は失われていった。ただしこ

れらのことは、1994年の内戦や大虐殺の直接的原因ではなかった。より広義な文脈においては、社会的・エスニックな分断の歴史やコミュニティでの暴力が繰り返される状況で、これらの要素が緊張と憎悪を形成する手段とはなったのであるが(Rupesinghe & Anderlini 1998：12)。

武力紛争と経済活動の関係を明白にしているのが、次の統計である(Samarasinghe, no date：1)。
・最貧の20カ国のうち、15カ国は1980年代半ば以降武力紛争を経験した。
・世界の低所得の国々の半数が、紛争中かまたは紛争後の過程にある。
・低所得国のほとんどすべては、自国で紛争がない場合でも、紛争を抱える少なくとも一国と国境を接している。
・1990年代、7千万の貧しい人々が紛争のために居住地から追い出されてしまった。アフリカだけでも3分の1の国で難民を生み出している。

これらの統計数字は、経済再建が単に紛争後の経済復興の時期のみに行われるべきものではないことを示している。経済発展は、実際、紛争予防手段ともみなされるべきであり、紛争のどの段階でも行われなければならない。ここでもう一度、平和創設と再建・修復・調整を分けることはできないことを強調しておく。これらは、お互いが補完し合っており、本章のように全体像を描こうとするアプローチにおいては、持続可能な平和に貢献できる並行的過程とみなされる必要がある。平和に対する全体像の理解は、オールソンの考え方と一致するものであるが、彼は、平和を二つに区分して考えている。「消極的平和」というのは、単に戦争がない状態を指しているが、「積極的平和」はより包括的でありかつ全体像を描こうとする社会発展の見通しをも含んでいると述べている(Ohlsson 1995：5)。この考え方は、人間の安全保障のより広いパラダイムの中に含まれるものである。

平和という概念をより積極的に捉えることは、紛争の中で市民社会が果たす役割を拡大させることでもある。国家ならびに市民社会というアクターは、構造的かつ非構造的方法によって、(積極的で)持続可能な平和を招来させるように、お互いが関係付けられなければならない。ルク・レイクラーによると、構造的手段は、次のようなものを含んでいる(Reychler 1997：37)。

- 政治的民主化
- 経済的再建
- 司法システムの再建
- 教育と訓練
- 健康と住居
- 軍備管理

和解にかかわる非構造的手段には、次のようなものがあげられる。
- 過去を癒すこと
- 将来への取り組み
- 価値観の妥協
- 自己に対する自信、ならびに、多元的な忠誠心を発達させること

　平和というものは、単に戦争がないということを示す言葉でもないし、また、達成した後に何もせずに維持できるものでもない。アフリカの紛争解決における市民社会の役割について、いま一度深く考察する必要がある。この必要性を強調するとともに、問題が非常に多岐にわたり複雑であることも認めなければならない。一編の論文だけでアフリカ全体の紛争における市民社会の役割に関連する問題を包括的に述べることは不可能である。本章では、より広範囲な問題に関連した争点を選んで、焦点をあてることにする。ここでは、国家間紛争よりも国内紛争に限定するが、その理由は、アフリカ大陸における紛争は、圧倒的頻度で国内的なものであるからである。また、市民社会全体について説明を加えるのではなく、アフリカ大陸の非政府組織（NGO）の役割に焦点を絞るつもりだが、その理由は二つある。第一に、NGOが市民社会の本来的な部分であることはケイムラーの定義から明らかであり、第二に、NGOは、アフリカにおける紛争解決において、最も活動的な市民社会の組織であるからだ。トマス・ワイスは、NGOの定義について、次のように述べている。

　　NGOは、一時的ではなくて継続して存在する組織である。NGOは、内部規律に基づいて自己管理をしているし、そうしようとしている。NGOは、政府機関ではなく、民間組織であり……NGOは、その中に統合

される国家を超えて、かつ、国家の下から作用するものである（Weiss 1996：437）。

　NGO が、国家を超えてかつ国家の下から作用するということは、実際の問題に取り組む際にはとくに重要である。グローバル化が進展する世界において、先進国の NGO と発展途上国の NGO の相互作用が大きくなっているが、その理由は、地理的な距離が活動阻害要因ではなくなったからである。ここでは、アフリカの中の組織化された市民社会の役割について、つまり、開発途上国・先進国のいずれに本拠地をもつにせよ、アフリカに関連して活動している NGO の役割について検討する。

4　紛争解決における市民社会の役割

　アフリカにおいて、市民社会は、紛争の予防・解決・管理などにかかわっているわけであるが、その役割のすべてを網羅して述べることはできない。したがって、NGO の役割を三つの分野——早期警戒、平和創設、平和構築——に絞って論ずることとする。

(1)　早期警戒

　早期警戒とは、暴力紛争へ至る可能性について、その予報を出し、警戒を与えるものである。必要であれば、紛争を解決させるばかりでなく、持続可能な平和に至る条件づくりも求めながら、適切な対応を準備することもある（Solomon 1999：36）。

　早期警戒システムを効果的なものにするためには、包括的かつ実際的である必要がある。危機的状況の五つの区分、つまり、軍事的、政治的、経済的、環境的、そして社会文化的な側面を調査・分析する必要があるという意味で、包括的である必要がある。留意すべきことは、どのような基準を適用するかにより、結果として出てくる分析の内容が大きく変わり、特定の状況下でどんな紛争解決手段をとるべきかが変わってくるということだ。例えば、非公式な協議を採用すればいいのか、それとも、文民による事実調査を優先する

べきなのか、また、武器取引禁止のための制裁を課すべきなのか、それとも、刑事罰、または、軍事的信頼関係の構築を目的とするべきなのか、などである。

　早期警戒をまとめるにあたっては、NGO が重要な役割を果たすことになる。アフリカ大陸の幾つかの NGO は、すでに早期警戒システムを構築している。これらの NGO には、建設的紛争解決アフリカ・センター (African Centre for the Constructive Resolution of Disputes = ACCORD)、(南アフリカ) 安全保障研究所 (Institute for Security Studies) やナイロビ平和イニシアティブ (Nairobi Peace Initiative) などがある。

　しかしながら、定義において触れたように、早期警戒における第一の目的は、紛争終結のための具体的指針を与えることである。多くの NGO の早期警戒では、この点が見落とされがちだ。つまり、問題に対する鋭い分析を与えることができたとしても、政策決定者に問題の解決方法を提示できなければ、何も意味がない。したがって、総括的な早期警戒には、以下のような情報を盛り込む必要がある。

- 紛争当事者の政治的またはその他の目的は何か。それらに共通点はあるのか。共通点が存在するならば、第三者が、紛争を収拾するための出発点としてその共通点を使うことは可能か。
- すべての当事者が中立な調停者として受け入れることのできる第三者とは誰か。
- 戦略的にみて、紛争当事国の内部に、和平の支持基盤が存在するのか。もし、存在するなら、どのようにして和平へのプロセスに結び付けることができるのか。
- 交渉を拒否したりする手に負えない当事者に対して、国際社会はどのように対応し、また、どのような懲罰的な手段を使うべきなのか。

　包括的早期警戒報告は、必要なプロセスの第一ステップにすぎない。NGO による包括的な早期警戒は、より広範な紛争対応システムに組み込まれてゆかなければならない。ある特定の国で憎悪の炎が燃え盛りつつあることを知って、政府や国際社会に警告したにもかかわらず何の行動もとられなかった、という嘆きを NGO からよく聞かされることがある。政府間の予防外交努力と

NGOによる早期警戒の間にある溝は、コンゴ民主共和国(Democratic Republic of Congo = DRC)で明瞭にみられる。トラック・ワン（第一の道筋）［政府外交筋］が、コンゴ民主連合(Congolese Rally for Democracy = CRD)の分裂を認識して対応することができなかったために、紛争当事者すべてによるルサカ和平合意［旧ザイールからDRCへの政権移行をめぐる紛争の停戦合意］の調印を遅らせてしまった(Solomon & Mngqibisa 2000：15)。調停にあたった公式の外交担当者たちが、もしもNGOと協同していたならば、より効果的な調停が行えたはずだ。そうすれば、CRDの分裂をあらかじめ予測することができたであろうし、たとえ交渉が決裂しても、初期の目的から外れるのを防ぐために、適切な方策を講じることができたであろう。

　政府と政府間組織によるトラック・ワンのイニシアティブと市民社会の組織によるトラック・ツー（第二の道筋）［市民社会諸組織］のイニシアティブとの広範囲な統合の必要性は、早期警戒の分野だけに限られるものではなく、和平交渉の全過程を通じて望まれるものである。NGOと平和維持軍との間の効果的な連携の必要性に関して、ロッキー・ウィリアムズは、次のような対策が役立つと述べている。

　　……つまり、戦略、作戦、戦術的なレベルの協議では、NGOと平和維持軍の政治的・軍事的代表者たちが協力関係について話し合うことが可能である。その話し合いにおいて、NGOと平和維持軍の共通の目的を打ち出すことができるわけであり、さらには、不信感が広がるのを防ぐためにできるだけ早期にNGOを参画させたり、さまざまなNGOのリーダーシップをとりまとめて全体の責任をとる先導的エージェンシー（例えば、国連難民高等弁務官など）を決めたり、さらには、NGOと平和維持軍との間の情報交換を通じて信頼を醸成したりすることができるのである(Williams 1999：104-105)。

(2) 平和創設(Peacemaking)

　元アメリカ合衆国大統領ジミー・カーターが、1994年のハイチ危機の際に果たした役割、また、オスロ和平協定をもたらしたノルウェーの知識人たち

の秘密交渉の役割などは、トラック・ツーでの予防外交の重要性が増大していることを示している。なぜ、トラック・ツーの外交ルートは、このように重要になってきたのだろうか。ルペシンゲは、次のように説明している。

　　トラック・ツーの外交は、外交舞台のスポットライトはあたらないけれども、関係当事者すべてが「面目を失う」という事態を回避させ、また、公式協議の議題設定にも役に立っている。このトラック・ツー外交は、紛争が継続中である時にも、交渉の前段階として行うことができる。紛争と調停にかかわるすべての当事者間の信頼を形成するために、トラック・ツー・イニシアティブはとりわけ重要なものである (Rupesinghe 1997：16)。

　このような非公式ルートを使ったアプローチは、現在では、さまざまな場面に取り入れられている。たとえば、モザンビークでは、イタリアを本拠地とするカトリック教会「サンテジディオ」は、モザンビーグ民族抵抗 (Resistência Nacional Moçambique = RENAMO：レナモ) とモザンビーク解放戦線 (Frente de Libertação de Moçambique = FRELIMO：フレリモ) との間を調停し、停戦合意をもたらした。ソマリランドでは、伝統的なリーダーたちが、紛争を解決するために、親族・血縁のネットワークを利用してきている。ブルンジでは、広範なコミュニティの紛争解決のためのトレーニングが実施され、相互扶助を目的とするネットワークが活用された。しかし、アンゴラにおいては、和平調停における市民社会の役割が有効であるとともに、その限界をも示す事例となった。

　戦争で引き裂かれたアンゴラでは、ここ3年間、農村地域など、地方・地域において、和平を求めるアクターの盛んな活動がみられた。その活動を担うアクターの一つが、教会である。例えば、2000年3月、アンゴラ解放人民運動 (Movimento Popular de Libertação de Angola = MPLA) とアンゴラ全面独立民族同盟 (União Nacional para a Independência Total d'Angola = UNITA：ウニタ) の間の和平交渉は、アンゴラのカトリック教会の司教たちが、国連を動かすことにより実現した。司教たちは、国連に対して熱心に働きかけ、当時のアンゴラでの政策を見直し、効果的な国連の役割を求めたのであった。彼らは、「対話のための

扉を閉めてしまうことは、果てしない戦いへの扉を開けることになるだろう」と訴えかけた (IRIN 2000b)。他の教会のリーダーたちも、MPLA と UNITA の両者に交渉による解決を求めた。例えば、2000年4月には、アンゴラ監督派教会、キリスト教会新教協議会、そして、アンゴラ福音教会連合は共同声明を出し、MPLA と UNITA との仲介をする用意があると表明した。12名から成る教会側の委員会が、「和平への可能な道筋」を求めるために設置された (IRIN 2000a)。一方、アンゴラ・ルーテル教会は、UNITA と MPLA の女性たちによる和解のための集いを開催した。

　ここ数年で最も進展した運動の一つに、アンゴラにあるキリスト教の教会がすべて結集し、平和と民族和解のための運動を展開したことがあげられる。これは、アンゴラの歴史始まって以来のことであり、2000年5月に組織化された。この運動は、アンゴラで最大の支持母体を有している教会組織を基盤としているので、紛争で荒廃したアンゴラの和平の強力な推進力となることが期待されている (*The Economist* 2000)。

　もちろん、教会は和平を希求する唯一のアクターではない。例えば、1997年3月には、アンゴラ NGO フォーラム (Forum of Angolan Non-Governmental Organisations = FONGA：フォンガ) は、米国フレンド教徒奉仕委員会 (American Friends Service Committee = AFSC) の協力のもと、ルバンゴ、フイラ、クワンザ、スル、首都ルアンダなどにある30の NGO からの参加者を対象に、すでにトレーニング・ワークショップを開催していた。このワークショップは、コミュニティ・レベルでの紛争解決のために必要な、非暴力的手段についてトレーニングをすることを目的とした。FONGA は、UNITA-MPLA 闘争のために引き裂かれたアンゴラにおいて、今も活動を続けている数少ない NGO の一つである。

　もう一つの地方的な NGO に、農村開発環境アクション (Action for Rural Development and the Environment = ADRA) がある。1990年から活動をしているが、開発プロジェクトに関連して地方コミュニティの組織化をめざす一方、政治的意識と自助努力についても啓発を行っている。もう一つの NGO のアンゴラ平和考究グループ (Angolan Group of Reflection for Peace = AGRP) は、1999年4月に設立され、市民社会の平和推進組織として活動している (Angola Group 1999)。

アンゴラにおいて、トラック・ツー外交が成功する見込みは大きいが、その反面、多くの問題を抱えていることも事実である。三つの理由が考えられる。第一に、アンゴラの政治的文脈では、NGOの中立性が常に疑問視されてきた。例えば、ADRAは、UNITAには受け入れられていないが、その理由は、ADRAがルワンダ政府と密接な関係を維持しているからである。第二に、アンゴラのNGOは、活動力が弱く、紛争解決のための長期にわたる関与に必要な物的・人的資源を確保できていない。多くの組織が内部分裂傾向にあるために、このような状況はさらに複雑なものになっている。例えば、カトリック教会の階層構造は政治的立場の違いに沿って階層分化されている。最後に、これらのアクターの目的が交錯しているために、お互いが無益な(かつ、熾烈な)競合をすることがあることである。例えば、1999年7月に、労働組合の関係者と知識人たちが、「平和マニフェスト」を宣言したものの、カトリック教会はこれを支持せず、自ら作成した「平和への運動」を宣言したのである。

　以上みてきたように、NGO同士の間での調整が必要であることは明白である。さらに、地域中心に活動を繰り広げるNGOと国際的な活動を展開しているNGOとのダイナミックな提携関係も打ち立てられるべきである。そうすることにより、調整機能を増大させるとともに、国際的なNGOのノウ・ハウを地方のNGOに移入することができる。AGRPのシニア・メンバーであったジャーナリストのラファエル・マルケスが投獄されたことは、トラック・ワンとトラック・ツーの間で、より密接な関係が必要であることを示している。アンゴラで活動しているNGOは、和平を推進しつつ政治的な迫害に直面しているのであり、このような状況では、トラック・ツーである教会・FONGA・AGRPなどの活動が効果的に行われるように、トラック・ワンでの外交努力が十分になされなくてはならない。

　したがって、もしも、重複するために無益な活動となるのを未然に防ごうとすれば、より統合的なアプローチを採る必要がある。このような理由で、和平調停への統合的アプローチの一つであるマルチ・トラック（複数の道筋）外交が提言されるようになったのである。マルチ・トラック外交について、ルペシンゲは、次のように述べている。

マルチ・トラック外交は、紛争のさまざまなレベルにおける、さまざまな外交アクター（つまり、政府・エージェンシー・OAU などの国際地域組織・NGO・市民団体・住民リーダーたち）に対して名付けられたものであり、すべての当事者の人権・人道法に対する支持と責任の意識を高めるためのものである。このアプローチは、和平調停におけるさまざまな努力は相互補完的であり、より大きなイニシアティブの枠組みの一部である、という考え方を基礎としている。例えば、NGO が草の根レベルで人権侵害を監視する一方で、IMF や世銀のような経済的機関が政府側と反政府側の両者に対して交渉に入るように慎重に圧力をかける、というように、和平へのプロセスを平行して進めることができるのである（Rupesinghe 1997：1）。

(3) 平和構築(Peacebuilding)

持続可能な平和の構築は、再建、修復、調整のプロセスを含んでいる。具体的には、元兵士の武装解除と再統合、効果的な民主的統治能力の確保、司法の再構築、地雷除去、そして、難民の帰還などである。

早期警戒・平和の創設に関しては、すでに述べたように、NGO と政府さらには政府間組織（IGO）とのより広範な協力体制が必要である。この点についてもアンゴラの例をひいて述べることができる。

アンゴラでは、ドイツの NGO である MGM(Menschen gegen Minen)が、難民の帰還に備えて、道路から地雷を取り除くという重要な仕事に乗り出した。しかしながら、MGM が援助の手を差し伸べようとする政府自身が、自らはしばしば何もしようとしなかった。このことについて、ローリー・ボールデンは、次のように指摘している。

　　MGM、ならびに、その他の団体による地雷除去の有益な仕事は、道路から地雷を取り去ることだけではなく、道路から草木も取り除いて、アスファルトの敷設を可能にすることも含まれている。地雷除去作業員たちは、橋の修理が必要な時には実際に修理も行う。彼らは、単に道路を良い状態に保つというのではなく、それを使用できる状態にする。しか

しながら、舗装道路を造ろうとする政府の実際の行動がなければ、雨とジャングルは MGM の努力をすべて帳消しにしてしまうだろう。数カ月で、これらの泥の道は、通ることのできない単なる排水溝や泥の溝となってしまうか、または、植物の繁茂が車の轍を消し去ってしまうかなのである (Boulden 1998)。

一方、アレクサンダー・コスティは、モザンビークにおける NGO の役割を分析したが、政府と NGO との協力体制の必要について、異なった観点から論じている。コスティは、国際 NGO の重要な役割は、インフラストラクチャーの修復から保健・教育・水・衛生・地雷除去・農業振興・職業訓練までであると述べている。個々の NGO の年間予算は20万ドル以上で、対象地域の地方政府の予算をはるかに越えるものであり、そのため、NGO と地方政府との間の反目へと発展することがよくある、と述べている (Costy 1996：18)。この不均衡な予算配分では、地方政府の正統性・効率性・信頼が、NGO によって大きく侵食される可能性がある。コスティは、さらに、次のような重要な指摘もしている。

次第に、周縁化現象が、地方自治体とそのコミュニュティの関係を決定するようになってきているように思われる。政府は、これまでのように、物質的な恩恵を与えることで信頼を得てはいるが、実際の働き手は NGO である。NGO が、診療所・井戸・新しい橋や学校を作ってゆくのである。住民は、よその土地からやってきた NGO が、経済的には圧倒的に豊かであることに気が付く。NGO は、まもなく、その地域において主食を配給し、給与さえも与えるようになる。例えば、労働者、農業相談員、技術者、資材管理係り、運転手、そして警備員などとして雇用することになる。そして、給料の額や食料の配給量が、地方自治体政府が太刀打ちできないほど多額・多量のものであることがわかってくる。NGO が、非常に効率よくワクチンを投与し、修復作業・建設作業さらに雇用を行うのに対して、地方自治体政府が自分たちの手で供与できるものはごくわずかなことがわかる。脱集権化が起こる前に、地方自治体の政策遂行

能力が弱められてしまう。価値ある資源を消耗しているばかりでなく、人々の支持や自身の正統性を維持できなくなってしまっているのである。逆説的な言い方だが、地方自治体政府は、人々の支持や正統性にますます依存しなければならなくなる(Costy 1996：19)。

　明らかに、これは維持不可能な状況である。希少な資源が浪費されないために、国家とNGOの両者が、より親密な関係を保つことにより、相乗効果を高めてゆく必要がある。

5　ま　と　め

　2002年には、世界の19の地域で、21の大きな武力紛争がみられた(Wiharta & Anthony 2003:37)。その中でも、チェチェン(ロシア)、コロンビア、イスラエル＝パレスティナ、そして、ネパールなどで、とくに緊張が増している。これらの紛争が緊張度を増すにつれ、戦争の方法も進化し続けている。例えば、シエラレオネからスーダンに至るまで、また、コンゴ(ブラザヴィル)からコンゴ民主共和国に至るまで、安全保障の「軍事化」と非政府化が進んでいる。この変化は、一般的には民間人と軍部との関係に、その中でもとりわけ紛争解決に新たな問題を投げかけている。紛争がより複雑なものへと変異・進化するにつれて、それに比例して、市民社会を含んだ戦略的平和基盤もより大きな困難に直面するのである。紛争の多面性を考慮するならば、持続可能であり、柔軟性があり、革新的であるような新しい解決方法が見出されなければならない。人間の安全保障に現れる統合的パラダイムを前提とするならば、紛争解決に対しては、既存の伝統的な軍事中心主義的アプローチよりも、人間の安全保障こそが現実に対してより良い概念的「整合性」を与えるものである。したがって、人間の安全保障は、持続可能性、柔軟性、そして革新性を付与することとなる。

　市民社会による挑戦は、あまりにも大きいのであるが、明確なことは、市民社会は、他の地域と同様にアフリカ大陸においても、紛争解決とその管理において重要なアクターであるということである。NGOは、すでに、アフリ

カにおける早期警戒システムの構築や、平和創設、平和構築において決定的な役割を果たしている。この役割は、さらに、認識され、強化されてゆく必要がある。アフリカの国家と市民社会との役割の間の調整は、改善されてゆかなければならない。同様に、先進国の NGO と開発途上国の NGO の関係も、目上－目下の関係から、平等・補完・互恵による公正なパートナーシップの関係に移行してゆく必要がある。

引用・参考文献

"Angola：A Third Force" 2000, *Economist*, May 13.

Alden, C. 1996, *Apartheid's Last Stand : The Rise and Fall of the South African Security State*, London：Macmillan Press Ltd.

Angola Group of Reflection for Peace 1999, *Peace Through Dialogue : Patriotism and Solidarity or Betrayal*. <http://www.africapolicy.org/docs99.ang9906a.htm>

Boulden, L. 1998, "Red Tape Stifling Aid Projects." *The Daily News*, March 19.

Camerer, Lala 1996, "Party Politics, Grassroots Politics and Civil Society," *Orientation*, December.

Carnegie Commission 1997, *Carnegies Commission on Preventing Deadly Conflict*, New York：Carnegie Corporation of New York.

Costy, A. 1996, "Who Governs? NGOs in Rural Mozambique," *Southern African Report*, 11 (4).

Evans, M. & Mark Philips 1988, "Intensifying Civil War：The Role of the South African Defense Force," In Philip Frankel, Noam Pines & Mark Swilling eds., *State, Resistance and Change in South Africa*, Johannesburg：Southern Book Publishers.

Gann, L.H. & T.H. Henriksen, 1981. *The Struggle for Zimbabwe : Battle in the Bush*, New York：Praeger.

Goldsworthy, D.J. 1980. "South Africa," In Mohammed Ayoob ed., *Conflict and Intervention in the Third World*, London：Croom Helm.

Gounden, V. & H. Solomon 2001, "Comparative Analysis of Conflict Resolution in Angola and South Africa," In Hayward R. Alker, Ted Robert Gurr & Kumar Rupesinghe eds., *Journeys through Conflict : Narratives and Lessons*, New York：Rowman and Littlefield Publishers, Inc.

Hancock, I.R. 1980, "Rhodesia," In Mohammed Ayoob ed., *Conflict and Intervention in the Third World*, London：Croom Helm.

Hutson, H.P.W. 1978, *Rhodesia ─ Ending an Era*, London：Springwood Books.

Huyse, L. 2001, "Dealing with the Past in South Africa." In Luc Reychler & Thania Paffenholz eds., *Peace-Building: A Field Guide*, Boulder, CO : Lynne Rienner Publishers.

IRIN 2000a, "Angola: Church Leaders Call for Peace." *IRIN News Brief*, April 15.

IRIN 2000b, "Angola: Bishops Appeal to UN," *IRIN Report*, March 30.

Kriger, N.J. 1992, *Zimbabwe's Guerrilla War : Peasant Voices*, Cambridge : Cambridge University Press.

Lan, David 1985, *Guns and Rain: Guerrillas and Spirit Mediums in Zimbabwe*, London: James Currey.

Linden, Ian 1980, *The Catholic Church and the Struggle for Zimbabwe*, London : Longman Group.

Meredith M. 2002, *Robert Mugabe : Power, Plunder and Tyranny in Zimbabwe*, Johannesburg: Jonathan Ball Publishers.

Ohlsson, L. 1995, *Water and Security in South Africa*, Sweden : Swedish International Development Agency Department for Natural Resources and the Environment.

Parlevliet, M. 2001, "Containment or Change? Civil Society's Role in Conflict Prevention in Africa," In Elizabeth Sidiropolous, *A Continent Apart : Kosovo, Africa and Humanitarian Intervention*, Johannesburg : South African Institute for International Affairs.

Reychler, L. 1997, "Conflict in Africa: The Issues of Control and Prevention," In *Report of the Commission on African Regions in Crisis : Analysis of Crisis and Crisis Prevention Measures*, Brussels : European Institute for Research and Information on Peace and Security.

Rupesinghe, K. 1997, *Preventive Diplomacy Series No. 2 : The General Principles of Multi-Track Diplomacy*, Durban : African Centre for the Constructive Resolution of Disputes.

Rupesinghe, K. & S.N. Anderlini 1998, *Civil Wars, Civil Peace : An Introduction to Conflict Resolution*, London: Pluto Press.

Samarasinghe, S. n.d. *Conflict Management Throughout the Crisis Life Cycle*, Mimeo.

Solomon, H. 1999, "Analyzing Conflicts," In M. Mekenkamp, P. van Tongeren & H. van de Veen eds., *Searching for Peace in Africa : An Overview of Conflict Prevention and Management Activities,* Utrecht, The Netherlands : European Platform for Conflict Prevention and Transformation in Co-operation with the African Centre for the Constructive Resolution of Disputes.

Solomon, H. & K. Mngqibisa 2000, "Towards Conflict Transformation in the

Democratic Republic of the Congo," *Strategic Review for Southern Africa*, 36 (2).
Solomon, H. 2001, "The Role of Civil Society in Reconstruction, Rehabilitation and Reconciliation in Africa," In Elizabeth Sindiropolous ed., *A Continent Aprt : Kosovo, Africa and Humanitarian Intervention*, Johannesburg : South African Institute for International Affairs.
Thomas, C. 1999, Introd. to C. Thomas & P. Wilkin eds., *Globalization, Human Security and the African Experience,* Boulder, CO：Lynne Reinner Publishers, Inc.
UNRISD 1995, *Re-building War-Torn Societies*, Geneva：United Nations.
Webster, E. 1988, "The Rise of Social Movement Unionism : The Two Faces of the Black Trade Union Movement in South Africa," In Philip Frankel, Noam Pines & Mark Swilling eds., *State, Resistance and Change in South Africa*, Johannesburg : Southern Book Publishers.
Weiss, T. 1996, "Non-governmental Organizations in Internal Conflict," In *The International Dimensions of Internal Conflict*, Cambridge, MA：MIT Press.
Wiharta, S. & I. Anthony 2003, "Major Armed Conflicts," In *SIPRI Yearbook 2003 : Armaments, Disarmament and International Security,* Stockholm : Stockholm Institute for Peace Research.
Williams, R. 1995, "Peace Operations and the South African Armed Forces : Prospects and Challenges," *Strategic Review for Southern Africa*, 17 (2).

（藤原　郁郎訳）

第13章 グローバリゼーション・人間の安全保障・「テロとの戦い」
―― 南アジアへの影響 ――

1　はじめに
2　人間の安全保障と略奪的な (predatory) グローバリゼーション
3　南アジアにおける経済のグローバル化
4　南アジアにおける民族宗教紛争
5　おわりに

ジョルジアンドレア（ジョルジォ）・シャーニー

―― 本章の梗概 ――

　ブッシュ政権はグローバル・テロリズムの拡大阻止に成功していない。このことに鑑み、本章では新たなアプローチが必要であることを論じる。すなわち、テロリズムの徴候ではなくテロリズムの原因に焦点をあてるアプローチである。国家安全保障ではなく人間の安全保障により大きな注意を注ぐことで、グローバル・テロリズムが提示する課題により適切に対応できるのではないか。人間の安全保障委員会 (CHS) の最終報告書によると、年間80万人以上の人々が主として国家内部での紛争により命を落としており、このような紛争と剥奪との間には関連性があるという (CHS 2003)。本章では、南アジア最大の人口を誇るインドに焦点をあて、この地域の政治の安定に、グローバリゼーションがいかなる影響を及ぼしたか検討しつつ、この CHS の見解について考察する。インド経済の自由化は、アンバランスな成長を招き、地方および都市の貧困層の犠牲のもとに支配階層および支配的カースト層を不相当に利することになっている。さらに、「グローバリゼーション」は、ネルーの描いた世俗的社会主義的インドというビジョンを実現不可能にすることで、これらの階層の政治的影響力を強めてきた。このことは、インドの宗教的マイノリティおよび下位カースト、低階層の人間にとり深刻な影響を与え、ヒンドゥー・ナショナリズムのディスコースの中で彼らをさらに周辺化する結果となっている。

1　はじめに——テロとの戦い——

　あまりにも長きにわたり、安全保障という概念は、国家間の紛争の可能性という点から形成されてきた……職・収入・健康・環境における安全保障の欠如、あるいは犯罪からの安全保障 —— これらの概念こそ、世界的に台頭しつつある人間の安全保障の関心事である（Haq/UNDP 1994：3）。

　2001年9月11日の出来事 —— イスラーム教徒のハイジャッカーが世界貿易センター（WTC）のツインタワーに2機の航空機を激突させ世界経済を凍りつかせた、あの出来事によって、20世紀の大部分にわたって国際関係を理論的・実践的に支配してきた国家安全保障のパラダイムの限界は痛いほどに明白になった。ハイジャッカーのほとんどがアラブ人であったにもかかわらず、すぐさま、テロリスト攻撃の糸を引いていたサウジアラビアの億万長者オサマ・ビン・ラディンが潜伏していたとされるアフガニスタン、そしてそのタリバン政権に目が向けられた。9月11日のテロ攻撃を受けてのアメリカ合衆国の反応は、アフガニスタンでも、また最近のイラクにおいても、テロリストに避難場所を提供した政権を排除することによって物理的にテロリストの脅威を取り除こうとするものだ。この反応は、国際関係における唯一のアクターとして国家に重点をおく、従来からの安全保障のアプローチと歩調を一にする[1]。だが、イラク派遣兵やバリの観光客、イスタンブールのイギリス領事などの惨事に代表されるように、イスラーム教徒によるアメリカへの抗戦はそのラディカルさを増し、アメリカとその同盟国は、自国民の安全をいまだ保障できずにいる。ジョージ・W・ブッシュ政権はテロリズムはイデオロギーや政治哲学ではなく、ましてや敵国などでもない、テクニックなのだということ、そして、「テロとの戦い」は決して単なる武力行使では解決できないことを理解していない。

　事実、現アメリカ政権の政策は、今アメリカが殲滅しようとしているテロリズムの誕生を促したこれまでのアメリカ歴代政権の失敗、すなわち、複雑な問題を軍事力で解決しようとする傾向を繰り返すものだといえる。アフガ

ニスタンでは、まず米ソが、そしてソ連撤退後は地域の武装勢力が、アフガニスタン住民をテロの恐怖に陥れた多様な武装集団に対する影響力と支配力を得ようとするなか、20年にわたり国民は無言の苦しみを経験してきた。バーネット・ルービンによると、アフガニスタンの人口の10人に1人は、1979年から1987年の戦争の影響で、栄養不足や基本的医療の不足、飲み水へのアクセスの不足などが原因で死亡している (Rubin 2002)。冷戦時代、ソ連の傀儡政権からアフガニスタンを「解放」するため、アメリカ中央情報局(CIA)はイスラーム過激派をリクルートし、軍事訓練を行っていた。これらの武装ゲリラたちは、集団的にムジャヒディン (*mujahidin*) と呼ばれ、若きオサマ・ビン・ラディンを含む裕福なアラブ人の資金援助を受けていた (Cooley 2002)。しかし、いったんソビエトが撤退すると、西欧諸国・国際機関はより急を要する他の問題に目を転じ、後に残されたこれらの多様な武装勢力は相互にカブール支配をめぐる闘争を始めることになる。アフガニスタンは伝統的に、パシュトゥン人、タジク人、ウズベク人、ハザラ人といった四つの主要なエスニック・グループで構成されている。人口の38％をパシュトゥン人、25％をタジク人、19％をハザラ人、6％をウズベク人が占め、残り12％をアイマク人、トルクメン人、バルーチ人などの少数エスニック・グループが占めている。宗派に関しては、スンニ派が人口の84％、シーア派が約15％を占めている。内戦の際、ブルハヌディン・ラバニとアフマッド・シャー・マスードがタジク人、ラシッド・ドスタム将軍がウズベク人、グルバディン・ヘクマティアルがパシュトゥン人、アリ・マザリがハザラ人を指揮した。

　この民族・部族の違いにしたがってムジャヒディンが分裂を始める中、タリバン、すなわち、パシュトゥン語圏の難民とパキスタンの宗教学校マダラサの生徒たちのグループが、南アフガニスタンに法と秩序を打ち立てうる唯一の勢力として台頭するに至った。しかし、彼らの法は、シャリーアをきわめて厳格に解釈したものであり、彼らが支配圏内に強いた秩序は抑圧的なもので、とりわけ女性たちは公の場から追放され強制的にブルカの後ろに隠されてしまった。タリバンは、パキスタンの情報局(ISI)にリクルートされ資金援助を受けていた (Roy 2002) 一方、ひそかにサウジアラビアとアメリカの支援も受けていた。サウジにとっては、反イラン勢力としてのタリバンに資金

援助をすることは魅力的であったし、他方、アミン・サイカルがいうように「アメリカは、タリバンに対する援助は、イランに対する封じ込めの強化に有益であるのみならず、この地域内の反米イスラーム政治勢力に対するイデオロギー的影響力を確保するための新たな足掛かりを得るため、かつ、中央アジアの資源へのアメリカのアクセス拡大のために有益だとみていたとも考えられる」(Saikal 1997)。しかし、タリバンの抑圧的政策と人権侵害は国際援助団体の怒りを買うことになり、支援者たちはタリバンと距離をとることを余儀なくされた。こうして、タリバンは(パキスタン国内の支援者を除いては)国際的に孤立し、じきにサウジの反体制活動家オサマ・ビン・ラディンの影響下に引き込まれていった。

　ビン・ラディンは経済的、イデオロギー的支援を提供したといわれている。イデオロギー的支援は、サウジの国家イデオロギーであるワッハビズムの形をとった。ワッハビズムとは、預言者の言葉を字義どおりに解釈しようとする宗派である。タリバンは支援の見返りとしてビン・ラディンが武装アラブ勢力の訓練基地を作ることを容認した。こうして、「貧困で、警察も政府もなく国際社会から閉ざされた地をベースに、アル・カイーダはそのグローバル・ネットワークを強化したのである」(Rubin 2002)。しかし、9月11日の彼らの最も華々しいテロ攻撃は、彼らの「支援者」の追放と、アメリカの軍事占領とそれに続く国連指導下でのアフガン暫定政権設立という形でのアフガニスタンに対するより強力な国際的「関与」の呼び水となった。ボン合意に基づき設立されたアフガニスタン暫定政権は三つの機構から成る。政府、最高裁判所、特別委員会の三つで、特別委員会は、6カ月の暫定期間満了時に緊急評議大会(Loya Jirga)を開催するためのものである。また、有力派閥による軍事的プレッシャーから政府の独立を確保することを主眼として、国際治安部隊がおかれている (Rubin 2002)。バーネット・ルービンの言葉を借りるならば、9月11日は「いわゆる人道緊急状態あるいは破綻国家の存続を放置することが、その周辺諸国にとってだけでなく世界全体にとっていかに危険となりうるかをようやく明らかにした」(Rubin 2002)のである。しかしながら、ブッシュ政権はいぜん過去の教訓に留意していない。タリバン政権崩壊以降、アメリカは、戦争で疲弊したアフガン社会の復興に費やした資金の30倍近い資金を洞窟

や村落部に潜むアル・カイーダの残党発見に費やしている (Welton & Whitaker 2002)。

　今回のイラク戦争は明らかにその繰り返しである。アフガニスタンにおけると同様、アメリカは、爆撃によってイラクを石器時代へ後退させることで国民を「解放」しようとしている。だが、アフガニスタンの時とは異なり、国連安全保障理事会の全会一致の支持決議もなく、フランスやドイツ等の強力な同盟国の支援も欠いている。イラク内のアラブ反対勢力が力を失わない中、アメリカがその軍事力で世界を支配できるという考え方は限界に直面している。このことは、アメリカ政権の中心、新保守派連合の議論にも反映されている。国防副長官ポール・ウォルフォウィッツ率いる「民主帝国主義者」は、アメリカととくにイスラエルのような同盟国の安全保障は、アメリカがイメージする形で、イラクと他の世界の国々が再建されることにかかっていると信じる。一方、ウォルフォウィッツの同盟相手であり、ボスでもあるドナルド・ラムズフェルドは、このような野心的かつ高額資金を要求する見解を共有せず、イラクの再建に興味を示していない (Daadler & Lindsay 2003)。一つ確かなことは、米国がイラクの「平和化」または「民主化」に成功するとしたら、それは、30年にわたる暴君政治と10年にわたる経済制裁によって疲弊した国民の物質的必要が満たされた時だけだ、ということだ。たしかに、ポール・ブレマー率いるアメリカのイラク復興に関する経済改革計画は、イラク経済を世界経済に取り込み、その国民の物質的必要を満たすはずであった。しかし、この改革は、イラクの公共機関の就労者を犠牲にし、現アメリカ政権と密接な関係をもつ外国企業の利益をあげることに成功しているにすぎない。2003年9月19日、イラクの「長官」ポール・ブレマーは、命令39号を制定した。命令39号は、イラク国営企業200社の民営化を宣言し、外国企業はイラクの銀行、鉱山、工場を100％所有でき、イラクであげた利益を100％国外に移転できるとするものだった (Klein 2003)。また、副大統領ディック・チェイニーが以前代表を務めた石油会社のハリバートンはいい例である。というのも、ハリバートンは、主としてイラク復興事業参加の契約を直接認められたことにより、2001年から2003年の間に第二四半期の4億8千9百万ドルの損失を2千6百万ドルの純益に好転させているからだ(Vesley 2003：36)。

2 人間の安全保障と略奪的な(predatory)グローバリゼーション

　次に、ブッシュ政権がグローバル・テロリズムの拡大阻止に成功していないことに鑑み、新たなアプローチが必要であることを論じる。すなわち、テロリズムの徴候ではなくテロリズムの原因に焦点をあてるアプローチをとり、国家安全保障ではなく人間の安全保障により大きな注意を注ぐことで、グローバル・テロリズムが提示する課題により適切に対応できると思われる。国家安全保障の伝統的な捉え方においては、国家主権と防衛に焦点をあてていたため、一般市民の日々の生活における安全保障についての最も基本的かつ正当な関心事が枠外におかれていた。第56回国連総会に提出された介入と国家主権に関する国際委員会 (ICISS) による報告書は、国連事務総長コフィ・アナンが、深刻な人権侵害および人道法違反に対処するため新たなコンセンサスを構築しようと国際社会に呼びかけたことに答えて起草された。この報告書の著者らが指摘しているように「このような国家安全保障概念のもとでは、莫大な量の国家財産と人的資源が軍備・軍事力に注ぎ込まれる一方で、国家は、飢え・病気・不適切な住居・犯罪・失業・社会的摩擦および環境破壊といった慢性的な安全保障の欠如からその市民を守ることができないでいる」(ICISS 2001：15)。他方、人間の安全保障という概念は、人の福祉に対する関心を特徴とする。この概念においては、人間の存在が国益よりも高い優先順位を与えられる。前カナダ外務大臣ロイド・アクスワージーは、人間の安全保障は、「経済的困難からの解放、適当な質が保障された生活、基本的人権の保障を含む」(Axworthy 1997：184) という。同じように、キャロライン・トマスは、人間の安全保障は「基本的人間ニーズが満たされ、コミュニティ生活への有意義な参加も含めて人間の尊厳を実現しうるような存在の条件を意味する」(Thomas 2000：6) としている。だが、アクスワージーと ICISS 報告書が、人間の安全保障は既存の政治的・経済的構造の中で実現可能だとみているのに対し、キャロライン・トマスはこれに代わる枠組みを展開する。この代替的枠組は、リベラル理論の多くがとる、市場の「見えざる手」に依存して個人の

ニーズを充足させようとする所有的競争的個人主義とは異なっている。というのも、トマスが注意を喚起するように、市場はそれ自体で価値をもつものではなく、ただその運営によって人のニーズが満たされたときにのみ価値をもつものだからだ (Thomas 2000：113)。トマスの見解では、市場は常に人のニーズの充足を結果しているわけではない。以下では、トマスにならって、ネオリベラル理論に沿った「略奪的なグローバリゼーション」(Falk 1999) は、一層の繁栄と同時にさらに不安定な世界をもたらすことを論じる。

「グローバリゼーション」という用語は、社会科学では、記述的な意味でも規範的な意味でも用いられる。記述的用語としての「グローバリゼーション」は、「社会相互間の関連性が増加し、その結果、世界の一部で起きた出来事がはるかに離れた場所の人々や社会に対して与える影響が増加していくプロセス」(Baylis & Smith 1997：7) を意味する。ヘルドたちは、より完全でより特定的な定義を与えてくれる。それによると、グローバリゼーションとは、「社会関係および経済活動の空間的組織の変革を具現するプロセス（または複数のプロセスの組）であって、その広がり (extensity)・強度 (intensity)・速度 (velocity) そして効果 (impact) の点から評価され、大陸または地域にまたがる、活動・相互作用およびパワー行使のネットワークとフローを生み出すもの」(Held et al. 1999：16) と定義される。経済用語としては、グローバリゼーションとは、国際的な貿易、金融、情報のフローが単一の統合された世界市場において拡大・深化することを意味する。政治的には、グローバリゼーションは、政治構造の民主化・権利法制の基準化を含んでいる。国家および開発志向エリートにとっては、グローバリゼーションは、規範的に用いられる語であって、政策的オプションを示すものだ。貿易・金融および情報の自由なフローによって成長と人間福祉にとって最良の結果がもたらされるであろうという信念によって、国内市場および世界市場の自由化が好ましい政策とされる (UNDP 1997)。しかし、世界的にみて「南」においては、グローバリゼーションに伴って、貧困の削減も人間福祉の向上も生じてはいない。人間の安全保障委員会 (CHS) の最終報告によれば、約28億人がいぜん貧困・不健康・非識字などの弊害に苦しんでいる (CHS 2003)。国際通貨基金 (IMF) と世界銀行 (WB) の構造調整政策 (SAP) によるしばしば強制的な経済開放、経済自由化は、政治経済における国

家の役割を変容させ、同時に、アメリカや G7、IMF・WB に支配された「制裁的ネオリベラリズム」を奉じる世界資本主義経済が登場した (Gill 2003)。SAP は、ネオリベラル路線に沿ったラディカルな制度改革を求める、重債務社会に対して IMF と WB が処方した政策である。名目上は、これらは、市場の力に重点をおくことによる効率的なマネージメント形態、輸出主導型成長の利点を志向したものであるが、ロバート・ビールが論じているように、これらはまた、南の内部的経済的政治的構造を、資本蓄積の国際システムの規範に適合させる役割を果たし、そのことから帝国主義的支配の新たな道具ともみなされ得る。南の諸国は、「非人間的な世界市場の力」に対する依存度を増し、それに伴い自国の市民の基本的ニーズに応えることは困難になっている。他方、政治的自由化および民主化は、新たな機会を生み出すと同時に、政治的経済的不安定や国内紛争等の新たな断層をも生み出した。CHS の最終報告は、年80万人以上が主として国内の暴力によって命を落とすと推計しており、紛争と剥奪との関連性を指摘している (CHS 2003)。

　次に、南アジア最大の人口を誇るインドに焦点をあて、この地域の政治の安定に、グローバリゼーションがいかなる影響を及ぼしたか検討しつつ、この CHS の見解について考察する。インド経済の自由化は、アンバランスな成長を招き、地方および都市の貧困層の犠牲のもとに支配階層および支配的カースト層を不相当に利することになっている。さらに、「グローバリゼーション」は、ネルーの描いた世俗的社会主義的インドというビジョンを実現不可能にすることで、これらの階層の政治的影響力を強めてきた。このことは、インドの宗教的マイノリティおよび下位カースト、低階層の人間に深刻な影響を与え、ヒンドゥー・ナショナリズムのディスコースの中で彼らをさらに周辺化する結果となっている。

3　南アジアにおける経済のグローバル化

　南アジアにおける経済のグローバル化は、近年の自由化の波より先行していたが[2]、インドにおける広範囲に及ぶ経済の自由化政策の導入は冷戦の終焉と期を一にした。ソ連からの経済支援の継続にも東欧諸国の市場にも依存

できなくなったインド金融相マンモハン・シンが、1991年8月の深刻な国際収支危機に直面した時、もはやIMFのスタンドバイローンに頼るしか方策はなかった。独立以来この時までインド経済は、輸入代替政策と国家社会主義政策をとってきており、これらの政策は後進性と貧困という植民地支配の遺産を正すために必要なものと考えられていた。独立前夜、インドの初代首相ジャワハルラール・ネルーは、「貧困と無知、病害と機会不均等を終わらせる」ための努力をうたった「運命との出会い」声明を行った（1947年8月14日にニュー・デリーで開かれた憲法制定議会でのネルーの演説。詳しくは Sen & Drèze 1999：110)。この課題を達成するためには計画が重要だった。1950年の計画委員会の設立により、インドは一連の5カ年計画を通じてインド経済の方向付けを行うことができた。こうした国家の経済介入の結果、インドは独立後数年間にわたり高い成長率を記録できた。1950年代、1960年代の工業成長率は年率約7％を示した (Corbridge & Harris 2000：60)。だが、経済発展と貧困軽減が明確に政府の達成目標とされていたにもかかわらず、その後のインドの成長は東アジアの近隣諸国のそれには及ばなかった。1970年から1982年の間に、インドは年間わずか4.3％の成長しかできなかった (Corbridge & Harris 2000：78)。長い間、ネオリベラルは、東アジアの新興工業国群 (NICS) の輸出主導型戦略の成功とラテンアメリカ諸国およびインドの採用した輸入代替戦略とを対照的なものとみてきた。今日のインド経済自由化政策の立案者の一人であるジャグディッシュ・バグワッティによると、「インドの数百万の民のエネルギー、能力そして世俗的野心に必要なのは、ジャワハルラール・ネルーが同胞たちのために望んだ経済的魔法を生み出す適切な政策的枠組みにすぎない。しかし、多くの当時の善意あるインテリ同様、ネルーもまた誤って、今では失権した経済的ドクトリンにそれを見出していたのだ」(Bhagwati 1993：98)。しかし、インドがうまく行かなかったのは、NICSに比べてだけではなく、中国や他の社会主義諸国に比べても同様であった。ドゥレーズとセンの指摘するように、インドは、市場志向型資本主義社会から共産主義主導型社会主義にいたる異なった経済政策を志向してきたさまざまな社会のいずれにも立ち遅れたのである (Sen & Drèze 1999：2)。インドでは独立以降大規模な飢饉は起こっていないにもかかわらず (Sen 1999：181)、農村部でも都市部でも貧困は生活

にしみついており、1960年から1961年の間、人口の半分近くが貧困ライン以下の生活をしていた(Corbridge & Harris 2000：62)。

　従来のネオリベラルの論説に対してここで主張されるのは、インドがネルーの「運命との出会い」を実現できなかったのは、主として経済的要因によるのではなく政治的要因によるものだということだ。ネルーに率いられた国家エリートは、イギリスから権力を受け継ぎ、自由闘争の間インドを独立に導いたことでそれまでにない正統性を謳歌し、インドが民主的社会主義路線をとることをうたった憲法の採択を統轄した。しかし、その開発目標を達成するためには、国民会議派におけるネルーの指導力は地域のパワーブローカーと同盟を組む必要があり、彼らによって中央政府の急進的な推進力は弱められることになった。プラナブ・バルダンは、産業資本家階級すなわちブルジョワジー、富裕な農民層すなわちクラーク[3]、そして、公共部門の専門家すなわち官僚といったように支配的階級を三つに大別している (Bardhan 1984：54)。これらの階級は、多様性のあるインド社会の異なる部門に属しており、決して独立時に同じイデオロギーを展開させたわけではない。実際は、都市の産業階級とクラーク階級との間の利益衝突は近年激しさを増し、経済改革を試みるインド政府の悩みの種となっている。コーブリッジとハリスによれば、大きな土地のシェアを有する数的には小数の富裕農民層が経済的支配力をもっていることが、「インドの大きな特徴である貧困の蔓延の再生産」と結び付いている(Corbridge & Harris 2000：83)。

　しかし、経済自由化の始まりは、支配階級を不均等に利し、高収入を伸ばしていった主としてヒンドゥーの中産階級と都市・農村部貧困層との格差をさらに大きくした。SAPの実施によって、経済の規制緩和と民営化が進められ、公的支出が押さえられる一方で通貨が切り下げられ外国直接投資が増加した。1991年以降、インドの民間企業の役割に課されていた規制を撤廃すべく数多くの政策が採用され、輸出主導型成長がインドの戦略の主要な推進力となった。これらの経済改革の結果、インドの製造業は年率6％から7％という劇的な成長率を遂げその外貨準備高は莫大なものとなった (EIUによると、2003から2004年の会計年度では6％程度の成長が予想されている。Economist Intelligence Unit 2003参照)。インドに投資しようとする企業すべてに政府許可を得ること

表1 インドにおけるインターネットの普及

年月日	インターネット接続	インターネット利用者
1995年8月15日	2,000	10,000
1996年3月31日	50,000	250,000
1997年3月31日	90,000	450,000
1998年3月31日	140,000	700,000
1999年3月31日	280,000	1,400,000
2000年3月31日	900,000	2,800,000
2000年8月31日	1,600,000	4,800,000
2001年1月	1,800,000	5,500,000

出典)National Association of Software and Service Companies = NAASCOM. <http://www.nasscom.org>(2003年3月31日).

を要求する悪名高い「許認可制度」が廃止されたことで、以前は外国投資家が阻まれていた鉱業、石油採掘、輸送、電気通信といった重要分野が開放され、外国直接投資も増加した。外国直接投資は、1991年の2億ドルから1997年には36億ドルのピークに達した。とりわけ重要なのは、インドが情報産業分野に進出したことだ。安価な熟練ソフトウェア・エンジニアの主要な供給源としてIT革命における主要なプレーヤーとなったインドにおける、インターネットの普及率を表1に示す。インドでのインターネットの普及率は、中国や他の先進国に比べればいぜん低いものの、アジア太平洋地域においては加入者の伸び率は最高となっている(44%)。1995年8月にはたった1万人だったインターネット・ユーザーは、2001年1月には550万人を越えた。もし、インターネットの普及が同じ速度で進めば、2005年にはインドの加入者数は2,130万人を越すと予測される。

しかしながら、南アジアにおけるグローバリゼーションのプロセスは、大多数の南アジア人の状況を改善することなくただ市場統合に焦点をあててきた。経済成長の構造改革への影響はおおむね良好であり、少なくとも近年、高成長率を記録しているインドでは良好であるが、経済統合をさらに進める中で、南アジアの多くの国が持続可能な成長を実現できるようにしなければならない。南アジアにおけるグローバリゼーションの不均衡な性質は大きな社会的コストをも伴っている。多くの南アジア人にとって、グローバリゼーションがもたらしたものは、物価の上昇、雇用機会の減少、収入の不均衡、そして貧困の増加である(Haq/HDC 2001:17)。これまでも健康や貧困緩和プログ

ラム、教育関連の支出は低かったが、軍事費が一向に減少の気配をみせない一方、これらの支出は現状維持か削減されるかである。2001年度の『南アジア人間開発報告書』は、グローバリゼーションの進行中に南アジアの約5億人の人々が収入低下を経験していると推計している (Haq/HDC 2001：2)。報告書の著者らは、将来的にはだれもが経済のグローバル化の恩恵を受けるだろうとしているが、経済成長の恩恵の受け手はこれまで小数の教育のある都会人口に限られており、貧困層は構造調整のコストという重荷を背負わされてきた(Haq/HDC 2001：2-3)。この傾向は、少なくともインドではまだ続くとみられる。エコノミスト・インテリジェンス・ユニット(EIU)によれば、2003年から2004年会計年度の予算は、与党バラティヤ・ジャナタ党(BJP)連立政権の支持基盤である中産階級と産業界、農民層に対する実質的な減税を含んでいたが、貧困層についてはほとんど何もしていない (EIU 2003：8)。また、インドの人口の34.7%が1日1ドル以下で生活をしのいでおり、24%が栄養不足であり、42%が読み書きできない(**表2**を参照)。

表2は南アジアの地域別開発指標の項目のいくつかの抜粋である。そこでは、自由化による「成功」にもかかわらず、国連開発計画(UNDP)の人間開発指標ではインドは127位とされている。ちなみに、この報告書では他の南アジアの国々は[4]、バングラデッシュが139位、ネパールが143位、パキスタンは144位に位置付けられている (UNDP 2003：12)。パキスタンでは、経済のグ

表2 2000-2003年の南アジア地域別開発指標

南アジア	人間開発指標の順位 (2003)	1日1ドル以下で生活している人口 (%) (2001)	栄養不足が人口に占める割合(%) (2001)	平均寿命 (年) (2001)	成人識字率(%) (2001)	GDP (10億US$) (2002)	GDP 1人当たり (US $ PPP) (2002)
アフガニスタン	—	—	70	—	—	—	—
バングラデッシュ	139	36	35	60.5	40.6	46.9	1,463
インド	127	34.7	24	63.3	58	485.2	2,489
ネパール※	143	37.7	19	59.1	42.9	5.6	1,310
パキスタン	144	13.4	19	60.4	44	59.7	1,913
スリランカ	99	6.6	23	72.3	81.9	15.8	3,015

注) ※は2001年の数字である(UNDP 2003：199)。
出典) UNDP 2003：199とEconomic Intelligence Unit 2002：18からの適用。

ローバル化と同時に、1980年代の平均6％から1990年代の平均4％へと経済成長率が低下し、それに伴い、貧困が増加した。ある調査によれば、カロリー摂取量における貧困は2倍となり、1987-88年は17.4％、1998-99年には32.6％の数字が記録されている (Hussain 2000)。また、幼児の死亡率や水へのアクセス、栄養摂取も考慮した基本的ニーズに基づくアプローチも同様の数字をあげている。EIUは民主的に選出された政府の財政赤字対策の失敗を批判する一方、ムシャラフ大統領の軍事政権を「厳しい負担が民衆に課せられたにもかかわらず」IMFや世界銀行の構造調整政策を実行したと賞賛している (EIU 2002：18)。その結果、国民の32％が貧困ライン以下の生活をし、19％が栄養不足で、読み書きできるのは国民の44％にすぎない国で、開発よりも債務返済に多くの予算が費やされることになっているのだ。次に、宗教的過激派が成長するのはこのような状況下であることを述べる。

4　南アジアにおける民族宗教紛争

　ネオリベラル理論によれば、経済のグローバル化、あるいは資本主義の拡大によって、不可避的に権利についてのリベラル的思考が広まり、個人とコミュニティとの関係が根本的に変革される。それに伴い、宗教領域と政治領域との分離が進み、リベラルな民主的構造が確立されるということになる[5]。しかし、経済のグローバル化の到来は南アジアの政治風土を一変し、結果として、民族宗教的観念の復興をもたらした。つまり、市場化や民営化、構造調整の形をとったグローバリゼーションは、経済面における国家の役割を減小させ、南アジアの多くの人々に混乱や不安をもたらし (Kinvall 2002)、このことが民族宗教的アイデンティティの意味をはっきりさせようとする動きを作り出し、かつその政治化を促進する結果となったのである。

　インドでは、グローバリゼーションにより、BJPの提唱するヒンドゥー・ナショナリズムが高揚した。「ヒンドゥー・ナショナリズム」は、上位カーストのミドルクラスによる、画一化・同質化されたヒンドゥーの政治的アイデンティティの創造を求めた「文化的均質化プロジェクト」(Appadurai 1996) といえる。ヒンドゥー・ナショナリズムの源泉は、植民地時代のヒンドゥー復興運

動、とくにパンジャブのアリヤ・サマジとベンガルのブラモ・サマジにある。いずれの運動も、植民地支配者や布教活動を行っていたキリスト教宣教師にとっても理解しやすい宗教的伝統としてヒンドゥイズムを再定義しようとする試みであった。チェタン・バットによれば、「神の啓示、テキスト(実際にはそれ自体ヒンドゥイズムからは異質なものだが)に具現化された神から発せられたそのままの言葉、聖なるテキストの無謬性、唯一の既に書かれた真実、単一の組織的な構造(ヴェーダ教会)といった考えは、『セム族の』宗教から取り入れられたと思われる」(Bhatt 2001：18)。ヒンドゥー・アイデンティティの政治化は、1914年に開催された第1回全インド・ヒンドゥー・マハサバ会議まで遡る。このヒンドゥー・マハサバは、植民地時代のヒンドゥーの政治的アイデンティティを明確にするための重要な組織となり、独立運動の間、世俗性をうたうインド国民会議(INC)と微妙な関係を保っていた。

　ヒンドゥー・ナショナリズムの計画の中心は、INCの世俗的ナショナリズムと明確な対照を成すヒンドゥーバ (*Hindutva*) という概念である。ヒンドゥー・マハサバを率いたビア・サーヴァルカルの著作に関連付けられるヒンドゥーバという語は、エスニック化されたヒンドゥー・アイデンティティを指す。ヒンドゥイズムとは、インド固有のヴェーダに基づく社会宗教的な哲学のことである。「ヒンドゥーバ」は、ヒンドゥーの人々の宗教的側面だけでなく、「彼らの文化的、言語学的、社会的、政治的側面をも包含する」(詳しくは Savarkar 1998：115参照) ものと考えられる。「ヒンドゥー」の想像の共同体は、かくして、宗教的かつ民族的共同体として想像され、サーヴァルカルの著書においては、ほとんど人種的次元の色彩さえ帯びている。サーヴァルカルにとっては、ヒンドゥー人とは、「単にネイションであるのみならず生まれながらの兄弟、ジャティ(人種)」(Savarkar 1989：89) であった。ムスリムとキリスト教徒を除き、他の宗教を奉じる者も含めてすべてのインド人がヒンドゥーとみなされた。

> インダス川から海へ至るこの土地を己の始祖の地であり、かつ、己の聖なる地、すなわち己の宗教の源泉たる地、己の信仰の揺りかごとみなす者、彼らはみなヒンドゥー人である (Savarkar 1998：115)。

しかしながら、ムスリムとキリスト教徒については、「ヒンドゥスタン⁽⁶⁾は彼らにとって聖なる地ではなく、彼らの聖なる地は遠いアラビアあるいはパレスティナであるのだから、よそ者である」(Savarkar 1998：113)とみなされた。近年のキリスト教徒に対する攻撃やムスリムに対する周期的な虐殺など、宗教的マイノリティにたいする敵意は、より高位のカーストのヘゲモニー維持と結びついている。リグヴェーダ(c. 1000BC)によれば、社会は四つのカーストまたはヴァルナ⁽⁷⁾から成っている。すなわち、バラモン(教育を受けたもの、聖職者エリート)、クシャトリヤ(軍人、政治的エリート)、ヴァイシャ(商人、農場経営者を含む経済的エリート)そしてスードラ(農村労働者)である。これが、ヴァルナシャルマダルマの法として知られるものだ。カースト制度に組み込まれていない者は、他のヒンドゥー人と密接な物理的接触をもつことが許されず、したがって「アンタッチャブル」(不可触民)⁽⁸⁾とされた。サーヴァルカルは、「カースト制度とは、その華やかで高貴な者に授けられたすべてを犠牲にすることなく、すべての不毛で貧しい者に富を与えるため、神聖な法典者や王によって信じられた境界線に沿って高貴な血筋を統制するための制度である」(Savarkar 1989：86)という。

1932年のヒンドゥー・マハサバにおける決議で作られたラシュトリヤ・スワヤマンセヴァク・サン(RSS)は、このヒンドゥー・ナショナリストイデオロギーを明確化するための制度的インフラを提供した。RSSは、1948年に元RSSメンバーがガンジーを暗殺した後に一時的に禁止されたが、統制がとれ管理の行き届いた組織的イデオロギー的拡大を数十年続けた後、今日では世界最大のボランタリー組織といえる。これをより悪質な悪意ある組織とみなす者もある。チェタン・バットは「RSSはあらゆる国に存在する民間のボランタリーな準軍事団体として最大のものである」(Bhatt 2001：113)という。RSSの第二の指導者ゴルワルカル(1906-1973)は、サーヴァルカルのヒンドゥーバの概念を「外国人排斥的人種主義のイデオロギー」と結び付けることによってヒンドゥー・ナショナリズムの発展にきわめて重要な役割を果たした功績を認められている(Bhatt 2001：126)。RSSは自身を、「サン・パリヴァル」と呼ばれる関連組織および運動の「家族」の中で親のようなものとみなしている。

1964年に、RSS は世界中のヒンドゥー人を動員するべくヴィシュヴァ・ヒンドゥー・パリシャ(VHP)を組織し、1980年には、ジャナ・サンから RSS の政治部としてバラティヤ・ジャナタ党(BJP)を結成した。

　ジャナ・サンは、与党ジャナタ・ダル連立政権の一翼を成していたが、その得票率は1967年選挙時の9.4％から1977年選挙時には7.4％まで落ち込んでいた。1984年の下院選挙時に BJP が獲得した議席はたった2議席であった(7.4％)が、明確なヒンドゥー・アイデンティティを採用し経済自由化政策を掲げて、選挙を重ねるごとに BJP は着実に得票率を伸ばした。コーブリッジとハリスは、これを世俗主義と国家社会主義を掲げるネルー支持派に対抗する「エリートの反乱」のきっかけとみなしている (Corbridge & Harris 2000)。さらに、1989年の普通選挙で BJP は他の州をおいてカシミールに例外的な地位を認める憲法370条の廃止を掲げつつ、アヨーディヤにおけるラム寺院 [9] の建立計画を基本とした軍事的ヒンドゥーバ・アジェンダをうたった。結果として、BJP はインド下院選で投票数の11.5％を占めて86議席を獲得し、副総裁シンの国民連合戦線の連立政党となった。だが、下位カーストに対する公共機関の職の割り当て制を勧告した1980年のマンダール委員会報告書についての、1990年の実行決議に BJP が反対したため、この連立政権は崩壊した。また、BJP 党首ラル・クリシュナ・アドバーニは、ラムの馬車のように飾られたトヨタジープでラタ・ヤトラ (*rath yatra*) と呼ばれる大行進を北インドで組織し、1991年には「ラムのルールに向けて」をスローガンに選挙活動を行った。このアドバーニのヒンディー地帯(ウッタール・プラデーシュ、マディヤ・プラデーシュ、ラジャスタン、ビハール)における大行進は、象徴に満ちたものであり、1980年代および1990年代初頭に国営放送 *Doordorshan* がインド全土にテレビ放映したラムの一大叙事詩ラーマーヤナのテレビ版の記録的成功をうまく利用したものであった。結果として、アドバーニは、インド下院の120席を獲得し、ウッタール・プラデーシュやマディヤ・プラデーシュ、ヒマーチャル・プラデーシュ、ラジャスタン州をおさえ、20.1％の票を獲得した。さらに、1996年の選挙声明で、BJP はインドの「統合と融合を可能にする唯一の統合原則」とヒンドゥーバを定義し、かつてイスラーム教寺院であるバブリ・マスジド (*Babri Masjid*) があったアヨーディヤにおけるラム寺院の建立を誓約し

た。結果として、BJP は1996年の選挙で議席を161に伸ばし、不信任投票で負けるまでの2週間は政権を握った。結局、1998年までに BJP はインドの連立政権中、最大の政党となり、25.6％の票を獲得するに至り、その党首アタル・ビハリ・バジパイは1999年10月以来インドの首相を務めている。

　一方、BJP はバジパイが1992年に党首となって以来、ヒンドゥーバ・イデオロギーの側面を弱めていたようにみえるが、南アジアの異なる宗教集団間の暴力的行為は、BJP 主導のヒンドゥー・ナショナリズムの高揚に伴い、活発化してきたのである。おそらく最もよく知られた例は、議会主導の中央政府が BJP 政権の州政府の解散を招くに至った RSS のボランティア集団 (*kar sevaks*) による1992年のバブリ・マスジドの破壊活動であろう。ヒンドゥー・ナショナリストは、「ヒンドゥー地帯」の中心にあたるアヨーディヤにあるバブリ・マスジドはラム寺院の地に建立されたと長く信じてきた。また、たしかに、最近の政府の「奨学金」はこれを科学的に証明する試みのものが多い。ともかく、このイスラーム教寺院の破壊に続いて、インド全土において1992年後半から1993年初期までムスリムのコミュニティを狙った空前の襲撃が起こることとなった (Bhatt 2001：196)。ボンベイでは、マハラストラを拠点にし、バル・サッカレーが指導するきわめて偏狭なヒンドゥー・ナショナリズムをうたう地方政党セブ・セナが、このインド経済の中心地のムスリムの人々やビジネスマンをターゲットにした集団的襲撃活動を組織した。

　ごく最近は、ムンバイでタクシー2台に仕掛けられた爆弾が爆発し、52人の死者と140人の負傷者を出す惨事が起きた。犠牲者の多くはヒンドゥーで、警察はこの事件に加担した疑いで4人のムスリムを起訴したが、彼らはグジャラートにおける民族宗教的暴力事件に不満をもった、多少名の知れたムスリム集団のメンバーだった。さらに、2002年2月27日には、ゴドラでサバマティ急行列車の乗客を狙った焼き討ちが起こり、59人のヒンドゥーが犠牲となった。そして、この事件は、グジャラートにおけるムスリム大量虐殺を招き、2,500人以上がヒンドゥー暴徒によって残酷に殺害され、BJP 主導州政府が介入を拒んだため20万世帯が住居を追われるに至った。この殺害事件の組織的計画的性格から、これを「ジェノサイド」とみなす者もいる（グジャラートにおける「ジェノサイト」議論の詳細は Nussbaum 2003と Bhargava 2003参照）。たしか

に、大量殺人とレイプが宗教の名のもとに行われた。この事件でムスリムが虐殺された理由は、その引き金となったゴドラでの事件に彼らが共謀していたと疑われたからではなく、単に彼らがムスリムだということだけだった。さらに、政府がこの事件に、関与したとはいわないまでも、一定程度かかわっていたとみられる証拠がある。グジャラートの大臣ナランドラ・モディは、自分の選挙区民の一部をも巻き込んだこの大量殺人を非難することを拒んだにもかかわらず、この残虐行為の6カ月後、穏当に再選を果たしており、彼はこれらの事件に関連して政治資金を得ていたとみられる。同様に、インド首相バジパイも、事件直後にゴアでのBJP党会議で「サバマティ急行の罪なき乗客を生きたまま焼き殺すというような陰謀がなければ、それに続くグジャラートでの惨劇は避けられたかもしれない」と、この虐殺を容認するような発言をしている(詳しくは、Nussbaum 2003参照)。

　経済の自由化によって、きわめて裕福な階層と貧困階層とが共存することになったことは、疑いなく対立民族宗教間の緊張を高める一因となっており、とりわけ、宗教的分裂を強める傾向にある。インドはいぜんとして圧倒的なヒンドゥー社会であるが、また、インドネシアに次いで世界で2番目にムスリム人口の多い国家でもあり、過去1000年にわたって継続的に南アジアにはムスリムが存在してきたのである。ヒンドゥー・ナショナリストのディスコースでは、ムスリムは外部侵入者とみなされているが、南アジアのムスリムには、下位カーストのバックグラウンドをもつ改宗者が多い。1991年には、10億人を越えるインド総人口の14％をムスリムが占めているが、50年にわたる政府の「世俗主義」にもかかわらず、公共機関や民営機関に占める彼らの人口や教育、識字のレベルはいぜんとして低い状態が続いている。逆に、貧困や識字、失業等におけるムスリムの割合はますます高くなっている (Bhatt 2001：197)。その中にあって、グジャラートのムスリム・コミュニティはインド国内でも繁栄した地域の一つであり、ビジネスや工場、農場経営に従事していたムスリムがヒンドゥー暴徒の標的となっていることから、経済的動機が事件の背後にあったことを示唆する証拠もある(詳しくはCommunalism Combat 2002参照)。9月11日以降の国際的風潮は、カシミールにおけるたび重なるイスラーム教過激派の攻撃やカシミール分離についての記憶をヒンドゥー・ナ

ショナリストが操作したことと相まって、ムスリムに対する無差別殺人が起こりえ、かつインドの指導者によって容認されるような状況を生み出してしまった。

　パキスタンとバングラデシュでは、グローバリゼーションは、イスラームによる交戦状態および派閥抗争の増加と同時期に生じている[10]。パキスタンの建国者 (Quaid-i-Azam)、ムハンマド・アリ・ジンナーは、南アジアのムスリムは分離された「ネイション」を打ち立てるものと信じていたが、パキスタンについては世俗的国家として構想した。1947年のパキスタン新憲法制定会議の開会にあたって、ジンナーはパキスタン国民に対して、彼らが皆「国家の平等な市民であること」、そしていかなる「宗教、カーストまたは信条」にも属し得ることを語っている (詳しくは Alavi 2002)。事実、イスラーム国家という概念が現実味を帯びるようになりイスラーム政党が(西)パキスタン政治の中央舞台に現れるようになったのは、東部 (現バングラデシュ) の分離と、ジア・ウル・ハク将軍のイスラーム化計画以降のことである。ジアの戦略は、サウジアラビアとアメリカの経済的援助と支援を得る目的で国際的にアフガンのムジャヒディンのジハードを支援し、他方では、ズルフィカール・アリ・ブットの文民政権を崩壊させる決断の後には自らの軍事政権に正統性を与えるために国内的にはシャリーア法を選択的に使用することでパキスタン社会のイスラーム化を同時に促進させるという二面から成っていた。ジアが謎の飛行機事故で死亡し、文民政権に戻り民主的選挙が行われたことも、パキスタン政治のイスラーム化の傾向を止める役割はほとんど果たさなかった。1988年から1999年にかけては、ズルフィカール・アリ・ブットの娘でありパキスタン人民党 (PPP) 党首であるベナジール・ブットとムスリム同盟のナワズ・シャリフが交代に首相を務めたが、軍隊および司法の介入のためにそれぞれ任期を全うすることはできなかった。実際、文民政権期にも、アフガニスタンからソビエト勢力が撤退した後、ISI が、パキスタンのイスラーム政党の中で最も原理主義的かつ派閥主義的であるジャーミーウレマ・イスラーム教会 (JUI) のマドラサ出身のタリバンをリクルートし資金提供している。アメリカがイスラーム諸国の敵対的なレジームに対して無差別に「テロリズム・カード」を切っていることは、南アジアの多くのムスリムを憤慨させてきた。アメ

リカがアフガニスタンへの爆撃を開始した時、パキスタンには反アメリカ感情の波が沸き起こり国中を覆った。アメリカの行動に対する怒り、そしてパキスタンがアメリカに対して空爆準備のためにパキスタン領土使用を許可する決断をしたことに対する怒りが最も先鋭に感じられ示されたのは、パシュトゥン語圏の北西国境地帯およびバルチスタンにおいてだった。これらの地域の住民は、民族的に隣国アフガニスタン人に近く、ここでは JUI は歴史的により強い宗教的政治的影響力をもっていた。実際、パキスタンで逮捕されたアル・カイーダ容疑者の多くは、パキスタン人ではなくアメリカ人によって逮捕されている。アフガニスタンからパキスタンへのイスラーム原理主義者の流入は、外国人住民やキリスト教教会、キリスト教系学校および病院、少数派であるシーア派ムスリムおよび彼らの礼拝所等への血なまぐさいテロ攻撃の時期と一致しており（詳しくは Gardezi 2003）、カシミールの検問線に沿って越境襲撃が激化した原因ともされている。2001年12月には、ムスリム過激派がインド議会を襲撃したが、その何人かはアル・カイーダに関係があると信じられている。インドは、過激派を支援したとしてパキスタンを非難し、印パ国境に数千の軍隊を動員し、この地域における核戦争の危険がにわかに現実味を帯びることになった[11]。

5　おわりに

　グローバル経済の高揚は、多くの勝者を生み出すが、すべての人々のニーズを満たしはしないだろう。また、国内外で多くの紛争を扇動し、貧富の差を一層広めさえするだろう。その発展は慢性的な経済不安と地域間経済格差のの拡大を特徴とし、前途は多難であろう。その波に取り残されたと感じる地域や国、集団はより深刻な景気停滞や政治不安、文化的疎外に直面するだろう。それらは暴動を多く伴い、政治やエスニック、イデオロギー、宗教における過激な思想を助長することになるだろう（Central Intelligence Agency 2000）。

　本章では、ネオリベラルの考えに基づいた経済の自由化や構造調整の形で

の「グローバリゼーション」は、今までのところ南アジアの人々全体の基本的物質的ニーズを満たすことに失敗し、貧困者を犠牲にした形で、インドの支配階級と支配カーストに利益をもたらしてきたことを明らかにした。さらに、グローバリゼーションは、民族・宗教的ナショナリズム、インド亜大陸における民族的宗教的暴力の増加を促していることを論じた。では、いかにして南アジアの民族的宗教的高まりを食い止めることができるであろうか。南アジアは世界市場から己を切り離して自給自足政策を追及すべきだという論者もいる。しかし、国境を越えたネットワークとフローを特徴とする世界において、このような新従属論的見解は、もはや現実的な選択肢とはいえない。

加えて、インドは、独立以降、深刻な国際収支危機でマンモハン・シンが経済開放を余儀なくされるまでの40年間にわたって国家支援型の資本主義の変形を追求してきたのだ。したがって、国家「社会主義」へ今さら回帰することは、代償が高すぎる。なぜなら、国連開発計画の『人間開発報告書』編集者であった故マブーブル・ハクが1998年に述べたように、「グローバリゼーションは、もはやオプションではなく、事実である。途上国はもっと巧みにその運営方法を学習するか、その潮流の中で単に崩壊するかのいずれかの道を歩まなくてはならないのである」(UNDP 1998)。

ここで示唆されるのは、地方レベル、リージョナル・レベル、国際レベルで、人間の安全保障により大きな関心を注ぐことが、テロリズムも含めて「略奪的なグローバリゼーション」の好ましからぬ影響に対抗する助けとなるのではないか、ということだ。CHSは、国際的協力活動によって国家がこのような方策をとることを支援する方法を示唆している。国際機関およびアメリカ、EU(欧州連合)、日本等の強力な国際的アクターは、以下の目的のための国際機構を設立できる。すなわち、

①暴力を伴う紛争下にある人々を保護すること、
②武器の拡散から人々を保護すること、
③移動する人々の安全確保を進めること、
④紛争後の状況下で人間の安全保障移行基金を設立すること、
⑤極貧下の人々が恩恵を受けられる公正な貿易と市場を支援すること、
⑥普遍的な生活最低限度基準を実現するための努力を行うこと、

⑦基礎保健サービスの完全普及実現により高い優先度を与えること、
⑧特許権に関する効率的かつ衡平な国際システムを構築すること、
⑨基礎教育の完全普及によりすべての人々の能力を強化すること、
⑩個人が多様なアイデンティティを有し多様な集団に属する自由を尊重すると同時に、この地球に生きる人間としてのアイデンティティの必要性を明確にすること (CHS 2003)。

　CHS にしたがい、グローバル社会のより富裕な部類に属する人々よりも貧者のニーズを優先させる根本的なパラダイムシフトによってしか、略奪的なグローバリゼーションの影響に対抗することを助けることはできないといえる。実際、人間の安全保障という概念自体、時がたてば、「略奪的なグローバリゼーション」に対する代替案として台頭するかもしれない。世界中でみられる収入の不均衡拡大をみれば、人間の安全保障に対するいかなる代替案も、まず第一に、人類が直面する最も緊急の課題として貧困の緩和に焦点をあてるべきである。グローバリゼーションは、貧困緩和という課題を、経済成長および市場についてのより広汎な関心に従属させることに成功した。かつては、経済開発において最優先の目的ではないもののきわめて重要な目的であった貧困撲滅が今では高遠な野望と化し、貧困緩和の重荷は不均衡に市民社会の肩にかかってきている (Pasha 1996：637-638)。しかし、国家とは異なり、市民社会をベースとする主な機関は、一般市民全体に対して責任を負うものではなく、通常、社会の中の特定のグループの意見を反映するにすぎない。しかしながら、構造調整は、重債務国における福祉提供の主たる担い手として非政府組織(NGO)の役割を正当化してきた。こうして、貧困というものを、国家の主たる関心事ではなく、主として工業化された「北」に本拠をおく、責任を負わない市民社会の機関の主たる関心事とすることで、貧困緩和は効果的に民営化されてしまったわけである。国家レベルおよび国際レベルで、奉仕する構成員に対して直接責任を負う組織が貧困緩和に公的にコミットしていかない限り、「人間の安全保障」は曖昧かつ空虚なスローガンにとどまり続けるしかない。

注

(1) アメリカは、国家の自衛権を認めた国連憲章第51条に依拠して、タリバン政権への攻撃決定を正当化した。
(2) ネパールを除き、南アジア諸国はイギリスにより植民地化され、世界市場への門戸開放を余儀なくされた。
(3) 握りこぶしを意味するロシア語のクラークは、農業生産から貿易に至る広範な活動に経済的利益を有する富裕な資本家的農場経営者を意味する（Corbridge & Harris 2000：81）。
(4) 南アジア諸国中、上位100位内にランクされたのはスリランカの99位のみである（UNDP 2003）。
(5) しかしながら、インドとスリランカは機能する自由民主主義にとどまり、バングラデシュは同様の状態が約10年続いている。
(6) ヒンドゥスタンとは、文字どおりには「ヒンドゥーの地」を意味する。
(7) 「ヴァルナ」とは文字どおりには「色」を意味する。
(8) バラモンに属するガンジーは、「アンタッチャブル」を「神の子たち」（ハリジャン）と呼んだ。アンタッチャブル自身の多くは、自らをダリットと呼び、おおむねヒンドゥー・ナショナリズムに反対していた。
(9) ラムは最も重要なヒンドゥーの神の一人。
(10) 1980年代のイスラーム教徒の攻撃増加とそれがヒンドゥー・マイノリティに与えた影響については、Samad 1998参照。
(11) 1948年と1965年の戦争はカシミールの支配権争いであった。1989年以降インド政府に対してカシミールの独立を求めた暴動が起きている。

引用・参考文献

Alavi, Hamza 2002, "On Religion and Secularism in the Making of Pakistan." <http://www.sacw.net/2002/HamzaAlaviNov02.html> (2 November 2002)

Appadurai, Arjun 1996, *Modernity at Large*, Minnesota, University of Minnesota Press.

Axworthy, Lloyd 1997, "Canada and Human Security：the Need for Leadership," *International Journal*, 11(2)：183-196.

Bardhan, Pranab 1984, *The Political Economy of Development in India*, Oxford：Basil Blackwell.

Baylis, J. & S. Smith 1997, *The Globalization of World Politics*, Oxford：Oxford University Press.

Bhagwati, Jagdish 1993, *India in Transition：Freeing the Economy*, Oxford：Clarendon Press.

Bhargava, Rajeev 2003, "The Cultural Nationalism of the New Hindu," *Dissent*, Fall. <http://www.dissentmagazine.org> (02 December 2003)

Bhatt, Chetan 2001, *Hindu Nationalism : Origins, Ideologies and Modern Myths*, Oxford : Berg.

Castells, Manuel 1997, *The Information Age, vol.2 : The Power of Identity*, Oxford : Blackwell.

Central Intelligence Agency 2000, *Global Trends 2015* (December 2000). <http://www.cia.gov/cia/reports/globaltrends2015/index.html> (October 2003)

Commission for Human Security [CHS] 2003（人間の安全保障委員会最終報告書要旨）. <http://www.humansecurity-chs.org/finalreport/j-outline.html>（2003年5月1日）

Cooley, J. 2002, *Unholy Wars : Afghanistan, America and International Terrorism*, London : Pluto Press.

Corbridge, Stuart & John Harris 2000, *Reinventing India : Liberalization, Hindu Nationalism, and Popular Democracy*, Cambridge : Polity Press.

Communalism Combat 2002, *Genocide*. <http://www.sabrang.com/cc/archive/2002/marapril/index.html>

Daalder, Ivo H. & J.M. Lindsay 2003, "Bush's Priority in Iraq is Not Democracy," *Financial Times*, 11/11/2003.

Economist Intelligence Unit [EIU] 2003, *India : Country Report*. September, London : Economist Publications.

Economist Intelligence Unit [EIU] 2002, *Pakistan : Country Report*, London : Economist Publications.

Falk, Richard 1999, *Predatory Globalization : A Critique*, Cambridge : Polity Press.

Falk, Richard 1993, "The Making of Global Citizenship," In Jeremy Brecher, John Brown Childs & Jill Cutler eds. 1993, *Global Visions : Beyond the New World Order*, Boston, MA : South Ends Press, pp.39-50.

Gardezi, Hasan, N. 2003, "The Politics of Religion in Pakistan : Islamic State or Shari'ia Rule." <http://www.sacw.net/new/Gardezi140403.html> (14 April 2003)

Gill, Stephen 2003, *Power and Resistance in the New World Order*, London : Palgrave-Macmillan.

Hansen, Thomas Blom, "The Ethics of Hindutva and the Spirit of Capitalism," In Thomas Blom Hansen & Christophe Jaffrelot eds., *The BJP and the Compulsions of Politics in India*, Delhi : OUP, pp.291-314.

Held, D., A. McGrew, D. Goldblatt & J. Peratton 1999, *Global Transformations*, Cambridge : Polity.

Hussain, Ishrat 2000, "The Impact of Globalization on Poverty in Pakistan." (July 15) <http://66.201.122.14/about/speech/Impact_of_globalization_Mahboobul_Haq.pdf> (21 October 2003)

International Commission on Intervention and State Sovereignty 2001, *The Responsibility to Protect*, International Development Research Center, December (Report of the Commission).

Kaldor, Mary 2003, *Global Civil Society*, Cambridge:Polity Press.

Kinvall, Catarina 2002, "Nationalism, Religion and the Search for Chosen Traumas: Comparing Sikh and Hindu Identity Constructions," *Ethnicities*, 2,1, 79-107.

Klein, Naomi 2003, "Iraq is not America's to Sell," *The Guardian*, November 7. <http://www.guardian.co.uk/comment/story/0,3604,1079575,00.html>(7/11/2003)

Haq, Mahbub ul/Human Development Centre [HDC] 2002, *Human Development in South Asia 2001*, Oxford:Oxford University Press.

Nussbaum, Martha 2003, "Genocide in Gujarat: The International Community LooksAway," *Dissent*, Summer. <http://www.dissentmagazine.org/menutest/articles/su03/nussbaum.htm>(14 August 2003)

Pasha, Mustapha Kamal 1996, "Globalisation and Poverty in South Asia," *Millennium : Journal of International Studies*, 25(3), 635-57.

Roy, Olivier 2002, "The Taliban: A Strategic Tool for Pakistan," In Christophe Jaffrelot ed., *Pakistan:Nation Without a State*, London:Zed Books, pp.149-161.

Rubin, Barnett 2002, "Afghanistan and Threats to Human Security," *Social Science Research Council*: After September 11 Archive. <http://www.ssrc.org/sept11/essays/rubin.htm>

Saikal, Amin 1997, "Conflict and Pan-Nationalism in South West Asia."<http://www.toda.org/conferences/hugg_hon/hugg_hon_papers/a_saikal.html>

Samad, Saleem 1998, "State of Minorities in Bangladesh: From Secular to Islamic Hegemony." <http://www.sacw.net/DC/CommunalismCollection/ArticlesArchive/ssamad_Bangaldesh.html>(20-22 August 1998)

Savarkar, V.D. 1998, "Some of the Basic Principles and Tenets of the Hindu Movement," In Fred Dallmayr & G.N. Devy eds., *Between Tradition and Modernity : India's Search for Identity*, Delhi:Sage Publications, pp.114-120.

Savarkar, V.D. 1989, *Hindutva*, Bombay:Veer Savarkar Prakashan, [1923].

Sen, Amartya 2000, "Why Human Security?" *International Symposium on Human Security*, Tokyo, Japan 28.8.2000. <http://www.humansecurity-chs.org/doc/Sen 2000.pdf>

Sen, Amartya & Jean Drèze 1999, "India: Economic Development and Social Opportunity," In *The Amartya Sen and Jean Drèze Omnibus*, Oxford: Oxford University Press, pp.1-203.

Sen, Amartya 1999, *Development As Freedom*, New York: Anchor Books ＝2000 石塚雅彦訳『自由と経済開発』日本経済新聞社.

Steele, Jonathan 2003, "A War that Can Never Be Won," *The Guardian*, November 22, 2003.<http://www.guardian.co.uk/alqaida/story/0,12469,1090844,00.html>

Strange, Susan 1996, *The Retreat of the State: The Diffusion of Power in the World Economy*, Cambridge: Cambridge University Press ＝1998 櫻井公人訳『国家の退場: グローバル経済の新しい主役たち』岩波書店.

Thomas, Caroline 2000, *Global Governance, Development and Human Security: The Challenge of Poverty and Inequality*, London: Pluto Press.

United Nations, *General Assembly Resolution 55/2: United Nations Millennium Declaration* [http://www.un.org/millennium/declaration/ares552e.htm].

UNDP, *Human Development Index*. <[http://www.undp.org/hdr2003/indicator/pdf/hdr03_indicators.pdf> (28 November 2003)

UNDP 2003, *Human Development Report 2003*, Oxford: Oxford University Press.

UNDP 1999, *Human Development Report 1999*, Oxford: Oxford University Press.

UNDP 1998, *Human Development Report 1998*, Oxford: Oxford University Press.

UNDP 1997, *Human Development Report 1997*, Oxford: Oxford University Press.

UNDP 1994, *Human Development Report 1994*, Oxford: Oxford University Press.

Vesley, Milan 2003, "$2 Billion and Rising," *The Middle East*, November.

Weber, M. 1978, *Selections in translation* (trans. E. Matthews and ed. W.G. Runciman), Cambridge: Cambridge University Press.

Welton, Arthur C. & Jennifer Seymour Whitaker 2002, "Nation-Busting from Afghanistan to Iraq," *International Herald Tribune*, November 15.<http://www.globalpolicy.org/security/issues/afghan/2002/1115nation.htm>

（佐々木　章江訳）

第14章　アメリカの対外援助政策の特質
――人間の安全保障論とアメリカ帝国論にかかわって――

1　パクス・アメリカーナの変容とアメリカの外交パターン
2　アメリカの対外援助政策はどのように形成されたのか
3　対外援助の構造と政策決定のプロセス
4　対外援助政策の新たな方向
5　アメリカの対外援助政策、人間の安全保障、アメリカ帝国論

安藤　次男

―― **本章の梗概** ――

　人間の安全保障論は、主要に発展途上国の抱える課題の解決にかかわって提起され論議されてきたものであるが、途上国問題にはアメリカ合衆国の対外行動とくに対外援助政策が大きな影響を与えている。アメリカの対外援助政策の枠組みにかかわるキーワードの一つは、「アメリカ帝国」である。とくに、2001年9月11日の同時多発テロ以降にブッシュ政権が「対テロ戦争」を内外政策の核にした単独行動主義へ傾斜したことは、それを支持する者からもそれに批判的な者からもしばしば「帝国志向」といわれる。この帝国には外交の独自性を求める伝統的な孤立主義外交のパターンが継承されている。本章は、アメリカの対外援助政策の理念と内容が第二次大戦以降の歴史的発展過程の中でどのように形成され変容してきたかを国際的要因と国内的要因の両面に留意しつつ明らかにしたうえで、対外援助政策の現代における諸相を検証し、それが人間の安全保障論やアメリカ帝国論の議論とどのような接点を持ちうるかを検討する。

1 パクス・アメリカーナの変容と
   アメリカの外交パターン

　1990年初頭にソ連・東欧圏の社会主義体制が崩壊し、ドイツが東西ドイツ統一の経済的コストの負担に苦しみ、日本のバブル経済が破綻した結果、東アジアを除いて基本的に世界的な冷戦体制が終焉し、世界の構造は根本的に変わった。冷戦時代が、パクス・ルッソ・アメリカーナ（米ソ共同支配体制）もしくは米ソ二極体制のもとでのパクス・アメリカーナであったのに対して、1990年代以降はアメリカ一極体制(唯一の超大国)といえる。

　人間の安全保障論とのかかわりでは、アメリカの関心の重点が大きく変わったことが世界に対して大きな影響をもたらした。アメリカは、①発展途上国から先進国へ、②世界の安全からアメリカの安全へ（9・11以後）、その政策的重点を変えた。途上国にかかわるのは、パレスティナ紛争、湾岸戦争、バルカンのユーゴ紛争など、アメリカの政治的利益や経済的利益が直結した場合であって、アフリカの貧困問題などへの関心が後退して、市場経済に向う独立国家共同体（CIS）や東欧圏あるいは欧州連合（EU）や債務危機に見舞われたアジア諸国に主要な関心が向けられるようになった。

　「米国のユニラテラル・ガヴァナンスのもとで、貧富の差と文明間の対立が拡大して、米国中心の覇権体制はその内部にさらに格差を拡大させる矛盾を抱えることになった」（武者小路　2003：37）ことから、途上国問題の深刻さが深まった。

(1)　孤立主義外交と国際主義外交

　アメリカ外交は、建国以来の孤立主義外交を脱して、第二次大戦後に北大西洋条約機構（NATO）や関税と貿易に関する一般協定（GATT）などの創設を通して国際協調主義外交へ転換したといわれている。しかし、20世紀末以降、とくに21世紀に入ると、9・11以前からアメリカ外交の「独自性」が強まり援助政策を含めて他の国々との協調関係が弱まっている。これは、19世紀以来の孤立主義外交の影響がなお残っていることを示している。

　孤立主義とは、1823年のモンロー・ドクトリンで確立された「対ヨーロッ

パ不介入とアメリカ大陸主義」を基礎に、「対外関係における独自性の確保（外交のフリーハンド）と戦争の回避」のために「平時において軍事同盟を結ばない」とする原則を指すもので、1949年のNATO設立は孤立主義との決別あるいはモンロー・ドクトリンの世界大化を象徴する事例となったが、孤立主義の伝統は現代のアメリカ外交に色濃く影響を与えている。

(2) 外交の独自性を支える四つの要因

現代アメリカ外交には、独自性を支える四つの要因がある。

第一は、「善悪の二元論的思考」。かつてジョージ・ケナンが「法律家的道徳家的アプローチ」と呼んで批判した外交思考は、19世紀のアメリカ外交を支配した「使命観（ミッション）」（マニフェスト・デスティニー）外交に起源をもつ。自由の擁護を掲げてベトナムの解放戦線勢力と戦って敗れたベトナム戦争は、善悪二元論的思考の失敗例とされる。

第二は、「二重基準」。相手国によって適用する判断基準を変えることがしばしばあり、とくに第三世界から二重基準を批判されてきた。イラクやシリアがもっているとみられた大量破壊兵器は悪だが、反テロ戦争を支持したパキスタンやインドの核兵器は善だとみなし、北朝鮮（朝鮮民主主義人民共和国）の核兵器拡散防止条約（NPT）脱退は非難するが、イスラエルがNPTに加盟しないことは黙認し、かつてクウェートからの撤退を求めた国連決議を無視したイラクは悪だが、パレスティナからの撤退を求めた国連決議を繰り返し無視したイスラエルは善だとみなすなど、アメリカ外交には一貫性が欠けている面がある。

第三は、「二国間主義」。アメリカは国連創立に主導的な役割を果たしながらも、国連がアメリカの対外的独自性（自立性）を阻害するのではないかと懸念してきた。第三世界の発言力の増した1960年代以降は、国連分担金の延滞やユネスコからの脱退など国連の枠外での行動へ傾斜した。ソ連との軍縮交渉のほとんどは国連の枠外で、米ソの二国間交渉の形態で行った。NATOなど多国間の協調を主導しつつも、アメリカのイニシアティブを確保しやすい二国間交渉を好んで多用する傾向にある。朝鮮半島をめぐる頻繁な米朝二国間交渉も、北の要請であるとともにアメリカの希望でもある。1990年代以降、

多極世界が後退してアメリカ一極体制が強まったことにも照応している。
　第四は、「単独行動主義」(unilateralism)。以上の三つの要因を基礎に、他国との妥協や譲歩が必要な協調主義よりも、対人地雷条約・国際刑事裁判所問題などにみられるようにアメリカの利益に即した単独行動主義が強まっている。第二次大戦後に継承された孤立主義的な単独行動主義について、次のように大統領府と議会などとの対抗関係としてみる見方もある。「ソ連との協調を前提とした国連中心外交ではなく、アメリカの一方的判断に基づく外交を展開すべきだと主張する勢力は、議会と結んで政府に対する圧力を行使した」(福田・佐藤・堀 2003：103)。単独行動の傾向は、「唯一の超大国としての責任」を強調したクリントン大統領（1993-2001）、その後のブッシュ政権においてとくに著しい。

(3)　思想的寛容性に乏しいアメリカの政治社会

　アメリカは、自由の国であり世界に先駆けて民主主義社会を築いてきたが、自分たちと違う思想に対しては意外に寛容性に乏しい歴史をもっており、それが対外援助政策に影響している。それは共産主義思想への不寛容だけではない。
　多様な人種的背景をもつ移民が中心になって創設し、その後も移民の積極的な受け入れによって国力を向上させてきたアメリカでは、国家の統合を図るために「アメリカ人らしくなろう」（アメリカ化＝アメリカナイゼーション）という社会意識が形成された。建国の父たちの考え方や憲法の思想を身に付け、英語をうまく話すこと、などがアメリカ人らしいとされ、この社会意識に沿うことが求められてきた。アメリカは、封建社会を経験し今も階級社会の名残りを残す欧州とは違うと考える「アメリカ例外論」的な思考も根強い。イギリス人の喜劇俳優チャーリー・チャプリンは反共赤狩りのマッカーシズムの時代の1952年、彼のつくる戦争批判の映画が好ましくないという理由で国外追放になった。サミュエル・ハンチントンの「文明の衝突論」がアメリカで広く受け入れられたのも、このような背景によるともいえる。

(4)　現状維持勢力と現状変革勢力

「アメリカが強大になって唯一の超大国になった」から「アメリカ型民主主義を世界に広げる義務と権利がある」と考えたところに、アメリカの単独主義的傾向が生まれたのだと説明されることが多い。

　しかし、アメリカがしばしば国連の意向や国連決議を無視して単独行動に走るのは、国連の枠組みがアメリカの志向する方向にとって桎梏であるからである。国連が象徴する現代国際社会の既成の枠組みに利益を感じる国々は、国連の意向を尊重する。イラク戦争でいえば、ドイツ、フランス、ロシアである。アメリカはたしかに軍事力では世界で抜きん出た力をもっているが、イマニュエル・ウォーラーステインも指摘するように、アメリカの主導する経済的グローバル化に対する反対運動が高まり（WTOやIMFに対する不満）、対中貿易赤字が急増し、およそ10兆ドルのアメリカ経済の規模に対して2004年に25カ国に拡大するEUがそれに匹敵する9兆ドルの経済力をもつようになるなど、アメリカの経済力は相対的に低下しているとみることもできる。独仏が対米自立化の傾向を強め、NATO軍からの自立を志向するEU軍への取り組みが強まり、ロシアの独自外交や中国の台頭などもあって、政治的にもアメリカが相対的な衰退過程にあるとみることも可能である。ブッシュ政権の主導権を握っているウォルフォウィッツ国防副長官らのネオコン（新保守主義者）は、アメリカの世界的な地位が相対的に低下しつつあることに危機感を抱くがゆえに軍事力で従来の国際社会の枠組みそのものを作り変えようとする「現状変革勢力」といえる。国連安保理の新たな決議なしにイラク戦争を開始した経過は、世界世論の目には世界秩序の基礎となっている規範やルールを破壊する行為と映った（秋元・菅 2003：335）。アメリカの強大な力をなお信ずるパウエル国務長官らは国連中心の国際協調の枠組みの中で外交力でアメリカの世界的な地位を維持しようとする「現状維持勢力」であるとみることができる。ハンチントンの「文明の衝突論」が先進諸国と発展途上のイスラーム諸国との対立を20世紀末以降の世界の主要な問題だとしたこと（Huntington 1996＝1998：275-279）を批判する立場から、チャールズ・カプチャンが「アメリカと欧州の対立、つまり、法と秩序(国際法)志向のEUと力志向のアメリカの対立」が21世紀の主要問題になるだろうと指摘し（Kupchan 2002：155-158）、エマニュエル・トッドが「アメリカとEU・ロシアとの対立」に注意を喚起して

いるのも（Todd 2001＝2003：236-264）、同じ発想による。この違いは、対外援助政策にも影響を与えていると考えられる。

(5) ネオコン

　民主党は1933年から1969年まで、アイゼンハワー共和党政権期（1953～1961）を除く28年間にわたって政権を担当したが、ベトナム戦争での敗北は「ベトナム症候群」（軍事的に他国に介入することはアメリカの国益に合わない）を生み出し、ジョンソン政権の推進した「貧困との戦い計画」の所得再配分的社会改革が財政赤字、ドル危機、スタグフレーションをもたらした。もともと民主党系のリベラル派でありながら、「ベトナム症候群」と「スタグフレーション」を危機と感じた中産階級が「ガバナビリティの危機」の立場に立ってニューディール的なアメリカ自由主義を乗り越えようとして保守化したのが伝統的保守派と区別される「ネオコン」（ネオコンサーバティブ＝新保守主義者）である。ネオコンは、民主党リベラル派からの転向者で、有力な思想家として、アービング・クリストル（元左翼）、ノーマン・ポドレッツ（評論誌『コメンタリー』の元編集者）らがおり、ブッシュ政権ではポール・ウォルフォウィッツ国防副長官らが影響力をもつ。アメリカンエンタープライズ研究所などのシンクタンクやアメリカ新世紀プロジェクトなどの政策集団にはネオコンが多いが、特定の思想集団や政治団体を形成することはなかった。対外的には、軍事的優位を重視し国際協調よりも単独行動へ傾斜し、国内的には社会福祉の抑制、規制緩和、市場経済重視を打ち出したが、過去のリベラルな背景から福祉そのものに敵対的な態度をとらないことが、自助努力を重視し対外的には力の均衡論へ傾く共和党の伝統的保守とは異なる。ネオコンが、世界平和よりも自国の安全に傾斜したテロとの戦いを重視する思考は、ネオコンのロバート・ケーガンが「（ブッシュ政権誕生の）8カ月後の同時多発テロによって、冷戦時代の図式が完全に逆転した。冷戦時代には直接の脅威にさらされているのは同盟国であったが、一転してアメリカ本土が直接に脅威を受けるようになったのだ」(Kagan 2003＝2003：113) と記していることにも現れている。

2 アメリカの対外援助政策はどのように形成されたのか

　現代のアメリカ援助政策の特質を捉えるには、その形成過程にまで遡らねばならない。形成過程は、第二次大戦後のマーシャル・プラン、1954年相互防衛援助法と1961年対外援助法、1973年対外援助法、1985年グラム＝ラドマン法と1990年頃の社会主義圏の崩壊、の四つの画期に分けられる。ここで主要に検討する対外経済援助のうち ODA（アメリカ合衆国国際開発庁＝USAID，平和部隊、多国間機関、国務省や国防総省の経済援助プログラムの中でグラントエレメント25％以上のもの）の割合は、2000年度で、対外経済援助総額117.5億ドルのうちの99.7億ドルで85％程度である（Randel, Gelman & Ewing 2000：79）。

(1) マーシャル・プラン

　武器貸与法に基づく連合国への援助は「戦争勝利のための援助」であり第二次大戦時における例外的で一時的なものであるので、それを除けば、最初の「対外援助政策」は「復興援助」としてのマーシャル・プラン（1948年対外援助政策法）である。1948～1951年に、17の西欧諸国に対して総額およそ120億ドルの復興援助を行った（後のレーガン大統領は1987年に現在の貨幣価値に直すと600億ドルになるといっている）。マーシャル・プランは、ソ連および東欧圏が不参加となったこと、アメリカが共産党員の政権からの排除を援助の条件としたことによって冷戦政策の一環とみなされたが、元来は経済援助である（松岡 1992：65-70）。欧州に広がる飢餓状況と生産施設の荒廃を憂慮したアメリカが、欧州の救済に乗り出したものであったが、ここにはすでに、援助とアメリカの国益とのかかわり方の原型がみられた。戦時中に政府内に設置されていた「経済発展委員会」は1944年に、戦時経済で高い生産力をもつようになったアメリカ経済は戦後に国内で50～100億ドルの需要不足に陥ると見通し、対外援助政策によって欧州にドル資金を供給することによって初めてアメリカ経済が不況と失業なしに生き残ることができるだろうと試算しており、ここにはマーシャル・プランがアメリカの輸出にとって必要なドル資金の供給という性格をもっていたことが示されている（Eakins 1969：156-157）。当時、同プラ

ンの実施を担当していたウィル・クレイトンは、「マーシャル援助は欧州復興計画であって援助計画ではない。ヒューマンな心情ではなくて欧州市場の確保というアメリカにとっての利益に基づいているのである」と明言していた。

「途上国援助」という考え方は、トルーマン大統領の「ポイントフォア計画」(1949年)の中で初めて提起された。「技術援助によって低開発地域の生活水準を向上させる」ことによって独裁への傾向を阻止する必要性を強調して初年度に4,500万ドルの予算を要求した。当時から途上国援助の枠組みは、援助資金の効率的な活用のために援助受入国に社会主義国の中央計画経済に似た経済システムを要請することとなり、とくに20世紀末以降のネオリベラルのグローバル化戦略のもとでは、自由経済システムと援助システムとの矛盾が激しくなり、アメリカの対外援助政策から一貫性を失わせる一因となってきた。

「1951年相互防衛援助法」は、冷戦激化を背景に、共産主義国への戦略物資の貿易を禁止し、共産主義国へ戦略物資を輸出する国に対する援助を拒否することを内容とした。軍事戦略と経済援助の結合がめざされたが、やがて友好国だけでなくアメリカの企業も共産圏との貿易を拡大するようになって、有名無実化した。

(2) 1954年相互防衛援助法と1961年対外援助法

1954年には、「軍事援助と経済援助の結合」および「アメリカ経済の利益のための対外援助」という援助構想が公式に導入された。「1954年相互防衛援助法」は、冷戦を背景に、開発援助、安全保障援助、偶発損失引当任意基金、民間投資保証という四つの柱を確定して、軍事援助と開発援助を結合したが、この段階では議会対策としてそうしただけで、なお別個に実施されていた。同じ1954年に成立した「平和のための食糧計画」(PL480)は、正式名称を「合衆国の余剰農産物の外国における消費を拡大し、対外関係の改善などを図るための法律」(7U.S.C.1691)といい、立法目的として、「合衆国と友好国との国際貿易を振興し、通貨の交換性を促進し、合衆国の農業と福祉の経済的安定を高め、合衆国の対外政策の過程で余剰農産物の有効活用を図り、通常の市場では過剰となる余剰農産物が民間貿易で売れるような措置をとり、かつその支

払いに充てられる外国通貨を供給することによって合衆国の余剰農産物の対外通商を拡大する」(2条)と明記していた。2001年度で16億ドル(経済援助総額の15%)にのぼる大規模な援助制度である。アメリカ経済の利益の視点から行われたこの援助計画が貧困国には必ずしも利益にならなかったのは当然だろう。助成金付きでアメリカから輸入された農産物はその国の食糧価格を低下させて農民を困窮化し、受入国はしばしば援助物資を現金化してしまってそれを援助供与国に非効率として拒否されたプロジェクトにつぎ込み、援助の返済を現地通貨でよいとしたために現地政府は外国為替を維持する努力を怠るようになった、など弊害が目立った(Eberstadt 1988:29)。「もし対外援助＝戦略という見方を離れて対外援助が正当化されるとしたら、世界的累進税あるいは世界的所得再配分という性格づけが有効である」(君島 1993:48)こととなるが、アメリカに関しては時代状況に対応して経済、安全、政治などさまざまな戦略と結び付いて対外援助政策が確定されてきた経緯がある。

　包括的に対外援助政策を策定した最初が1961年対外援助法だった。1950年代にパクス・アメリカーナの時代を作り上げると同時に、米ソを中心とする勢力の対立が第三世界を主要な舞台とするようになり、対外援助政策の建て直しを迫られた。1961年に大統領に就任したケネディは、現行の対外援助計画は、アメリカのニーズにも発展途上国のニーズにも合致していない、途上国の経済破綻はアメリカの安全と経済繁栄にマイナスとなる、低開発国には自立的経済成長のチャンスがある、との認識に立って、道徳的義務(アメリカは自由な国々のリーダーであり良き隣人である)、経済的義務(アメリカは貧しい人々の多い世界において最も豊かな国である)、政治的義務(アメリカは自由の敵に対抗できる唯一の国)、という三つの義務を果たすことを求めた。1961年対外援助法は、対外援助を政府資金と民間資金とに分け、政府資金は、安全保障援助、二国間ODA、国際機関ODA、その他の政府資金、で構成され、経済社会開発援助の実施機関として合衆国国際開発庁(USAID)が設置された。

(3)　1973年対外援助法

　1960年代のベトナム戦争でアメリカが事実上の敗戦に陥ると、議会の中で、戦争に反対する左派と政府支出のムダに反対する右派とが対外援助反対で連

合するようになり、援助政策の超党派的な基盤が失われた。

　議会主導で成立した1973年対外援助法は、三点において援助政策の理念を大幅に変えた。第一は、開発の主要な責任をそれまでの発展途上国の人民から主権国家そのものに変更したこと。第二は、重点を発展途上国の持続的経済成長から生活水準の向上(basic human needs)に変えた。第三は、32条で「大統領は政治的理由で自国の市民を拘禁・投獄している国の政府に対し、経済的・軍事的援助をすべきでない、というのが合衆国議会の意向である」(君島 1993：59)と規定して人権擁護と対外援助を結合した。この「新路線」は、1974年の国連総会で提起された後発開発途上国 (LDC = Least Developed Countries) の理念とも符合する。1978年のキャンプデイビッド合意によって中東和平の見通しを確立すると、アメリカはそのカギとなるイスラエルとエジプトに対外援助を重点的に振り向ける構造へ移行した。1979年にソ連がアフガニスタンへ侵攻すると、アメリカは援助政策を強化し、とくにレーガン政権期(1981～1989)の前半には発展途上国の経済成長には民間企業レベルの協力が重要だとしたレーガンの開発思想の影響もあって、経済援助よりも安全保障援助の拡大に傾斜した。1982年の外交評議会の世論調査(シカゴ)では、世界の飢餓は重大問題だとする者が60％なのに対して重大ではないとする者はわずか5％でしかなく、国民レベルと政府レベルの意識の差が生まれてきていた (Eberstadt 1988：17)。

(4)　1985年グラム＝ラドマン赤字削減法と1990年代の冷戦の終焉

　レーガン政権のもとでの財政赤字の急速な累積に危機感をもった議会は、1985年に赤字削減をめざしてGR法(グラム＝ラドマン法)を制定したが、同法はアメリカの援助政策に対して画期的な変化をもたらした。援助政策に対する財政的な決定権を通して議会が主導権を握るシステムが成立したのである。大統領の予算要求を無視して議会が独自の立場から予算を決定しただけでなく、安全保障援助を重点とする大統領府に対して議会は経済援助を重視した。

　東アジアを除いて冷戦構造が消滅すると、アメリカの戦略的な関心は旧ソ連・東欧圏に限定されていった。これら地域の市場経済への移行を援助することがアメリカにとって最も緊急の世界的課題となった (Wood 1996：34)。

1989年には SEED 法 (Support for East European Democracy Act)、1992年には FSA (Freedom Support Act) が制定された。2001年には、対ユーラシア (旧ソ連) が経済援助9億6,400万ドル (全経済援助の9.0%)、軍事援助3,000万ドル (全軍事援助の0.7%) で、対東欧圏は経済援助8億200万ドル (7.5%)、軍事援助2億200万ドル (5.0%) だった。ただし東欧圏への経済援助は実質的には軍事援助の性格が強い。もともと民間活力を重視して援助に消極的な傾向のある共和党優位の議会が頻繁に出現するようになり、対外援助の枠が縮小を始めた。1994年にUSAID 長官のアトウッドが提起した「持続的発展戦略」(環境、民主主義、人口と保健、経済成長、人道援助) の構想を議会が受け入れなかったのも、その一環である。1990年代に予算が実質的に削減されたのはただ二つの分野で、それが国防費と対外援助費だった。

3　対外援助の構造と政策決定のプロセス

　対外援助の構造は、アメリカの対外的行動の目標と関連するだけでなく、国内における政策決定プロセスの特質にも影響を受けている。

(1)　対外援助の構造

　対外援助の中で安全保障援助(軍事援助、警察官の訓練、政治的助言、秘密活動)がアメリカ自身の安全およびアメリカのいう自由世界の安全と堅く結び付いていることは明らかである。安全保障援助の概念には、人間の安全保障論が重視する「予防外交」のための費用も含まれるようになっている。

　アメリカの対外援助は、その対外政策を反映して五点の特徴をもつ。第一は、軍事援助の比重の高いこと。全対外援助に占める軍事援助の比率は、2001年で27.4%、1961年対外援助法以来の41年間では33.3%である。第二は、対 GDP 比率が低いこと。長年にわたって低下傾向にある。およそ、1960年代で0.5%、1970年代で0.3%、1980年代で0.2%、1990年代で0.1%と一貫して低下した。第三は、イスラエルとエジプトに偏重した対外援助であること。2001年度の軍事援助は、対イスラエルが19億7,600万ドル (軍事援助総額の48.7%)、対エジプトが12億9,800万ドル (32.0%) で、両国合わせて80.7%を占め

る。経済援助では、対イスラエル8億3,800万ドル(経済援助総額の7.9％)、対エジプト4億800万ドル(3.8％)だった。第四は、二国間援助方式による援助の金額が多いこと。多国間方式がおよそ28％しかなくて、二国間方式は78％になる。これは軍事援助が多いこととも関連している。第五は、NGOに対する支出が多いこと。2000年度には、USAIDの予算72億ドルのうち40億ドルがNGOにわたっており、アメリカ議会会計検査院(GAO)は2002年4月にNGOの活動の実態を報告するようUSAIDに改善措置を指示した。

(2) 政策決定のプロセス

アメリカの対外援助政策には、一貫性が欠けている。その理由は、多元的なレベルで多様な勢力が政策決定に影響力を発揮するというある意味では民主主義的であるがゆえの欠陥ともいえる。

グラム＝ラドマン法以降、大統領と議会の対立が顕著になった。軍事援助志向の大統領と経済援助志向の議会という対立を反映して、議会は常に軍事援助については大統領の要求よりも少なく、経済援助については大統領の要求よりも多い予算を策定してきた(Schaefer 1999：225)。議会が予算策定をする際の費目の用途指定(earmark)も強まった。議員は、農民や防衛産業契約者などの有権者の経済利得に直結する援助、あるいは、イスラエル、ギリシア、ポーランドなどのエスニック集団の政治的利益に沿った援助のために用途指定を活用するようになった(Burnell 1997：153)。

国務省のもとで対外経済援助を担当するUSAIDの他に、財務省、エネルギー省、運輸省、保健省、住宅都市開発省、環境庁なども対外的な関係の深い政府機関であるが、これらの省庁は、個別の国について貧困を減少させたり経済成長を促進することよりも、グローバルな問題の解決のほうに関心をもつので、「政府対政府」の関係を重視し、結果的に市民団体や草の根運動にはかかわらない傾向が強い。アフリカ・カリブ海のエイズ対策のための援助は国務省の管轄なのに、それ以外の地域のエイズ対策援助は保健省の管轄であるなど、組織形態の非効率性も問題である。

大統領や議員などの政治エリートと国民大衆との意識の差異も大きい。一般的に、政治エリートは対外政策を効果的に遂行するための手段として対外

援助を必要とすることから援助に積極的であるが、大衆は消極的な傾向にあって、援助の金額が適当だとする者は20％程度で、70〜80％の国民は多すぎると考えている(Schaefer 1999：212)。1994年11月のギャラップ世論調査でも、対外援助の削減に賛成が71％で削減反対はわずか27％だった（Gallup 1995：201)。また、具体的な援助政策に関しても、軍事援助重視の政治エリートと経済援助重視の大衆という差異がある。

　平和のための食糧計画で明確になったように、アメリカの国内的利益のための援助政策という側面も強い。農業利益や重工業利益などの経済的利益、あるいは AIPAC (America-Israel Public Affairs Committee) などの政治的利益集団が援助政策に及ぼす影響力も強い(Zimmerman & Hook 1996：68)。

4　対外援助政策の新たな方向

　9.11事件は、アメリカの対外援助政策を大きく変えた。2002年3月14日、ブッシュは米州開発銀行総会で、「豊かな国も貧しい国もともに世界的な開発に対する責任を負うための新しい盟約を結ばなければならない。アメリカは3年以内に中核的な開発援助資金をミレニアム・チャレンジ・アカウント (MCA) として50％増加させると約束する。MCA の対象は、公正に統治し、国民を大切にし、自由経済を推進する国々のプロジェクトである」と述べて、対外経済援助の大幅な拡大を約束した。MCA 初年度の2004年度予算では、国際開発協会 (IDA) からの借り入れ資格をもち国民一人当たり所得が1,435ドル以下の国々を、そして2006年度予算では、一人当たり国民所得2,975ドル以下の国々を対象とする。およそ年間100億ドルの ODA を2004年度から年次的に拡大して2006年度には150億ドルにまでする構想である。ジョージ・W・ブッシュ政権の対外援助政策は、2002年9月の「アメリカ国家安全保障戦略」(ブッシュ・ドクトリン)の中で、その理念が明らかにされた。

(1)　MCA 構想＝ミレニアム・チャレンジ・アカウント

　九項目から成るブッシュ・ドクトリンは、その第七項目「社会の開放と民主主義の基盤確立による発展の輪の拡大」で、次のような新たな認識を示した

(要約)。

　一部の人々が豊かで快適に暮らしている一方で、世界の半分の人々が1日2ドル以下で暮らしているこの世界は公正でもないし安定してもいない。世界中の貧しい人々を発展と機会の輪に参加させることは、道徳的な義務であり、アメリカの最も重要な対外政策の一つである。何十年にも及ぶ大規模な開発援助も、最貧国の経済成長を促すことはできなかった。援助の成果は、通常、被援助国が経済成長や貧困撲滅をどれくらい達成できたかではなくて、援助国がどれくらいドルを散布したかで計られる。このことは、戦略的失敗を示している。わが政権の目標は、すべての国の国民一人一人が生産能力を発揮できるように助けることにある。正しい国家政策がないなら、持続的発展も貧困克服も不可能だ。政府が真に政策変更をなしえた国に対しては、援助のレベルを大幅に引き上げる。アメリカと発展途上国は、10年以内に貧困国の経済規模を2倍にするという野心的な目標を立てなければならない。アメリカの中核的な開発援助を50％引き上げるよう提案する。最貧国のための国際開発協会と世銀の基金へのアメリカの拠出を18％増加させるよう提案する。

USAID は、この方向に沿って次のようなプランを発表した。
　このプランでは、ODA とその他の政府援助の額はほとんど変わらずに、MCA が純増で、民間援助の大幅な拡大を前提にしている。MCA は USAID とは別の機関を新たに国務省内に設立してそこが担当することになる。

表1　対外援助拡大プラン

(単位：億ドル)

	2000	2005	2010
総　額	562	705	849
ODA	99	104	109
その他の政府援助	127	133	140
ミレニアム・チャレンジ・アカウント	—	33	50
民間援助	336	435	552

(2) MCAの具体化

　この構想は、国務省とUSAIDによって2003年8月に「2004～2009年特別プラン―安全、民主主義、繁栄」という文書に具体化された。ブッシュ・ドクトリンの三つの戦略目標の第一は外交で、目的達成のために二国間および多国間の強力な関係を創出する。第二は防衛で、国境を越える危険や暴政・貧困・疾病から生ずる永続的な脅威からアメリカと同盟国を守る。第三は開発で、外交技術と開発援助を結合して、民主的で繁栄した世界が世界経済に統合されるよう大胆に行動する。ここでは、ブッシュ・ドクトリンによって、初めて「開発」が外交・防衛と並んでアメリカの安全保障の三つの柱の一つと位置付けられたことが注目される。具体的な戦略目標は、アラブ・イスラエル間の平和、安定した民主的なイラク、イスラーム世界での民主主義と経済的自由、安定した民主的なアフガニスタン、地域と世界に対する北朝鮮の脅威の減少、インドとパキスタンの間の緊張緩和、アンデス地方のドラッグ撲滅と民主主義、同盟とパートナーシップの強化、国連の効率化と責任性の強化、HIV／エイズの予防と治療、飢餓の克服、効果的な開発援助、外交と開発援助の結合、の13点であった。最後の開発と外交の結合は、次の四点にまとめられた。①民主主義と人権――市民社会、法の支配、人権尊重、宗教の自由を含めて民主主義とグッドガバナンスの発展強化。USAIDの評価では、2001年当時、世界192カ国のうち民主主義国は117（西欧28カ国中28、東欧とバルト諸国15カ国中14、ラテンアメリカとカリブ地域33カ国中30、アジア太平洋37カ国中22、サハラ以南アフリカ48カ国中17、旧ソ連12カ国中4、中東北アフリカ19カ国中2）だった。②経済的繁栄と安全保障――世界経済の成長、開発、安定を強化しつつ、アメリカのビジネスのチャンスを拡大し経済的安定を確保する。市場経済で暮らす人は1980年当時の15億人から60億人に急増した。③社会問題と環境問題――世界中の人々の健康、教育、環境などの条件を改善する。④人道的対応――土地からの離脱、紛争、自然災害などの人的犠牲を最小化する。

　この新たな方向は、2004年度の予算要求におよそ190億ドル規模で盛り込まれ、共和党優位の議会によって基本的に受け入れられた。ここにはアフガンとイラク復興のための復興援助費用は含まれない。

5 アメリカの対外援助政策、人間の安全保障論、アメリカ帝国論

(1) 対外援助の理念と国益の認識

　理念については、ツィンマーマンの整理が有効であろう。彼は、アメリカの援助には、①アメリカの領土的・政治的安全を確保する、②戦略的に重要な同盟国の安全と協力を確保する、③発展途上国の経済成長を促進する、④人道的な関心を促進する、の四つの目的があり、それらを達成するためにアメリカは道義的原則と文化的価値に訴えてきたと指摘する(Zimmerman & Hook 1996：62-63)。

　しかし、MCA 構想は、第三世界の経済発展がグローバルな世界経済システムへの第三世界の編入を可能にするという点から援助政策を正当化することによって、「アメリカ主導の経済グローバル化のための経済援助」という性格を強めているのであって、上の四目的を包含するさらに上位の「国益」認識が前提にあることを見逃してはならない。つまり MCA 構想は、民間レベルの援助に期待するという「民間活力の利用」と「世界の市場経済化のための援助」を進めることによって「援助政策と企業利益との結合」を一層明確に打ち出したものである。USAID の「2004年～2009年特別プラン」は、「民主的で繁栄した世界が世界経済に統合されるよう大胆に行動する」と宣言して「アメリカのビジネスチャンスの拡大」を強調している。

　理念にかかわっては、さらに二つの問題点が指摘されなければならない。第一は、「戦略的性格」の優位である。アメリカが主導する「民主化支援」に多額の経済援助を振り向けることによって経済援助の「戦略的性格」が一層強まった。開発目的に対する政治目的の優位である。発展途上国の安全と安定という政治目的（短期的）が優先され開発目的（長期的）が犠牲にされてきた。1990年以降の脱冷戦の時代には、共産主義に代わる地域紛争の防止と解決が主要な課題として認識され、「民主主義の促進」が唱えられたが、実際には民主化援助の対象国の選択はその国の民主化の度合いではなくてアメリカの地政学的な利害に沿って行われるのが通常だった(Crawford 2001：117)。第二は、アメリカの依拠する道義的原則と文化的価値について発展途上国との間の共

通性が小さいこと。そのことがかえってアメリカ外交の道徳主義化を一層促す悪循環に陥っている。

　民主化支援は、一方では、発展途上国の経済成長とそのグローバル経済への編入を目的とするものであるが、他方では、民主化によって「アメリカの安全」を確保することをめざすものでもある。9・11事件はアメリカに「本土の安全」に対する危機感をもたらし、対テロ戦争という「戦争の恒常化」をもたらした（秋元・菅 2003：334）。2001年に国民の自由権を制限するいわゆる「愛国法」が制定され、2003年に「国土安全保障省」が設置されて、「本土の安全」を新しい世界的なシステムの中で実現しようとする志向が台頭している。

(2)　USAID と人間の安全保障

　日本と異なって、アメリカ政府はこれまで公的な対外援助政策を人間の安全保障という概念と結び付けて説明したことはほとんどなかった。しかし現代においては、発展途上国における人間の安全保障がどのようにアメリカの国益と結び付いているかが問題とされている。20世紀末にアール・コンテー・モーガンは、アメリカの対外援助政策が検討されている論点は、変化しつつある国際的戦略的条件、援助の柔軟性と有効性、大統領による援助の利用に対する制約の増大、アメリカ外交の手段としての有効性の低下、にあると指摘していた（Conteh-Morgan 1989：1）。

　USAID とチュレーン大学の共同研究の成果である「人間の安全保障——紛争と変化の評価枠組み」（2000年12月）は、政策文書ではなくて学術研究論文であるが、アメリカ政府の一つの考え方を示している（要約）。

　　人間の安全という人間の自由を核とする啓蒙思想に由来する概念は、19世紀に国家からの挑戦を受けたが20世紀末から再び個人と社会に関心が集まるようになった。1994年の国連開発計画（UNDP）報告が個人の経済的社会的安寧の中に人間の安全をみようとして以降、カナダと日本の政府が概念の二つの発展方向を代表した。カナダが人間の安全保障の安全（セイフティ）志向定義を公式に対外政策に取り込んだのに対して、日本は個人と非国家アクターの役割を評価しつつも経済開発と自助をめざす

開明的政策による人間の安全の確立を重視した。人間の安全保障には二つの側面がある。第一にミニマムの生存(水、食糧、避難所で)の確保と生命の脅威からのミニマムの保護(物質的)、第二にアイデンティティ、認識、参加、自治に対する基本的な心理的社会的ニーズを守ること(心理的社会的)であるが、重要なのは人間開発であり、それら二つは人間開発を進める前提・出発点となるにすぎない。物質的側面はこれまでに十分に論じられてきたが、心理的社会的側面は看過されてきた。心理的社会的領域には、ロケーションとの関係(家とか安全とかの安定した感覚)、コミュニティとの関係(社会的なあるいは家族的な支えのネットワーク)、時間との関係(過去を受け入れ未来を見通す)の三つが含まれる。

ここでは、このような方法論に立ってとくに心理的社会的視点から生存への脅威の測定法などについて提言している。

(3) アメリカ帝国論とのかかわり

以上のようにみてくると、アメリカの対外援助政策を理念的に支えているのは、古くからの「国益」認識だけではないことがわかる。その間隙を埋める可能性のある説明が「アメリカ帝国論」である。

ネグリとハートが20世紀末にネオマルクス主義の観点から提起したのが帝国論である。かつての帝国主義論が国民国家の主権性とその外延的な拡大に注目したのに対して、彼らは「脱中心化されたネットワーク状の支配装置」と「領土をもたない非－場」から構成される帝国という概念を措定する。帝国論は、「現代の資本主義的生産と権力のグローバルな諸関係」(Hardt & Negri 2000＝2003：22)に注目した点で、経済的関係に限定されがちな「グローバル化論」を政治的な枠組みを含めて総体的に捉えようとする新たな概念化の試みと言える。

このようなイメージで語られる帝国は、9・11以後のアメリカの対外行動の特徴をよく説明するものとなったこともあって広い関心を呼んだが、アメリカ外交に批判的なリベラル派も支持する保守派も、ともに自分たちの立場を正当化する理論としてそれぞれのイメージで帝国論を持ち出すという奇妙

な状況にある。現代アメリカ外交は、「悪の枢軸論」などにみられるように「善悪で区別する」伝統的思考に立ちつつ、「アメリカ的民主主義に沿って世界を作り変える」という「共通の価値観」への志向を強めている。ここから外交の道徳主義化が生じ、道徳的理念と現実的必要性がともに「国益」の一部を構成する段階に至っている（ゲルブ／ローゼンタール 2003：259-266）。しかし問題は、価値観の共通性が世界レベルで存在しないために、「軍事力優先」の「政治的ヒエラルヒー」への志向が強いことである。道徳と軍事の結合に現代アメリカ外交の強さと弱さが現れている。

人間の安全保障論には「普遍的な人権の保障」という意味合いが含まれているが、アメリカは対外的な「民主化外交」を帝国的な利益から推進する傾向が強いことから、発展途上地域の民主化は「アメリカの安全」の観点に収斂され、しばしば「アメリカの安全に資する独裁体制との共存」（サウジアラビアなど）へ走る。それだけでなく、アメリカ国内における人権問題は視野に入ってこない。冷戦の時代にあってはアメリカ民主主義への国際的評価がアメリカの国際的リーダーシップに影響を与え、とくに人種問題がアメリカ外交に与えるインパクトは大きかった。1960年代に実現した画期的な公民権諸法も第三世界からの支持の確保という必要性（外圧）の産物であり、「冷戦公民権」という概念は、アメリカが内在的な努力で人権問題を解決した経験に乏しいことを示している（Dudziak 2000：6）。人間の安全保障論の議論は、アメリカ自身に対しても、外圧なしに国内の人権の改善を図る努力を進めることを視野に入れつつ、発展途上国に対する援助政策を考えることの必要性を説くものとなっている。

引用・参考文献

Burnell, Peter 1997, *Foreign Aid in a Changing World* , Bristol：Open University Press.
Conteh-Morgan, Earl 1989, *American Foreign Aid and Global Power Projection*, Aldershot：Dartmouth Publishing Company.
Crawford, Gordon 2001, *Foreign Aid and Political Reform — A Comparative Analysis of Democracy Assistance and Political Conditionality*, Wiltshire：Anthony Rowe Ltd.
Dudziak, Mary L. 2000, *Cold War Civil Rights — Race and the Image of American Democracy*, Princeton：Princeton University Press.

Eakins, David 1969, "Business Planners and America's Postwar Expansion," In David Horowitz ed. *Corporations and the War,* New York：Monthly Review Press.

Eberstadt, Nicholas 1988, *Foreign Aid and American Purpose*, Washington DC： American Enterprise Institute for Public Policy Research.

The Gallup Poll：Public Opinion 1935-1997, The CD-ROM Edition.

Hardt, Michael & Antonio Negri 2000, *Empire*, Cambridge：Harvard University Press ＝2003 水嶋一憲他訳『帝国――グローバル化の世界秩序とマルチチュードの可能性』以文社。

Huntington, Samuel P. 1996, *The Clash of Civilizations and the Remaking of World Order*, New York：Simon & Schuster ＝1998 鈴木主税訳『文明の衝突』集英社。

Kagan, Robert 2003, *Of Paradise and Power ― America and Europe in the New World Order,* Random House, Inc. ＝2003 山岡洋一訳『ネオコンの論理――アメリカ新保守主義の世界戦略』光文社。

Kupchan, Charles A. 2002, *The End of the American Era ― U.S. Foreign Policy and the Geopolitics of the Twentieth-First Century,* New York：Random House, Inc. ＝2003 坪内淳訳『アメリカ時代の終わり―上・下』日本放送出版協会。

Leaning, Jennifer & Sam Arie 2000, *Human Security: A Framework for Assessment in Conflict and Transition,* Washington DC：USAID.

Randel, Judith, Tony Gelman & Deborah Ewing 2000, *The Reality of Aid 2000― An Independent Review of Poverty Reduction and Development Assistance.* London：Earthscan.

Shaefer, Donald David 1999, *United States Foreign Assistance and the Change from Economic to Security-based Aid: Reagan through Clinton.* Ann Arbor：UMI Dissertation Services.

Todd, Emmanuel 2001, *Apres L'Empire ― Essai sur la Decomposition du Systeme Americain.* Paris：Gallimard ＝2003 石崎晴己訳『帝国以後』藤原書店。

Wood, Robert E. 1996, "Rethinking Economic Aid in Hook," In W. Steven ed., *Foreign Aid Toward the Millennium.* Boulder：Lynne Rienner Publishers, Inc.

Zimmerman, Robert F. & Steven W. Hook 1996, "The Assault on U.S. Foreign Aid," In Steven W. Hook ed., *Foreign Aid Toward the Millennium.* Boulder：Lynne Rienner Publishers, Inc.

秋元英一・菅英輝 2003、『アメリカ20世紀史』東京大学出版会。

君島東彦 1994、「対外援助と人権――アメリカ合衆国の場合」坂田康博編『現代日本の法的論点』勁草書房。

ゲルブ、レスリー・H・／ジャスティン・A・ローゼンタール 2003、「外交におけ

る道徳的要因の増大 —— 道徳主義が主権を侵食する？」『論座』2003年7月号。
福田茂夫・佐藤信一・堀一郎 2003、『世紀転換期の国際政治史』ミネルヴァ書房。
松岡完 1992、『20世紀の国際政治史』同文館。
武者小路公秀 2003、『人間安全保障論序説』国際書院。

あとがき

　本書は、立命館大学国際地域研究所において2001年度から2003年度にかけて実施された「ヒューマン・セキュリティ」研究会の最終報告書としてまとめられたものである。研究会は全学的なプロジェクトとして組織され、ほとんどの研究会は教員のみならず院生・学生、さらには学外者にも公開する形で続けられたが、結果的には立命館大学国際関係学部の教員がメンバーの大半を占め、本書の執筆にも参加した。研究会を裏から支えてくださった国際地域研究所の大久保史郎(前)・高橋正義(現)所長をはじめとする研究所スタッフ、事務職員の皆さんの協力にお礼を申し上げたい。

　この3年の間には、研究会メンバーの報告に加えて、さまざまな立場の研究者を内外から招いて報告をしていただいた。その中から今回は、黒澤啓氏、野崎孝弘氏、ジム・ウィットマン博士(ブラッドフォード大学)、ムスタファ・パシャ教授(アメリカン大学)、ポール・エヴァンズ教授(ブリティッシュ・コロンビア大学)、フセイン・ソロモン教授(プレトリア大学)の諸先生方に、時には原報告に大幅加筆のうえ、寄稿していただいた。また事情でカナダの現地調査を実施することができなくなったにもかかわらず、ジョージ・マクリーン教授(マニトバ大学)は貴重な原稿をお寄せくださった。本書に寄稿していただけなかった報告者の皆様を含めて、これらの先生方に改めて感謝申し上げたい。なお翻訳にあたっては、文京洙国際関係学部教授の全面的な支援を受けたことを付記したい。

　研究会を進めていくうえでは、このほかにもわれわれは多くの個人、機関から貴重な協力を得ることができた。逐一その名前を述べることはできないが、中部大学・中部高等学術研究所と武者小路公秀(前)所長のお名前だけは省くことができないだろう。

　最後に、立命館大学国際関係学部のテキストに続いて、本書の刊行を快諾してくださった東信堂の下田勝司社長、二宮義隆氏をはじめとするスタッフの皆さんのご助力に感謝申し上げたい。

　　2004年10月1日

　　　　　　　　　　　　　　　　　　　　　　　　　　　　佐藤　誠

索　引

(1)　(　)内は、略語、別称、追加語句、説明などである。
(2)　／の後に併記されている語句は、同義、同種の別表現を示す。
(3)　複数の同種見出し語がある場合、→で示す見出し語の方に該当頁を記している。
(4)　次頁の略語表は、索引に掲示した見出し語を中心としているが、主要な本文中の略語は網羅している。索引では原則として邦字の方を見出し語とし、該当頁を入れている。

略語表

AMP	→ 妊娠の医療的支援	MCA	→ ミレニアム・チャレンジ・アカウント
ANC	→ アフリカ民族会議	MDGs	→ ミレニアム開発目標
APEC	→ アジア太平洋経済協力会議	MPLA	→ アンゴラ解放人民運動
ARF	→ ASEAN地域フォーラム	NATO	→ 北大西洋条約機構
ASEM	→ アジア欧州会議	NGO	→ 非政府組織
BHN	→ ベーシック・ヒューマン・ニーズ	NPT	→ 核兵器拡散防止条約
		ODA	→ 政府開発援助
BJP	→ バラティヤ・ジャナタ党	OECD	→ 経済協力開発機構
		PKO	→ 平和維持活動
CHS	→ 人間の安全保障委員会	RMA	→ 軍事革命
CRD	→ コンゴ民主連合	RSS	→ ラシュトリヤ・スワヤマンセヴァク・サン
CSCAP	→ アジア太平洋安全保障協力会議	SAP	→ 構造調整政策
CTBT	→ 包括的核実験禁止条約	SRANC	→ 南ローデシア・アフリカ民族協議会
DAC	→ 経済協力開発機構開発援助委員会	TRIPS	→ 貿易関連知的所有権
DDR	→ 元兵士の武装解除、動員解除および社会復帰	UDF	→ 民主統一戦線
		UDI	→ 一方的独立宣言
EC	→ 欧州共同体	UNDP	→ 国連開発計画
ECC	→ 徴兵撤廃キャンペーン	UNHCR	→ 国連難民高等弁務官(事務所)
EU	→ 欧州連合		
FONGA	→ アンゴラNGOフォーラム	UNITA	→ アンゴラ全面独立民族同盟
GATT	→ 関税と貿易に関する一般協定	UNRISD	→ 国連社会開発研究所
G77	→ 77カ国グループ	UNTAC	→ 国連カンボジア暫定統治機構
G8	→ 8カ国外相会談		
ICC	→ 国際刑事裁判所	USAID	→ アメリカ合衆国国際開発庁
ICISS	→ 介入と国家主権に関する国際委員会	VHP	→ ヴィシュヴァ・ヒンドゥー・パリシャ
ICJ	→ 国際司法裁判所		
ICZs	→ イスラーム文化圏	WB	→ 世界銀行
IMF	→ 国際通貨基金	WTO	→ 世界貿易機関
INTERFET	→ 国連東ティモール暫定統治機構	ZANU	→ ジンバブエ・アフリカ民族同盟
JICA	→ 国際協力機構	ZI	→ ザンビア・イニシアティブ
LDC	→ 後発開発／発展途上国		

索引

〔ア〕

アーレント, ハンナ　　18,19,96,97
アクスワージー, ロイド　　48,50,211,
　　　217-219,221-224,310
悪の枢軸　　349
アジア欧州会議(ASEM)　　235,242
アジア太平洋安全保障協力会議(CSCAP)
　　　235,251
アジア太平洋経済協力会議(APEC)　235,242
アジェンダ21　　104
新しい戦争　　88-90,93-98
　　――Ⅰ　　90-93
　　――Ⅱ　　90-93,95
アナン, コフィ　　7,8,43,44,164,184,240,310
アナン報告→国連ミレニアム報告書
アパルトヘイト　　17,285-288
アフガニスタン　　6,31,46,48,90,107,120,
　　　163,167,170,171,173-175,261,262,
　　　265,273,306-309,323,324,340,345
アフリカーナ　　288
アフリカ民族会議(ANC)　　288
アムネスティ・インターナショナル　　74
アメリカ化　　334
アメリカ合衆国国際関係庁(USAID)　　337,
　　　339,341,342,344-347
アメリカ帝国　　346
　　――論　　25,348
アメリカ/9・11同時多発テロ　　6,25,30,
　　　31,49,88,90,159,222,239,247,260,262,263,
　　　265,266,274,306,308,332,336,343,347,349
アル・カイーダ　　308,309,324
アンゴラNGOフォーラム(FONGA)　　297
アンゴラ解放人民運動(MPLA)　　296,297
アンゴラ全面独立民族同盟(UNITA)　　296,
　　　297
安全保障共同体→セキュリティ・コミュニ
　　ティ/安全保障共同体
『安全保障の今日的課題』→人間の安全保障

委員会報告書

〔イ〕

維持可能　　70,121
　　――な開発→持続/維持可能な開発/
　　発展
維持不可能　　65,71,301
イスラーム　　20,24,133,134,137,261,
　　　263,265,266,268-270,273,
　　　275,306,308,320-324,335,345
　　――文化圏(ICZs)　23,24,263-266,268-275
一方的独立宣言(UDI)　　283
遺伝子上の非差別の原則　　143
遺伝子上の平等の権利　　143
移民/移住労働者　　22,187,188,
　　　197,198,200,201
イラク　　6,31,46,48,90,95,106-108,
　　　120,160,244,251,252,261,262,
　　　265,273,306,309,333,335,345

〔ウ〕

ヴァルナシャルマダルマの法　　319
ヴィシュヴァ・ヒンドゥー・パリシャ
　　(VHP)　　320
ウェーバー, マックス　　80-82,85

〔エ〕

エイズ/HIV　　50,62,159,192,342,345
エヴァンズ, ギャレス　　240
援助疲れ　　60
エンパワーメント　　12,67

〔オ〕

欧州議会のクローニングに関する決議　144
欧州共同体(EC)　　65
欧州人権委員会　　141,145
欧州人権条約　　138,144,145
欧州人権・生命医学条約　　131
　　――追加議定書　　131,139,143

欧州特許権条約 149
欧州連合(EU) 332,335
緒方イニシアティブ 175
緒方貞子 6,172,175,232
緒方＝セン委員会→人間の安全保障委員会
汚染者負担の原則 109
小渕恵三 22,161,164,196,234

〔カ〕

カースト 312,317,319,323,325
外国人差別 198
介入と国家主権に関する国際委員会
　(ICISS) 42,213,233,240
　　──報告書→『保護責任』報告書
『開発への課題』 33
科学的研究の自由の原則 145,147,152
核移植法／技術 130,131
核兵器拡散防止条約(NPT) 333
カストロ, フィデル 60
価値体系 71-74
カトリック教会 282,283,285,296,298
ガバメント(政府)なきガバナンス 63
ガルトゥング, ヨハン 15
環境の安全保障 7,34,118,119,129,164,211
環境の国際政治 65
環境費用 108,109
関税と貿易に関する一般協定(GATT) 332
カンボジア 73,167,168

〔キ〕

気候変動 66,69,70,238
北大西洋条約機構(NATO) 30,31,44,45,90,
　　92,213,332,333,335
キッシンジャー, ヘンリー 60
基本的人間ニーズ→ベーシック・ヒューマ
　ン・ニーズ
金大中 234
規約人権委員会 198
キャンプデイビッド合意 340

「共通の人間安全」意識 14
京都議定書 40,70
恐怖からの自由 6,7,9,14-16,23,32,33,
　　36,127,164,224,231,232,238
緊急支援調査 171,174
緊急無償 170,178

〔ク〕

草の根・人間の安全保障無償 169,176
クラーク空軍基地 113,114,117
グラムシ, アントニオ 274
グラム＝ラドマン法(GR法) 337,340,342
グレアム, ビル 49,222-224
クレティエン, ジャン 222-224
クローニング／クローン技術 12,21,22,
　　127-134,139,141,143,144,151,152
グローバリゼーション／グローバル化
　　7,11,20,21,23,24,26,30,63,
　　66,68,81,85,88-90,92,93,204,
　　205,311,312,315-317,323,325,326
グローバル・アパルトヘイト 16,17
グローバル・ガバナンス 18,49,52,63,72,266
グローバル／地球市民社会 18,19
軍事革命(RMA) 92

〔ケ〕

経済協力開発機構(OECD) 213
　　──開発援助委員会(──/DAC) 22,
　　159,161
　　──の新開発戦略 22
経済の安全保障 7,11,15,33,118,119,129,
　　160,164,211,232,270-272
警察庁 198,199
欠乏からの自由 6,7,9,14-16,23,32,33,
　　36,127,164,224,231,238
研究に必要な手段および条件に対する
　権利 147
研究の成果を通知し流布する権利 147
健康の安全保障 7,34,118,119,129,164,211

索引　359

権利のインフレ　39,42

【コ】

公共圏　81
公共性　81
公共政策　70,74
公共領域　69
構造調整政策(SAP)　311,312,314,317
構造的暴力論　15
後発開発／発展途上国(LDC)　15,17,26,340
国際協力機構(JICA)　166-171,174,176
国際刑事裁判所(ICC)　40,91,213,
　　　　　　　　　　　217,233,251,334
国際司法裁判所(ICJ)　215,225
国際通貨基金(IMF)　26,189,190,193,195,
　　　　　　　　　　269,299,311-313,317,335
国内避難民→難民／国内避難民
国連安全保障理事会　30,31,38,44-46,49-51,
　　　　　　　　　　91,217,219,241,242,247-250
国連開発計画(UNDP)　6-10,14-16,21,23,
　　　　　　　　　　31,75,163,164,174,184,
　　　　　　　　　　190,211,212,218,224,316
　──『人間開発報告書』　7,31,75,104,
　　　　　　　　　　118-120,127,163,184,194,
　　　　　　　　　　228,231,234,263,316,325,347
国連環境開発会議　104
国連カンボジア暫定統治機構(UNTAC)　246
国連社会開発研究所(UNRISD)　290
国連人権高等弁務官(UNHCHR)　217
国連人権諸規約(社会権規約、自由権規約)
　　　　　　　　　34,35,37,135,138,140,143,149
国連世界食糧サミット　60
国連難民高等弁務官(事務所)(UNHCR)
　　　　　　　　　　172,176,217,295
国連東ティモール暫定統治機構
　(INTERFET)　246
国連ミレニアム開発目標→ミレニアム開発
　目標
国連ミレニアム・サミット　7,8,159

国連ミレニアム報告書(アナン報告)　7,8,14
個人(individu/individual)　11,22,135,
　　　　　　　　　　212,214,230,231
個人の安全保障　7,10,11,33-35,
　　　　　　　　118,119,164,211,230
個人の人格尊重　139
個人の尊重の権利　139,140
コスモポリタン民主主義　18,98,99
コソボ　46,47,90,92,107,213-215,235,237
　──人道的干渉　31,44-46
国家主権→主権
国家安全保障　6,8,10,13,18,19,21,23,25,30,
　　　　　　　35,37,49,87,97,98,105,107-109,117-120,
　　　　　　　127,145,186,206,211,212,224,230,231,
　　　　　　　241,246,262,267,271,272,280,287,306,310
コミュニティの安全保障　7,10,35,
　　　　　　　　　　　118,164,211
孤立主義　332,333
コンゴ民主連合(CRD)　295

【サ】

サヌーン、モハメド　240
ザンビア・イニシアティブ(ZI)　176
サンローラン、ルイ　221

【シ】

ジェノサイド　44,60,242,248,321
シエラレオネ　90,216,240,301
ジェンダー暴力　188
事後救済　41
自己決定権　141,142
持続／維持可能な開発／発展　7,104,127,
　　　　　　　　　　　　　159,217,231
実験を自由に行う権利　147
市民社会　8,18,19,24,80,88,236,267,
　　　　　269-271,275,281-289,291-293,301,326
社会権規約(経済的、社会的及び文化的権
　利に関する国際規約)→国連人権諸規約
社会的過程　71,72,74

自由権規約(市民的及び政治的権利に関する国際規約)→国連人権諸規約
住民保護責任→保護責任
主権　　8,20,37,41-43,47,48,81,92,234,236,237,240,241,243,244,246,247,264,265
──国家　　7,19,20,43,45,47,48,205,206
植民地主義　　73,74
食料の安全保障　　7,34,118,119,129,164,211
女性　　12,30,34,39,188,189,233,307
人身売買　　188,197
人体の非商業化原則　　142
新帝国　　261,264,274
人道緊急援助　　166,170,175
人道主義　　10,71,204,211,223
人道的介入／干渉　　8,9,20,43,44,46-49,52,91,213,222,235,237,238,240-250,252
人道的救援権　　45
ジンナー，ムハンマド・アリ　　323
ジンバブエ・アフリカ民族同盟(ZANU)　　284,285
新保守主義者→ネオコン
人民安全保障→ピープル・セキュリティ
人民を基軸とする安全保障→ピープル・センタード(人民を基軸とする)安全保障
人類(l'humanité/mankind)　　135

〔ス〕

スーダン　　216,217,240,301
スービック海軍基地　　113,114,117
スミス，イアン　　282,283

〔セ〕

政治社会　　80,81,93,95
政治的意思の欠如　　61,64,70
政治の安全保障　　17,35,118,129,164,211
生─政治　　95
正統性の(政治的)危機　　268,270
政府開発援助(ODA)　　9,22,23,158-163,165-168,170,196,337,339,343,344
──大綱　　22,158,160-163,165,167
生物多様性　　67,68
生命に対する権利　　35,139
生命の尊重に対する権利　　137,139
世界銀行(WB)　　26,51,189,190,195,269,299,311,312,317
世界食糧会議　　60
世界人権宣言　　37,74,132,135,140,141,143,145,148
世界貿易機関(WTO)　　91,190,195,269,335
セキュリティ・コミュニティ／安全保障共同体　　97
積極的安全保障　　51
セン，アマルティア　　6,36,232,313
先住民族　　12,188-191
先制攻撃　　260
──論　　265

〔ソ〕

ソウェト　　285,286,288
早期警戒　　24,293-295,299,302
相互脆弱性　　208
組織的暴力　　80,83,85,93
ソフト・パワー　　214,222
ソマリア　　19,25,45,240

〔タ〕

第一世代の人権　　35
第三世代の人権　　35
胎児の生命に対する権利　　138
大西洋憲章　　32
第二世代の人権　　35
タクール，ラメシュ　　206,208,224,242,243
タリバン　　306-308,323,327
男性中心主義　　188
単独(行動)主義　　31,51,244,247,251,261,334,335
──者　　260

索引　361

〔チ〕

地位協定（アメリカ軍の）	117
チェチェン	90,301
地球環境問題	65,104,120,158
地球市民社会→グローバル／地球市民社会	
地球民主主義	18,19
知的所有権	190,195
徴兵撤廃キャンペーン（ECC）	286,287

〔ツ〕

ツツ，デズモンド	288,289

〔テ〕

提案型技術協力	171
帝国	30,31
ディスエンパワーメント	67
デモクラティック・ピース論	16
テロに対する戦争／テロとの戦い	8,23,91, 239,261-266,268,271-275,306,333,336,347
伝統的安全保障（論）	6,206-209,220,280

〔ト〕

トラック・ツー（市民社会諸組織）	229,236, 242,243,251,288,295,296,298
トラック・ワン（政府外交筋）	295,298
奴隷制	73

〔ナ〕

難民／国内避難民	19,46,48,169,170,172, 176,178,179,188,196,232,291

〔ニ〕

二重基準	45,73,333
日本NGO支援無償	170
入国管理局	198-200
ニュールンベルグ綱領の10原則	148
人間（la personne humaine/human person）	8-10,18,21,135,186,187
人間開発	7-9,187,189,195,217,218,269,271
――指数	15,16,316
人間の安全保障委員会（CHS）（緒方＝セン委員会）	6,8,10,23,60,127,161,164,165, 184,185,195,198,232,311,312,325,326
――報告書（『安全保障の今日的課題』）	8-10,14,20,60,61,64,66,74,75,97, 120,127,164,165,195,232,239,311,312
人間の安全保障基金	161,171,172,176
人間の安全保障ネットワーク	233
人間の尊厳の原則	132,135-137,145,147,152
妊娠の医療的支援（AMP）	130,131,139

〔ネ〕

ネオコン（新保守主義者）	25,335,336
ネオリアリスト	87
ネオリベラル・グローバリゼーション	189-191,193-195,262-265,267,268,270,274
ネオリベラル理論	311,317
ネルー，ジャワハルラール	24,312-314

〔ハ〕

胚分割法	129,130
ハク，マブーブル	52,205,325
バグワティ，ジャグディッシュ	313
バジパイ，アタル・ビハリ	321,322
パス法	17,285
破綻国家	19,41,42,44,47,48, 158,191,192,228,248,308
発展の権利	33,34,39,48
バラティヤ・ジャナタ党（BJP）	316,317, 320-322
パレスティナ	90,301,332,333
反グローバリゼーション	62
パンジャブ	318

〔ヒ〕

ピープル・セキュリティ（人民安全保障）	12

ピープル・センタード（人民を基軸とする）
　安全保障　12
非核三原則　111
東アジア・ビジョン・グループ　235
被験者の任意の同意の原則　148
非政府組織（NGO）　8,24,44,45,63,108,148,
　　169,171,172,219,269,282,
　　288,292-295,297-302,326,342
ピッツワン，スリン　234
ヒトゲノムと人権に関する宣言（ヒトゲノ
　ム宣言）　131,144,149,150
人に関するクローン技術などの規定に
　関する法律　132
非物理的強制力　93
非物理的暴力　93,95,96
ヒューマニズムのアポリア　18
ヒンドゥー　314,318-322,327
　―――・ナショナリズム　24,312,317,
　　319,321,327
ビン・ラディン，オサマ　306-308

〔フ〕

不干渉原則　41
復興・開発支援　166-168,170,171,175,179
ブッシュ，ジョージ・W.（政権）　25,70,91,
　　93,148,244,247,306,308,310,314,343
ブッシュ・ドクトリン　343,345
物理的強制力　21,80-83,85,93
物理的暴力　80,93,94,96
普天間基地移設　110
ブトロス＝ガリ，ブトロス　31,33,97
紛争予防　9,23,42,159,163,166,167,
　　179,212,213,216,245,282,291
紛争予防・平和構築無償　169

〔ヘ〕

平和維持活動（PKO）　9,30,48,166,
　　188,218,237
平和構築　22,24,158,159,162,163,166-169,
　　171,172,177-179,196,281,293,299,302
平和創設　281,291,293,295,299,302
平和的生存権　36-38
平和のための食糧計画　338,343
平和の定着　163,167,168,174,175
『平和への課題』　31,33,97
ベーシック・ヒューマン・ニーズ（基本的
　人間ニーズ）（BHN）　280,340
ベトナム戦争　106,108,333,336,339

〔ホ〕

貿易関連知的所有権（TRIPS）　190,195
包括的核実験禁止条約（CTBT）　91
暴力の振り分け　86,88,96,97
保護責任　44,45,47,229,241,243-248,250
『保護責任』報告書　42,43,46,49,237,
　　240,241,244,245,310
ボスニア・ヘルツェゴビナ　73,90,
　　107,172,230,240
ボン宣言　280

〔マ〕

マーシャル・プラン　337,338
マーティン，ポール　223,224
マルチ・トラック（複数の道筋）　281,298,299
マンデラ，ネルソン　287
マンリー，ジョン　222-224

〔ミ〕

南ローデシア・アフリカ民族協議会
　（SRANC）　284
ミレニアム開発目標（MDGs）　22,159,163
ミレニアム・チャレンジ・アカウント
　（MCA）　343-346
民主化支援　346,347
民主主義の壊乱的次元　200
民主帝国主義者　309
民主的ガバナンス　71
民主統一戦線（UDF）　287,288

〔ム〕

ムガベ, ロバート　　　283
ムジャヒディン　　　307,323
ムゾレワ, アベル　　　284

〔メ〕

梅香里(メヒャンリ)国際射撃場　　　116

〔モ〕

元兵士の武装解除、動員解除および社会
　復帰(DDR)　　　163,166,169,174,179,299

〔ヤ〕

山本正　　　234

〔ユ〕

ユーゴスラビア　　　46,47,332

〔ヨ〕

横須賀基地　　　112
横田基地　　　116
四つの自由　　　32
予防原則　　　41

〔ラ〕

ラシュトリヤ・スワヤマンセヴァク・サン
　(RSS)　　　319-321
ラモス, フィデル　　　242

〔リ〕

リッジ, トム　　　223

〔ル〕

ルワンダ　　　31,43-46,62,73,172,
　　　　　　　235,240,290,298

〔レ〕

冷戦公民権　　　349
劣化ウラン　　　107,108

〔ワ〕

ワッハビズム　　　308
湾岸戦争　　　30,41,90,91,95,106-108,160,332

〔欧字〕

ASEAN　　　235,242
　——人民会議　　　239,243
　——地域フォーラム(ARF)　　　235,242
　——プラス3　　　235,242
ES細胞の利用　　　132,147,151
GR法→グラム＝ラドマン法
G8 (8カ国外相会談)　　　213,217,218
Imagine Co-existence　　　172
HIV→エイズ／HIV
security　　　13,14

〔数字〕

1973年対外援助法　　　337,339,340
77カ国グループ(G77)　　　242
8カ国外相会談→G8
9・11同時多発テロ→アメリカ同時多発
　テロ

執筆(翻訳)者紹介および執筆(翻訳)分担　　(○印編者)

執筆者

○佐藤　　誠(立命館大学国際関係学部教授)……………………第1章、あとがき
　山形　英郎(立命館大学国際関係学部教授)……………………第2章
　ジム・ウィットマン(Jim Whitman)(イギリス：
　　ブラッドフォード大学平和学部講師)…………………………第3章
　小林　　誠(立命館大学国際関係学部教授)……………………第4章
　大島　堅一(立命館大学国際関係学部助教授)…………………第5章
　龍澤　邦彦(立命館大学国際関係学部教授)……………………第6章
　黒澤　　啓(国連難民高等弁務官事務所上級開発顧問・国際協力機構)………第7章
　川村　真理(名古屋大学大学院国際開発研究科非常勤講師)……………第7章
　野崎　孝弘(中部大学国際関係学部専任講師)…………………第8章
　ジョージ・マクリーン(George MacLean)(カナダ：
　　マニトバ大学政治学部準教授・防衛安全保障研究所研究員)……………第9章
　ポール・エヴァンズ(Paul Evans)(カナダ：
　　ブリティッシュ・コロンビア大学カナダ―アジア政策プログラム教授)……第10章
　ムスタファ・カマル・パシャ(Mustapha Kamal Pasha)(アメリカ合衆国：
　　アメリカン大学国際関係学部準教授)…………………………第11章
　フセイン・ソロモン(Hussein Solomon)(南アフリカ：
　　プレトリア大学政治学部教授・国際政治研究所所長)…………………第12章
　ジョルジアンドレア(ジョルジョ)・シャーニー(Giorgiandrea Shani)
　　(立命館大学国際関係学部助教授)………………………………第13章
○安藤　次男(立命館大学国際関係学部教授)……………………第14章

翻訳者

　藤田　明史(立命館大学国際関係学部非常勤講師)……………第3章翻訳
　我妻　真一(立命館大学大学院国際関係研究科研究生)………第9章翻訳
　和田　賢治(神戸大学大学院国際協力研究科博士課程後期課程)…………第10章翻訳
　藤原　郁郎(立命館大学大学院国際関係研究科博士課程後期課程)………第11・12章翻訳
　佐々木章江(早稲田大学大学院社会科学研究科博士課程後期課程)………第13章翻訳

編者紹介

佐藤　誠(さとう まこと)
立命館大学国際関係学部教授
英国・リーズ大学大学院政治学研究科博士課程修了、Ph.D.
(主要著作)『アフリカ協同組合論序説』(日本経済評論社、1989)、『社会開発論——南北共生のパラダイム』(編著、有信堂高文社、2001)、『南アフリカの政治経済学——ポスト・マンデラとグローバライゼーション』(編著、明石書店、1998)、『移動と定住——日欧比較の国際労働移動』(共編、同文館、1998)、「社会資本とソーシャル・キャピタル」(『立命館国際研究』16巻1号、2003)、"South African Agriculture and the East Asian Experience" (co-authored in K.Hirano and C.Alden eds., *Japan and South Africa in a Globalising World : A Distant Mirror,* Ashgate, 2003)

安藤次男(あんどう つぎお)
立命館大学国際関係学部教授
京都大学大学院法学研究科修士課程修了、同博士課程中退
(主要著作)『アメリカ自由主義とニューディール』(法律文化社、1990)、『現代政治学』(共著、法律文化社、1988)、「宥和(appeasement)と抑止(deterrence)——歴史学としての宥和研究から政治学としての宥和研究へ」(『立命館国際研究』15巻3号、2003)、「ケネディと1963年公民権法案」(『立命館国際研究』14巻3号、2001)、「アメリカにおける民主主義の現状と課題」(福井英雄編『現代政治と民主主義』法律文化社、1995)

Human Security : Meeting Global Challenges

人間の安全保障：世界危機への挑戦

2004年11月20日　初　版第1刷発行　　　　　　　　　〔検印省略〕
＊定価はカバーに表示してあります

編者 Ⓒ佐藤誠・安藤次男／発行者 下田勝司　　　印刷・製本／中央精版印刷
東京都文京区向丘1-20-6　　郵便振替00110-6-37828　　　　発　行　所
〒113-0023　TEL (03) 3818-5521　FAX (03) 3818-5514　　株式会社　東信堂
Published by TOSHINDO PUBLISHING CO., LTD.
1-20-6, Mukougaoka, Bunkyo-ku, Tokyo, 113-0023, Japan

ISBN4-88713-579-3　C3031　　Ⓒ M.SATO, T.ANDO
E-mail : tk203444@fsinet.or.jp　http://www.toshindo-pub.com

東信堂

国際法新構【上】	田畑茂二郎	二九〇〇円
国際法新講【下】	田畑茂二郎	二七〇〇円
ベーシック条約集[第5版]	編集代表 山手治之・香西茂・松井芳郎・小川原喜與夫・室井程一	二五〇〇円
国際経済条約・法令集[第2版]	編集代表 山手治之・香西茂・松井芳郎	三九〇〇円
国際機構条約・資料集[第2版]	編集代表 香西茂・安藤仁介	三三〇〇円
資料で読み解く国際法[第2版][上]	編著代表 大沼保昭	二八〇〇円
資料で読み解く国際法[第2版][下]	編著代表 大沼保昭	二〇〇〇円
在日韓国・朝鮮人の国籍と人権	大沼保昭 著	三八〇〇円
国際立法──国際法の法源論	村瀬信也	六八〇〇円
判例国際法	編集代表 松井芳郎・竹田いさみ・田畑茂一郎・井上幸	三五〇〇円
国際法から世界を見る──市民のための国際法入門[第2版]	松井芳郎	二八〇〇円
テロ、戦争、自衛──米国等のアフガニスタン攻撃を考える	松井芳郎	八〇〇円
国際社会の法構造──その歴史と現状	編集代表 山手治之・香西茂	五七〇〇円
〔21世紀国際社会における人権と平和〕〔上・下巻〕	編集代表 山手治之・香西茂	六三〇〇円
現代国際社会における人権と平和の保障	編集 松田竹男・田中則夫・薬師寺公夫・坂元茂樹	六二〇〇円
国際人道法の再確認と発展	竹本正幸 編	四八〇〇円
海上武力紛争法サンレモ・マニュアル解説書	人道法国際研究所 竹本正幸監訳	二五〇〇円

〔現代国際法叢書〕

領土帰属の国際法	太壽堂鼎	四五〇〇円
国際法における承認──その法的機能及び効果の再検討	王志安	五二〇〇円
国際社会と法	高野雄一	四三〇〇円
集団安保と自衛権	高野雄一	四八〇〇円
国際「合意」論序説──法的拘束力を有しない国際「合意」について	中村耕一郎	三〇〇〇円
国際人権法とマイノリティの地位	金東勲	三八〇〇円

〒113-0023 東京都文京区向丘1-20-6
☎03(3818)5521 FAX 03(3818)5514 振替 00110-6-37828
E-mail: tk203444@fsinet.or.jp

※定価:表示価格(本体)+税

― 東信堂 ―

東京裁判から戦後責任の思想へ〔第四版〕	大沼保昭	三二〇〇円
〔新版〕単一民族社会の神話を超えて	大沼保昭	三六八九円
なぐられる女たち―世界女性人権白書	米国国務省・小寺田訳鈴木澤・米田訳有沢	二八〇〇円
国際人権法入門	T・バーゲンソル 中川淳司訳	二八〇〇円
摩擦から協調へ―ウルグアイラウンド後の日米関係	小寺初世子	三八〇〇円
不完全性の政治学―イギリス保守主義思想の二つの伝統	A・クイントン 岩重政敏訳	二〇〇〇円
入門 比較政治学―民主化の世界的潮流を解読する	H・J・ウィアルダ 大木啓介訳	二九〇〇円
国家・コーポラティズム・社会運動―制度と集合行動の比較政治学	桐谷 仁	五四〇〇円
ポスト社会主義の中国政治―構造と変容	小林弘二	三八〇〇円
クリティーク国際関係学	関下稔中川涼司編	二二〇〇円
軍縮問題入門〔第二版〕	黒沢満編著	二三〇〇円
時代を動かす政治のことば―尾崎行雄から小泉純一郎まで	読売新聞政治部編	一八〇〇円
明日の天気は変えられないが明日の政治は変えられる	岡野加穂留	二〇〇〇円
ハロー! 衆議院	衆議院システム研究会編	一〇〇〇円
〔現代臨床政治学シリーズ〕リーダーシップの政治学	石井貫太郎	一六〇〇円
アジアと日本の未来秩序	伊藤重行	一八〇〇円
〔現代臨床政治学叢書・岡野加穂留監修〕村山政権とデモクラシーの危機	岡野加穂留藤本一美編著	四二〇〇円
比較政治学とデモクラシーの限界	岡野加穂留大六野耕作編著	四二〇〇円
政治思想とデモクラシーの検証	岡野加穂留伊藤重行編著	三八〇〇円
〔シリーズ〈制度のメカニズム〉〕アメリカ連邦最高裁判所	大越康夫	一八〇〇円
衆議院―そのシステムとメカニズム	向大野新治	一八〇〇円
WTOとFTA―日本の制度上の問題点	高瀬 保	一八〇〇円

〒113-0023 東京都文京区向丘1-20-6　☎03(3818)5521　FAX 03(3818)5514　振替 00110-6-37828
E-mail:tk203444@fsinet.or.jp

※定価：表示価格(本体)＋税

― 東信堂 ―

グローバル化と知的様式――社会科学方法論についての七つのエッセー	J・ガルトゥング 矢澤修次郎・大重光太郎訳	二八〇〇円
現代資本制社会はマルクスを超えたか――マルクスと現代の社会理論	A・スウィンジウッド 矢澤修次郎 井上孝夫訳	四〇七八円
階級・ジェンダー・再生産――現代資本主義社会の存続メカニズム	橋本健二	三二〇〇円
現代日本の階級構造――理論・方法・計量分析	橋本健二	四五〇〇円
「伝統的ジェンダー観」の神話を超えて――アメリカ駐在員夫人の意識変容	山田礼子	三八〇〇円
現代社会と権威主義――フランクフルト学派権威論の再構成	保坂稔	三六〇〇円
共生社会とマイノリティへの支援――日本人ムスリマの社会的対応から	寺田貴美代	三六〇〇円
社会福祉とコミュニティ――共生・共同・ネットワーク	園田恭一編	三八〇〇円
現代環境問題論――理論と方法の再定置のために	井上孝夫	三二〇〇円
日本の環境保護運動	長谷敷夫	二五〇〇円
環境と国土の価値構造	桑子敏雄編	三五〇〇円
環境のための教育――批判的カリキュラム理論と環境教育	J・フィエン 石川聡子他訳	三二〇〇円
イギリスにおける住居管理――オクタヴィア・ヒルからサッチャーへ	中島明子	七四五三円
情報・メディア・教育の社会学――カルチュラル・スタディーズしてみませんか?	井口博充	二三〇〇円
BBCイギリス放送協会(第二版)――パブリック・サービス放送の伝統	簑葉信弘	二五〇〇円
サウンド・バイト:思考と感性が止まるとき――メディアの病理に教育は何ができるか	小田玲子	二五〇〇円
ホームレス ウーマン――知ってますか、わたしたちのこと	E・リーボウ 吉川徹・轟里香監訳	三二〇〇円
タリーズ コーナー――黒人下層階級のエスノグラフィー	E・リーボウ 吉川徹監訳 松河美樹訳	二三〇〇円

〒113-0023　東京都文京区向丘1-20-6
☎03(3818)5521　FAX 03(3818)5514　振替 00110-6-37828
E-mail:tk203444@fsinet.or.jp

※定価:表示価格(本体)+税

東信堂

大学の自己変革とオートノミー —点検から創造へ—	寺﨑昌男	二五〇〇円
大学教育の創造 —歴史・システム・カリキュラム—	寺﨑昌男	二五〇〇円
大学教育の可能性 —教養教育・評価・実践—	寺﨑昌男	二五〇〇円
大学の授業	宇佐美寛	二五〇〇円
大学授業の病理 —FD批判	宇佐美寛	二五〇〇円
作文の論理 —〈わかる文章〉の仕組み	宇佐美寛編著	一九〇〇円
大学の指導法 —学生の自己発見のために	京都大学高等教育教授システム開発センター編	二八〇〇円
戦後オーストラリアの高等教育改革研究	児玉・別府・川島編	二四〇〇円
学生の学びを支援する大学教育	溝上慎一編	二四〇〇円
大学授業研究の構想 —過去から未来へ	杉本和弘	五八〇〇円
私立大学の財務と進学者	丸山文裕	三五〇〇円
私立大学の経営と教育	丸山文裕編	三六〇〇円
公設民営大学設立事情	高橋寛人編著	二八〇〇円
校長の資格・養成と大学院の役割	小島弘道編著	六八〇〇円
短大ファーストステージ論 —飛躍する世界の短期高等教育と日本の課題	高鳥正夫編著	二〇〇〇円
短大からコミュニティ・カレッジへ	舘昭編著	二五〇〇円
〈シリーズ 大学改革ドキュメント〉監修 寺﨑昌男・絹川正吉	全カリの記録編集委員会編	
立教大学へ〈全カリ〉のすべて —リベラル・アーツの再構築	絹川正吉編著	二二〇〇円
ICUへリベラル・アーツのすべて	絹川正吉編著	二三八一円
〈講座「21世紀の大学・高等教育を考える」〉		
大学改革の現在〔第1巻〕	有本眞一章編著	三三〇〇円
大学評価の展開〔第2巻〕	山野井敦徳編著	三二〇〇円
学士課程教育の改革〔第3巻〕	清水一彦編著	三三〇〇円
大学院の改革〔第4巻〕	舘昭・絹川正吉編著	三二〇〇円
	江原武一編著	
	馬越徹編著	三三〇〇円

〒113-0023 東京都文京区向丘1-20-6　☎03(3818)5521　FAX 03(3818)5514　振替 00110-6-37828
E-mail:tk203444@fsinet.or.jp

※定価：表示価格（本体）＋税

東信堂

ことばから観た文化の歴史（横浜市立大学叢書〈シーガル・ブックス〉）——アングロ・サクソン到来からノルマンの征服まで	宮崎忠克	一五〇〇円
独仏対立の歴史的起源——スダンへの道	松井道昭	一五〇〇円
ハイテク覇権の攻防——日米技術紛争	黒川修司	一五〇〇円
ポーツマスから消された男——朝河貫一の日露戦争論	矢吹晋著・編訳	一五〇〇円
グローバル・ガバナンスの世紀——国際政治経済学からの接近	毛利勝彦	一五〇〇円
青の系譜——古事記から宮澤賢治まで	今西浩子	一五〇〇円
アングロ・サクソン文学史：韻文編	唐澤一友	一五〇〇円
フランスから見た幕末維新——「イリュストラシオン日本関係記事集」から	朝比奈美知子編訳 増子博調解説	四八〇〇円
森と建築の空間史——南方熊楠と近代日本	千田智子	四三八一円
アメリカ映画における子どものイメージ——社会文化的分析	K・M・ジャクソン 牛渡淳訳	二六〇〇円
アーロン・コープランドのアメリカ	G・レヴィン/J・ティック 奥田恵二訳	三二〇〇円
ルネサンスの知の饗宴【ルネサンス叢書】——ヒューマニズムとプラトン主義	佐藤三夫編	四四六六円
ヒューマニスト・ペトラルカ	佐藤三夫	四八〇〇円
東西ルネサンスの邂逅——南蛮と稲寮氏の歴史的世界を求めて	根占献一	三六〇〇円
イタリア・ルネサンス事典	J・R・ヘイル編 中森義宗監訳	七八〇〇円

〒113-0023 東京都文京区向丘1-20-6
☎03(3818)5521　FAX 03(3818)5514　振替 00110-6-37828
E-mail: tk203444@fsinet.or.jp

※定価：表示価格（本体）＋税